LE PETIT DÉCODEUR DE L'ADMINISTRATION

LE PETIT DÉCODEUR DE L'ADMINISTRATION

Les mots de l'Administration en clair

Sous la direction de

Dominique Le Fur

Rédaction

Yaël Freund

Géraldine Sourdot

Ghislain Geitner

Sandra Escoffier

Informatique éditoriale

Sébastien Pettoello

Maquette

Gonzague Raynaud

Maud Laheurte

Lecture-correction

Annick Valade

Brigitte Orcel

Anne-Marie Lentaigne

Édition mise à jour en 2006.

ISBN 2-84 902-294-2

PRÉFACE

♦ *LE PETIT DÉCODEUR* EST PARTI D'UN CONSTAT :

Les lettres des administrations (services des impôts, directions départementales de l'équipement, caisses d'allocations familiales, caisse d'assurances maladie, mairies, préfectures, etc) sont souvent remplies de mots ou d'expressions compliqués.

Il s'agit soit de mots techniques administratifs ou juridiques, soit de tournures de phrases complexes, soit de jargon.

Que faire lorsqu'on vous dit : *Je vous engage à prendre l'attache de mes services à l'effet d'établir un calendrier compatible avec cette activité* ?

Maître Henri, huissier de justice à Dourdan, m'a notifié la copie d'une assignation aux fins de résiliation du bail : est-ce la fin du problème ?

Ce principe est dirimant à l'aboutissement de votre demande : est-ce une bonne ou une mauvaise nouvelle ?

♦ COMMENT *LE PETIT DÉCODEUR* VOUS AIDE-T-IL ?

➤ il présente les 3 000 mots et expressions les plus employés par les administrations et les traduit en français clair et compréhensible par tous.

➤ il donne des extraits des courriers et explique ce qu'ils signifient.

➤ il donne le sens de plus de 200 sigles.

Ces mots, expressions et sigles ont été relevés dans plus de 7 000 formulaires et courriers authentiques, c'est-à-dire qui ont été envoyés à des citoyens.

♦ ET SUR LE PLAN PRATIQUE ...

➤ des informations sur certaines formalités récemment simplifiées : justificatifs de domicile, copies certifiées conformes, etc.

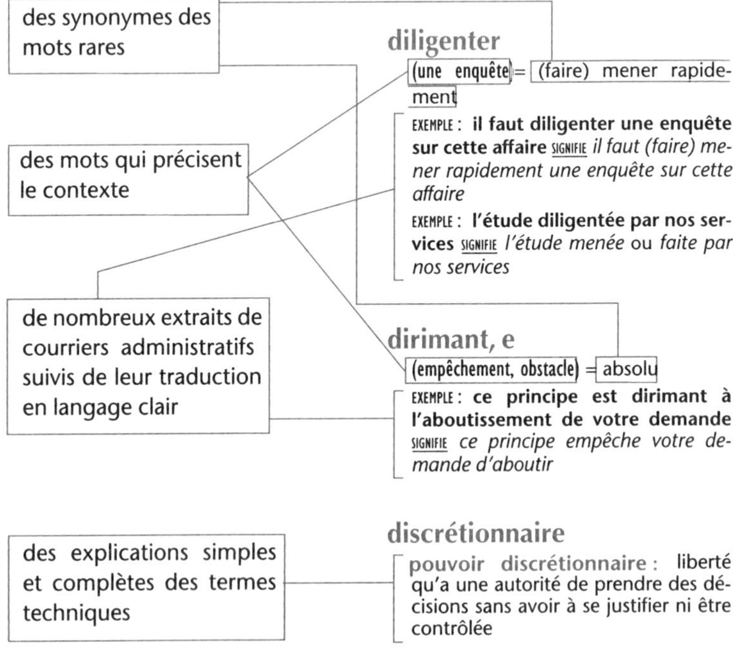
des synonymes des mots rares
des mots qui précisent le contexte
de nombreux extraits de courriers administratifs suivis de leur traduction en langage clair
diligenter
(une enquête) = (faire) mener rapidement
EXEMPLE : il faut diligenter une enquête sur cette affaire SIGNIFIE il faut (faire) mener rapidement une enquête sur cette affaire
EXEMPLE : l'étude diligentée par nos services SIGNIFIE l'étude menée ou faite par nos services
dirimant, e
(empêchement, obstacle) = absolu
EXEMPLE : ce principe est dirimant à l'aboutissement de votre demande SIGNIFIE ce principe empêche votre demande d'aboutir

des explications simples et complètes des termes techniques

discrétionnaire

pouvoir discrétionnaire : liberté qu'a une autorité de prendre des décisions sans avoir à se justifier ni être contrôlée

◆ **À QUI S'ADRESSE** *LE PETIT DÉCODEUR* ?

➤ à tous ceux qui, un jour ou l'autre, à l'occasion d'une naissance, d'un changement de domicile, d'un problème de santé ou de voisinage, etc. ont eu ou vont avoir des échanges avec l'Administration

➤ à tous ceux qui veulent comprendre ce que l'Administration leur dit et savoir précisément où sont leurs droits et leurs devoirs

➤ à tous ceux qui aident les usagers à communiquer avec l'Administration (associations, travailleurs sociaux, écrivains publics, etc.)

➤ à toutes les personnes travaillant dans les administrations et souhaitant faire passer clairement leur message

Le Petit Décodeur est inspiré du *Lexique des termes administratifs* rédigé par les Dictionnaires Le Robert pour le ministère de la Fonction publique et de la Réforme de l'État, à la suite d'une étude financée par l'État. Ce lexique s'inscrit dans la démarche de simplification du langage administratif menée par le Comité d'orientation pour la simplification du langage administratif et la Délégation aux usagers et aux simplifications administratives.

" Nul n'est censé ignorer la loi ". *Mais encore faut-il la comprendre ! Très souvent, trop souvent, non seulement les textes de lois, mais aussi les courriers émanant des administrations, les formulaires, les jugements rendus par l'institution judiciaire sont rédigés dans une langue impénétrable. Pour pallier ce manque de clarté, le* Comité pour la simplification du langage administratif *(COSLA) travaille à la réécriture de tous les formulaires administratifs de grande diffusion ; dans le même temps, il s'efforce de rendre les agents publics toujours plus sensibles à la nécessité d'être bien compris des citoyens. C'est là une exigence démocratique.*
Mais cette tâche est immense. Nous ne viendrons pas à bout de la complexité en un jour. De plus, certains mots techniques sont nécessaires et ne peuvent être supprimés. Aussi le lexique que proposent les Dictionnaires Le Robert, fruit d'un travail conjoint avec le COSLA, sera-t-il un instrument très précieux pour tous les citoyens soucieux de mieux comprendre le vocabulaire des administrations. Il doit, dans le même temps, encourager les administrations à clarifier leur langage et à toujours se faire mieux comprendre des citoyens.

→ ÉRIC WOERTH, Secrétaire d'État à la réforme de l'État

Le Secours catholique a participé aux travaux de simplification du langage administratif en se faisant la voix à la fois des personnes qu'il accueille - personnes en difficulté ou démunies dans tous les sens du terme - et des personnes qui les aident et les accompagnent, notamment pour qu'elles accèdent à leurs droits. Ce petit lexique, directement issu de ces travaux, nous semble aller dans le sens d'une meilleure compréhension entre les administrations, les institutions et les personnes auxquelles elles s'adressent.

→ FRANÇOIS BOULOT,
Chargé de mission à la Direction Action institutionnelle France

Parmi les droits que le citoyen peut légitimement revendiquer figure, à n'en pas douter, celui de voir l'Administration communiquer avec lui dans un langage clair, concis, aisément compréhensible. Mais chaque profession a naturellement tendance à produire son propre vocabulaire, adapté aux particularités du travail qu'elle accomplit. Les services publics n'échappent pas à cette tentation. Il leur arrive souvent d'utiliser, dans leurs courriers, des termes juridiques ou techniques dont le sens est difficile à saisir pour qui n'est pas spécialiste. Il est indispensable de réagir constamment contre les inconvénients résultant d'une évolution aussi fâcheuse. Aussi l'initiative prise de publier, pour les usagers comme pour les fonctionnaires eux-mêmes, un lexique des termes administratifs auquel ils pourront, les uns et les autres avoir recours, est-elle particulièrement judicieuse. Les auteurs de ce lexique doivent être complimentés, car ils auront utilement contribué à l'amélioration des rapports des citoyens avec leur Administration : chacun sait qu'il s'agit là d'un objectif primordial.

→ MICHEL DESMET,
Président de l'Union nationale des associations de sauvegarde
de l'enfance et de l'adolescence

Le Secours populaire français est très honoré d'avoir participé aux travaux du COSLA pour la simplification du langage administratif et plus particulièrement d'avoir aidé les Dictionnaires Le Robert à la rédaction d'une version adaptée pour les usagers du lexique des termes administratifs.
À travers ce lexique, tous les usagers peuvent avoir accès à un langage administratif plus clair, plus précis et surtout à la portée de tous.
Simplifier le langage de l'Administration, c'est se simplifier l'existence.

→ JULIEN LAUPRÊTRE,
Président du Secours populaire français

" UFC-Que Choisir a été heureux d'être associé à l'élaboration de ce lexique, un outil qui sera très utile pour tous les usagers. "

→ JEAN-CLAUDE BOURQUIN, Administrateur

abattement

❐ (on vous parle d'une fraction) part des revenus (ou biens) imposables qui ne sont pas pris en compte dans le calcul de l'impôt

❐ (on vous parle d'une réduction) déduction faite sur une somme à payer

EXEMPLE : **vous bénéficiez d'un abattement de 10%** SIGNIFIE *vous bénéficiez d'une déduction de 10%*

abondement

❐ (fait par une entreprise) versement complémentaire fait à un organisme pour un plan d'épargne ou pour l'achat d'actions par ses salariés

abonder

1 (un fonds) = verser un complément d'argent sur ou dans

EXEMPLE : **les entreprises ont abondé un plan d'épargne-retraite** SIGNIFIE *les entreprises ont versé de l'argent sur un plan d'épargne-retraite (en complément des versements de leurs salariés)*

EXEMPLE : **il faut abonder la dotation de 1,2 M d'euros** SIGNIFIE *il faut verser 1,2 M d'euros pour compléter la dotation*

2 *abonder dans le sens de* = être d'accord avec, être de l'avis de

EXEMPLE : **j'abonde tout à fait dans votre sens** SIGNIFIE *je suis tout à fait d'accord avec vous; je suis tout à fait de votre avis*

EXEMPLE : **tous les conseillers ont abondé dans le même sens** SIGNIFIE *tous les conseillers étaient d'accord* ou *du même avis*

3 (on vous parle d'une quantité) = être nombreux

EXEMPLE : **les erreurs abondent dans votre comptabilité** SIGNIFIE *il y a de nombreuses erreurs* ou *beaucoup d'erreurs dans votre comptabilité*

aboutissants

❐ (d'une propriété) terrains qui touchent une propriété sur ses petits côtés

→ voir tenants

abrogation

= suppression

EXEMPLE : **depuis l'abrogation de cet arrêté** SIGNIFIE *depuis que cet arrêté a été supprimé*

abroger

= supprimer

EXEMPLE : **depuis que cette mesure a été abrogée** SIGNIFIE *depuis que cette mesure a été supprimée*

absence

♦ *en l'absence de* (un document, une réponse etc) = sans

EXEMPLE : **en l'absence de réponse de votre part** SIGNIFIE *sans réponse de votre part; si vous ne répondez pas*

EXEMPLE : **en l'absence de poste disponible** SIGNIFIE *s'il n'y a pas de poste disponible*

s'abstenir

♦ *s'abstenir de faire (qqch)* = décider de ne pas faire (qqch)

EXEMPLE : **les contribuables qui se sont abstenus de répondre** SIGNIFIE *les contribuables qui n'ont pas répondu*

abus

abus d'autorité :

(d'un fonctionnaire) délit commis par un fonctionnaire lorsqu'il va au-delà du pouvoir qui lui est confié

(contrainte morale) pression exercée par une personne sur une autre dans le but de lui faire accomplir un acte

abus de biens sociaux : délit qui consiste, pour un dirigeant de société, à agir intentionnellement contre les intérêts de celle-ci en utilisant ses biens ou sa capacité d'emprunter pour ses propres intérêts ou en faveur d'une autre société

abus de confiance : délit commis par une personne au désavantage d'une autre en détournant un bien ou des valeurs qui lui avaient été confiés

abus de droit : utilisation d'un droit dans un but différent de celui prévu par la loi (par exemple pour causer du tort à une personne)

abus de faiblesse : fait de profiter de la faiblesse ou de l'ignorance d'une personne pour lui vendre quelque chose

abus de position dominante : fait pour une entreprise de profiter de sa puissance économique sur un marché pour nuire à la concurrence

abusif, -ive

❐ (licenciement, rupture, recours) fait sans raisons réelles ou sérieuses

EXEMPLE : **je ne peux pas me prononcer sur le caractère abusif de ce licenciement** SIGNIFIE *je ne peux pas dire si ce licenciement est justifié ou non*

clause abusive : clause d'un contrat où l'une des parties profite de sa puissance économique pour désavantager l'autre

commission des clauses abusives : commission qui étudie le contenu des contrats proposés par les professionnels aux particuliers, et qui peut en recommander la modification

abusivement

= de façon exagérée, sans raison valable

EXEMPLE : **le prix pratiqué serait considéré comme abusivement bas** SIGNIFIE *le prix pratiqué serait considéré comme trop bas, ce qui ne serait pas conforme à la loi*

EXEMPLE : **des raisons médicales ont été abusivement utilisées** SIGNIFIE *des raisons médicales ont été utilisées sans raison valable*

accéder

♦ *accéder à* (une demande, une requête) = donner une réponse positive à

EXEMPLE : **je ne puis accéder à votre demande** SIGNIFIE *je ne peux pas donner de réponse positive à votre demande*

acceptation

❐ accord d'une personne à un droit ou à un acte

EXEMPLE : **son silence vaut acceptation des conditions de paiement** SIGNIFIE *son silence signifie qu'il accepte les conditions de paiement*

EXEMPLE : **la réalisation du projet n'est pas subordonnée à une acceptation de la commission** SIGNIFIE *le projet peut être réalisé sans l'accord de la commission*

acception

1 (on vous parle d'une signification) = sens

EXEMPLE : **il s'agit de l'acception juridique du mot redressement** SIGNIFIE *il s'agit du sens juridique du mot redressement*

EXEMPLE : **timbre doit être pris dans son acception la plus courante** SIGNIFIE *timbre doit être pris dans son sens le plus courant*

2 (on vous parle d'un accord) fait d'accepter

EXEMPLE : **au moment de votre acceptation de l'offre de location** SIGNIFIE *au moment où vous avez accepté l'offre de location*

accès

aide à l'accès au droit : aide permettant à toute personne d'être informée sur ses devoirs et ses droits (et sur les moyens de les défendre)

accessibilité

= accès, possibilités d'accès

EXEMPLE : **les travaux d'accessibilité aux personnes handicapées** SIGNIFIE *les travaux pour permettre l'accès des personnes handicapées*

accessible

EXEMPLE : **cette allocation est accessible aux personnes qui en font la demande** SIGNIFIE *cette allocation peut être versée aux personnes qui la demandent*

EXEMPLE : **cette formation est accessible aux non bacheliers** SIGNIFIE *les personnes qui n'ont pas le baccalauréat peuvent suivre cette formation*

EXEMPLE : **ce poste est accessible aux agents de la fonction publique uniquement** SIGNIFIE *seuls les agents de la fonction publique peuvent occuper ce poste*

accession

accession à la propriété : fait de devenir propriétaire

EXEMPLE : **vous pouvez bénéficier d'un prêt de l'État pour l'accession à la propriété** SIGNIFIE *vous pouvez bénéficier d'un prêt de l'État pour devenir propriétaire*

EXEMPLE : **si vous poursuivez votre projet d'accession à la propriété** SIGNIFIE *si vous poursuivez votre projet de devenir propriétaire*

prêt à l'accession sociale : prêt destiné à l'amélioration ou à l'achat d'une résidence principale; il est réservé aux personnes dont les ressources sont inférieures à une somme définie

accessoire

(activité, travaux, frais) = secondaire, complémentaire, non principal

EXEMPLE : **il s'agit d'activités accessoires** SIGNIFIE *il s'agit d'activités secondaires* ou *complémentaires*

EXEMPLE : **pour les travaux accessoires d'aménagement** SIGNIFIE *pour les travaux d'aménagement secondaires*

loyer accessoire : somme à payer en plus du loyer principal

EXEMPLE : **aucun loyer accessoire ne doit être pratiqué en plus du loyer principal** SIGNIFIE *aucune somme complémentaire ne doit être demandée en plus du loyer principal*

rémunération accessoire : indemnité, allocation ou prime spéciale

❐ (salaire) primes et avantages en nature versés en plus du salaire

accessoirement

EXEMPLE : **accessoirement, ce centre peut être utilisé comme foyer d'hébergement** SIGNIFIE *ce centre peut aussi être utilisé comme foyer d'hébergement*

EXEMPLE : **il donne accessoirement des conseils juridiques** SIGNIFIE *il donne également (, à côté de son activité principale,) des conseils juridiques*

accidentogène

= pouvant entraîner des accidents

EXEMPLE : **une consommation excessive de ce produit peut être accidentogène** SIGNIFIE *une consommation excessive de ce produit peut entraîner des accidents*

EXEMPLE : **vous circuliez sur une route particulièrement accidentogène** SIGNIFIE *vous circuliez sur une route particulièrement dangereuse* ou *où il y a souvent des accidents*

accompagnement

accompagnement social : aide aux personnes qui ont des difficultés d'insertion

accréditation

❐ (d'une personne, d'une entreprise) autorisation officielle à faire quelque chose

EXEMPLE : **l'accréditation de votre société par cet organisme** SIGNIFIE *l'autorisation donnée par cet organisme à votre société (pour ...)*

accréditer

1 (une demande) = renforcer

EXEMPLE : **cette affirmation ne repose sur aucun argument susceptible de l'accréditer** SIGNIFIE *cette affirmation ne repose sur rien qui la rende acceptable*

2 *accréditer (qqn) à faire (qqch)* = donner à (qqn) l'autorisation de ou l'autorité pour faire (qqch)

EXEMPLE : **vous pouvez vous faire représenter par une personne qui devra être accréditée par procuration** SIGNIFIE *vous pouvez vous faire représenter par une personne à qui vous donnerez une procuration*

accroissement

❐ (on vous parle d'une succession) droit selon lequel la part d'un héritier décédé ou qui a renoncé à sa part de succession augmente celle des autres héritiers, dans le cas où il n'a pas de descendants

clause d'accroissement : clause selon laquelle le survivant des personnes ayant acheté une chose en commun devient le seul propriétaire de cette chose

accusé

accusé de réception : avis informant qu'un courrier a bien été reçu

accuser

♦ *accuser réception de* = déclarer qu'on a bien reçu

EXEMPLE : **j'ai l'honneur d'accuser réception de votre demande d'aide** SIGNIFIE *j'ai bien reçu votre demande d'aide*

EXEMPLE : **je vous ai adressé une lettre accusant réception de votre courrier** SIGNIFIE *je vous ai adressé une lettre confirmant que j'avais bien reçu votre courrier*

acheminement

= envoi

EXEMPLE : **lors de l'acheminement des procès-verbaux par nos services** SIGNIFIE *lorsque nos services ont envoyé les procès-verbaux; lors de l'envoi des procès-verbaux par nos services*

acheminer

(un document, des marchandises) = envoyer, faire parvenir

EXEMPLE : **je vais acheminer le dossier au conseil de gestion** SIGNIFIE *je vais faire parvenir ou envoyer le dossier au conseil de gestion*

EXEMPLE : **ces documents devront être acheminés immédiatement en sous-préfecture** SIGNIFIE *ces documents devront être envoyés immédiatement vers la sous-préfecture*

acompte

❐ partie d'une somme à payer versée d'avance

EXEMPLE : **un premier acompte de 30 % vous sera versé** SIGNIFIE *30 % de la somme vous seront versés d'avance*

a contrario

= par contre, à l'inverse

EXEMPLE : **a contrario, les véhicules de catégorie I peuvent circuler** SIGNIFIE *par contre, les véhicules de catégorie I peuvent circuler*

acquéreur, -resse

= acheteur, -euse ; personne qui devient propriétaire d'un bien, en l'achetant ou en le recevant gratuitement

♦ *se porter acquéreur de* = proposer d'acheter, acheter

EXEMPLE : **vous vous êtes porté acquéreur de ce logement** SIGNIFIE *vous avez proposé d'acheter ce logement; vous avez acheté ce logement*

acquérir

1 (un document, un statut, un droit) = obtenir

EXEMPLE : **vous avez déposé un dossier en vue d'acquérir la nationalité française** SIGNIFIE *vous avez déposé un dossier pour obtenir la nationalité française*

2 (un bien) en devenir propriétaire, en l'achetant ou en le recevant gratuitement

EXEMPLE : **vous avez acquis ce logement** SIGNIFIE *vous êtes devenu propriétaire de ce logement; vous avez acheté ce logement*

acquêts

❒ ensemble des biens (meubles ou immeubles) acquis par un couple marié

→ voir communauté

acquis

acquis professionnel : expérience professionnelle

validation des acquis professionnels : reconnaissance de l'expérience professionnelle d'une personne, lui permettant de suivre une formation même si elle n'a pas les diplômes nécessaires

acquis sociaux : avantages sociaux dont tout le monde bénéficie (droit à la retraite, aux allocations chômage, etc)

acquisitif, -ive

→ voir prescription

acquit

1 (on vous parle d'une mention écrite) reconnaissance écrite du paiement d'une dette

pour acquit : mention écrite sur un document, avec la date et la signature, pour certifier qu'un paiement a été fait

2 (on vous parle d'argent) = paiement

EXEMPLE : **vous n'avez fait aucun versement en l'acquit de votre imposition** SIGNIFIE *vous n'avez versé aucun argent en paiement de vos impôts; vous n'avez versé aucun argent pour payer vos impôts*

3 par acquit de conscience : pour n'avoir rien à se reprocher

acquittement

1 (d'une amende, d'un loyer, etc) = paiement

EXEMPLE : **cette démarche donne lieu à l'acquittement de la somme de 10 euros** SIGNIFIE *pour faire cette démarche, il faut payer la somme de 10 euros*

2 (d'une personne) fait de la déclarer non coupable d'un crime

acquitter

1 (une amende, un loyer, etc) = payer

EXEMPLE : **vous devez me présenter toutes les factures acquittées** SIGNIFIE *vous devez me présenter toutes les factures payées (avec le justificatif de leur paiement)*

♦ *s'acquitter de* (une amende, un loyer, etc) = payer

EXEMPLE : **vous devez vous acquitter du paiement de 50 euros** SIGNIFIE *vous devez payer 50 euros*

2 (une personne) la déclarer non coupable d'un crime

acte

acte de mariage : document qui indique les noms, prénoms et dates de naissance des époux, la date du mariage et des informations sur le type de contrat passé entre les époux

acte de naissance : document établi au moment de la déclaration de naissance qui indique le jour, l'heure, le lieu de naissance, le sexe et les prénoms de l'enfant, ainsi que les noms, prénoms, âges et adresses du père et de la mère

acte constitutif : acte juridique qui crée de nouveaux droits ou modifie une situation

♦ *faire acte de candidature* = présenter sa candidature

♦ *prendre acte* = prendre note, (faire) constater officiellement

EXEMPLE : **je prends acte de votre demande** SIGNIFIE *je prends note de votre demande*

→ voir notarié

acter

(une demande, une décision, un fait) = enregistrer, constater par écrit

EXEMPLE : **une lettre a été envoyée pour acter ce transfert** SIGNIFIE *une lettre a été envoyée pour enregistrer ce transfert*

actif

nom masculin

1 (en droit civil) ensemble des droits et des biens d'une personne

actif net : ensemble des droits et des biens d'une personne une fois déduit ce qu'elle doit

actif de la succession, actif brut successoral : ensemble des biens et des droits de la personne décédée

actif de communauté : ensemble des biens acquis pendant le mariage par les époux, ensemble ou séparément, grâce à leurs revenus pendant le mariage

→ voir communauté

2 (en droit commercial) ensemble des biens d'une entreprise

adjectif

(on vous parle d'une personne) personne qui travaille ou recherche un emploi

non actif : personne qui ne travaille pas

recherche active d'emploi : recherche d'un emploi, avec envoi de lettres de candidature, de CV, entretiens, etc

EXEMPLE : **vous devez prouver votre recherche active d'emploi** SIGNIFIE *vous devez prouver que vous avez fait ce qu'il fallait pour trouver un emploi (en envoyant des lettres de candidatures et des CV, en essayant d'obtenir des entretiens, etc)*

action

action civile : action en justice engagée par la victime d'un crime, d'un délit ou d'une contravention

action publique : action en justice engagée par la victime, par les magistrats du ministère public, ou par certains fonctionnaires contre une personne qui a commis une infraction

→ voir contravention, délit, ministère

actualisable

(dossier, renseignements) = qui peut être mis à jour

EXEMPLE : **vos droits sont actualisables** SIGNIFIE *vos droits peuvent être mis à jour*

actualisation

(d'un dossier, de renseignements) = mise à jour

EXEMPLE : **afin de procéder à l'actualisation de votre dossier** SIGNIFIE *pour mettre à jour votre dossier*

EXEMPLE : **vous devez procéder à l'actualisation de votre situation auprès des Assedic** SIGNIFIE *vous devez informer les Assedic à chaque fin de mois de votre situation (nombre d'heures travaillées, arrêt maladie, congé maternité, recherche d'un emploi, stage, etc)*

actualiser

(un dossier, des renseignements) = mettre à jour

EXEMPLE : **nous devons actualiser ces renseignements** SIGNIFIE *nous devons mettre à jour ces renseignements*

EXEMPLE : **vous devez actualiser votre situation auprès des Assedic** SIGNIFIE *à chaque fin de mois, vous devez informer les Assedic de votre situation (nombre d'heures travaillées, arrêt maladie, congé maternité, recherche d'un emploi, d'un stage etc)*

adaptabilité

= possibilité ou capacité de s'adapter

EXEMPLE : **il faut généraliser l'adaptabilité de ces bâtiments aux personnes en fauteuil roulant** SIGNIFIE *il faut que tous ces bâtiments soient adaptés aux personnes en fauteuil roulant*

EXEMPLE : **cette formation est nécessaire à votre adaptabilité à cet emploi** SIGNIFIE *cette formation est nécessaire pour vous permettre de vous adapter à cet emploi*

additionnel, -elle

= supplémentaire

♦ *additionnel à* = qui s'ajoute à

EXEMPLE : **cet impôt, additionnel à la taxe foncière** SIGNIFIE *cet impôt, qui s'ajoute à la taxe foncière*

adéquat, e

= approprié, adapté

EXEMPLE : **cette solution ne semble pas adéquate** SIGNIFIE *cette solution ne semble pas appropriée* ou *adaptée*

adéquation

EXEMPLE : **je dois m'assurer de l'adéquation du dossier au projet** SIGNIFIE *je dois m'assurer que le dossier correspond bien au projet*

♦ *être en adéquation avec* = convenir à

EXEMPLE : **le matériel n'est pas en adé-**

quation avec vos besoins SIGNIFIE *le matériel ne convient pas à vos besoins*

adhérer

♦ *adhérer à* (une idée, un projet) = être d'accord avec

EXEMPLE : **j'adhère complètement à ce que vous dites** SIGNIFIE *je suis tout à fait d'accord avec ce que vous dites* ou *avec vous*

adhésion

(à une idée, à un projet) = accord

EXEMPLE : **cela ne peut se faire sans votre adhésion au projet** SIGNIFIE *cela ne peut pas se faire si vous ne donnez pas votre accord au projet; cela ne peut pas se faire si vous n'êtes pas d'accord avec ce projet*

contrat d'adhésion : contrat non négociable, que la personne doit accepter tel quel ou bien refuser

ad hoc

1 (document, chose) = approprié

EXEMPLE : **vous devez fournir les documents ad hoc** SIGNIFIE *vous devez fournir les documents appropriés* ou *les bons documents*

2 (commission) créée pour une mission précise

(administrateur) personne désignée par un magistrat pour une mission précise, notamment pour représenter un mineur lorsque ses intérêts semblent en opposition avec ceux de ses représentants légaux, c'est-à-dire ses parents (ou l'un d'eux)

ad hominem

❐ (argument, attaque) moyen de défense qui ne concerne que l'intéressé lui-même en raison de sa personne

adjoindre

(une personne) = associer

EXEMPLE : **nous avons adjoint deux autres personnes à ce projet** SIGNIFIE *nous avons associé deux autres personnes à ce projet*

(une chose, une substance) = ajouter

EXEMPLE : **des substances ont été adjointes au carburant** SIGNIFIE *des substances ont été ajoutées au carburant*

♦ *s'adjoindre* (une personne) = se faire aider par, s'associer à

EXEMPLE : **si vous souhaitez vous adjoindre les services d'un spécialiste** SIGNIFIE *si vous souhaitez vous faire aider d'un spécialiste*

EXEMPLE : **il a refusé de s'adjoindre les compétences d'experts** SIGNIFIE *il a refusé d'utiliser les compétences d'experts*

adjonction

= ajout

EXEMPLE : **vous devez déclarer toute adjonction d'éléments nouveaux** SIGNIFIE *vous devez déclarer tout ajout d'éléments nouveaux*

EXEMPLE : **la demande d'adjonction d'un nom d'usage au nom de famille** SIGNIFIE *la demande d'ajout d'un nom d'usage au nom de famille*

adjudicataire

❐ acquéreur dans une vente aux enchères

EXEMPLE : **l'adjudicataire de votre bien** SIGNIFIE *la personne qui a acheté votre bien aux enchères*

adjudication

❐ (on vous parle d'enchères) attribution d'un bien mis aux enchères à la personne qui offre le meilleur prix

ad litem

= en vue d'un procès

❐ (mandat) acte par lequel une personne donne à un avocat ou à un avoué mission de le représenter

❐ (provision) somme d'argent accordée par le juge à l'une des parties comme avance de ses droits, notamment dans un divorce au moment de la liquidation de communauté, pour pouvoir payer les frais de la procédure

administrateur

administrateur légal : personne désignée par la loi pour gérer les biens d'un mineur ou d'une personne majeure qui n'a pas toutes ses capacités; les biens d'un enfant mineur sont administrés par les deux parents quand l'autorité parentale est partagée, sinon c'est à celui des parents qui exerce l'autorité parentale qu'en revient la responsabilité

→ voir ad hoc

administration

administration légale : gestion par une personne désignée par la loi (l'« administrateur légal ») des biens d'un mineur ou d'une personne majeure qui n'a pas toutes ses capacités; les biens d'un enfant mineur sont administrés par les deux parents quand l'autorité parentale est partagée, sinon c'est à celui des parents qui exerce l'autorité parentale qu'en revient la responsabilité

admissibilité

examen d'admissibilité, épreuve d'admissibilité : examen qui, s'il est réussi, donne droit à passer les épreuves définitives d'admission

admissible

= qui peut être admis

EXEMPLE : **une alcoolémie supérieure à celle admissible légalement** SIGNIFIE *une alcoolémie supérieure à celle qui est admise par la loi*

EXEMPLE : **un pays dans lequel vous êtes légalement admissible** SIGNIFIE *un pays dans lequel la loi vous permet d'entrer et de rest*

admonestation

❐ (à un délinquant mineur) avertissement solennel prononcé par le juge des enfants pour faire prendre conscience au jeune délinquant de l'illégalité de son acte et pour éviter qu'il ne commette une nouvelle infraction

admonester

❐ (un délinquant mineur) lui faire un avertissement solennel pour qu'il prenne conscience de l'illégalité de son acte et éviter qu'il ne commette une nouvelle infraction

adverse

partie adverse : personne à laquelle on s'oppose dans un procès

affectation

1 (d'un bien) usage que l'on prévoit d'en faire

EXEMPLE : **en cas d'affectation à usage commercial du local** SIGNIFIE *s'il est prévu d'utiliser le local pour des activités commerciales*

déclaration d'affectation : document précisant l'utilisation prévue pour un matériel, une installation, un bâtiment

2 (d'une personne)

EXEMPLE : **vous sollicitez une demande d'affectation de votre fils au lycée Camus** SIGNIFIE *vous demandez que votre fils soit envoyé au lycée Camus*

EXEMPLE : **l'affectation des agents recrutés ne dépend pas de nous** SIGNIFIE *ce n'est pas nous qui décidons des fonctions occupées par les agents recrutés*

→ voir hypothécaire

affecter

(une situation) = avoir un effet sur

EXEMPLE : **cela n'affectera en rien l'exécution du contrat** SIGNIFIE *cela n'aura aucun effet sur l'exécution du contrat*

EXEMPLE : **je constate la perte totale de points affectant votre permis de conduire** SIGNIFIE *je constate que vous avez perdu tous les points de votre permis de conduire*

EXEMPLE : **merci de nous faire part des changements affectant votre situation familiale** SIGNIFIE *merci de nous indiquer s'il y a eu des changements dans votre situation familiale*

◆ *affecter à*

(une fonction, un usage) = (prévoir d')utiliser pour

EXEMPLE : **les bâtiments affectés au commerce** SIGNIFIE *les bâtiments utilisés pour le commerce*

(on vous parle de personnel) = nommer à

EXEMPLE : **ces agents sont affectés en priorité dans le département** SIGNIFIE *ces agents sont nommés en priorité dans le département*

(on vous parle d'un étudiant, d'un élève) = envoyer à

EXEMPLE : **votre fils sera affecté au lycée Jean Moulin** SIGNIFIE *votre fils sera inscrit au lycée Jean Moulin*

affection

(on vous parle d'un problème de santé) = maladie

affectio societatis

❐ caractère intentionnel du lien entre les associés d'une société (ce qui le distingue par exemple du lien qui unit des copropriétaires)

afférent, e

= qui s'y rapporte

♦ *afférent à* = qui concerne, qui se rapporte à

EXEMPLE : **le contrôle technique afférent au véhicule** SIGNIFIE *le contrôle technique du véhicule*

affermage

❐ (on vous parle de terres agricoles) location de terres agricoles exploitables en échange du paiement d'un loyer en argent ou en nature

affermir

❐ (une tranche de travaux) rendre ferme et définitif l'engagement d'une personne publique sur une phase qui n'était que conditionnelle

affermissement

❐ (d'une tranche de travaux) fait de rendre ferme et définitif l'engagement d'une personne publique sur une phase qui n'était que conditionnelle

affiliation

❐ rattachement d'un assuré à une caisse déterminée

EXEMPLE : **vous pouvez faire une demande d'affiliation à la caisse assurance vieillesse** SIGNIFIE *vous pouvez faire une demande de rattachement à la caisse d'assurance vieillesse*

affilier

= rattacher, inscrire

EXEMPLE : **si vous êtes affilié à une caisse de retraite complémentaire** SIGNIFIE *si vous êtes rattaché à une caisse de retraite complémentaire*

affinité

1 (on vous parle d'un lien familial) lien établi par le mariage qui crée entre chaque époux et les parents de l'autre des droits et des obligations

2 (on vous parle de concordance) = ressemblance, lien, point commun

EXEMPLE : **il existe certaines affinités entre ces deux situations** SIGNIFIE *il existe certaines ressemblances entre ces deux situations; ces deux situations ont quelques points communs*

EXEMPLE : **vos affinités avec cette personne** SIGNIFIE *les liens* ou *les points communs que vous avez avec cette personne*

affirmative

♦ *dans l'affirmative* = si c'est le cas

EXEMPLE : **dans l'affirmative, vous devez joindre une copie de ce document à votre courrier** SIGNIFIE *si c'est le cas, vous devez joindre une copie de ce document à votre courrier*

EXEMPLE : **vous devez m'indiquer si vous souhaitez continuer la formation; dans l'affirmative ...** SIGNIFIE *vous devez m'indiquer si vous souhaitez continuer la formation; si c'est le cas ...*

♦ *répondre par l'affirmative* = donner une réponse positive, dire oui

EXEMPLE : **j'avais répondu par l'affirmative** SIGNIFIE *j'avais donné une réponse positive*

affranchir

= timbrer

EXEMPLE : **une enveloppe affranchie à 0,46 euro** SIGNIFIE *une enveloppe avec un timbre à 0,46 euro*

a fortiori

= à plus forte raison, d'autant plus

EXEMPLE : **cela est valable pour tous les travaux, et a fortiori pour le sol de l'appartement** SIGNIFIE *cela est valable pour tous les travaux, et à plus forte raison pour le sol de l'appartement*

agio

❐ somme que fait payer une banque pour certaines opérations

agissements

❒ comportements ou actions qui peuvent être condamnés

agréé, e

❒ (on vous parle d'un organisme, d'un professionnel, etc) qui a reçu l'autorisation d'une autorité pour faire quelque chose

EXEMPLE : **le logement ne peut être loué qu'à un organisme agréé par le Préfet** SIGNIFIE *le logement ne peut être loué qu'à un organisme qui a reçu l'autorisation du Préfet*

EXEMPLE : **les vétérinaires agréés pour effectuer ces tests** SIGNIFIE *les vétérinaires qui ont l'autorisation d'effectuer ces tests*

agréer

1 = accepter, approuver

EXEMPLE : **le client n'a pas agréé l'accord** SIGNIFIE *le client n'a pas accepté* ou *approuvé l'accord*

2 *agréer à* = convenir à, satisfaire

EXEMPLE : **les solutions qui vous agréent** SIGNIFIE *les solutions qui vous conviennent* ou *qui vous satisfont*

agrément

= autorisation, accord officiel préalable et obligatoire

EXEMPLE : **vous avez sollicité un agrément préfectoral pour la réalisation de cette mission** SIGNIFIE *vous avez demandé l'autorisation de la préfecture pour réaliser cette mission*

EXEMPLE : **vous ne pourrez pas mettre ce produit sur le marché tant que vous n'aurez pas l'agrément sanitaire** SIGNIFIE *vous ne pourrez pas mettre ce produit sur le marché sans avoir reçu l'autorisation des autorités sanitaires*

aide

aide sociale : aide apportée aux personnes qui ont peu de ressources (personnes malades, personnes âgées, personnes handicapées, etc)

service de l'aide sociale à l'enfance : service chargé d'aider et de protéger les enfants qui ont des problèmes familiaux ou sociaux

aide personnalisée au logement : somme d'argent donnée à des locataires ou à des personnes achetant leur premier logement; elle est calculée en fonction des ressources et de la situation familiale; le logement doit faire l'objet d'une convention avec l'État

aisé, e

1 (tâche) = facile, simple

EXEMPLE : **cette liste n'est pas aisée à établir** SIGNIFIE *cette liste n'est pas simple* ou *facile à faire*

2 (on vous parle d'argent) = assez riche

aisément

= facilement

EXEMPLE : **vous en comprendrez aisément les raisons** SIGNIFIE *vous en comprendrez facilement les raisons*

EXEMPLE : **cela ne se fait pas aisément** SIGNIFIE *ce n'est pas facile* ou *simple à faire*

ajournement

❒ (d'un événement) = renvoi à une autre date ou à plus tard

EXEMPLE : **je vous ai signalé l'ajournement de la décision** SIGNIFIE *je vous ai signalé que la décision serait prise plus tard*

❒ (d'un candidat à un examen) fait de ne pas le recevoir à un examen et de lui faire repasser tout ou une partie des épreuves

ajourner

❒ (un événement) = renvoyer ou remettre à plus tard

EXEMPLE : **je me vois dans l'obligation d'ajourner l'étude de votre dossier** SIGNIFIE *je dois remettre l'étude de votre dossier à plus tard*

❒ (un candidat à un examen) ne pas le déclarer admis à un examen, dont il devra repasser la totalité ou une partie des épreuves

alcoolémie

❐ quantité d'alcool dans le sang

> ☞ Rappel: depuis le 15 septembre 1995, il est interdit de conduire avec un taux d'alcool dans le sang égal ou supérieur à 0,5 g par litre; avant cette date, la limite était fixée à 0,7 g par litre.

aléa

❐ événement ou évolution qui ne peut pas être prévu

EXEMPLE : **ces terrains sont classés en zone d'aléa faible/fort** SIGNIFIE *ces terrains sont classés dans une zone où les risques d'inondation sont faibles/importants*

EXEMPLE : **cela dépend des aléas climatiques** SIGNIFIE *cela dépend des changements imprévisibles du temps*

aléatoire

1 (on vous parle d'incertitude) = incertain

EXEMPLE : **le caractère aléatoire des résultats** SIGNIFIE *le caractère incertain des résultats*

2 (on vous parle de hasard) = qui dépend du hasard, fait au hasard

EXEMPLE : **des candidats choisis de manière aléatoire** SIGNIFIE *des candidats choisis au hasard*

3 (en droit)

contrat aléatoire : contrat dont l'effet dépend d'un événement futur incertain (ex: contrat d'assurance)

aléatoirement

= au hasard

EXEMPLE : **cela n'est pas fait aléatoirement** SIGNIFIE *cela n'est pas fait au hasard*

aliénation

(d'un bien) fait d'en transmettre volontairement la propriété à quelqu'un, soit gratuitement, soit en échange d'argent

aliéner

(un bien) en transmettre volontairement la propriété à quelqu'un, soit gratuitement, soit en échange d'argent

alimentaire

obligation alimentaire : obligation de donner une aide matérielle à un proche qui n'a pas de ressources suffisantes

pension alimentaire : somme d'argent versée régulièrement à un proche qui n'a pas de ressources suffisantes

allégation

= affirmation, déclaration

EXEMPLE : **vous n'apportez aucun élément de preuve à l'appui de vos allégations** SIGNIFIE *vous ne donnez aucune preuve de ce que vous affirmez*

allégement

(d'un impôt, d'une dette) = diminution, réduction

EXEMPLE : **vous pouvez bénéficier des allégements de charges sociales** SIGNIFIE *vous pouvez bénéficier des réductions de charges sociales; vos charges sociales peuvent être diminuées*

alléger

(un impôt, une dette) = diminuer, réduire

EXEMPLE : **pour alléger les charges fiscales** SIGNIFIE *pour diminuer* ou *réduire les charges fiscales*

alléguer

= dire ou déclarer (pour se justifier)

EXEMPLE : **vous ne pouvez alléguer le manque de temps** SIGNIFIE *vous ne pouvez pas dire que vous n'avez pas eu assez de temps*

EXEMPLE : **le dommage allégué par le propriétaire** SIGNIFIE *le dommage déclaré par le propriétaire*

allié, e

❐ (on vous parle d'un lien familial) parent du conjoint (beau-père, belle-mère, beau-frère, belle-sœur ou enfant d'un précédent mariage)

allocataire

❐ personne qui reçoit une aide financière

EXEMPLE : **les allocataires du RMI peuvent bénéficier de ces aides** SIGNIFIE *les personnes recevant le RMI peuvent bénéficier de ces aides*

allocation

→ voir dégressif, différentiel, parental, spécifique, subsidiaire

allouer

= accorder, attribuer

EXEMPLE : **la somme allouée par ces organismes** SIGNIFIE *la somme accordée* ou *attribuée par ces organismes*

alternance

formation en alternance : formation faite en partie à l'école et en partie dans une entreprise (ou dans une association, une administration ou une collectivité territoriale)

contrat en alternance : contrat de formation à l'école et dans une entreprise (ou dans une association, une administration ou une collectivité territoriale)

alternatif, -ive

adjectif

(itinéraire, solution) = de remplacement, autre

EXEMPLE : **nous vous avons fait une proposition alternative** SIGNIFIE *nous vous avons fait une autre proposition; nous vous avons proposé autre chose*

peine alternative : peine qui peut remplacer l'emprisonnement dans certaines conditions

nom féminin

♦ *alternative*

(au sens général) = deux possibilités

EXEMPLE : **il y a une alternative** SIGNIFIE *il y a deux possibilités*

(on vous parle d'une solution de remplacement) = autre solution ou possibilité

EXEMPLE : **vous n'avez aucune alternative** SIGNIFIE *vous n'avez aucune autre solution ; vous n'avez pas le choix*

EXEMPLE : **vous n'avez pas d'autre alternative que de vendre ce terrain** SIGNIFIE *vous n'avez pas le choix, vous devez vendre ce terrain*

ambigu, -uë

EXEMPLE : **le contenu de ces documents est ambigu** SIGNIFIE *le contenu de ces documents n'est pas clair*

EXEMPLE : **cette demande est ambiguë** SIGNIFIE *cette demande n'est pas claire* ou *peut vouloir dire plusieurs choses*

ambiguïté

EXEMPLE : **cela pourrait créer une ambiguïté pour vos clients** SIGNIFIE *cela ne serait pas clair pour vos clients*

EXEMPLE : **votre avis doit être exprimé sans ambiguïté** SIGNIFIE *votre avis doit être exprimé de façon parfaitement claire*

amende

❐ argent que l'on doit verser au Trésor public, pour une faute commise

amendement

❐ (d'un texte de loi) proposition de modification destinée à l'améliorer

amender

(un texte de loi) = modifier (par amendement) pour l'améliorer

amiable

❐ désigne l'accord ou l'arrangement passé entre des personnes en conflit qui se font des concessions et qui peut éviter un procès

amnistie

❐ annulation exceptionnelle de certaines condamnations

loi d'amnistie : loi qui annule certaines condamnations

amnistier

(une personne) = annuler la condamnation de

EXEMPLE : **il a été amnistié** SIGNIFIE *sa condamnation a été annulée*

amodiataire

❐ personne à qui est louée une terre ou une mine et qui a le droit de l'exploiter en échange d'un paiement en nature ou en argent

amodiateur, -trice

❐ personne qui loue une terre ou une mine et le droit de l'exploiter, en échange d'un paiement en nature ou en argent

amodiation

❐ location d'une terre ou d'une mine en échange d'un paiement en nature ou en argent

ampliation

= copie, duplicata ; copie conforme qui a valeur légale

EXEMPLE : **une ampliation de l'arrêté préfectoral** SIGNIFIE *une copie conforme de l'arrêté préfectoral*

amputer

(une période, une somme) = réduire

EXEMPLE : **le capital initial a été amputé d'un montant de 300 euros** SIGNIFIE *le capital initial a été réduit de 300 euros*

EXEMPLE : **ce service a été amputé de deux postes** SIGNIFIE *deux postes ont été supprimés du service*

analogie

= ressemblance, lien, rapport

EXEMPLE : **il n'y a aucune analogie entre votre situation et la sienne** SIGNIFIE *votre situation est complètement différente de la sienne*

EXEMPLE : **cela présente une certaine analogie avec le cas précédent** SIGNIFIE *cela ressemble un peu au cas précédent*

analogue

= semblable, comparable

EXEMPLE : **sa situation est analogue à la vôtre** SIGNIFIE *sa situation est semblable* ou *comparable à la vôtre*

EXEMPLE : **vous devrez accomplir une démarche analogue auprès du conseil municipal** SIGNIFIE *vous devrez faire la même démarche auprès du conseil municipal*

angle

♦ *sous l'angle de* = par rapport à

EXEMPLE : **il faut repenser le problème sous l'angle des entreprises concernées** SIGNIFIE *il faut repenser le problème du point de vue des entreprises concernées*

EXEMPLE : **il faudrait étudier le dossier sous l'angle du Plan Local d'Urbanisme** SIGNIFIE *il faudrait étudier le dossier par rapport au Plan Local d'Urbanisme*

annuel, -elle

(on vous parle de fréquence) = qui a lieu tous les ans, qui est fait tous les ans

(on vous parle de durée) = qui dure un an, pour ou sur un an

EXEMPLE : **c'est une visite annuelle** SIGNIFIE *c'est une visite qui est faite tous les ans*

EXEMPLE : **le montant annuel du loyer** SIGNIFIE *le montant du loyer pour un an*

annuité

1 (on vous parle d'un prêt, d'une dette) somme versée chaque année pour rembourser un prêt ou une dette

2 (on vous parle d'une pension) équivalent d'une année de service (pour le calcul des droits à une pension, à la retraite etc.)

anomalie

= chose anormale

EXEMPLE : **des anomalies ont été relevées dans les factures** SIGNIFIE *des choses anormales ont été relevées dans les factures*

anonymat

❐ (on vous parle d'une personne) état de la personne dont on ne connaît pas le nom

❐ (on vous parle d'une lettre, d'un appel) état de la chose dont on ne connaît pas l'auteur

EXEMPLE : **cet appel est gratuit et préserve l'anonymat** SIGNIFIE *cet appel est gratuit et la personne qui téléphone n'a pas à donner son nom*

anonyme

❐ (personne) dont le nom n'est pas connu

❐ (lettre, appel) dont le nom de l'auteur n'est pas connu

société anonyme : société par actions, qui n'est désignée par le nom d'aucun de ses associés

antérieur, e

1 (dans le temps) = d'avant, fait avant

EXEMPLE : **vous aviez opéré des acquisitions antérieures de terrains** SIGNIFIE *vous aviez acheté des terrains avant (cette date* ou *le ...)*

EXEMPLE : **l'implantation de ce bâtiment est antérieure à la réglementation actuelle** SIGNIFIE *ce bâtiment a été construit avant la réglementation actuelle*

EXEMPLE : **les factures antérieures à la date du 31 décembre 2003** SIGNIFIE *les factures établies avant le 31 décembre 2003*

2 (dans l'espace) = placé devant ou en avant

antérieurement

= auparavant, avant

EXEMPLE : **le règlement antérieurement en vigueur** SIGNIFIE *le règlement qui s'appliquait auparavant* ou *avant*

EXEMPLE : **les factures encaissées antérieurement au 01.01.2003** SIGNIFIE *les factures encaissées avant le 01.01.2003*

antériorité

EXEMPLE : **du fait de l'antériorité des bâtiments de votre voisin** SIGNIFIE *du fait que les bâtiments de votre voisin ont été construits avant les vôtres*

EXEMPLE : **vous avez apporté un justificatif prouvant l'antériorité de la marque** SIGNIFIE *vous avez apporté un justificatif prouvant que la marque était déjà utilisée avant*

EXEMPLE : **vous y avez droit car votre exploitation bénéficie de l'antériorité** SIGNIFIE *vous y avez droit car votre exploitation existait déjà avant*

antichrèse

❐ contrat permettant à un créancier de prendre possession d'un immeuble de son débiteur et de recevoir ce que rapporte l'immeuble jusqu'au règlement de la dette

anticipation

1 (d'une échéance, d'un paiement)

EXEMPLE : **si vous souhaitez l'anticipation du remboursement** SIGNIFIE *si vous souhaitez que le remboursement soit fait en avance; si vous souhaitez que le remboursement soit fait avant la date prévue* ou *fixée*

♦ *par anticipation* = en avance, avant la date prévue ou fixée

EXEMPLE : **vous pouvez rembourser cette somme par anticipation** SIGNIFIE *vous pouvez rembourser cette somme avant la date prévue*

2 (d'un événement)

EXEMPLE : **cela a été fait dans l'anticipation d'une baisse des taux** SIGNIFIE *cela a été fait parce qu'une baisse des taux avait été prévue*

anticiper

1 (une échéance, un paiement) = faire avant la date prévue ou fixée

EXEMPLE : **il est inutile d'anticiper le dépôt de votre dossier avant la date de votre 65ème anniversaire** SIGNIFIE *il est inutile de déposer votre dossier avant la date de votre 65ème anniversaire*

EXEMPLE : **vous avez sollicité le versement anticipé de cette allocation** SIGNIFIE *vous avez demandé que cette allocation vous soit versée en avance* ou *avant la date prévue; vous avez demandé à recevoir cette allocation en avance* ou *avant la date prévue*

retraite anticipée : retraite prise avant l'âge fixé par la loi ou par la convention collective

apprentissage anticipé de la conduite : apprentissage de la conduite possible dès l'âge de 16 ans, qui se déroule en 3 étapes: formation en auto-école avec examen théorique, conduite accompagnée d'un adulte jusqu'à l'âge de 18 ans et présentation au permis de conduire

2 (un événement) = prévoir

EXEMPLE : **nous n'avions pas anticipé ces changements** SIGNIFIE *nous n'avions pas prévu ces changements*

3 *anticiper sur* (une évolution) = prévoir (et agir en conséquence)

antidater

EXEMPLE : **il convient de ne jamais antidater le contrat** SIGNIFIE *datez le contrat du jour où vous l'établissez*

apanage

♦ *être l'apanage de* = être réservé à, appartenir seulement à

EXEMPLE : **cette activité n'est pas l'apanage des agriculteurs** SIGNIFIE *cette activité n'est pas réservée aux agriculteurs*

apatride

❒ (personne) qui n'a pas de nationalité légale

a posteriori

= par la suite, plus tard, après

EXEMPLE : **votre situation pourrait être régularisée a posteriori si ces conditions étaient réunies** SIGNIFIE *votre situation pourrait être régularisée par la suite* ou *après si ces conditions étaient réunies*

apostille

= note, remarque

s'apparenter

♦ *s'apparenter à* (une chose, une situation) = être comparable à, être considéré comme

EXEMPLE : **votre situation peut être apparentée à celle d'un étudiant** SIGNIFIE *votre situation est comparable à celle d'un étudiant*

EXEMPLE : **ce type de comportement pourrait s'apparenter à un délit** SIGNIFIE *ce type de comportement pourrait être considéré comme un délit*

appartenir

ce verbe apparaît souvent dans les formulations suivantes :

EXEMPLE : **il vous appartient de faire respecter ces règles** SIGNIFIE *vous devez faire respecter ces règles; c'est à vous de faire respecter ces règles*

EXEMPLE : **dans ce cas, il vous appartiendrait de m'en informer dans les meilleurs délais** SIGNIFIE *dans ce cas, vous devriez m'en informer le plus rapidement possible*

appel

cour d'appel : cour chargée de juger à nouveau une affaire lorsque le jugement qui a été rendu est contesté par l'une des parties

♦ *faire appel ; interjeter appel* contester une décision de justice et demander qu'une affaire soit à nouveau étudiée

EXEMPLE : **vous avez fait appel de la décision** SIGNIFIE *vous avez contesté la décision et avez demandé que l'affaire soit à nouveau jugée*

EXEMPLE : **le jugement est susceptible d'être frappé d'appel** SIGNIFIE *le jugement peut être contesté pour que l'affaire soit à nouveau étudiée*

application

champ d'application :

EXEMPLE : **cet accident n'entre pas dans le champ d'application de l'article L-411-1 du Code de la Sécurité sociale** SIGNIFIE *cet accident ne fait pas partie des cas cités à l'article L-411-1 du Code de la Sécurité sociale; cet accident n'entre pas dans le cadre de l'article L-411-1 du Code de la Sécurité sociale; ce type d'accident n'est pas pris en compte dans l'article L-411-1 du Code de la Sécurité sociale*

EXEMPLE : **la prime à l'embauche entre dans le champ d'application de l'impôt sur le revenu** SIGNIFIE *la prime à l'embauche est imposable; la prime à l'embauche fait partie des revenus sur lesquels on peut avoir à payer des impôts; la prime à l'embauche fait partie des revenus à déclarer*

♦ *en application de* = d'après, selon

EXEMPLE : **je vous précise qu'en application de l'article 24 du décret du 31 juillet 1970** SIGNIFIE *je vous précise que d'après* ou *selon l'article 24 du décret du 31 juillet 1970*

EXEMPLE : **vous pouvez réaliser ces travaux, en application des articles 49 et 56** SIGNIFIE *vous pouvez faire ces travaux, comme le permettent les articles 49 et 56*

♦ *faire application de* = appliquer

EXEMPLE : **il ne peut être fait application de l'article 5** SIGNIFIE *l'article 5 ne peut pas être appliqué*

♦ *porter application de* = (permettre d') appliquer

EXEMPLE : **le décret portant application de la loi du 3 janvier 1969** SIGNIFIE *le décret qui permet d'appliquer la loi du 3 janvier 1969*

apposer

= mettre ; (un timbre) = coller

♦ *apposer sa signature* = signer

EXEMPLE : **vous devez apposer votre signature sur chaque exemplaire** SIGNIFIE *vous devez signer chaque exemplaire*

apposition

EXEMPLE : **après apposition de votre signature sur chaque exemplaire** SIGNIFIE *après avoir signé chaque exemplaire*

EXEMPLE : **après apposition d'un timbre sur chaque enveloppe** SIGNIFIE *après avoir collé un timbre sur chaque enveloppe*

appréhender

1 (un problème) = comprendre, analyser

EXEMPLE : **pour tenter d'appréhender ce problème** SIGNIFIE *pour essayer de comprendre* ou *d'analyser ce problème*

2 (par la police) = arrêter

EXEMPLE : **il a été appréhendé par la police** SIGNIFIE *il a été arrêté par la police*

approbation

= autorisation, accord

EXEMPLE : **dès son approbation, la convention est applicable** SIGNIFIE *dès que la convention est approuvée, elle peut être appliquée*

EXEMPLE : **l'opération devra être soumise à l'approbation de Monsieur le Préfet** SIGNIFIE *Monsieur le Préfet devra autoriser cette opération*

approvisionner

(un compte bancaire) = verser de l'argent sur

EXEMPLE : **vous devez approvisionner régulièrement votre compte** SIGNIFIE *vous devez verser régulièrement de l'argent sur votre compte*

appui

♦ *à l'appui*

(on vous parle d'un document, de chiffres) = avec (pour le prouver ou le confirmer)

EXEMPLE : **il a montré, chiffres à l'appui, que...** SIGNIFIE *il a montré, avec des chiffres pour le prouver, que...*

♦ *à l'appui de*

(on vous parle d'une demande) = pour justifier

(on vous parle d'une déclaration) = pour confirmer, pour prouver

EXEMPLE : **veuillez envoyer tous documents utiles à l'appui de votre demande d'admission au séjour** SIGNIFIE *merci de nous envoyer tous les documents qui justifient votre demande d'admission au séjour*

réseaux d'Écoute, d'Appui et d'Accompagnement des Parents : réseaux départementaux qui aident les parents qui ont des difficultés avec leurs enfants

a priori

= tout de suite, à première vue

EXEMPLE : **cette hypothèse ne doit pas être éliminée a priori** SIGNIFIE *cette hypothèse ne doit pas être éliminée tout de suite, avant d'avoir été étudiée*

EXEMPLE : **malgré ces conditions a priori défavorables** SIGNIFIE *malgré ces conditions qui semblent défavorables à première vue*

EXEMPLE : **aucun fait ne permet, a priori, de signaler une illégalité** SIGNIFIE *pour l'instant, aucun fait ne permet de signaler une illégalité*

apurement

(d'une dette) = paiement, remboursement

plan d'apurement : programme financier permettant de rembourser une dette

apurer

(un impayé, une dette) = payer (ce qui reste de), rembourser (ce qui reste de)

EXEMPLE : SIGNIFIE *pour que vous puissiez payer ce que vous devez encore*

arbitrage

❐ (en droit) règlement d'un désaccord entre des parties par une ou plusieurs autres personnes qu'elles ont choisies

arbitraire

(décision) = sans raison valable ou particulière, sans justification

EXEMPLE : **cette décision n'est pas du tout arbitraire** SIGNIFIE *cette décision a été prise pour de bonnes raisons* ou *pour des raisons valables*

(arrestation, détention) = illégal

arbitrairement

= sans raison valable ou particulière, sans justification

EXEMPLE : **vous pensez être privé arbitrairement de vos allocations** SIGNIFIE *vous pensez que vos allocations ont été supprimées sans raison valable* ou *sans justification*

EXEMPLE : **il l'a fait arbitrairement interner dans un hôpital psychiatrique** SIGNIFIE *il l'a fait interner dans un hôpital psychiatrique sans raison valable*

arbitre

❐ (en droit) personne choisie par des parties pour régler un désaccord

arbitrer

(un différend, un litige) = intervenir pour régler

are

= cent mètres carrés (unité de mesure correspondant à cent mètres carrés, abrégée en 'a')

EXEMPLE : **un terrain de 20 ares** SIGNIFIE *un terrain de 2 000 mètres carrés*

arguer, argüer

♦ *arguer de* = donner comme argument

EXEMPLE : **vous pouvez arguer de l'incompétence de l'opérateur** SIGNIFIE *vous pouvez donner comme argument l'incompétence de l'opérateur*

EXEMPLE : **vous arguez du fait que vous remplissez les conditions de l'article 12 pour ...** SIGNIFIE *vous donnez comme argument que vous remplissez les conditions de l'article 12 pour ...*

argumentaire

= (ensemble d')arguments

EXEMPLE : **l'argumentaire du comité pour justifier son avis** SIGNIFIE *les arguments donnés* ou *les raisons données par le comité pour justifier son avis*

EXEMPLE : **vous commencez votre argumentaire par l'absence de témoins** SIGNIFIE *le premier argument que vous donnez est l'absence de témoins*

arme

arme de poing : arme que l'on peut tenir serrée dans la main: pistolet, revolver, poignard, etc

arpentage

❐ mesure de la superficie d'un terrain

arpenter

❐ (un terrain) mesurer sa superficie

arpenteur

❐ personne chargée de mesurer la superficie des terrains

arrérages

❐ argent versé régulièrement à une personne comme rente ou pension

arrêt

1 (on vous parle d'une décision) décision prise par une cour d'appel, une cour d'assises, la Cour de cassation ou le conseil d'État

2 maison d'arrêt : prison pour les personnes qui n'ont pas été jugées définitivement ou dont la peine est inférieure à un an

arrêté

arrêté préfectoral : décision prise par un préfet

arrêté ministériel : décision prise par un ministre

arrêté municipal : décision prise par un maire

arrêté d'alignement : document qui indique à un propriétaire où se situe la ligne qui sépare la voie publique de sa propriété

arrhes

❐ partie d'une somme à payer versée d'avance lors de la conclusion d'un contrat; elle n'est pas remboursable si la personne qui l'a versée change d'avis une fois le contrat conclu; la somme doit être redonnée au double si c'est la personne qui l'a reçue qui renonce au contrat

arriéré

❒ somme qui reste à payer

EXEMPLE : **vous avez un arriéré de 400 euros** SIGNIFIE *vous devez encore 400 euros*

EXEMPLE : **vous devez payer les arriérés de loyers** SIGNIFIE *vous devez régler les loyers que vous n'avez toujours pas payés*

s'arroger

♦ *s'arroger (qqch)* = prendre (qqch) sans en avoir le droit

EXEMPLE : **le titre que vous vous étiez arrogé** SIGNIFIE *le titre que vous aviez pris sans en avoir le droit*

EXEMPLE : **vous ne pouvez pas vous arroger ce pouvoir** SIGNIFIE *vous n'avez pas le droit de faire cela*

♦ *s'arroger le droit de faire (qqch)* = se donner le droit de faire (qqch)

EXEMPLE : **il ne pouvait pas s'arroger le droit d'imposer ce règlement** SIGNIFIE *il n'avait pas le droit d'imposer ce règlement*

ascendant

❒ (on vous parle d'un lien familial) membre de la famille dont on descend (comme le père, la mère, le grand-père, la grand-mère)

asile

1 **asile territorial** : droit au séjour offert par l'État à une personne étrangère lorsque sa vie ou sa liberté est menacée dans son pays d'origine

droit d'asile : droit au séjour offert par l'État à une personne qui peut être en danger dans son pays d'origine à cause de sa race, de sa religion, de sa nationalité, de son appartenance à un groupe social ou de ses opinions politiques

droit d'asile politique : droit au séjour offert par l'État à une personne dont la vie est menacée dans son pays d'origine à cause de ses opinions politiques

2 **asile de nuit** : établissement qui accueille pour la nuit des personnes sans abri

assentiment

= accord, permission

EXEMPLE : **si la totalité des membres présents a donné son assentiment** SIGNIFIE *si tous les membres présents ont donné leur accord*

EXEMPLE : **vous devez obtenir l'assentiment de la société** SIGNIFIE *vous devez obtenir l'accord* ou *la permission de la société*

asseoir

(un impôt, une taxe) = calculer (sur une base déterminée)

EXEMPLE : **ces taxes sont assises selon les mêmes modalités** SIGNIFIE *ces taxes sont calculées de la même façon*

assermentation

❒ procédure au cours de laquelle un professionnel prête serment et devient qualifié

assermenté, e

❒ (professionnel) qui a prêté serment et qui est qualifié

EXEMPLE : **ces opérations sont réalisées par des personnes assermentées** SIGNIFIE *ces opérations sont réalisées par des personnes qualifiées*

❒ (témoin) qui a prêté serment devant le tribunal

assertion

= affirmation

EXEMPLE : **cette assertion est inexacte** SIGNIFIE *cette affirmation est inexacte*

assesseur

❒ (au sens courant) = remplaçant ; personne qui en assiste une autre et la remplace durant son absence

❒ (on vous parle d'un juge) juge qui assiste le président d'un tribunal ou d'une cour

assidu, e

= très régulier

EXEMPLE : **de façon assidue** SIGNIFIE *très régulièrement*

EXEMPLE : **tout enfant âgé de 6 à 16 ans doit être scolarisé de façon assidue**

SIGNIFIE *tout enfant âgé de 6 à 16 ans doit suivre régulièrement les cours d'un établissement scolaire*

assiduité

EXEMPLE : **votre assiduité à ces réunions est nécessaire** SIGNIFIE *votre présence régulière à ces réunions est nécessaire*

EXEMPLE : **pour s'assurer de son assiduité aux cours** SIGNIFIE *pour s'assurer qu'il suit très régulièrement les cours*

assidûment

= de manière très régulière, très régulièrement

EXEMPLE : **vous devez participer assidûment aux séances** SIGNIFIE *vous devez participer très régulièrement aux séances*

assiette

(d'un impôt) = base de calcul

EXEMPLE : **l'assiette de la TVA** SIGNIFIE *la base de calcul de la TVA*

assignataire

❒ (comptable, administration) qui peut effectuer des versements ordonnés par une autorité qui lui donne l'ordre de paiement

assignation

❒ (on vous parle d'une procédure judiciaire) acte de procédure qui permet à une personne (le « demandeur ») d'informer son adversaire (le « défendeur ») qu'elle engage un procès contre lui et l'invite à comparaître devant une juridiction; l'assignation est établie et délivrée par un huissier de justice

assignation à comparaître : convocation devant un tribunal

assignation à résidence :
(dans le cadre d'une expulsion) obligation d'habiter dans un lieu fixé par la loi en attendant son expulsion

(dans le cadre d'une instruction) interdiction de s'absenter de son domicile ou d'une résidence fixée par le juge d'instruction, sauf dans certaines conditions et pour certaines raisons déterminées par ce juge

assigner

♦ *assigner à comparaître* = convoquer devant un tribunal (ou un officier de l'état civil ou ministériel)

♦ *assigner en justice* = convoquer devant un tribunal

♦ *assigner à résidence* :
(dans le cadre d'une expulsion) obliger quelqu'un à habiter dans un lieu fixé par la loi, en attendant son expulsion

(dans le cadre d'une instruction) interdire à quelqu'un de s'absenter de son domicile ou d'une résidence fixée par le juge d'instruction, sauf dans certaines conditions et pour certaines raisons déterminées par ce juge

assimilable

♦ *être assimilable à* = être considéré comme, être semblable à

EXEMPLE : **ces travaux ne peuvent être assimilables à des travaux de reconstruction** SIGNIFIE *ces travaux ne peuvent pas être considérés comme des travaux de reconstruction*

assimilation

défaut d'assimilation (on vous parle d'acquisition de la nationalité) : comportement qui empêche la bonne intégration dans la communauté française (connaissance insuffisante de la langue française, rejet des valeurs de la société française, etc)

procès-verbal d'assimilation : document prouvant qu'une personne qui demande la nationalité française parle français

assimiler

♦ *assimiler à* (on vous parle de comparaison) = considérer comme (semblable à)

EXEMPLE : **sont assimilées à des exportations de biens ...** SIGNIFIE *sont considérées comme des exportations de biens ...*

EXEMPLE : **activité salariée ou assimilée** SIGNIFIE *activité salariée ou considérée comme telle*

♦ *s'assimiler à* (une chose, une activité) = être comparable à, être considéré comme (semblable à)

EXEMPLE : **ce message s'assimile à de la publicité** SIGNIFIE *ce message peut être considéré comme une publicité*

assises

cour d'assises : groupe de magistrats et de jurés chargé de juger les affaires criminelles

→ voir juré

assortir

♦ *assortir de* = accompagner de

EXEMPLE : **les rappels d'impôt seront assortis d'un intérêt de retard** SIGNIFIE *les rappels d'impôt seront accompagnés d'un intérêt de retard*

EXEMPLE : **vous risquez une suspension de permis assortie d'une amende** SIGNIFIE *vous risquez une suspension de permis ainsi qu'une amende*

assujettir

♦ *assujettir à (qqch)* = soumettre à (qqch)

EXEMPLE : **les personnes assujetties à ces taxes** SIGNIFIE *les personnes soumises à ces taxes; les personnes qui doivent payer ces taxes*

EXEMPLE : **les activités assujetties à autorisation administrative** SIGNIFIE *les activités qui doivent recevoir une autorisation administrative*

assujettissement

(on vous parle d'un impôt, d'une taxe)

EXEMPLE : **si vous optez pour l'assujettissement à la TVA** SIGNIFIE *si vous choisissez de payer la TVA*

assumer

(une charge, une obligation, une responsabilité)

EXEMPLE : **mon service peut assumer cette charge** SIGNIFIE *mon service peut s'en charger*

EXEMPLE : **ils se trouvent dans l'impossibilité d'assumer leurs obligations relatives au paiement du loyer** SIGNIFIE *ils ne peuvent pas payer leur loyer*

astreindre

♦ *astreindre (qqn) à faire (qqch)* = obliger (qqn) à faire (qqch)

EXEMPLE : **vous êtes astreint à faire des travaux** SIGNIFIE *vous êtes obligé de* ou *vous devez faire des travaux*

EXEMPLE : **vous êtes astreint à certaines obligations** SIGNIFIE *vous avez certaines obligations*

astreinte

1 (on vous parle de l'obligation de payer) obligation de payer une certaine somme pour chaque jour de retard dans l'exécution d'un contrat

2 (on vous parle de l'amende) somme à payer pour chaque jour de retard dans l'exécution d'un contrat

atermoiement

EXEMPLE : **tout atermoiement de votre part allongera le délai de réponse** SIGNIFIE *plus vous tarderez, plus le délai de réponse sera long*

EXEMPLE : **après des semaines d'atermoiement, la réunion a enfin eu lieu** SIGNIFIE *après avoir été repoussée pendant des semaines, la réunion a enfin eu lieu*

atermoyer

= essayer de gagner du temps, retarder ou repousser une décision

EXEMPLE : **il n'est plus possible d'atermoyer, il faut prendre une décision** SIGNIFIE *il n'est plus possible de repousser cette décision (en essayant de gagner du temps avec de fausses excuses)*

attache

♦ *prendre l'attache de* = prendre contact avec, contacter

EXEMPLE : **je vous invite à prendre l'attache du service des étrangers** SIGNIFIE *je vous invite à prendre contact avec le service des étrangers*

s'attacher

♦ *s'attacher à (faire qqch)* = essayer de (faire qqch)

EXEMPLE : **vous comprendrez donc l'intérêt qui s'attache à agir rapidement** SIGNIFIE *vous comprendrez donc l'intérêt d'agir rapidement*

EXEMPLE : **je souligne l'importance qui s'attache à la poursuite du projet** SIGNIFIE *je souligne l'importance de poursuivre ce projet*

EXEMPLE : **je m'attache à recueillir le plus grand nombre d'informations** SIGNIFIE *j'essaie de recueillir le plus grand nombre d'informations*

EXEMPLE : **nous nous sommes attachés à régler rapidement le problème** SIGNIFIE *nous avons fait tout notre possible pour régler rapidement le problème*

attaquer

(une décision) = engager ou faire une action en justice contre

EXEMPLE : **vous pouvez attaquer cette décision** SIGNIFIE *vous pouvez engager une action en justice contre cette décision*

atteinte

atteinte à la vie privée : faute qui consiste à nuire au respect de la vie privée auquel a droit chaque citoyen

♦ *porter atteinte à* = mettre en danger, nuire à

EXEMPLE : **ces changement ne portent pas atteinte à la qualité de l'eau** SIGNIFIE *ces changements ne nuisent pas à la qualité de l'eau*

EXEMPLE : **un comportement qui porte atteinte à la sûreté des personnes** SIGNIFIE *un comportement qui met en danger la sûreté des personnes*

♦ *porter une atteinte disproportionnée à*

EXEMPLE : **ce refus ne porte pas une atteinte disproportionnée à votre vie privée et familiale** SIGNIFIE *ce refus ne nuit pas gravement à votre vie privée et familiale; ce refus ne gêne pas sérieusement votre vie privée et familiale*

attendu

1 (dans un jugement) raison donnée pour justifier une décision de justice

2 *attendu que*
(au sens général) = étant donné que, comme
(en droit) formule qui introduit les raisons justifiant une décision de justice

attenter

♦ *attenter à* (l'honneur, l'intégrité de qqn) = essayer de nuire à

EXEMPLE : **le fait d'attenter à l'intérêt général** SIGNIFIE *le fait de nuire à l'intérêt général*

♦ *attenter à la vie de* = essayer de tuer

EXEMPLE : **il a attenté à la vie de son voisin** SIGNIFIE *il a essayé de tuer son voisin*

attention

♦ *appeler* ou *attirer l'attention de (qqn) sur (qqch)* = signaler (qqch) à (qqn) , informer (qqn) de (qqch)

EXEMPLE : **mon attention a été appelée sur ce problème** SIGNIFIE *on m'a signalé ce problème; le problème m'a été signalé*

atténuation

= diminution, réduction

EXEMPLE : **une atténuation de votre dette fiscale vous a été accordée** SIGNIFIE *une réduction de votre dette fiscale vous a été accordée*

atténuer

= diminuer, réduire

EXEMPLE : **nous souhaitons atténuer ses effets négatifs** SIGNIFIE *nous souhaitons réduire ses effets négatifs*

attester

= certifier

EXEMPLE : **un document attestant le démarrage de ce projet** SIGNIFIE *un document qui certifie que le projet a commencé*

EXEMPLE : **le préfet atteste que le dossier a été déposé** SIGNIFIE *le préfet certifie que le dossier a été déposé*

♦ *attester de* = prouver, donner des preuves de

EXEMPLE : **vous n'avez pas attesté des ressources nécessaires** SIGNIFIE *vous n'avez pas prouvé que vous aviez les ressources nécessaires*

attraire

♦ *attraire qqn en justice* = attaquer qqn en justice

attribuable

= qui peut être attribué

EXEMPLE : **ce retard est partiellement attribuable à des problèmes de transport** SIGNIFIE *ce retard est en partie dû à des problèmes de transport*

attributaire

EXEMPLE : **l'entreprise attributaire du marché** SIGNIFIE *l'entreprise à qui le marché a été accordé* ou *qui a eu le marché*

EXEMPLE : **les préfectures attributaires de postes pour l'année 2006** SIGNIFIE *les préfectures où des postes seront créés en 2006*

attribution

1 attribution préférentielle (on vous parle d'une indivision) : dans le partage d'un bien commun entre plusieurs personnes, attribution de la totalité du bien à l'une des personnes qui correspond à certains critères prévus par la loi

2 *porter attribution de* = attribuer

EXEMPLE : **un arrêté portant attribution d'une subvention de 1 200 euros** SIGNIFIE *un arrêté attribuant une subvention de 1 200 euros*

3 attributions (d'un service, d'une personne) = fonctions

EXEMPLE : **cela n'entre pas dans les attributions de mon service** SIGNIFIE *mon service ne s'occupe pas de cela*

atypique

= exceptionnel, inhabituel

EXEMPLE : **cette procédure est assez atypique** SIGNIFIE *cette procédure est assez exceptionnelle* ou *inhabituelle*

aucunement

= pas du tout, absolument pas

EXEMPLE : **la pièce d'identité ne fait aucunement mention de votre mariage** SIGNIFIE *la pièce d'identité ne mentionne pas (du tout) votre mariage*

audience

1 (au sens général) = entrevue

EXEMPLE : **vous avez sollicité une audience en vue d'exposer votre situation** SIGNIFIE *vous avez demandé une entrevue pour expliquer votre situation; vous avez demandé à être reçu pour expliquer votre situation*

2 (au tribunal) séance où le juge entend les parties ou leurs représentants et rend ses décisions

audit

= à ce

EXEMPLE : **le document adressé audit notaire** SIGNIFIE *le document adressé à ce notaire*

auditeur

auditeur de justice : élève magistrat de l'École nationale de la magistrature qui a prêté serment et fait partie du corps judiciaire (ensemble des magistrats)

audition

❒ (d'un témoin, d'une partie civile, etc) séance pendant laquelle la personne est entendue (soit par le juge d'instruction, soit par la police, soit devant le tribunal)

EXEMPLE : **les auditions de témoins sont terminées** SIGNIFIE *les témoins ont été entendus et leurs déclarations enregistrées*

EXEMPLE : **le document comportant audition de l'adolescent** SIGNIFIE *le compte rendu de ce qu'a déclaré l'adolescent*

auditionner

(un témoin, une partie civile, etc) = entendre (et recueillir sa déclaration)

auteur

❒ (d'un droit, d'une obligation) personne qui a transmis un droit ou une obligation à une autre personne

l'auteur de la décision : la personne qui a pris la décision

authenticité

❒ (d'un objet, d'un document) fait d'être d'une origine ou d'une exactitude incontestable

❒ (d'un acte juridique) fait d'avoir été écrit ou validé par un officier public (notaire, huissier de justice, officier d'état civil) en respectant les conditions de forme exigées par la loi

authentification

❒ (d'un objet, d'un document) procédure qui en certifie l'origine

❒ (d'un acte juridique) procédure qui certifie qu'il a été écrit ou validé par un officier public (notaire, huissier de justice, officier d'état civil) en respectant les conditions de forme exigées par la loi

authentifier

❐ (un objet, un document) = certifier l'origine de

❐ (un acte) certifier qu'il a été écrit ou validé par un officier public (notaire, huissier de justice, officier d'état civil)

authentique

acte authentique : acte établi par un officier public (notaire, huissier de justice, officier d'état civil)

copie authentique : copie intégrale d'un acte ou d'un jugement ayant la même valeur que l'original

automaticité

EXEMPLE : **il n'y a pas d'automaticité du versement de cette aide** SIGNIFIE *cette aide n'est pas versée automatiquement*

EXEMPLE : **pour ce type de délit, il y a automaticité de la sanction** SIGNIFIE *pour ce type de délit, la sanction s'applique de manière automatique*

autorisation

♦ *porter autorisation de* = autoriser, donner l'autorisation de

EXEMPLE : **un arrêté portant autorisation de la liquidation de stock** SIGNIFIE *un arrêté autorisant la liquidation de stock*

autrui

= une autre personne, les autres personnes

EXEMPLE : **un conducteur dangereux pour lui-même et pour autrui** SIGNIFIE *un conducteur dangereux pour lui-même et pour les autres*

EXEMPLE : **vous ne pouvez chasser sur la propriété d'autrui sans le consentement du propriétaire** SIGNIFIE *vous n'avez pas le droit de chasser sur la propriété de quelqu'un sans son accord*

auxdits, auxdites

= à ces

EXEMPLE : **l'argent versé auxdites organisations** SIGNIFIE *l'argent versé à ces organisations*

auxiliaire

❐ (dans l'Administration) personne qui occupe pour un temps déterminé un poste dans l'administration (mais qui ne remplace pas le titulaire du poste)

auxiliaire de justice : professionnel du droit qui aide le juge (secrétaire, greffier, expert, etc) ou les parties (avocat, huissier, etc)

assistant d'éducation, auxiliaire de vie scolaire : personne chargée d'aider un enfant handicapé à s'intégrer dans une classe

avenant

❐ élément qui modifie ou complète un contrat ou une convention

avéré, e

= prouvé, reconnu (vrai), réel

EXEMPLE : **le délit, s'il est avéré...** SIGNIFIE *si le délit est prouvé,...*

EXEMPLE : **vous pouvez demander un délai supplémentaire en cas de difficultés avérées** SIGNIFIE *vous pouvez demander un délai supplémentaire si vous avez des difficultés réelles*

EXEMPLE : **même avérée, l'existence d'une vie familiale en France ne suffit pas pour...** SIGNIFIE *même s'il est reconnu que vous avez vécu en France avec votre famille, cela ne suffit pas pour...*

s'avérer

EXEMPLE : **si le bilan s'avère positif** SIGNIFIE *si le bilan est positif*

♦ *il s'avère que*

EXEMPLE : **il s'avère que votre terrain est isolé** SIGNIFIE *votre terrain est isolé*

avertissement

1 (au sens général) déclaration dans laquelle on attire l'attention d'une personne sur un droit ou une obligation

2 (on vous parle de Sécurité sociale) demande faite à une personne, par lettre recommandée, de payer ses cotisations

3 (en droit pénal) document qui déclenche une action devant le tribunal correctionnel ou le tribunal de police; il

indique l'infraction poursuivie et cite le texte de loi qui la punit

4 (en droit administratif) sanction disciplinaire

aveu

❒ (en droit) fait de reconnaître que l'on est coupable; c'est un mode de preuve au civil, mais pas au pénal

EXEMPLE : **il est passé aux aveux** SIGNIFIE *il a reconnu* ou *avoué qu'il était coupable (de ce qui lui était reproché)*

♦ *de l'aveu de* = d'après

EXEMPLE : **de l'aveu même de l'employeur, le produit n'était pas aux normes** SIGNIFIE *l'employeur a (lui-même) reconnu que le produit n'était pas aux normes*

aviser

= informer

EXEMPLE : **j'en avise votre caisse de retraite** SIGNIFIE *j'en informe votre caisse de retraite*

♦ *s'aviser de* ou *que* = se rendre compte de ou que

EXEMPLE : **je m'avise que vous n'avez pas répondu à ce courrier** SIGNIFIE *je me rends compte que vous n'avez pas répondu à ce courrier*

avoué

❒ officier ministériel chargé, devant les cours d'appel, d'accomplir, au nom et pour le compte de ses clients, les actes nécessaires à la procédure, de faire connaître ses prétentions; l'avocat conserve son rôle de conseil et d'assistance; l'intervention d'un avoué est obligatoire dans la plupart des affaires portées devant la cour d'appel

ayant cause

❒ personne à qui un droit ou une obligation ont été transmis par une autre personne

ayant droit

❒ personne qui a un droit ou à qui un droit a été transmis par une autre personne

B

bail (pl baux)

❐ contrat par lequel une personne laisse à une autre le droit de se servir d'une chose pendant un temps déterminé en échange d'une somme précise; plus spécialement, contrat que l'on signe quand on loue un logement, un magasin

bail locatif : contrat de location

♦ *prendre à bail* = prendre en location

♦ *donner à bail* = donner en location

bailleur, -eresse

❐ personne qui laisse à une autre le droit de se servir d'une chose pendant un temps déterminé, en échange d'une somme précise

bailleur de fonds : personne qui donne de l'argent pour financer une entreprise

→ voir bail

bancaire

→ voir relevé

banqueroute

❐ infraction qui consiste pour un commerçant, un dirigeant d'entreprise, un artisan ou un agriculteur à faire volontairement des fautes de gestion qui ne lui permettent pas de payer ses dettes et qui ont été relevées à l'occasion d'une procédure de redressement judiciaire

bans

❐ annonce officielle d'un futur mariage à la mairie

barème

1 (au sens général) tableau de prix, de tarifs

2 (dans l'Éducation nationale) série de critères utilisés par l'Administration pour choisir quels candidats pourront bénéficier d'un avantage (mutation, promotion, etc)

barre

❐ (dans un tribunal) lieu où les témoins se présentent et où les avocats plaident

barreau

❐ (on vous parle d'avocats) ensemble des avocats d'un tribunal de grande instance

→ voir instance

bâtonnat

❐ fonctions du bâtonnier, avocat élu par ses confrères pour être leur représentant

bâtonnier

❐ avocat élu par ses confrères pour être leur représentant

bénéfice

EXEMPLE : **le bénéfice de cette allocation n'est ouvert qu'aux anciens combattants** SIGNIFIE *cette allocation est réservée aux anciens combattants*

EXEMPLE : **j'ai pris à votre égard une décision d'exclusion du bénéfice de l'allocation de chômage** SIGNIFIE *l'allocation de chômage ne vous sera plus versée*

EXEMPLE : **le dossier constitué par la victime en vue d'obtenir le bénéfice de l'article 34** SIGNIFIE *le dossier constitué par la victime pour obtenir ce que prévoit l'article 34*

♦ *au bénéfice de*
(une personne) = pour

EXEMPLE : **une attestation au bénéfice de Monsieur Martin** SIGNIFIE *une attestation pour Monsieur Martin*

(on vous parle d'une aide, d'une mesure)

EXEMPLE : **vous êtes admis au bénéfice de cette allocation** SIGNIFIE *vous êtes autorisé à recevoir cette allocation*

EXEMPLE : **vous ne pouvez plus prétendre au bénéfice de l'abattement** SIGNIFIE *vous ne pouvez plus bénéficier de l'abattement*

sous bénéfice d'inventaire (dans une succession) : droit de l'héritier de ne pas payer les dettes de la personne décédée si leur montant dépasse celui des biens qu'il a reçus

♦ *bénéfice de discussion*
droit de la caution à exiger que le créancier poursuive d'abord le débiteur principal

♦ *bénéfice de division*
permission accordée par le juge à l'une des cautions d'une dette d'exiger qu'on ne lui demande de payer que sa part de la dette ; toutes les autres personnes qui sont cautions de cette même dette doivent alors payer leur part si elles sont solvables au jour des poursuites.

bénéficiaire

EXEMPLE : **vous êtes bénéficiaire de l'allocation de Revenu Minimum d'Insertion** SIGNIFIE *vous bénéficiez du Revenu Minimum d'Insertion; vous recevez le Revenu Minimum d'Insertion*

bénévolat

❐ fait de travailler volontairement et sans être payé

bénévole

❐ (travail) fait volontairement et gratuitement

❐ (personne) qui fait quelque chose volontairement et sans être payée

♦ *à titre bénévole* : volontairement et gratuitement

besoin

♦ *si besoin est ; en tant que de besoin* = si nécessaire

EXEMPLE : **il pourra, en tant que de besoin, procéder aux travaux** SIGNIFIE *il pourra, si nécessaire, faire les travaux*

biais

♦ *par le biais de* = par, par l'intermédiaire de, grâce à

EXEMPLE : **les salaires versés par le biais de votre société** SIGNIFIE *les salaires versés par l'intermédiaire de votre société*

EXEMPLE : **nous avons reçu votre lettre par le biais de la préfecture d'Évry** SIGNIFIE *la préfecture d'Évry nous a transmis votre lettre*

EXEMPLE : **s'il est rémunéré par le biais du chèque emploi service** SIGNIFIE *s'il est rémunéré au moyen du* ou *par le chèque emploi service*

EXEMPLE : **l'information a été faite par le biais d'un bulletin** SIGNIFIE *l'information a été donnée dans un bulletin*

bien

biens communs : biens que les époux possèdent en commun; en cas de divorce, chaque époux reprend la moitié de ces biens

bien meuble : bien qui peut être déplacé

bien immeuble, bien immobilier : bien qui ne peut pas être déplacé (terrain, bâtiments etc) ou objet qui fait partie intégrante d'un immeuble (cheminée, chauffage central, etc)

bien meuble corporel : bien qui peut être déplacé, qui est matériel et physiquement visible (animal, argent, mobilier, marchandises, etc)

bien incorporel : bien non matériel, droit (sauf le droit de propriété): créances, rentes, actions de société, marque, droit d'auteur, etc

bien propre : pour un couple marié sous le régime de la communauté, bien qui appartient seulement à l'un des époux; en cas de divorce ou de décès, l'époux reprend ses biens propres

→ voir communauté, indivis, nue-propriété, usufruit

bien-fondé

EXEMPLE : **je suis convaincu du bien-fondé de votre démarche** SIGNIFIE *je suis convaincu que votre démarche est justifiée*

EXEMPLE : **cela me permettrait de vérifier le bien-fondé de cette taxation** SIGNIFIE *cela me permettrait de vérifier si cette taxation est justifiée*

biennal, e (masc. pl. -aux)

(on vous parle d'une fréquence) = qui a lieu tous les deux ans, qui est fait tous les deux ans

(on vous parle d'une durée) = qui dure deux ans, pour ou sur deux ans

→ voir prescription

bigame

❒ qui est marié à deux personnes en même temps

bigamie

❒ situation d'une personne qui est mariée à deux personnes en même temps

bilatéral, e (masc. pl. -aux)

❒ (accord, relations) entre deux personnes ou deux groupes de personnes

billet

billet à ordre : document par lequel une personne s'engage à payer à une date déterminée ce qu'elle doit à une autre personne ou à un autre bénéficiaire désigné par le premier bénéficiaire

blâme

❒ sanction disciplinaire qui condamne officiellement un acte ou une attitude

blanc-seing

❒ signature mise sur un document avant que le texte ne soit rédigé

boni

boni de liquidation : somme (correspondant à la différence entre l'actif net et le montant des apports effectués) que se partagent les associés après la dissolution d'une société

boni de communauté : somme que se partagent les époux mariés sous le régime de la communauté en cas de dissolution du mariage, après les opérations de liquidation (paiement des créanciers de la communauté, règlement des récompenses) des biens communs

bonification

❒ (au sens général) argent, avantages ou points supplémentaires accordés dans certaines circonstances

❒ (on vous parle d'un taux d'intérêt) aide apportée par l'État à une personne qui emprunte de l'argent, en versant une partie des intérêts dus

EXEMPLE : **ces heures supplémentaires donnent lieu à une bonification de 10%** SIGNIFIE *ces heures supplémentaires sont payées 10% de plus que les heures normales*

bonifié, e

prêt à taux bonifié : prêt à taux réduit car subventionné par l'État

bordereau

❒ relevé détaillé

bordereau d'inscription hypothécaire : document établi par un notaire qui permet d'enregistrer une hypothèque garantissant un emprunt ou une reconnaissance de dette

bornage

❒ délimitation d'un terrain par des bornes

bornage amiable : délimitation par des bornes de deux terrains voisins avec l'accord des propriétaires

bornage judiciaire : délimitation de propriétés faite par décision d'un juge lorsque les propriétaires n'arrivent pas à se mettre d'accord

bourgeois, e

♦ *habitation bourgeoise* : occupation d'un logement sans l'utiliser pour une activité professionnelle

bourgeoisement

♦ *habiter bourgeoisement un logement :* habiter un logement sans l'utiliser pour une activité professionnelle

bourse

❒ (pour des études, une formation) somme donnée régulièrement à une personne pour l'aider à payer ses études

boursier, -ière

❒ (on vous parle d'une personne) qui reçoit régulièrement une somme d'argent pour payer ses études

brièvement

= en peu de mots, rapidement

EXEMPLE : **exposez brièvement l'objet de votre réclamation** SIGNIFIE *exposez rapidement* ou *en peu de mots l'objet de votre réclamation*

brièveté

EXEMPLE : **étant donné la brièveté des délais** SIGNIFIE *étant donné que les délais sont courts*

EXEMPLE : **en raison de la brièveté de votre expérience professionnelle** SIGNIFIE *étant donné votre peu d'expérience professionnelle*

bureau

bureau de conciliation : service du conseil de prud'hommes dont la fonction est de mettre d'accord les deux parties; il comprend un représentant des employeurs et un représentant des salariés

bureau de jugement : service du conseil de prud'hommes qui juge les affaires qui lui sont présentées; il comprend deux représentants des employeurs et deux représentants des salariés

butoir

date butoir = date limite

EXEMPLE : **le document doit être envoyé avant la date butoir fixée au 31 décembre 2005** SIGNIFIE *le document doit être envoyé avant la date limite du 31 décembre 2005 ; le document doit être envoyé au plus tard le 31 décembre 2005*

C

cachet

❐ (on vous parle d'un tampon) marque faite avec un tampon

EXEMPLE : **c'est la date du cachet de la poste qui fait foi de l'envoi de votre lettre** SIGNIFIE *c'est la date imprimée par la poste sur votre lettre qui prouve qu'elle a été envoyée*

❐ (on vous parle de scellés) ruban de papier ou de tissu qui fixe les marques en cire posées par la justice ou par un organisme public sur un bien ou un document pour s'assurer que personne n'y touche

cacheter

❐ (au sens général) = fermer

EXEMPLE : **vous devez absolument cacheter votre enveloppe** SIGNIFIE *vous devez absolument fermer votre enveloppe*

EXEMPLE : **votre dossier doit nous parvenir sous pli cacheté** SIGNIFIE *votre dossier doit nous parvenir sous pli fermé*

❐ (en droit) fermer (avec des marques de cire) pour s'assurer que personne n'y touche

cadastral, e (masc. pl. -aux)

plan cadastral : carte où sont représentés les terrains et constructions d'une commune

matrice cadastrale : document contenant les références d'un terrain ou d'une construction, sa superficie, l'adresse et le nom du propriétaire

référence cadastrale : chiffres et lettres qui identifient un terrain ou une construction dans le cadastre

→ voir cadastre

cadastre

1 (on vous parle du registre) documents où figurent l'emplacement, la surface, la valeur et le nom des propriétaires des terrains et des constructions d'une commune

2 (on vous parle du service) service chargé des renseignements sur l'emplacement, la surface, la valeur et le nom des propriétaires des terrains et des constructions d'une commune

cadastré, e

= inscrit au cadastre, du cadastre

EXEMPLE : **la parcelle cadastrée section ZN 1527** SIGNIFIE *la parcelle 1527 de la section ZN du cadastre*

→ voir cadastre

caduc, -que

(on vous parle d'un acte, d'un document, d'une mesure) = qui n'est plus valable (à cause d'un fait survenu par la suite)

EXEMPLE : **l'autorisation qui vous a été délivrée le 12 janvier est caduque** SIGNIFIE *l'autorisation qui vous a été délivrée le 12 janvier n'est plus valable*

EXEMPLE : **si je ne reçois pas ce document dans les délais, cette décision**

sera caduque de plein droit SIGNIFIE *si je ne reçois pas ce document dans les délais, cette décision sera automatiquement annulée*

caducité

❒ (d'un acte, d'un document, d'une mesure) fait de ne plus être valable (à cause d'un fait survenu par la suite)

EXEMPLE : **cette mesure est frappée de caducité** SIGNIFIE *cette mesure n'est plus valable*

EXEMPLE : **la date de caducité de l'offre** SIGNIFIE *la date de fin de validité de l'offre; la date à partir de laquelle l'offre n'est plus valable*

calamité

calamité agricole : catastrophe naturelle causant aux exploitants agricoles des dommages importants non assurables

calamité publique : épidémie, catastrophe naturelle ou non (incendie, inondation, rupture de digues, naufrage, tumultes, etc)

calendaire

jour calendaire : jour (travaillé ou non)

EXEMPLE : **ceci doit être fait dans un délai de 30 jours calendaires** SIGNIFIE *ceci doit être fait dans un délai de 30 jours (jours travaillés et jours de congé compris)*

année calendaire : année du calendrier (du 1er janvier au 31 décembre)

calomnie

❒ accusation mensongère contre la réputation ou l'honneur de quelqu'un

calomnier

❒ (une personne) l'accuser faussement pour lui faire du tort

calomnieux, -euse

❒ mensonger et qui cause du tort

cantonnement

1 (on vous parle d'un terrain) = terrain forestier

2 (on vous parle d'un droit) = limitation du droit d'un créancier

cantonner

♦ *cantonner à* ou *dans*

(un lieu, une situation) = maintenir dans

EXEMPLE : **les animaux sont cantonnés dans les zones boisées** SIGNIFIE *les animaux sont maintenus dans les zones boisées*

EXEMPLE : **de nombreuses femmes sont cantonnées dans des emplois peu qualifiés** SIGNIFIE *de nombreuses femmes sont maintenues dans des emplois peu qualifiés*

(une activité, un rôle) = limiter à

EXEMPLE : **vous ne voulez pas cantonner l'activité à la vente** SIGNIFIE *vous ne voulez pas limiter l'activité à la vente*

♦ *se cantonner à* ou *dans* = se limiter à

EXEMPLE : **mes services se cantonnent à un rôle technique** SIGNIFIE *mes services se limitent à un rôle technique*

EXEMPLE : **vous ne devez pas vous cantonner dans une attitude défensive** SIGNIFIE *vous ne devez pas rester sur une attitude défensive*

captation

❒ (en droit) tromperies, mensonges faits à une personne pour obtenir d'elle un avantage ou un don

caractérisé, e

(on vous parle d'une faute, d'une fraude, d'une violation, etc) = évident

EXEMPLE : **aucune faute caractérisée ne peut être retenue à leur encontre** SIGNIFIE *aucune faute évidente ne peut être retenue contre eux*

EXEMPLE : **un cas de fraude caractérisée** SIGNIFIE *un cas de fraude évident*

carence

1 délai de carence (on vous parle d'indemnités) : période pendant laquelle une personne ne reçoit pas d'indemnités

jour de carence (on vous parle d'indemnités) : jour pendant lequel une personne ne reçoit pas d'indemnités

procès-verbal de carence : constatation écrite faite par un huissier lorsqu'une personne ne possède pas de biens meubles pouvant être saisis pour payer ses dettes

2 (d'une personne) = incompétence

EXEMPLE : **cela n'est en rien imputable à la carence du maçon** SIGNIFIE *le maçon n'est pas du tout responsable de cela*

3 (de ressources) = manque, insuffisance

EXEMPLE : **la carence de produits pharmaceutiques** SIGNIFIE *le manque de produits pharmaceutiques*

EXEMPLE : **la carence en éducateurs** SIGNIFIE *le nombre insuffisant d'éducateurs*

caritatif, -ive

❐ (on vous parle d'une association, d'une œuvre) qui aide les personnes en difficulté

carrossable

= où les voitures peuvent circuler

EXEMPLE : **pour rendre ce chemin carrossable** SIGNIFIE *pour que les véhicules puissent circuler sur ce chemin*

carte

carte grise : document délivré par la préfecture qui donne les caractéristiques du véhicule, son numéro d'immatriculation, sa date de mise en circulation et le nom de son propriétaire

carte-lettre : carte pliée et collée qui sert de lettre

carte-relevé : carte sur laquelle la personne doit noter sa consommation d'électricité, d'eau ou de gaz et l'envoyer aux services concernés

carte de séjour : document délivré par l'Administration aux étrangers, leur permettant de rester plus de trois mois en France

carte de travail : document délivré par l'Administration aux étrangers, leur permettant d'avoir un emploi salarié en France

carte verte : document délivré par une compagnie d'assurances prouvant que le véhicule est assuré

cartographier

= faire la carte ou le plan de

casier

casier judiciaire :

(on vous parle du fichier national) fichier national informatisé qui contient les condamnations pénales et certaines décisions administratives, civiles commerciales ou disciplinaires entraînant la suppression ou la suspension de droits

(on vous parle d'un extrait du fichier national) bulletin concernant une personne, qui contient les condamnations pénales et certaines décisions administratives, civiles, commerciales ou disciplinaires entraînant la suppression ou la suspension de ses droits; le contenu du bulletin varie selon la personne ou l'autorité à laquelle il est adressé

cassation

❐ annulation, totale ou partielle, d'une décision de justice par la Cour de cassation

Cour de cassation : cour qui ne juge pas les affaires, mais contrôle que les décisions de justice prises par les cours d'appel respectent le droit

→ voir pourvoi

casser

❐ (un arrêt, un jugement) annuler (par décision de la Cour de cassation)

causal, e (masc. pl. -als ou -aux)

(relation, lien)

EXEMPLE : **il y a une relation causale entre ces faits et les lésions constatées** SIGNIFIE *ces faits ont causé les lésions constatées*

causalité

❐ rapport de cause à effet

EXEMPLE : **un lien de causalité doit exister entre le dommage et l'incendie** SIGNIFIE *le dommage doit avoir été causé par l'incendie*

caution

1 (on vous parle d'argent) argent versé comme garantie

2 (on vous parle d'une personne) personne qui s'engage à régler ce que doit

quelqu'un au cas où il ne pourrait pas payer

♦ *se porter caution* : s'engager à régler ce que doit quelqu'un au cas où il ne pourrait pas payer

cautionnement

❒ (on vous parle d'un contrat) contrat dans lequel quelqu'un s'engage à régler ce que doit une personne, au cas où elle ne pourrait pas payer

acte de cautionnement : acte dans lequel quelqu'un s'engage à régler ce que doit une personne au cas où elle ne pourrait pas payer

cautionner

1 (une idée, un projet) = approuver, soutenir

EXEMPLE : **je ne peux pas cautionner votre projet** SIGNIFIE *je ne peux pas approuver* ou *soutenir votre projet*

2 (on vous parle d'une obligation) s'engager à régler ce que doit quelqu'un s'il ne peut pas le faire

cédant, e

❒ personne qui cède un droit à quelqu'un

céder

(un bien, un droit) = donner ou vendre, transférer à une autre personne

cellule

cellule justice ville : organisme chargé de mettre en place la politique judiciaire de la ville

censure

(d'un tribunal) = contrôle

EXEMPLE : **cette décision peut être déférée à la censure du tribunal administratif d'Orléans** SIGNIFIE *vous pouvez demander au tribunal administratif d'Orléans de contrôler (la légalité de) cette décision*

centiare

= mètre carré (unité de mesure correspondant à un carré de un mètre sur un mètre, abrégée en 'ca')

EXEMPLE : **un jardin de 90 centiares** SIGNIFIE *un terrain de 90 mètres carrés*

certificat

certificat de cession : formulaire délivré par l'Administration et rempli par le propriétaire d'un véhicule prouvant que celui-ci a été donné ou vendu

certificat d'immatriculation : document délivré par la préfecture qui donne les caractéristiques du véhicule, son numéro d'immatriculation, sa date de mise en circulation et le nom de son propriétaire

certificat de nationalité française : document prouvant qu'une personne est de nationalité française

certificat prénuptial : document prouvant que les futurs mariés ont passé les examens médicaux obligatoires avant le mariage

certificat de résidence : document délivré par l'Administration permettant à une personne algérienne de rester en France plus de trois mois

certificat de situation administrative : document attestant qu'un véhicule ne sert pas de garantie à une dette et que rien ne s'oppose à sa vente

certificat de travail : document indiquant les noms de l'employeur et du salarié, le type et la durée du travail effectué; ce document est obligatoirement signé par l'employeur et remis au salarié à la fin de son contrat de travail

certificat d'urbanisme : document qui indique ce qui peut être réalisé sur un terrain

certificateur, -trice

organisme certificateur : organisme qui certifie qu'une réglementation ou qu'une norme a bien été respectée

certificateur de caution : personne qui s'engage à payer à la place de la caution au cas où celle-ci ne pourrait pas payer

cessation

(de validité, d'inscription) = fin

EXEMPLE : **la lettre vous informant de la cessation de validité de votre permis de conduire** SIGNIFIE *la lettre qui vous informe que votre permis de conduire n'est plus valide*

EXEMPLE : **vous vous exposez à la cessation de votre inscription comme demandeur d'emploi** SIGNIFIE *vous risquez de ne plus être inscrit comme demandeur d'emploi*

cessation de paiement : situation d'un commerçant ou d'une entreprise qui n'a plus assez d'argent pour payer ses dettes

cessibilité

❒ fait de pouvoir être vendu ou donné à une autre personne

cessible

❒ qui peut être vendu ou donné à une autre personne

cession

cession de créance : convention par laquelle la personne à qui une somme d'argent est due, transmet cette créance à une autre personne

cessionnaire

❒ personne à qui un bien ou un droit a été vendu ou donné

cf.

= voir

EXEMPLE : **la loi vous donne la possibilité d'exercer des recours juridiques (cf. documentation)** SIGNIFIE *la loi vous donne la possibilité d'exercer des recours juridiques (voir la documentation)*

chambre

1 (on vous parle d'une assemblée)

chambre d'agriculture : organisme public composé d'élus qui représente les intérêts des agriculteurs

chambre de commerce et d'industrie : organisme public composé d'élus qui représente et défend les intérêts du commerce et de l'industrie auprès des pouvoirs publics

chambre du conseil : salle du tribunal où se tiennent les audiences non publiques

chambre des métiers : organisme qui représente les intérêts des artisans auprès des autorités administratives

chambre des notaires : organisme qui représente les intérêts des notaires

chambre de l'instruction : formation de la cour d'appel qui examine les demandes d'appel contre les décisions rendues par les juges et qui contrôle leur régularité; elle examine également les demandes d'extradition, de réhabilitation judiciaire, des sanctions disciplinaires contre des officier et des agents de police judiciaire

2 (on vous parle d'une juridiction) section d'un tribunal ou d'une cour de justice

chambre régionale des comptes : institution qui vérifie les comptes des collectivités territoriales

chancellerie

❒ administration centrale du ministère de la Justice

change

lettre de change : document par lequel une personne demande à une autre de payer une somme à une troisième personne à une date déterminée

lettre de change-relevé : document par lequel une personne demande à une autre de payer une somme à une troisième personne à une date déterminée; ce document est transféré sur support magnétique

charge

1 (on vous parle d'une responsabilité)

EXEMPLE : **l'abonné supporte la charge de l'achat d'un nouveau compteur** SIGNIFIE *l'abonné doit payer le nouveau compteur*

♦ *à la charge de (qqn)* = devant être payé par (qqn)

EXEMPLE : **les frais de cette visite sont à votre charge** SIGNIFIE *c'est à vous de payer les frais de cette visite*

EXEMPLE : **il ne reste à votre charge que le paiement du loyer** SIGNIFIE *vous n'avez plus que le loyer à payer*

♦ *à charge* (on vous parle d'une personne) : dont on doit assurer les besoins matériels (nourriture, logement, vêtements, etc)

♦ *en charge de* = chargé de, qui s'occupe de

EXEMPLE : **le service en charge de votre dossier** SIGNIFIE *le service chargé de* ou *qui s'occupe de votre dossier*

EXEMPLE : **le personnel en charge du patient** SIGNIFIE *le personnel qui s'occupe du patient*

prise en charge :
(financière) = paiement, remboursement

EXEMPLE : **vous pouvez obtenir une prise en charge au moins partielle de ces frais** SIGNIFIE *vous pouvez vous faire rembourser au moins une partie de ces frais; une partie de ces frais peuvent être payés à votre place*

(médicale) = soins médicaux

EXEMPLE : **l'état de santé de Madame N. nécessite une prise en charge médicale** SIGNIFIE *l'état de santé de Madame N. nécessite des soins médicaux*

♦ *prendre en charge*
(une somme, des frais) = payer

EXEMPLE : **le montant de 375 euros devra être pris en charge par l'établissement** SIGNIFIE *le montant de 375 euros devra être payé par l'établissement*

EXEMPLE : **les frais de ce stage seront pris en charge par mon service** SIGNIFIE *les frais de ce stage seront payés par mon service*

(un dossier, une personne) = s'occuper de

EXEMPLE : **mes services prendront en charge votre dossier** SIGNIFIE *mes services s'occuperont de votre dossier*

charge de la preuve :

EXEMPLE : **la charge de la preuve incombe au contribuable** SIGNIFIE *c'est au contribuable d'apporter une* ou *des preuve(s) (de ...)*

EXEMPLE : **l'Administration supporte la charge de la preuve** SIGNIFIE *l'Administration doit apporter une* ou *des preuve(s) (de ...)*

2 (on vous parle d'un poste) fonction ou responsabilité publique

3 (on vous parle d'une succession)
charges : obligations financières des héritiers (paiement des dettes de la personne décédée ainsi que des différents frais liés à la succession)

charte, chartre

= règlement, règles

charte de qualité : document qui précise les engagements d'une entreprise, d'un organisme, sur la qualité de ses produits et de ses services

chef

1 (au sens courant)
chef de famille, chef de ménage : personne sur qui repose la responsabilité de la famille

2 (en droit)
chef d'accusation : infraction sur laquelle porte l'accusation

chef-lieu (pl chefs-lieux)

❒ centre d'une division administrative du territoire

chef-lieu de département : préfecture

EXEMPLE : **vous pouvez vous adresser au chef-lieu de votre département** SIGNIFIE *vous pouvez vous adresser à la préfecture de votre département*

chirographaire

❒ qui n'a aucune garantie particulière ni priorité pour se faire payer une somme due

créancier chirographaire : personne à qui une somme d'argent est due mais qui n'a aucune garantie particulière ni priorité pour se faire payer cette somme

chômé, e

jour chômé : jour où l'on ne travaille pas mais qui est payé

chronique

❒ (maladie) qui dure (depuis) longtemps ; qui revient souvent

❒ (situation, difficulté) qui dure (depuis) longtemps ; qui se répète

chronologie

❒ ordre dans lequel les choses se passent

EXEMPLE : **veuillez nous donner l'exacte**

chronologie des faits SIGNIFIE *veuillez nous dire exactement dans quel ordre et à quelles dates les faits se sont déroulés*

chronologique

♦ *dans l'ordre chronologique ; par ordre chronologique* : dans l'ordre où les choses se sont passées

EXEMPLE : **les factures sont inscrites dans l'ordre chronologique** SIGNIFIE *les factures sont inscrites de la plus ancienne à la plus récente*

registre chronologique : registre où les faits sont classés dans l'ordre où ils se sont passés

chronologiquement

❐ dans l'ordre où les choses se passent (ou se sont passées)

EXEMPLE : **les étapes seront donc chronologiquement les suivantes** SIGNIFIE *les étapes se dérouleront donc ainsi*

EXEMPLE : **vous devez présenter chronologiquement vos expériences professionnelles** SIGNIFIE *vous devez présenter vos expériences professionnelles de la plus ancienne à la plus récente*

ci-annexé, e

= avec ce courrier, dans ce courrier

EXEMPLE : **vous trouverez ci-annexée une documentation** SIGNIFIE *vous trouverez une documentation avec* ou *dans ce courrier*

ci-après

= plus bas, plus loin

EXEMPLE : **je vous prie de trouver ci-après quelques éléments en réponse** SIGNIFIE *je vous prie de trouver plus bas* ou *plus loin* (ou *dans le troisième paragraphe, etc*) *quelques éléments de réponse*

EXEMPLE : **vous devez me faire parvenir les documents ci-après mentionnés** SIGNIFIE *vous devez me faire parvenir les documents mentionnés plus loin*

ci-contre

= à côté

EXEMPLE : **le service désigné ci-contre** SIGNIFIE *le service mentionné ici*

EXEMPLE : **vous trouverez ci-contre le tableau récapitulatif** SIGNIFIE *vous trouverez à côté le tableau récapitulatif*

ci-dessous

= plus bas, plus loin

EXEMPLE : **je vous prie de trouver ci-dessous quelques éléments en réponse** SIGNIFIE *je vous prie de trouver plus bas* (ou *sur la deuxième page, etc*) *quelques éléments de réponse*

ci-dessus

= plus haut

EXEMPLE : **le décret mentionné ci-dessus** SIGNIFIE *le décret mentionné plus haut* (ou *page 1, etc*)

ci-inclus, e

= avec ce courrier, dans ce courrier

EXEMPLE : **merci de nous renvoyer daté et signé le formulaire ci-inclus** SIGNIFIE *merci de nous renvoyer daté et signé le formulaire que vous trouverez avec ce courrier*

ci-joint, e

= avec ce courrier, dans ce courrier

EXEMPLE : **merci de me renvoyer le fomulaire ci-joint** SIGNIFIE *merci de me renvoyer le formulaire que vous trouverez dans ce courrier*

circonscription

❐ division administrative du pays

circonscription électorale : partie du territoire dont la population peut élire un ou plusieurs représentants

circonscrire

(un problème, une responsabilité, etc) = limiter

EXEMPLE : **nous recherchons les moyens de circonscrire ce problème** SIGNIFIE *nous recherchons les moyens de limiter ce problème*

EXEMPLE : **en essayant de circonscrire sa responsabilité personnelle** SIGNIFIE *en essayant de limiter sa responsabilité personnelle*

circonstancié, e

(courrier, rapport) = détaillé

EXEMPLE : **vous devrez justifier cette absence par l'envoi d'un courrier cir-**

constancié SIGNIFIE *vous devrez justifier cette absence par une lettre détaillée* ou *avec des explications détaillées*

circonstanciel, -ielle

EXEMPLE : **la vitesse est limitée à 80 km/h sous réserve de limitations circonstancielles** SIGNIFIE *la vitesse est limitée à 80 km/h, s'il n'y a pas de circonstances particulières imposant d'autres limitations*

EXEMPLE : **il s'agit là d'un problème circonstanciel** SIGNIFIE *il s'agit là d'un problème lié aux circonstances (actuelles)*

citation

= convocation (par un huissier ou un greffier)

EXEMPLE : **si vous ne déférez pas à la présente citation** SIGNIFIE *si vous ne vous présentez pas à cette convocation*

citation à comparaître : convocation (par un huissier ou un greffier) devant un tribunal

citation directe : convocation devant un tribunal, sans qu'il y ait eu une instruction

citer

♦ *citer (qqn) à comparaître* = convoquer (qqn) (par huissier ou greffier) devant un tribunal

citoyen, -ne

❒ personne qui a la nationalité d'un pays, a le droit d'y voter et d'y être élu

EXEMPLE : **il est citoyen français** SIGNIFIE *il a la nationalité française*

citoyenneté

❒ fait d'avoir la nationalité d'un pays, où l'on peut voter et être élu

EXEMPLE : **il a obtenu la citoyenneté française** SIGNIFIE *il a obtenu la nationalité française*

civil, e

❒ **(procédure)** auprès des tribunaux chargés des affaires privées

année civile : année du 1er janvier au 31 décembre

chambres civiles : sections de la Cour de cassation qui traitent les recours concernant le droit privé

code civil : ensemble des textes qui définissent les règles sur les personnes, les biens, la famille, les obligations

litige civil : conflit entre particuliers, sociétés ou associations, qui ne constitue pas une infraction et qui n'implique pas l'Administration

partie civile : victime d'une faute punie par la loi, qui demande que la personne qui lui a causé un dommage soit jugée

♦ *se constituer partie civile* : déposer une plainte et engager un procès

réparation civile : obligation pour la personne qui est responsable civilement d'un dommage matériel ou moral de réparer le dommage, en général en versant de l'argent, pour que la victime retrouve la situation où elle était avant que le dommage ne se soit produit

responsabilité civile : obligation de réparer les dommages causés par soi-même, ou une personne ou un animal dont on est responsable

tribunal civil : tribunal chargé des affaires de droit privé (notamment tribunal d'instance, de grande instance, de commerce, conseil de prud'hommes, cour d'appel)

trimestre civil : période de trois mois (1er janvier-31 mars, 1er avril-30 juin, 1er juillet-30 septembre, 1er octobre-31 décembre)

→ voir action, constitution, état

civilement

civilement responsable : responsable des dommages causés par soi-même, ou une personne ou un animal dont on est responsable

civique

❒ qui concerne le citoyen

droits civiques : droits que la loi donne au citoyen (par exemple: droit de vote, droit de témoigner, droit d'être élu, de travailler dans la fonction publique, etc)

clandestin, e

1 (séjour, travail, activité, passager) = non déclaré aux autorités
(travailleur) = non déclaré aux organismes sociaux

2 un clandestin : personne qui travaille ou vit quelque part sans être déclarée aux autorités

clandestinement

❐ sans que les autorités soient informées

clandestinité

❐ (on vous parle d'un séjour, d'un travail) fait de ne pas être déclaré aux autorités

dans la clandestinité : sans que les autorités en soient informées

classement

♦ *porter classement de* = classer

EXEMPLE : **l'arrêté préfectoral qui porte classement de votre terrain de camping dans la catégorie trois étoiles** SIGNIFIE *l'arrêté préfectoral qui classe votre terrain de camping dans la catégorie trois étoiles*

clause

❐ élément (d'un contrat, d'un accord, d'un traité)

clause de non-concurrence :
(dans le commerce) clause qui interdit à une partie d'exercer son activité professionnelle pendant une période déterminée et dans une zone géographique précise si cette activité peut faire concurrence à l'autre partie
(dans un contrat de travail) clause d'un contrat de travail interdisant à un salarié qui quitte l'entreprise d'exercer le même type d'activité, à son compte ou pour un concurrent pendant une période déterminée et dans une zone géographique précise

clause de solidarité : clause qui engage chacun des locataires d'un même local à payer la totalité du loyer et les charges

→ voir abusif, résolutoire, résiliation

clore

(un dossier) = refermer
(une instruction, une enquête) = mettre fin à

EXEMPLE : **afin de clore définitivement votre dossier** SIGNIFIE *pour refermer définitivement votre dossier*

clos

assurer le clos et le couvert : protéger contre le mauvais temps et les autres phénomènes naturels

EXEMPLE : **il faut assurer le clos et le couvert du bâtiment** SIGNIFIE *il faut protéger le bâtiment contre le mauvais temps*

clôture

(d'une enquête, d'une instruction) = fin

EXEMPLE : **dans les quinze jours suivant la clôture de l'enquête** SIGNIFIE *dans les quinze jours après la fin de l'enquête*

EXEMPLE : **à la clôture du dossier** SIGNIFIE *lorsque l'étude du dossier sera terminée*

clôturer

(un compte) = fermer
(une enquête, une instruction, un débat) = mettre fin à

EXEMPLE : **nous avons clôturé l'enquête** SIGNIFIE *nous avons mis fin à l'enquête*

(un dossier) = refermer

EXEMPLE : **j'ai considéré que cette affaire été terminée et j'ai clôturé le dossier** SIGNIFIE *j'ai considéré que cette affaire était terminée et j'ai refermé le dossier*

cocontractant, e

❐ chacune des personnes qui participe à un contrat
(en rapport au vendeur) = acheteur
(en rapport à l'acheteur) = vendeur

codicillaire

❐ qui est ajouté à un testament pour le modifier, le compléter ou l'annuler

codicille

❐ acte ajouté à un testament pour le modifier, le compléter ou l'annuler

co(-)échangiste

❐ personne qui a signé un contrat d'échange avec une autre

coefficient

❐ nombre qui multiplie une quantité

EXEMPLE : **appliquer le coefficient de conversion de 0,843 à un prix** SIGNIFIE *multiplier un prix par 0,843 pour le convertir*

coefficient de dépassement de ressources : valeur qui augmente en fonction des ressources et qui sert à calculer le supplément de loyer que le locataire doit payer

coefficient d'occupation des sols : valeur qui varie selon les zones et qui sert à déterminer la surface d'un terrain sur laquelle on a le droit de construire

coercitif, -ive

❐ (mesure, sanction) qui oblige quelqu'un à faire quelque chose

EXEMPLE : **des mesures coercitives pourraient être appliquées à l'entrepreneur** SIGNIFIE *l'entrepreneur pourrait être obligé de payer (ou de se mettre en conformité, etc)*

coercition

❐ (on vous parle de moyens légitimes) pouvoir d'obliger quelqu'un à faire quelque chose

❐ (on vous parle de moyens illégitimes) moyens de pression utilisés pour obliger quelqu'un à faire quelque chose

EXEMPLE : **la Commission ne dispose pas de moyens de coercition pour imposer son avis** SIGNIFIE *la Commission n'a pas les moyens d'imposer son avis*

coexistence

EXEMPLE : **le problème que génère la coexistence de ces deux activités** SIGNIFIE *le problème dû au fait que ces deux activités ont lieu en même temps (ou au même endroit)*

EXEMPLE : **la coexistence de ces deux associations est possible** SIGNIFIE *ces deux associations peuvent exister ensemble*

cohéritier, -ière

❐ chacune des personnes qui partagent un héritage

coïndivisaire

❐ personne propriétaire d'un bien avec d'autres (sans que le bien soit divisé entre elles)

collatéral, e (masc. pl. -aux)

parents collatéraux : personnes qui descendent d'une même personne mais ne descendent pas les unes des autres (oncles, cousins, frères, sœurs, etc)

collationnement

❐ (d'un document) vérification que sa copie est identique à l'original

collationner

❐ (un document) vérifier que sa copie est identique à l'original

collecteur, -trice

1 (on vous parle d'une personne) personne qui recueille de l'argent (cotisations, taxes, etc)

2 (on vous parle d'évacuation) conduit qui reçoit le contenu d'autres tuyaux

collectivité

collectivité territoriale : collectivité locale : commune, département, région, département ou territoire d'outre-mer

collectivité publique : commune, département, ou région

collectivité nationale : ensemble des habitants d'un état

collège

❐ (on vous parle d'un métier, d'une fonction) groupe de personnes ayant les mêmes fonctions ou les mêmes titres

❐ (on vous parle d'une élection) groupe d'électeurs qui appartiennent à la même catégorie professionnelle

collégial, e (masc. pl. -iaux)

❐ (direction, présidence) exercée par un groupe de personnes ayant les mêmes fonctions ou les mêmes titres

❐ (décision) prise par un groupe de personnes ayant les mêmes fonctions ou les mêmes titres

collégialement

= tous ensemble, en groupe

EXEMPLE : **nous devons débattre collégialement de cette question** SIGNIFIE *nous devons débattre tous ensemble de cette question*

EXEMPLE : **le comité assure collégialement la gestion de ces dossiers** SIGNIFIE *les membres du comité gèrent ensemble ces dossiers*

collocation

❐ (on vous parle de créances) classement des créanciers dans l'ordre où le juge décide qu'ils seront payés

colocataire

❐ personne qui loue avec d'autres un même logement ou un même immeuble

colocation

❐ location par plusieurs personnes d'un même logement ou d'un même immeuble; cela entraîne un mode de calcul particulier des aides au logement

co(-)lotis

❐ personnes habitant dans le même lotissement

commandement

❐ (on vous parle d'un acte juridique) ordre de remplir une obligation, donné par un huissier suite à une décision de justice

commandement de payer : ordre de payer ce qui est dû, donné par un huissier

commandement de quitter les lieux : ordre de quitter un logement, donné par un huissier

commettre

(on vous parle d'une charge, d'une fonction) = nommer, désigner

EXEMPLE : **la cour d'assises a commis deux experts médicaux** SIGNIFIE *la cour d'assises a nommé* ou *désigné deux experts médicaux*

→ voir office

commissaire(-)enquêteur

❐ expert nommé dans le cadre d'une enquête publique pour donner son avis sur l'intérêt d'un projet

commodat

❐ prêt d'une chose qui oblige l'emprunteur à la rendre après l'avoir utilisée

commodité

EXEMPLE : **pour des raisons de commodité de circulation** SIGNIFIE *pour faciliter la circulation*

EXEMPLE : **pour la commodité du voisinage** SIGNIFIE *pour le confort* ou *dans l'intérêt du voisinage*

EXEMPLE : **pour des raisons de commodité technique** SIGNIFIE *pour que ce soit plus pratique* ou *facile techniquement*

commodo

enquête de commodo et incommodo : enquête pour connaître l'avis de la population ou des personnes concernées avant d'autoriser un projet (qui peut être dangereux pour la santé ou pour l'environnement)

commuable

❐ (peine) qui peut être remplacée par une peine plus faible

commuer

commuer en (une peine) = la remplacer par

EXEMPLE : **sa peine a été commuée en deux ans de prison** SIGNIFIE *sa peine a été remplacée par deux ans de prison*

EXEMPLE : **la peine d'emprisonnement a été commuée en amende** SIGNIFIE *la peine d'emprisonnement a été remplacée par une amende*

commun, e

maison commune : mairie

communauté

1 (on vous parle d'un groupement)

communauté de communes : groupe de plusieurs communes qui exerce à la place des communes membres certaines compétences et développe des projets communs

communauté d'agglomération : groupement de plusieurs communes pour mener un projet commun de développement économique ou d'aménagement du territoire

communauté urbaine : groupement de plusieurs communes d'une même agglomération, formant un ensemble de plus de 500 000 habitants pour mener un projet commun de développement économique ou d'aménagement du territoire

2 (on vous parle d'un régime matrimonial)

communauté légale : régime matrimonial qui s'applique quand le couple n'a pas fait de contrat de mariage

communauté réduite aux acquêts : régime matrimonial dans lequel chaque époux reste propriétaire de ce qu'il avait avant le mariage; seuls les biens acquis pendant le mariage appartiennent aux deux époux (sauf ceux acquis gratuitement par donation ou succession)

communauté universelle : régime matrimonial dans lequel les biens acquis avant le mariage par chacun des deux époux et les biens acquis pendant le mariage appartiennent aux deux époux, et où toutes les dettes sont communes

communauté universelle avec clause d'attribution intégrale : régime matrimonial dans lequel les biens acquis avant le mariage par chacun des deux époux et les biens acquis après le mariage appartiennent aux deux époux; le survivant des deux devient seul propriétaire de l'ensemble des biens communs et doit payer toutes les dettes

communauté de vie : vie commune

EXEMPLE : **après une année de mariage et de communauté de vie avec un ressortissant français** SIGNIFIE *après une année de mariage et de vie commune avec un ressortissant français*

EXEMPLE : **si la communauté de vie subsiste entre les époux** SIGNIFIE *si les époux vivent encore ensemble*

certificat de communauté de vie : document délivré par le juge aux affaires familiales, qui prouve que les parents vivaient ensemble au moment de la reconnaissance de l'enfant, et qui est demandé pour que l'autorité parentale soit exercée par les deux parents

communication

demande de communication :

EXEMPLE : **un refus a été opposé à votre demande de communication d'une copie du document** SIGNIFIE *on a refusé de vous donner une copie du document*

♦ *demander communication de* = demander à recevoir, demander à connaître

EXEMPLE : **vous pourrez demander communication d'une copie du dossier** SIGNIFIE *vous pourrez demander à recevoir une copie du dossier; vous pourrez demander une copie du dossier*

EXEMPLE : **les autorités concernées peuvent demander communication de son nom** SIGNIFIE *les autorités concernées peuvent demander à connaître son nom*

♦ *prendre communication de* = se faire communiquer

EXEMPLE : **seul votre avocat peut prendre communication du dossier** SIGNIFIE *seul votre avocat peut se faire communiquer le dossier*

♦ *obtenir communication de* = obtenir, se faire communiquer

EXEMPLE : **vous avez rencontré des difficultés pour obtenir communication du dossier** SIGNIFIE *vous avez rencontré des difficultés pour obtenir le dossier*

EXEMPLE : **vous pourrez ainsi obtenir communication des horaires d'ouverture** SIGNIFIE *vous pourrez ainsi connaître les horaires d'ouverture; ainsi, on vous communiquera les horaires d'ouverture*

commutatif, -ive

contrat commutatif : contrat dans lequel les deux parties connaissent l'étendue de leurs obligations dès le moment où il est conclu

commutation

❐ (on vous parle d'une peine) remplacement par une peine plus légère, accordé par le Président de la République

EXEMPLE : **il a obtenu la commutation de sa peine en un an de prison** SIGNIFIE *il a obtenu que sa peine soit remplacée par un an de prison*

comourants, comorientes

❒ personnes qui meurent dans un même événement (accident de voiture, incendie, etc)

comparaître

❒ se présenter ou se faire représenter par un avocat devant un tribunal

❒ **(devant une cour d'appel)** se présenter ou se faire représenter par un avoué devant une cour d'appel

❒ **(devant un notaire)** se présenter chez un notaire pour la signature d'un acte

EXEMPLE : **si vous souhaitez comparaître devant la commission** SIGNIFIE *si vous souhaitez vous présenter devant la commission*

→ voir assignation, assigner, citation

comparant, e

❒ personne qui se présente ou se fait représenter par un avocat devant un tribunal

❒ **(devant une cour d'appel)** personne qui se présente ou se fait représenter par un avoué devant une cour d'appel

❒ **(devant un notaire)** personne présente chez un notaire à la signature d'un acte

comparativement

= en comparaison

EXEMPLE : **comparativement, cette somme est faible** SIGNIFIE *en comparaison, cette somme est faible*

♦ *comparativement à* = en comparaison avec, en comparaison à

EXEMPLE : **comparativement à ce qui existe dans d'autres communes** SIGNIFIE *en comparaison avec ce qui existe dans d'autres communes*

comparution

❒ fait de se présenter ou de se faire représenter par un avocat devant un tribunal

❒ **(devant une cour d'appel)** fait de se présenter ou de se faire représenter par un avoué devant une cour d'appel

EXEMPLE : **lors de votre comparution devant le tribunal d'Évry** SIGNIFIE *lorsque vous vous êtes présenté devant le tribunal d'Évry*

comparution immédiate : présentation d'un prévenu à la justice tout de suite après la garde à vue

compatibilité

EXEMPLE : **nous avons examiné la compatibilité de ces deux activités** SIGNIFIE *nous avons vérifié que ces deux activités pouvaient être menées ensemble*

EXEMPLE : **il faut vérifier la compatibilité de votre projet avec celui de la mairie** SIGNIFIE *il faut vérifier que votre projet ne gêne pas celui de la mairie*

compatible

EXEMPLE : **ce poste n'est pas compatible avec votre état de santé** SIGNIFIE *votre santé ne vous permet pas d'occuper ce poste*

EXEMPLE : **une activité compatible avec le maintien de vos allocations** SIGNIFIE *une activité qui vous permette de continuer à recevoir vos allocations*

EXEMPLE : **cette mesure n'est pas compatible avec le règlement** SIGNIFIE *cette mesure n'est pas applicable, étant donné le règlement; le règlement ne permet pas que cette mesure soit prise*

compensateur, -trice

indemnités compensatrices de congés payés : indemnités dues par l'employeur au salarié qui quitte l'entreprise avant d'avoir pris tous ses congés annuels

repos compensateur : repos obligatoire, payé comme temps de travail, accordé aux personnes qui ont fait des heures supplémentaires

compensatoire

❒ qui compense un dommage (perte d'argent, etc)

aide compensatoire **(en agriculture)** : somme d'argent versée aux agriculteurs, sous certaines conditions, pour compenser la baisse des prix de soutien de produits agricoles

indemnité compensatoire de handicaps naturels : somme d'argent versée sous certaines conditions aux agriculteurs dont les exploitations se trouvent dans des zones difficiles (montagne, zone défavorisée, etc)

prestation compensatoire (après un divorce) : somme d'argent versée à l'un des conjoints pour compenser la différence de niveau de vie causée par le divorce

compétence

❒ (on vous parle d'une aptitude légale) droit de juger ou de décider

♦ *avoir compétence pour* = avoir le droit et le devoir de

EXEMPLE : **mes services ont compétence pour veiller à l'application de ces règles** SIGNIFIE *mes services sont chargés de veiller à l'application de ces règles*

EXEMPLE : **seul le juge a compétence pour accorder ce permis** SIGNIFIE *seul le juge a le droit d'accorder* ou *peut accorder ce permis*

♦ *être* ou *relever de la compétence de*

EXEMPLE : **l'indemnisation relève de la compétence des tribunaux civils** SIGNIFIE *ce sont les tribunaux civils qui décident de l'indemnisation*

EXEMPLE : **cela ne relève pas de la compétence du maire** SIGNIFIE *le maire n'a pas le pouvoir d'agir dans ce domaine*

EXEMPLE : **la délivrance des visas est exclusivement de la compétence du bureau des visas** SIGNIFIE *les visas ne peuvent être délivrés que par le bureau des visas*

compétence territoriale : droit d'une juridiction de juger une infraction en raison d'un élément lié au lieu (domicile d'une des parties, lieu du délit, etc)

compétent, e

♦ *être compétent pour* = avoir le pouvoir de, pouvoir

EXEMPLE : **l'autorité compétente pour délivrer le permis de construire est le maire** SIGNIFIE *c'est le maire qui décide d'accorder ou non le permis de construire*

EXEMPLE : **ce service est le seul compétent pour prendre cette décision** SIGNIFIE *ce service est le seul à pouvoir prendre cette décision*

complaisance

♦ *de complaisance* (on vous parle d'un document, d'un emploi) : donné à quelqu'un qui n'y a pas droit

complément

complément familial : allocation versée aux personnes qui ont au moins trois enfants tous âgés de trois ans et plus

complémentairement

= en complément, en plus

EXEMPLE : **une aide pourra être versée complémentairement** SIGNIFIE *une aide pourra être versée en complément* ou *en plus*

♦ *complémentairement à* = en complément de, en plus de, pour compléter

EXEMPLE : **complémentairement à la participation de la commune** SIGNIFIE *en complément de* ou *pour compléter la participation de la commune*

complice

❒ personne soit qui aide une autre personne à préparer ou à commettre une infraction, soit qui lui donne des instructions pour la commettre, soit qui provoque l'infraction

complicité

❒ fait soit d'aider une autre personne à préparer ou à commettre une infraction, soit de lui donner des instructions pour la commettre, soit de provoquer l'infraction

compromettant, e

= qui peut mettre en danger la réputation de qqn, qui peut nuire à la réputation de qqn

EXEMPLE : **afin d'éviter toute situation**

compromettante SIGNIFIE *afin d'éviter toute situation qui pourrait nuire à* ou *mettre en danger votre réputation*

compromettre

= mettre en difficulté, mettre en danger

EXEMPLE : **l'avenir de la crèche ne semble plus compromis** SIGNIFIE *l'avenir de la crèche n'est plus en danger*

EXEMPLE : **cela compromettrait le fonctionnement normal de l'établissement** SIGNIFIE *cela pourrait causer des difficultés de fonctionnement à l'établissement*

compromis

❐ (au sens courant) = arrangement, accord

❐ (on vous parle d'un arbitrage) entente entre plusieurs personnes pour confier la solution de leur désaccord à un arbitre qu'elles choisissent

compromis de vente : acte juridique dans lequel le vendeur s'engage à vendre un immeuble et l'acheteur à l'acheter à un prix déterminé sous conditions

comptant

♦ *au comptant*

EXEMPLE : **cet achat était prévu au comptant** SIGNIFIE *cet achat devait être payé immédiatement*

EXEMPLE : **le règlement doit s'effectuer au comptant** SIGNIFIE *le règlement doit être fait immédiatement (soit en argent liquide, soit avec un chèque portant le montant total)*

compte

1 compte à vue : compte où l'on peut déposer de l'argent et en disposer à tout moment, selon ses besoins et sans délai

2 *pour le compte de* = pour, au nom de

EXEMPLE : **M. Durand, agissant pour le compte de l'Administration** SIGNIFIE *M. Durand, agissant pour* ou *au nom de l'Administration*

concéder

(dans une discussion) = admettre

EXEMPLE : **c'est difficile, je vous le concède** SIGNIFIE *c'est difficile, je vous l'accorde* ou *je l'admets*

concert

♦ *de concert* = en accord, ensemble

♦ *de concert avec* = en accord avec, avec

EXEMPLE : **merci de remplir le formulaire de concert avec l'exploitant** SIGNIFIE *merci de remplir le formulaire avec l'exploitant*

concertation

= discussion (pour se mettre d'accord)

EXEMPLE : **cette décision fera l'objet d'une concertation avec les habitants** SIGNIFIE *cette décision sera prise après discussion avec les habitants*

EXEMPLE : **la situation des terrains imposait la concertation intercommunale** SIGNIFIE *la situation des terrains rendait nécessaire une discussion entre les communes*

concerté, e

❐ fait en collaboration entre plusieurs personnes ou organismes

zone d'aménagement concerté : zone aménagée et équipée par une collectivité ou un établissement public pour permettre de réaliser des constructions ou des équipements collectifs

conciliable

EXEMPLE : **vos positions paraissent difficilement conciliables** SIGNIFIE *il semble difficile de vous mettre d'accord*

EXEMPLE : **vos projets sont conciliables** SIGNIFIE *vos projets peuvent être menés ensemble; il n'y a pas de problème pour que vous meniez vos projets ensemble* ou *chacun votre projet*

conciliateur, -trice

❐ personne chargée de trouver un accord entre des personnes

conciliation

❐ (en droit) tentative du juge pour trouver un accord entre des personnes

❒ (au sens général) = accord

EXEMPLE : **il n'y a pas eu d'efforts de conciliation de votre part** SIGNIFIE *vous n'avez pas fait d'efforts pour trouver un accord*

EXEMPLE : **dans un souci de conciliation, je suis prêt à repousser le délai** SIGNIFIE *pour faciliter les choses* ou *pour vous être agréable, je suis prêt à repousser le délai*

commission de conciliation : commission chargée de trouver un accord entre des personnes, pour éviter un procès

ordonnance de non-conciliation : décision du juge qui constate l'échec de la tentative d'accord entre deux personnes qui souhaitent divorcer

concilier

(des personnes, des points de vue) = mettre d'accord

EXEMPLE : **dans le but de concilier les deux parties** SIGNIFIE *dans le but de mettre d'accord les deux parties*

EXEMPLE : **il faut essayer de concilier vos deux points de vue** SIGNIFIE *il faut essayer de vous mettre d'accord*

conclusions

(on vous parle d'un acte de procédure) exposé fait au tribunal des demandes et des arguments de chaque partie

concordance

EXEMPLE : **vous signalez la non concordance de leurs déclarations** SIGNIFIE *vous signalez qu'il y a des différences entre leurs déclarations*

EXEMPLE : **il faut qu'il y ait concordance entre la superficie réelle et celle inscrite sur ce document** SIGNIFIE *il faut que la superficie réelle soit la même que celle inscrite sur ce document*

EXEMPLE : **étant donné l'absence de concordance entre les deux affichages** SIGNIFIE *étant donné que les deux affichages ne se correspondent pas*

♦ *en concordance avec* = semblable à

EXEMPLE : **les mesures réelles sont en concordance avec celles déclarées** SIGNIFIE *les mesures réelles sont les mêmes que celles qui ont été déclarées*

concordant, e

EXEMPLE : **les informations que nous avons reçues ne sont pas concordantes** SIGNIFIE *il y a des différences entre les informations que nous avons reçues*

EXEMPLE : **tous les rapports sont concordants** SIGNIFIE *tous les rapports disent la même chose*

concorder

= correspondre, être semblable

EXEMPLE : **vos deux déclarations ne concordent pas** SIGNIFIE *il y a des différences entre vos deux déclarations*

♦ *concorder avec* = correspondre à, être semblable à

EXEMPLE : **ces résultats concordent avec ce qui a été observé auparavant** SIGNIFIE *ces résultats correspondent à ce qui a été observé auparavant*

concourir

♦ *concourir à* = participer à, contribuer à

EXEMPLE : **cela ne concourt pas directement à la réalisation du projet** SIGNIFIE *cela ne participe pas directement à la réalisation du projet*

EXEMPLE : **ce plan doit concourir à la sécurité des piétons** SIGNIFIE *ce plan doit permettre d'assurer la sécurité des piétons*

concours

(on vous parle d'une action) = aide, participation, intervention

EXEMPLE : **vous avez demandé le concours de l'Agence nationale pour l'emploi** SIGNIFIE *vous avez demandé l'aide de l'Agence nationale pour l'emploi*

EXEMPLE : **cette solution est envisageable avec le concours des services sociaux** SIGNIFIE *nous pouvons envisager cette solution avec l'aide* ou *la participation des services sociaux*

concours de la force publique : intervention de la police (ou de la gendarmerie)

EXEMPLE : **l'huissier pourra demander le concours de la force publique** SIGNIFIE *l'huissier pourra demander l'intervention de la police*

EXEMPLE : **j'ai été saisie d'une demande de concours de la force publique pour faire procéder à votre expulsion du logement** SIGNIFIE *on m'a demandé d'autoriser l'huissier à intervenir avec la police pour vous expulser du logement*

concubin, e

❒ personne qui vit en couple sans être mariée

concubinage

❒ fait pour deux personnes de vivre ensemble sans être mariées

concurremment

= en même temps, avec, ensemble

EXEMPLE : **vous travaillez concurremment pour ces deux services** SIGNIFIE *vous travaillez en même temps pour ces deux services*

EXEMPLE : **la décision sera prise concurremment avec mon service et le sien** SIGNIFIE *la décision sera prise par mon service et le sien*

EXEMPLE : **cette décision appartient concurremment au maire et au préfet** SIGNIFIE *c'est au maire et au préfet de prendre (ensemble) cette décision*

conditionnel, -elle

→ voir libération

conditionner

(on vous parle d'un fait) = être une condition nécessaire à

EXEMPLE : **cette démarche conditionne le versement de votre allocation** SIGNIFIE *cette démarche doit être faite pour obtenir le versement de l'allocation*

EXEMPLE : **cet engagement conditionne le maintien de l'attribution de cette allocation** SIGNIFIE *l'allocation n'est maintenue que si cet engagement est respecté*

♦ *être conditionné par (qqch)* = dépendre de (qqch)

EXEMPLE : **votre inscription est conditionnée par la réception de ces documents** SIGNIFIE *votre inscription dépend de la réception de ces documents; votre inscription ne sera faite que lorsque ces documents seront reçus*

conduire

♦ *conduire (qqn) à faire (qqch)* = obliger (qqn) à faire (qqch)

EXEMPLE : **je serais conduit à refuser votre demande** SIGNIFIE *je serais obligé de refuser votre demande*

EXEMPLE : **je pourrai être conduit à vous demander la production des documents manquants** SIGNIFIE *je devrai peut-être vous demander de m'apporter les documents manquants*

conférer

♦ *conférer (qqch) à* = donner (qqch) à, accorder (qqch) à, attribuer (qqch) à

EXEMPLE : **un caractère exceptionnel a été conféré à ces remises** SIGNIFIE *ces remises sont exceptionnelles*

EXEMPLE : **cela confère au projet un caractère d'urgence** SIGNIFIE *cela donne au projet un caractère d'urgence*

EXEMPLE : **les pouvoirs que lui confère l'article L-22** SIGNIFIE *les pouvoirs que lui donne l'article L-22*

confidentialité

❒ fait de ne pas pouvoir être communiqué à une personne autre que celle à qui cela est adressé

EXEMPLE : **pour assurer la confidentialité de ces informations** SIGNIFIE *pour être sûr que ces informations ne seront communiquées à personne d'autre*

confidentiel, -elle

❒ qui ne doit pas être communiqué à quelqu'un d'autre que la personne à qui cela est adressé

EXEMPLE : **ces informations sont strictement confidentielles** SIGNIFIE *ces informations ne doivent être communiquées à personne d'autre*

confidentiellement

❒ sans que les choses ne soient communiquées à quelqu'un d'autre que la personne à qui elles sont adressées

EXEMPLE : **ces informations seront remises confidentiellement à l'ANPE** SIGNIFIE *ces informations seront données à l'ANPE et à personne d'autre*

configuration

(on vous parle d'un terrain) = aspect d'ensemble, forme générale

EXEMPLE : **la configuration de votre terrain** SIGNIFIE *la forme générale de votre terrain*

confiner

1 *confiner à* = être à la limite de, être proche de, ressembler à

EXEMPLE : **ces pratiques confinent à l'escroquerie** SIGNIFIE *ces pratiques sont à la limite de l'escroquerie*

EXEMPLE : **cette situation confine à l'absurde** SIGNIFIE *cette situation devient absurde*

EXEMPLE : **votre comportement confinait au mépris** SIGNIFIE *vous vous êtes montré presque méprisant*

♦ *se confiner à* = se limiter à

EXEMPLE : **mes services ne peuvent pas se confiner à ce rôle** SIGNIFIE *mes services ne peuvent pas se limiter à ce rôle*

2 (on vous parle d'un terrain) = (dé)limiter

EXEMPLE : **le terrain est confiné, au nord par...** SIGNIFIE *le terrain est (dé)limité, au nord par...*

3 (on vous parle d'un véhicule, d'une personne) = forcer à rester dans, mettre dans

EXEMPLE : **les véhicules doivent être confinés à cet emplacement** SIGNIFIE *les véhicules doivent rester à cet emplacement*

EXEMPLE : **la classe où les élèves étaient confinés** SIGNIFIE *la classe où les élèves se trouvaient* ou *devaient rester*

4 (on vous parle d'une occupation, d'une tâche) = limiter

EXEMPLE : **nous ne voulons pas confiner les agents dans des tâches mineures** SIGNIFIE *nous ne voulons pas confier aux agents uniquement des tâches mineures*

confins

(on vous parle d'un terrain, d'un immeuble) = limites

EXEMPLE : **merci d'indiquer les confins de cet immeuble** SIGNIFIE *merci d'indiquer les limites de cet immeuble*

♦ *aux confins de* = aux limites de

EXEMPLE : **la propriété est située aux confins de plusieurs communes** SIGNIFIE *la propriété touche les limites de plusieurs communes*

confiscation

❒ fait de prendre une chose à son propriétaire pour la remettre à l'État

confisquer

♦ *confisquer (qqch) à (qqn) :* prendre une chose à quelqu'un pour la remettre à l'État

conflictuel, -elle

EXEMPLE : **pour éviter l'instauration d'une situation conflictuelle** SIGNIFIE *pour éviter un conflit (ou une dispute)*

EXEMPLE : **leurs relations sont très conflictuelles** SIGNIFIE *ils se disputent beaucoup; ils ont de mauvaises relations*

conforme

(on vous parle d'une copie) = identique à l'original

copie certifiée conforme : copie officiellement reconnue identique à l'original

♦ *conforme à*

(la législation) = en accord avec, qui respecte

EXEMPLE : **un titre de séjour conforme à la réglementation** SIGNIFIE *un titre de séjour en accord avec* ou *qui respecte la réglementation*

EXEMPLE : **les travaux de votre voisin sont conformes aux règles d'urbanisme** SIGNIFIE *les travaux de votre voisin respectent les règles d'urbanisme*

EXEMPLE : **votre dossier est non conforme aux indications** SIGNIFIE *votre dossier ne respecte pas les indications*

(on vous parle de ressemblance) = identique à

EXEMPLE : **la copie n'est pas conforme à l'original** SIGNIFIE *la copie n'est pas identique à l'original; il y a des différences entre la copie et l'original*

EXEMPLE : **vous devez rédiger une déclaration conforme au modèle** SIGNIFIE *vous devez rédiger une déclaration selon* ou *d'après le modèle*

> ☞ Rappel: depuis le 2 octobre 2001, les administrations françaises ne doivent plus demander de certifications conformes de photocopies. Désormais, une photocopie lisible du document original suffit. Les certifications ne seront donc plus délivrées, sauf si une administration étrangère ou un organisme étranger le demande.

conformément

♦ *conformément à* = d'après, selon, en accord avec

EXEMPLE : **conformément aux dispositions de l'article 24 de la loi 2001** SIGNIFIE *d'après* ou *selon l'article 24 de la loi 2001*

EXEMPLE : **une déclaration devra être établie conformément au modèle** SIGNIFIE *une déclaration devra être faite selon* ou *d'après le modèle*

EXEMPLE : **les travaux doivent être réalisés conformément au projet présenté** SIGNIFIE *les travaux doivent être réalisés comme ils sont indiqués dans le projet présenté*

se conformer

♦ *se conformer à* = (faire le nécessaire pour) respecter, (faire le nécessaire pour) être en accord avec

EXEMPLE : **je vous demande de vous conformer à ces règles** SIGNIFIE *je vous demande de respecter ces règles*

conformité

❒ fait de respecter certaines règles

EXEMPLE : **vous devez effectuer la mise en conformité de vos installations** SIGNIFIE *vous devez faire le nécessaire pour que vos installations respectent la réglementation* (ou *les normes)*

EXEMPLE : **je vous informe de la non-conformité de ce contrat aux conditions fixées par l'article L-212-4-2** SIGNIFIE *je vous informe que ce contrat ne respecte pas les conditions fixées par l'article L-212-4-2*

♦ *se mettre en conformité avec* = respecter, se mettre en accord avec

EXEMPLE : **vous devez vous mettre en conformité avec la réglementation** SIGNIFIE *vous devez respecter* ou *faire le nécessaire pour respecter la réglementation; vous devez vous mettre en accord avec la réglementation*

attestation de conformité ; certificat de conformité : document certifiant le respect d'une réglementation ou de normes

confortatif, -ive

(ouvrage, travail) = de consolidation

EXEMPLE : **aucun travail confortatif ne peut être fait sans autorisation** SIGNIFIE *aucun travail de consolidation ne peut être fait sans autorisation*

confortation

= renforcement, consolidation

EXEMPLE : **des travaux de confortation de l'immeuble** SIGNIFIE *des travaux pour renforcer* ou *consolider l'immeuble*

conforter

(une opinion, une position) = renforcer

EXEMPLE : **cela conforte mon idée de refuser ce projet** SIGNIFIE *cela renforce mon idée de refuser ce projet*

EXEMPLE : **cela me conforte dans mon analyse** SIGNIFIE *cela renforce mon analyse*

confraternel, -elle

❒ entre personnes qui exercent la même profession ; entre collègues, de collègues

EXEMPLE : **il s'agit de relations confraternelles** SIGNIFIE *il s'agit de relations entre collègues*

confrère

❒ personne qui exerce la même profession qu'un autre ; collègue

confrontation

1 (on vous parle de personnes) mise en présence de plusieurs personnes pour comparer ce qu'elles disent, faite chez le juge, au tribunal ou au commissariat de police

2 (on vous parle de documents, de témoignages) = comparaison

EXEMPLE : **nous avons procédé à la confrontation des factures** SIGNIFIE *nous avons comparé les factures*

confronter

1 *être confronté à* (des problèmes, des difficultés) = rencontrer, avoir

EXEMPLE : **les problèmes auxquels vous êtes confronté actuellement** SIGNIFIE *les problèmes que vous rencontrez* ou *que vous avez en ce moment*

2 (des documents, des témoignages) = comparer

EXEMPLE : **nous avons confronté ces documents à vos déclarations** SIGNIFIE *nous avons comparé ces documents à vos déclarations*

3 (des personnes) mettre en présence chez le juge, au tribunal ou au commissariat de police, pour comparer ce qu'elles disent

confusion

confusion des peines : regroupement des peines et application de la plus forte dans le cas de plusieurs infractions successives

congé

♦ *donner* ou *délivrer congé* (on vous parle de location) = mettre fin à un bail

EXEMPLE : **le propriétaire des terres lui a délivré congé** SIGNIFIE *le propriétaire des terres a mis fin au bail*

EXEMPLE : **ne donnez congé de votre appartement actuel que lorsque vous aurez signé le nouveau contrat de location** SIGNIFIE *ne mettez fin au bail de votre appartement actuel que lorsque vous aurez signé le nouveau contrat de location*

congédiement

= licenciement

renvoi du salarié par l'employeur, qui décide rompre le contrat de travail

conjoint, e

nom

(on vous parle d'un homme) = mari

(on vous parle d'une femme) = femme

EXEMPLE : **ce formulaire doit être signé par les deux conjoints** SIGNIFIE *ce formulaire doit être signé par le mari et la femme*

EXEMPLE : **Madame, votre conjoint a signé un contrat emploi solidarité** SIGNIFIE *Madame, votre mari a signé un contrat emploi solidarité*

EXEMPLE : **en votre qualité de conjoint de Français** SIGNIFIE *étant donné que vous êtes marié(e) à un(e) Français(e)*

adjectif

1 (arrêté, circulaire, initiative) = commun

EXEMPLE : **un arrêté conjoint de Mme la Préfète et de M. le Président du conseil général** SIGNIFIE *un arrêté commun de Mme la Préfète et de M. le Président du conseil général*

2 (problème) = lié

conjointement

= ensemble, en même temps

EXEMPLE : **ce document que vous avez reçu conjointement à la notification de décision** SIGNIFIE *ce document que vous avez reçu avec* ou *en même temps que l'annonce de la décision*

EXEMPLE : **un contrôle sera diligenté conjointement par mes services et ceux de la direction départementale** SIGNIFIE *mes services et ceux de la direction départementale effectueront ensemble un contrôle*

EXEMPLE : **la déclaration doit être signée conjointement par le gérant et le salarié** SIGNIFIE *la déclaration doit être signée à la fois par le gérant et par le salarié*

conjoncture

= situation

EXEMPLE : **les problèmes liés à la conjoncture économique** SIGNIFIE *les problèmes liés à la situation économique*

conjoncturel, -elle

= de la situation (économique)

EXEMPLE : **étant donné la situation conjoncturelle** SIGNIFIE *étant donné la situation économique*

EXEMPLE : **les problèmes conjoncturels** SIGNIFIE *les problèmes dus à la situation économique*

conjugal, e (masc. pl. -aux)

= des personnes mariées, des époux

connaissance

♦ *porter (qqch) à la connaissance de (qqn)* = informer (qqn) de (qqch), communiquer (qqch) à (qqn)

EXEMPLE : **j'ai le plaisir de porter à votre connaissance que votre demande est acceptée** SIGNIFIE *j'ai le plaisir de vous informer que votre demande est acceptée*

EXEMPLE : **voici les précisions que je souhaitais porter à votre connaissance** SIGNIFIE *voici les précisions que je souhaitais vous communiquer* ou *vous donner*

EXEMPLE : **il me semble nécessaire de porter à votre connaissance cette situation** SIGNIFIE *il me semble nécessaire de vous informer de cette situation*

♦ *prendre connaissance de (qqch)* = lire (qqch) (pour s'informer)

EXEMPLE : **le lieu où il pourra être pris connaissance du rapport du commissaire** SIGNIFIE *l'endroit où le rapport du commissaire pourra être lu* ou *consulté*

EXEMPLE : **j'ai pris connaissance de votre courrier avec grand intérêt** SIGNIFIE *j'ai lu votre courrier avec grand intérêt*

♦ *avoir connaissance de (qqch)* = connaître (qqch)

EXEMPLE : **vous aviez eu connaissance du montant du loyer** SIGNIFIE *vous connaissiez le montant du loyer*

connexe

1 (au sens général) = lié

EXEMPLE : **les dépenses connexes au projet** SIGNIFIE *les dépenses liées au projet*

EXEMPLE : **la pratique de ce sport et des activités connexes** SIGNIFIE *la pratique de ce sport et des activités qui s'y rapportent*

EXEMPLE : **pour que vous puissiez bénéficier des droits connexes réservés aux bénéficiaires des minima sociaux** SIGNIFIE *pour que vous puissiez bénéficier de tous les autres droits réservés aux personnes qui reçoivent les minima sociaux*

2 (demandes en justice) qui présentent un lien étroit qui justifie qu'elles soient étudiées et jugées ensemble

3 (droits de propriété intellectuelle) de même nature mais appliqués à des domaines différents (par exemple: droit de propriété intellectuelle et droits d'auteur)

4 (délit, infraction) qui accompagne une autre infraction (exemple: le recel et le vol)

connexité

❒ (on vous parle de demandes en justice) lien étroit entre elles justifiant qu'elles soient étudiées et jugées ensemble

consacrer

1 (du temps, de l'attention, etc)

EXEMPLE : **j'y consacre une attention particulière** SIGNIFIE *j'y accorde une attention particulière*

EXEMPLE : **le temps que j'ai consacré à votre dossier** SIGNIFIE *le temps que j'ai passé à étudier votre dossier*

EXEMPLE : **les surfaces consacrées à la culture** SIGNIFIE *les surfaces utilisées pour la culture*

2 (un abus, une erreur, un usage, etc) = confirmer

EXEMPLE : **la jurisprudence consacre que cette décision ne porte pas atteinte à la vie privée** SIGNIFIE *la jurisprudence confirme que cette décision ne porte pas atteinte à la vie privée*

consécutif, -ive

1 (heures, jours, etc) = de suite

EXEMPLE : **vous avez résidé à l'étranger pendant trois mois consécutifs** SIGNIFIE *vous avez résidé à l'étranger trois mois de suite*

EXEMPLE : **si l'exploitation a été interrompue pendant plus de deux années consécutives** SIGNIFIE *si l'exploitation a été interrompue pendant plus de deux années de suite*

2 *consécutif à* = dû à, résultant de

EXEMPLE : **les nuisances consécutives au défaut d'entretien du local** SIGNIFIE *les nuisances dues au manque d'entretien du local*

EXEMPLE : **vous n'avez pas réglé les frais consécutifs à la réalisation des travaux** SIGNIFIE *vous n'avez pas réglé les frais des travaux*

consécutivement

= de suite

EXEMPLE : **vous y avez séjourné douze**

mois consécutivement SIGNIFIE *vous y êtes resté douze mois de suite*

EXEMPLE : **le permis a été renouvelé trois fois consécutivement** SIGNIFIE *le permis a été renouvelé trois fois de suite*

♦ *consécutivement à* = suite à

EXEMPLE : **consécutivement à sa condamnation** SIGNIFIE *suite à sa condamnation*

EXEMPLE : **les préjudices subis consécutivement à ce refus** SIGNIFIE *les préjudices subis suite à* ou *à cause de ce refus*

conseil

Conseil d'État : tribunal administratif le plus élevé et qui donne son avis sur les questions que le gouvernement lui adresse

conseil général : assemblée élue par les habitants d'un département et chargée d'en gérer les affaires

conseil régional : assemblée élue par les habitants d'une région et chargée d'en gérer les affaires

conseil de famille : assemblée présidée par le juge des tutelles et composée de parents ou d'amis d'une personne sous tutelle; elle veille à ses intérêts et contrôle la gestion du tuteur

conseil de famille des pupilles de l'État : assemblée composée de deux représentants du conseil général et de membres d'associations s'occupant de la protection de l'enfance et de la famille qui veille aux intérêts du pupille

conseil supérieur de la magistrature : conseil qui nomme et contrôle les magistrats, présidé par le Président de la République et dont le vice-président est le garde des Sceaux

→ voir municipal, prud'homme

conseiller, -ère

❐ (au sens de magistrat) magistrat de la Cour de cassation, d'une cour d'appel, du Conseil d'État, d'un tribunal administratif ou de la Cour des comptes

conseiller général : membre d'une assemblée élue par les habitants d'un département pour les représenter et en gérer les affaires

conseiller régional : membre d'une assemblée élue par les habitants d'une région pour les représenter et en gérer les affaires

consensuel, -elle

❐ (acte juridique, contrat) qui peut être conclu sous une forme quelconque, à partir du moment où les parties ont donné leur accord

(solution, projet) = accepté par tous ou par une grande majorité

consensus

= accord général

EXEMPLE : **il faut trouver une solution susceptible de recueillir le consensus** SIGNIFIE *il faut trouver une solution sur laquelle tout le monde sera d'accord* ou *que tout le monde acceptera*

EXEMPLE : **un consensus s'est dégagé au sein du comité** SIGNIFIE *les membres du comité se sont tous mis d'accord*

consentant, e

= qui est d'accord, qui accepte

EXEMPLE : **les locataires étaient consentants** SIGNIFIE *les locataires étaient d'accord* ou *avaient accepté*

consentement

= accord, permission

EXEMPLE : **vous ne pouvez pas chasser sur ce terrain sans le consentement du propriétaire** SIGNIFIE *vous ne pouvez pas chasser sur ce terrain sans l'accord* ou *l'autorisation du propriétaire*

EXEMPLE : **je ne pourrais vous communiquer son adresse qu'avec son consentement** SIGNIFIE *je ne pourrais vous communiquer son adresse qu'avec son accord* ou *sa permission*

consentement mutuel : commun accord des deux parties d'un contrat sur le contenu et la totalité des propositions du contrat

consentir

♦ *consentir (qqch) à (qqn)* = accorder (qqch) à (qqn)

EXEMPLE : **j'ai décidé de vous consentir une remise** SIGNIFIE *j'ai décidé de vous accorder* ou *de vous faire une remise*

EXEMPLE : **le legs consenti par M. Du-**

rand à l'association SIGNIFIE *le legs fait par M. Durand à l'association*

♦ *consentir à faire (qqch)* = accepter de faire (qqch)

EXEMPLE : **le trésorier consent à vous accorder un délai supplémentaire** SIGNIFIE *le trésorier accepte de vous donner un délai supplémentaire*

EXEMPLE : **si vous ne consentez pas à l'exécution de ces travaux** SIGNIFIE *si vous n'acceptez pas que ces travaux soient faits*

conséquent, e

(au sens de considérable) = important

EXEMPLE : **votre dette est déjà conséquente** SIGNIFIE *la somme que vous devez est déjà importante*

♦ *par conséquent* = donc

EXEMPLE : **je ne peux par conséquent accepter votre demande** SIGNIFIE *je ne peux donc pas accepter votre demande*

conservatoire

mesure conservatoire : mesure d'urgence qui a pour but d'éviter la perte d'un bien ou d'un droit

→ voir saisie

considérant

❒ (on vous parle d'un argument) raison donnée pour justifier une décision de justice (arrêt de la Cour d'appel, du conseil d'État, et du tribunal des conflits)

consignataire

❒ personne à qui on a confié une somme en dépôt ou en garantie

consignation

❒ (de sommes, de valeurs, d'objets) dépôt dans une caisse publique ou réglementée de sommes, de valeurs ou d'objets dus à une personne qui ne peut ou ne veut pas les recevoir

caisse des dépôts et consignations : établissement public qui reçoit des sommes, des valeurs et des objets en dépôt

consigner

1 (un document) = écrire, noter

EXEMPLE : **chacun pourra consigner ses observations dans un cahier spécial** SIGNIFIE *chacun pourra écrire* ou *noter ses observations dans un cahier spécial*

EXEMPLE : **les observations consignées dans le dossier** SIGNIFIE *les observations écrites* ou *notées dans le dossier*

2 (de l'argent, un objet) déposer (en garantie)

consœur

❒ personne qui exerce la même profession qu'un autre = collègue

consolidation

❒ (on vous parle d'un accident du travail) à la fin de la période de soins d'une blessure due à un accident de travail, le médecin certifie que l'état de la personne est stable et qu'un traitement n'est plus nécessaire, sauf cas particulier

date de consolidation : date à laquelle le médecin considère que l'état de la personne qui a eu un accident de travail est stable, et à partir de laquelle une indemnité pourra éventuellement être versée

consolidé, e

(on vous parle d'un état physique)

EXEMPLE : **votre état est considéré comme consolidé** SIGNIFIE *le médecin a considéré que votre état était stable et que vous n'aviez plus besoin de traitement*

consorts

❒ (on vous parle de plaideurs) personnes qui défendent un intérêt commun à un procès

constant, e

♦ *il est constant que* (au sens juridique) = il est admis que, personne ne conteste que

EXEMPLE : **il est constant que ce montant correspond à la TVA** SIGNIFIE *ce montant correspond à la TVA, c'est certain*

EXEMPLE : **il est constant que vos factures ne sont pas datées** SIGNIFIE *vos factures ne sont pas datées, c'est un fait*

→ voir jurisprudence

constitutif, -ive

1 (acte, convention) qui crée de nouveaux droits ou une nouvelle situation juridique

2 *constitutif de* = qui constitue, qui représente

EXEMPLE : **pour déterminer les éléments constitutifs du préjudice** SIGNIFIE *pour déterminer quels éléments constituent un préjudice*

EXEMPLE : **cet oubli est constitutif d'une irrégularité** SIGNIFIE *cet oubli est une irrégularité*

constitution

constitution d'avocat : acte par lequel une personne fait d'un avocat son représentant en justice

constitution de partie civile : acte par lequel une victime d'un crime ou d'un délit informe le tribunal correctionnel ou la cour d'assises et le prévenu ou l'accusé qu'elle demande réparation de son préjudice; la victime peut se constituer partie civile au moment où elle porte plainte, ou à tout moment jusqu'au jour du procès

constitutionnel, -elle

Conseil constitutionnel : conseil chargé de donner son avis sur certains sujets (organisation de référendum, etc) et de contrôler que certains textes sont conformes à la Constitution

constructibilité

EXEMPLE : **je confirme la non constructibilité de votre terrain** SIGNIFIE *je confirme que rien ne peut être construit sur votre terrain*

EXEMPLE : **vous voulez connaître la constructibilité de cette parcelle** SIGNIFIE *vous voulez savoir si des constructions sont autorisées sur cette parcelle*

constructible

❐ (terrain) sur lequel on a le droit de construire

EXEMPLE : **votre terrain n'est pas constructible** SIGNIFIE *vous ne pouvez rien construire sur votre terrain; aucune construction n'est autorisée sur votre terrain*

consul, e

❐ agent chargé par un gouvernement de défendre les intérêts de ses nationaux et de remplir des fonctions administratives et économiques dans un pays étranger

consul honoraire : agent, choisi par un État dans un pays étranger, pour défendre les intérêts de ses nationaux et pour remplir des fonctions administratives et économiques

consulaire

carte d'immatriculation consulaire : carte fournie par le consulat prouvant qu'une personne française a son lieu d'habitation officielle dans le pays étranger où elle vit

chambre consulaire, organisme consulaire : organisme représentant une profession ou un secteur économique (essentiellement commerce et industrie)

juge consulaire : juge élu d'un tribunal de commerce

consulat

❐ services chargés, dans une ville étrangère, de défendre les intérêts des nationaux d'un état et de remplir des fonctions administratives et économiques

consultatif, -ive

❐ qui donne son avis mais ne participe pas aux décisions

♦ *à titre consultatif :* pour donner son avis (mais sans participer aux décisions)

contentieux, -ieuse

adjectif

❐ (dossier) qui est ou peut être porté devant les tribunaux

❐ (procédure, recours) devant les tribunaux

EXEMPLE : **mes services peuvent engager une procédure contentieuse pour publicité mensongère** SIGNIFIE *mes services peuvent engager une procédure devant les tribunaux pour publicité mensongère*

EXEMPLE : **cette décision peut faire l'objet d'un recours contentieux auprès du tribunal administratif** SIGNIFIE *vous pouvez contester cette décision en* *vous adressant au tribunal administratif*

nom masculin

1 (on vous parle de litiges) ensemble d'affaires sur lesquelles il y a désaccord et qui peuvent être portées devant un tribunal

2 (service) service qui s'occupe des affaires sur lesquelles il y a désaccord

sans conteste

= certainement, sans aucun doute

EXEMPLE : **il s'agit sans conteste d'une erreur de calcul** SIGNIFIE *il s'agit certainement* ou *sans aucun doute d'une erreur de calcul*

contigu, -uë

EXEMPLE : **s'il s'agit de deux terrains contigus** SIGNIFIE *s'il s'agit de deux terrains qui se touchent*

EXEMPLE : **la parcelle 223 est contiguë à votre propriété** SIGNIFIE *la parcelle 223 touche votre propriété*

contingences

= circonstances, événements imprévisibles ou imprévus

EXEMPLE : **la méthode est adaptée en fonction des contingences économiques** SIGNIFIE *la méthode est adaptée en fonction des circonstances économiques*

EXEMPLE : **ce projet se heurte à des contingences techniques** SIGNIFIE *ce projet se heurte à des problèmes techniques imprévus*

contingent, e

nom masculin

1 (on vous parle d'une quantité) = part

EXEMPLE : **vous avez sollicité l'attribution d'un logement social au titre du contingent réservé au profit des personnes prioritaires** SIGNIFIE *vous avez demandé un logement social parmi ceux réservés aux personnes prioritaires*

EXEMPLE : **le contingent de postes affectés à ce type de recrutement** SIGNIFIE *le nombre de postes réservés à ce type de recrutement*

contingent préfectoral : nombre d'appartements sociaux dont dispose chaque préfecture

2 (on vous parle d'une participation financière) part à payer par une collectivité pour financer certaines dépenses

adjectif

= sans importance, non essentiel

EXEMPLE : **il s'agit de faits contingents** SIGNIFIE *il s'agit de faits sans importance*

continuation

EXEMPLE : **en cas de continuation des travaux** SIGNIFIE *si les travaux continuent*

EXEMPLE : **si la continuation de cette activité s'avère possible** SIGNIFIE *s'il est possible de continuer cette activité*

EXEMPLE : **l'affaire a été mise en continuation** SIGNIFIE *l'affaire sera jugée plus tard*

continûment

= sans cesse, de manière continue

EXEMPLE : **l'assemblée élargit continûment son champ d'activité** SIGNIFIE *l'assemblée élargit sans cesse son champ d'activité*

EXEMPLE : **cette action doit être menée continûment** SIGNIFIE *cette action doit être menée de manière continue*

contondant, e

❐ qui blesse en écrasant, sans couper ni percer (les bâtons et les matraques sont des armes contondantes)

contractant, e

partie contractante : personne qui s'engage par contrat

contracter

1 (un engagement, une assurance) = prendre (un emprunt) = faire, prendre

EXEMPLE : **votre dette contractée auprès de l'Urssaf** SIGNIFIE *la somme que vous devez à l'Urssaf*

♦ *contracter mariage* = se marier

EXEMPLE : **vous avez contracté mariage avec Mademoiselle B.** SIGNIFIE *vous vous êtes marié avec Mademoiselle B.*

2 (une maladie) = attraper

EXEMPLE : **le risque de contracter cette**

maladie SIGNIFIE *le risque d'attraper cette maladie*

contractualisation

1 (d'une personne) recrutement par un organisme public avec un contrat qui ne donne pas le statut de fonctionnaire

2 (d'un travail)

EXEMPLE : **cela fera l'objet d'une contractualisation entre cet organisme et l'État** SIGNIFIE *cela sera défini dans un contrat entre cet organisme et l'État*

contractualiser

1 (une personne) recruter par contrat sans donner le statut de fonctionnaire

2 (un travail) définir par contrat

EXEMPLE : **les surfaces que vous venez de contractualiser le sont pour une durée de 4 ans** SIGNIFIE *les engagements que vous avez pris sur ces surfaces durent 4 ans*

contractuel, -elle

adjectif

(on vous parle d'un accord) = d'un ou du contrat, défini par un ou le contrat

EXEMPLE : **c'est une obligation contractuelle** SIGNIFIE *c'est une obligation définie dans le contrat* ou *imposée par le contrat*

EXEMPLE : **c'est un litige de nature contractuelle** SIGNIFIE *c'est un litige (qui porte) sur un contrat*

nom

(on vous parle d'une personne) personne qui est liée par contrat à un organisme public et qui n'a pas la qualité de fonctionnaire

contractuellement

= par contrat

EXEMPLE : **vous êtes lié contractuellement à cette société** SIGNIFIE *vous êtes lié par contrat à cette société*

EXEMPLE : **cette somme est fixée contractuellement chaque année** SIGNIFIE *cette somme est fixée par contrat chaque année*

contradictoire

❐ (débat, examen) où il y a discussion entre toutes les personnes intéressées, présentes ou qui se sont fait représenter

procédure de redressement contradictoire : procédure pour informer qu'une déclaration d'impôts contient des informations inexactes ou manquantes; le contribuable a 30 jours pour envoyer ses observations à l'Administration et s'il n'est pas d'accord, demander l'avis d'une commission

jugement contradictoire : jugement rendu en présence des deux parties

contradictoirement

❐ (on vous parle d'un jugement) en présence des deux parties

EXEMPLE : **l'affaire a été mise contradictoirement en continuation au 27 mars** SIGNIFIE *l'affaire sera jugée en présence des deux parties le 27 mars*

contraignant, e

EXEMPLE : **il s'agit d'une demande d'information qui n'a pour vous aucun caractère contraignant** SIGNIFIE *il s'agit d'une demande d'information et vous n'êtes pas obligé d'y répondre*

contraindre

♦ *contraindre à faire (qqch)* = obliger à faire (qqch)

♦ *être contraint de ; se voir contraint de* = être obligé de

EXEMPLE : **je me verrais contraint d'annuler votre permis de conduire** SIGNIFIE *je serais obligé d'annuler votre permis de conduire*

contrainte

1 (on vous parle du procédé juridique) moyens qu'offre la loi pour faire respecter des obligations et des droits

contrainte par corps : emprisonnement d'une personne pour l'obliger à payer ce qu'elle doit au Trésor public, lorsqu'elle a les moyens de payer

2 (on vous parle de pression) = pression, violence

→ voir hospitalisation

contravention

1 (on vous parle d'un acte) acte contraire à une règle

(en droit pénal) acte contraire à la loi, qui peut être puni par une amende (de 38 à 3 000 euros et plus en cas de récidive) et certaines peines complémentaires (par exemple: suspension du permis de conduire)

2 (on vous parle d'une somme) = amende

contrepartie

= compensation

EXEMPLE : **vous pouvez demander une contrepartie financière** SIGNIFIE *vous pouvez demander une compensation financière* ou *à recevoir de l'argent en échange*

en contrepartie : en échange

EXEMPLE : **en contrepartie, vous n'aurez pas à payer ces charges** SIGNIFIE *en échange, vous n'aurez pas à payer ces charges*

contreseing

❒ signature d'une deuxième personne pour confirmer l'authenticité de la signature principale ou pour marquer son engagement

contresignataire

❒ personne qui signe un document pour confirmer l'authenticité de la signature principale ou pour marquer son engagement

contresigner

❒ signer à côté de la première signature pour confirmer son authenticité ou pour s'engager

EXEMPLE : **la déclaration doit être contresignée par le maire** SIGNIFIE *la déclaration doit également être signée par le maire*

contre(-)temps

= (problème) imprévu

EXEMPLE : **sauf dernier contretemps** SIGNIFIE *s'il n'y a pas de problème de dernière minute*

EXEMPLE : **nous vous prions de bien vouloir nous excuser pour les contretemps occasionnés dans le cadre de la gestion de cette affaire** SIGNIFIE *merci de nous excuser pour les retards dans la gestion de cette affaire*

contrevenant, e

❒ (personne ou entreprise) qui ne respecte pas la loi ou le règlement

EXEMPLE : **les contrevenants seront passibles d'une amende** SIGNIFIE *les personnes qui ne respectent pas la loi (*ou *le règlement) devront payer une amende*

EXEMPLE : **des sanctions seront prises contre les entreprises contrevenantes** SIGNIFIE *des sanctions seront prises contre les entreprises qui ne respectent pas la loi (*ou *le règlement)*

contrevenir

♦ *contrevenir à (qqch)* = être contraire à (qqch) , ne pas respecter (qqch)

EXEMPLE : **ce refus de séjour ne contrevient pas à l'article 8 de la Convention européenne des droits de l'homme** SIGNIFIE *ce refus de séjour n'est pas contraire à l'article 8 de la Convention européenne des droits de l'homme*

EXEMPLE : **ce type d'embauche contrevient aux dispositions de l'article 3** SIGNIFIE *ce type d'embauche ne respecte pas les* ou *est contraire aux dispositions de l'article 3*

contribuable

❒ personne qui peut avoir à payer des impôts

contributif, -ive

EXEMPLE : **la situation contributive de votre fils dépend également de vos revenus** SIGNIFIE *la somme que votre fils devra payer dépend également de vos revenus*

EXEMPLE : **je vous invite à respecter vos obligations fiscales contributives** SIGNIFIE *vous devez payer vos impôts*

EXEMPLE : **cela dépendra de vos possibilités contributives** SIGNIFIE *cela dépendra de la somme que vous pourrez payer*

part contributive :

EXEMPLE : **le montant de la part contributive de l'employeur au prix des tic-**

kets restaurant SIGNIFIE *la somme que l'employeur doit payer sur le prix des tickets restaurant*

EXEMPLE : **le montant de la part contributive de l'État** SIGNIFIE *le montant de la part payée par l'État*

contribution

contribution sociale généralisée : impôt, proportionnel aux revenus, payé par tous les contribuables et destiné à financer les assurances sociales

contribution directe : impôt fixé en fonction des revenus du contribuable

contribution indirecte : taxe sur les objets de consommation

contrôle

contrôle judiciaire : mesure qui oblige une personne mise en examen mais restée libre à respecter certaines obligations (interdiction de fréquenter certains lieux ou certaines personnes, obligation de se présenter au commissariat, etc)

contumace

❒ (on vous parle d'un accusé) état d'un accusé qui ne s'est pas présenté pas devant la cour d'assises ou qui s'est évadé avant le verdict

❒ (on vous parle d'une procédure) jugement rendu en l'absence de l'accusé

par contumace : en l'absence de l'accusé

contumax

❒ condamné jugé en son absence

convaincu, e

♦ *convaincu de* (on vous parle de culpabilité) = reconnu coupable de

EXEMPLE : **les personnes convaincues d'avoir facilité la fraude** SIGNIFIE *les personnes reconnues coupables d'avoir facilité la fraude*

convenance

♦ *à la convenance de (qqn)*

EXEMPLE : **la date du premier versement est fixée à votre convenance** SIGNIFIE *vous pouvez choisir la date que vous voulez pour le premier versement*

EXEMPLE : **vous pouvez nous rembourser par tout moyen à votre convenance** SIGNIFIE *vous pouvez nous rembourser par le moyen qui vous convient*

convenir

1 ce verbe apparaît souvent dans les formulations suivantes:

EXEMPLE : **il conviendrait de contacter l'assistante sociale** SIGNIFIE *il faudrait contacter l'assistante sociale*

EXEMPLE : **il convient que vous adressiez votre demande à ce service** SIGNIFIE *vous devez adresser votre demande à ce service*

EXEMPLE : **il convient de signaler que vous disposez d'un délai d'un mois** SIGNIFIE *je vous signale que vous disposez d'un délai d'un mois*

2 *convenir de*

(un fait) = reconnaître, admettre

EXEMPLE : **vous conviendrez de la difficulté de la situation** SIGNIFIE *vous reconnaîtrez que la situation est difficile*

(un rendez-vous, des modalités) = fixer, se mettre d'accord sur

EXEMPLE : **je vous invite à convenir d'un rendez-vous avec mes services** SIGNIFIE *je vous invite à fixer* ou *à prendre rendez-vous avec mes services*

♦ *convenir que* = reconnaître que, admettre que

EXEMPLE : **vous conviendrez que votre dossier est incomplet** SIGNIFIE *vous devez reconnaître que votre dossier est incomplet*

convention

❒ accord entre plusieurs personnes sur un fait précis

convention collective : accord entre syndicats de salariés et syndicats d'employeurs qui règle les conditions de travail des salariés

conventionné, e

❒ (médecin, clinique) qui a signé un accord avec la Sécurité sociale sur les tarifs qui serviront de base de remboursement des assurés

❒ (logement) pour lequel un accord a été signé entre le bailleur et l'État

prêt conventionné : prêt à taux d'intérêt défini par un accord entre une banque et l'État, qui est destiné à acheter une résidence principale et qui donne la possibilité à l'emprunteur, sous certaines conditions, d'obtenir une aide au logement

conventionnel, -elle

❐ (contrat) établi par un accord entre plusieurs personnes

conventionnellement

(on vous parle d'un accord) = par un accord, par une convention

EXEMPLE : **les prix sont déterminés conventionnellement entre ces organismes et les caisses d'assurance maladie** SIGNIFIE *les prix sont déterminés par un accord entre ces organismes et les caisses d'assurance maladie*

conventionnement

❐ (on vous parle de Sécurité sociale) adhésion à l'accord signé avec la Sécurité sociale sur les tarifs qui serviront de base au remboursement aux assurés

convier

= inviter

EXEMPLE : **je vous ai convié à un entretien** SIGNIFIE *je vous ai demandé de venir à un entretien*

cooptation

❐ nomination d'un nouveau membre d'un groupe par les membres qui en font déjà partie

coopter

(un nouveau membre) = nommer (par les membres qui font déjà partie du groupe)

coordonnées

= nom, adresse (et numéro de téléphone)

EXEMPLE : **merci d'indiquer vos coordonnées** SIGNIFIE *merci d'indiquer votre nom, votre adresse et votre numéro de téléphone*

copartage

❐ partage entre plusieurs personnes

copartageant, e

❐ (personne) qui participe à un partage

copie

♦ *communiquer copie de* = envoyer ou donner une copie de

EXEMPLE : **merci de me communiquer copie du justificatif de paiement** SIGNIFIE *merci de me donner* ou *de m'envoyer une copie du justificatif de paiement*

co(-)propriétaire

❐ (on vous parle d'un bien indivis) propriétaire d'un bien commun à plusieurs personnes

❐ (on vous parle d'un immeuble en copropriété) propriétaire d'un appartement qui possède, utilise et paie les charges d'une part des parties communes

co(-)propriété

❐ (on vous parle d'un bien indivis) bien commun à plusieurs personnes

❐ (on vous parle d'un immeuble) immeuble où chaque appartement appartient à une personne qui possède, utilise et paie les charges d'une part des parties communes

en copropriété (on vous parle d'un immeuble) : où chaque appartement appartient à une personne qui possède, utilise et paie les charges d'une part des parties communes

correctionnel, -elle

❐ qui se rapporte aux délits

tribunal correctionnel : tribunal qui juge les délits

→ voir délit

correctionnellement

❐ devant le tribunal chargé des délits

corrélatif, -ive

EXEMPLE : **cette hausse des prix et la baisse corrélative des taxes** SIGNIFIE *cette hausse des prix et la baisse des taxes qui l'accompagne* ou *qui en résulte*

EXEMPLE : **le projet et les dépenses corrélatives** SIGNIFIE *le projet et les dépenses qui y sont liées*

corrélation

= relation, lien, rapport

EXEMPLE : **il n'existe pas de corrélation entre ces deux phénomènes** SIGNIFIE *il n'existe pas de relation* ou *de lien entre ces deux phénomènes*

EXEMPLE : **nous avons établi une corrélation entre ces événements** SIGNIFIE *nous avons établi un lien* ou *un rapport entre ces événements*

♦ *en corrélation avec* = en relation avec, en rapport avec

EXEMPLE : **nous travaillons en corrélation avec des partenaires locaux** SIGNIFIE *nous travaillons en relation avec des partenaires locaux*

corrélativement

EXEMPLE : **ils doivent faire corrélativement connaître leur nouvelle situation au service des impôts** SIGNIFIE *ils doivent donc signaler dans le même temps* ou *en même temps leur nouvelle situation au service des impôts*

corréler

= établir un lien ou un rapport ou une relation entre

EXEMPLE : **le rapport corrèle ces deux résultats** SIGNIFIE *le rapport établit un lien* ou *une relation entre ces deux résultats*

EXEMPLE : **ce dossier est directement corrélé à votre problème** SIGNIFIE *il y un rapport direct entre ce dossier et votre problème*

correspondance

(on vous parle de courrier) = lettre, courrier

EXEMPLE : **en réponse à cette correspondance** SIGNIFIE *en réponse à cette lettre* ou *courrier*

correspondance en date du : lettre ou courrier du

EXEMPLE : **par correspondance en date du 14 novembre 2000** SIGNIFIE *dans votre lettre* ou *courrier du 14 novembre 2000*

corroborer

= confirmer, renforcer

EXEMPLE : **ces faits corroborent mon propos** SIGNIFIE *ces faits renforcent* ou *confirment mon propos*

co(-)signataire

❒ personne qui signe un acte avec d'autres personnes

EXEMPLE : **l'un des cosignataires de la déclaration** SIGNIFIE *l'une des personnes qui ont signé la déclaration*

co(-)signer

= signer (avec d'autres personnes)

EXEMPLE : **une lettre cosignée par les propriétaires de la résidence** SIGNIFIE *une lettre signée par les propriétaires de la résidence*

cotisation

cotisations sociales : sommes versées par l'employeur et le salarié pour financer la Sécurité sociale

cotisations salariales : sommes versées par le salarié à l'Urssaf par l'intermédiaire de son employeur

cotisations patronales : sommes versées par l'employeur à l'Urssaf

coup

♦ *sous le coup de*

EXEMPLE : **vous êtes sous le coup d'une mesure d'expulsion** SIGNIFIE *une mesure d'expulsion a été prise contre vous*

EXEMPLE : **ces faits tombent sous le coup de l'article 6 de la loi 83-629** SIGNIFIE *l'article 6 de la loi 83-629 punit ces faits*

cour

→ voir appel, assises, cassation

courant

(avec une année, un mois, etc)

EXEMPLE : **ce sera fait courant 2003** SIGNIFIE *ce sera fait en 2003*

EXEMPLE : **courant avril 2001, vous avez contacté mes services** SIGNIFIE *en avril 2001, vous avez contacté mes services*

EXEMPLE : **vous avez sollicité le 23 janvier courant la délivrance d'un certificat d'immatriculation** SIGNIFIE *le 23 janvier dernier, vous avez fait une demande de certificat d'immatriculation*

EXEMPLE : **dans la lettre du 2 octobre courant** SIGNIFIE *dans la lettre du 2 octobre de cette année*

EXEMPLE : **le 5 courant** SIGNIFIE *le 5 de ce mois*

♦ *dans le courant de* = pendant

EXEMPLE : **dans le courant du mois de juin** SIGNIFIE *pendant le mois de juin*

EXEMPLE : **dans le courant de la première quinzaine de juin** SIGNIFIE *pendant la première quinzaine de juin*

courir

(on vous parle d'une période, d'un délai)

EXEMPLE : **le délai de 6 mois court à partir de la date à laquelle le dossier est reçu** SIGNIFIE *le délai de 6 mois commence le jour où le dossier est reçu*

coutume

♦ *il est de coutume de* ou *que* = habituellement

EXEMPLE : **il est de coutume qu'un arrêté municipal impose cette tâche aux riverains** SIGNIFIE *généralement* ou *habituellement, un arrêté municipal impose cette tâche aux riverains*

coutumier, -ière

(travail, situation) = habituel

(législation, droit) = établi sur des coutumes

♦ *être coutumier du fait* = faire souvent la même chose

EXEMPLE : **votre voisin semble coutumier du fait** SIGNIFIE *votre voisin semble faire cela souvent* ou *régulièrement*

couvert

sous couvert de :

(un visa, un passeport) = avec

EXEMPLE : **vous êtes entré en France sous couvert d'un visa de court séjour** SIGNIFIE *vous êtes entré en France avec un visa de court séjour*

(un service, une personne) = par l'intermédiaire de

EXEMPLE : **vous devez me faire parvenir ce document sous couvert de l'inspecteur d'académie** SIGNIFIE *vous devez me faire parvenir ce document par l'intermédiaire de l'inspecteur d'académie*

couverture

couverture sociale : protection dont bénéficient les assurés sociaux (remboursement de certains soins, médicaments, appareillages, etc)

couverture maladie universelle : protection donnée aux personnes qui ne sont pas des assurés sociaux et ont un revenu inférieur à une certaine somme

couvrir

(des frais) = payer, rembourser

EXEMPLE : **des crédits pour couvrir une partie des dépenses** SIGNIFIE *des crédits pour payer une partie des dépenses*

EXEMPLE : **cette somme couvre uniquement 57 % de vos dettes** SIGNIFIE *cette somme ne rembourse que 57 % de ce que vous devez; cette somme ne permet de payer que 57 % de ce que vous devez*

créance

❐ (on vous parle d'un droit) droit d'exiger d'une personne ce qu'elle vous doit (argent, obligation de faire quelque chose)

❐ (on vous parle d'une somme d'argent) somme due

EXEMPLE : **du fait de la perception différée de sa créance** SIGNIFIE *du fait qu'il a reçu l'argent qui lui était dû avec retard*

créances privilégiées : droit d'une personne à qui quelqu'un doit quelque chose (argent, obligation de faire quelque chose) de recevoir cette chose avant d'autres personnes

→ voir débiteur

créancier, -ière

❐ personne à qui quelqu'un doit de l'argent

crédirentier, -ière

❐ personne qui reçoit une rente à vie ou un viager

→ voir viager

crédit-bail

❐ contrat de location d'un bien dont le locataire peut, à la fin du contrat, devenir propriétaire

crédit-bailleur

❐ organisme qui loue des biens à des

personnes qui peuvent en devenir propriétaires à la fin du contrat

créditer

(une somme) = verser sur un compte en banque

(une personne) = verser une somme sur le compte de

EXEMPLE : **votre compte sera crédité de 500 euros** SIGNIFIE *500 euros seront versés sur votre compte*

EXEMPLE : **vous serez crédité de cette somme le mois prochain** SIGNIFIE *cette somme sera versée sur votre compte le mois prochain*

créditeur, -trice

créditeur de : avec un crédit de

EXEMPLE : **un compte créditeur de 120 euros** SIGNIFIE *un compte avec un crédit* ou *une somme disponible de 120 euros*

EXEMPLE : **le compte présente un solde créditeur de 38 euros** SIGNIFIE *il reste 38 euros (disponibles) sur ce compte*

EXEMPLE : **vous êtes créditeur de 150 euros** SIGNIFIE *vous avez 150 euros à votre crédit* ou *sur votre compte*

crime

❐ acte grave puni par la loi

criminel, -elle

chambre criminelle : section de la Cour de cassation qui décide si une affaire criminelle doit ou non être rejugée

critère

= condition, raison

EXEMPLE : **la délivrance du titre de résident est faite selon divers critères** SIGNIFIE *le titre de résident est donné aux personnes qui remplissent certaines conditions*

EXEMPLE : **j'ai basé ma décision sur des critères objectifs** SIGNIFIE *j'ai pris ma décision à partir d'éléments objectifs*

EXEMPLE : **vous ne remplissez pas le critère de résidence habituelle en France** SIGNIFIE *vous ne résidez pas habituellement en France; votre demande ne peut donc pas être prise en considération*

cultuel, -elle

= religieux

EXEMPLE : **la commune est propriétaire de cet édifice cultuel** SIGNIFIE *la commune est propriétaire de cet édifice religieux*

EXEMPLE : **le caractère cultuel de votre association** SIGNIFIE *le caractère religieux de votre association*

cumul

EXEMPLE : **cela correspond au cumul des deux versements** SIGNIFIE *cela correspond à la somme* ou *au total des deux versements*

EXEMPLE : **le cumul de cette rémunération avec vos allocations ne peut se prolonger pendant plus de 18 mois** SIGNIFIE *vous ne pouvez recevoir à la fois cette rémunération et vos allocations pendant plus de 18 mois*

EXEMPLE : **la possibilité de cumul du prêt et de ces aides** SIGNIFIE *la possibilité de recevoir à la fois le prêt et ces aides*

EXEMPLE : **le cumul de l'allocation-chômage avec une activité rémunérée** SIGNIFIE *le fait de recevoir l'allocation-chômage tout en exerçant une activité rémunérée*

cumulable

EXEMPLE : **cette allocation est cumulable avec la pension de retraite** SIGNIFIE *vous pouvez recevoir cette allocation en même temps que la pension de retraite*

EXEMPLE : **ces deux fonctions ne sont pas cumulables** SIGNIFIE *ces deux fonctions ne peuvent pas être exercées en même temps*

cumulatif, -ive

EXEMPLE : **vos cinq années de résidence en France doivent être prouvées de manière cumulative** SIGNIFIE *vous devez prouver que vous avez résidé au total cinq ans en France*

EXEMPLE : **vous ne pouvez pas percevoir ces deux allocations de manière cumulative** SIGNIFIE *vous ne pouvez pas toucher ces deux allocations en même temps*

cumulativement

EXEMPLE : **les peines s'exécutent cumula-**

tivement SIGNIFIE *les deux peines sont exécutées, l'une à la suite de l'autre*

EXEMPLE : **les entreprises peuvent être exonérées soit de la taxe professionnelle, soit de la taxe foncière, soit cumulativement de ces deux taxes** SIGNIFIE *les entreprises peuvent être exonérées soit de la taxe professionnelle, soit de la taxe foncière, soit de ces deux taxes en même temps*

cumuler

(des aides, des allocations) = recevoir en même temps

(des fonctions) = exercer en même temps

EXEMPLE : **vous ne pouvez pas cumuler les deux allocations** SIGNIFIE *vous ne pouvez pas recevoir en même temps les deux allocations*

EXEMPLE : **cette prime peut être cumulée avec un prêt** SIGNIFIE *vous pouvez bénéficier de cette prime et d'un prêt*

EXEMPLE : **le montant cumulé de ces deux allocations** SIGNIFIE *le montant total de ces deux allocations*

EXEMPLE : **vous ne pouvez cumuler cette activité avec le bénéfice de l'allocation** SIGNIFIE *vous ne pouvez pas recevoir cette allocation si vous avez cette activité*

curatelle

❐ mesure de protection prononcée par le juge des tutelles pour aider des personnes majeures qui n'ont pas toutes leurs capacités mentales ou physiques, soit pour accomplir un acte particulier (par exemple la vente d'un bien), soit de façon continue; la personne chargée d'exécuter la mesure de protection est le « curateur »

curateur, -trice

❐ personne désignée par le juge des tutelles pour aider des personnes majeures qui n'ont pas toutes leurs capacités mentales ou physiques, soit pour accomplir un acte particulier (par exemple la vente d'un bien), soit de façon continue

cursus

(d'une personne) = parcours

EXEMPLE : **donnez le détail de votre cursus scolaire** SIGNIFIE *donnez le détail de votre parcours scolaire; donnez le détail des études que vous avez faites*

EXEMPLE : **en fonction de votre cursus professionnel** SIGNIFIE *en fonction de votre parcours professionnel; en fonction des emplois que vous avez occupés*

D

daigner

♦ *daigner faire (qqch)* = vouloir faire (qqch) , accepter de faire (qqch)

EXEMPLE : **vous n'avez pas daigné laisser entrer ces agents** SIGNIFIE *vous n'avez pas voulu* ou *accepté de laisser entrer ces agents*

dangerosité

= caractère dangereux

EXEMPLE : **la dangerosité de votre comportement** SIGNIFIE *le caractère dangereux de votre comportement*

EXEMPLE : **c'est d'une grande dangerosité** SIGNIFIE *c'est très dangereux*

date

♦ *de longue date* = depuis longtemps

EXEMPLE : **cette opération est prévue de longue date par la mairie** SIGNIFIE *cette opération est prévue depuis longtemps par la mairie*

♦ *de fraîche date* = depuis peu, récemment

EXEMPLE : **un immeuble acquis de fraîche date** SIGNIFIE *un immeuble acquis depuis peu* ou *récemment*

déballage

vente au déballage : vente de marchandises dans un lieu non destiné à la vente au public ou dans un véhicule spécialement aménagé; cette vente nécessite une autorisation du préfet ou du maire

débirentier

❒ personne qui doit payer une rente à une autre

débiteur, -trice

❒ personne qui doit de l'argent à quelqu'un

EXEMPLE : **en cas de refus de paiement des sommes dont vous êtes débiteur** SIGNIFIE *si vous refusez de payer les sommes que vous devez*

EXEMPLE : **vous pouvez le demander à votre débiteur** SIGNIFIE *vous pouvez le demander à la personne qui vous doit de l'argent*

débours

❒ (au sens général) argent avancé pour une dépense

❒ (en droit) sommes dépensées par un avocat, un officier ministériel ou public pour la personne qu'il représente et qui doivent lui être remboursées

débouté

❒ rejet d'une demande (irrecevable, mal fondée ou irrégulière) par le juge

débouter

♦ *débouter (qqn) de sa demande :* rejeter la demande de quelqu'un en justice (parce qu'elle n'est pas justifiée)

EXEMPLE : **le tribunal d'instance vous a débouté de votre demande** SIGNIFIE *le tribunal d'instance a rejeté votre de-*

mande (parce qu'il a considéré qu'elle n'était pas justifiée)

en deçà

= en dessous

EXEMPLE : **la durée du travail ne peut être réduite en deçà de 35 heures** SIGNIFIE *la durée du travail ne peut être réduite à moins de 35 heures*

EXEMPLE : **l'entreprise est descendue en deçà du seuil de dix salariés** SIGNIFIE *l'entreprise est descendue en dessous du seuil de dix salariés*

décade

= (période de) dix jours

déceler

= constater, trouver, découvrir

EXEMPLE : **un écart de 5 000 euros a été décelé en décembre 2001** SIGNIFIE *un écart de 5 000 euros a été constaté en décembre 2001*

EXEMPLE : **vous n'aviez pas décelé l'erreur qui avait été commise** SIGNIFIE *vous n'aviez pas vu ou trouvé l'erreur qui avait été commise*

décennal, e (masc. pl. aux)

(on vous parle de fréquence) = qui a lieu tous les dix ans, fait tous les dix ans

EXEMPLE : **un contrôle décennal** SIGNIFIE *un contrôle fait tous les dix ans*

(on vous parle de durée) = qui dure dix ans, pour ou sur dix ans

EXEMPLE : **un plan décennal** SIGNIFIE *un plan sur dix ans*

EXEMPLE : **une garantie décennale** SIGNIFIE *une garantie qui dure dix ans*

décennie

=(période de) dix ans

décerner

(un mandat d'arrêt, d'amener, de comparution, etc) = ordonner, signer

EXEMPLE : **le juge a décerné un mandat d'arrêt** SIGNIFIE *le juge a ordonné un mandat d'arrêt*

décharge

1 (on vous parle d'une dette) document qui certifie qu'une somme due n'est plus à payer

EXEMPLE : **vous avez sollicité une décharge gracieuse de votre responsabilité au regard du paiement de l'impôt** SIGNIFIE *vous avez demandé à ne pas payer l'impôt*

❐ (on vous parle d'une obligation) document qui certifie qu'une chose n'est plus à faire

❐ (on vous parle d'hospitalisation) document signé par une personne certifiant qu'elle ne tiendra pas comme responsable le personnel soignant en cas de complications après sa sortie de l'hôpital

décharge de responsabilité (en comptabilité) : document certifiant qu'une personne n'a commis aucune faute dans sa gestion

2 ***à la décharge de*** = pour excuser

EXEMPLE : **à la décharge de Madame Laurent** SIGNIFIE *pour excuser Madame Laurent (, on peut dire que...)*

décharger

♦ ***décharger de*** (une responsabilité)

EXEMPLE : **vous pouvez demander à être déchargé de cette obligation** SIGNIFIE *vous pouvez demander à être dispensé de cette obligation*

EXEMPLE : **vous avez été déchargé du paiement de la pénalité** SIGNIFIE *vous n'êtes pas obligé de payer la pénalité; vous n'avez pas à payer la pénalité*

déchéance

❐ (d'un droit, d'une fonction) perte d'un droit ou d'une fonction par décision de justice

EXEMPLE : **la déchéance de leurs droits civiques a été prononcée** SIGNIFIE *leurs droits civiques leur ont été retirés (par décision de justice)*

déchéance quadriennale (on vous parle d'une créance) : perte du droit de se faire payer une somme due par l'État, les collectivités locales ou les établissements publics, à la fin d'un délai de 4 ans (qui commence le premier jour de l'année qui suit celle où la dette a commencé)

déchu, e

♦ ***être déchu de*** = être privé de (suite à une décision de justice), perdre (suite à une décision de justice)

EXEMPLE : **lorsque la personne est déchue de ses droits** SIGNIFIE *lorsque la personne est privée de ses droits; lorsque la justice a retiré ses droits à la personne*

décimale

❒ chiffre placé après la virgule

EXEMPLE : **vous devez donner ce chiffre en euros avec 2 décimales** SIGNIFIE *vous devez donner ce chiffre en euros avec 2 chiffres après la virgule (exemple: 65,12 euros)*

décisionnaire

❒ personne (physique ou morale) qui a un pouvoir de décision

EXEMPLE : **le département est seul décisionnaire dans ce domaine** SIGNIFIE *le département est le seul à (pouvoir) prendre une décision dans ce domaine*

EXEMPLE : **il faudrait rassembler les différentes parties décisionnaires** SIGNIFIE *il faudrait rassembler les différentes parties qui ont un pouvoir de décision*

déclarant, e

❒ personne qui déclare officiellement quelque chose et dont la responsabilité est engagée par cette déclaration

déclaratif, -ive

EXEMPLE : **eu égard à votre ponctualité habituelle en matière d'obligations déclaratives** SIGNIFIE *comme vous faites toujours en temps et en heure vos déclarations*

EXEMPLE : **il s'agit d'un impôt déclaratif** SIGNIFIE *il s'agit d'un impôt pour lequel il faut remplir une déclaration; il s'agit d'un impôt calculé d'après la déclaration remplie par le contribuable*

acte déclaratif : document juridique qui constate un fait ou un droit qui existait déjà avant

échéance déclarative : date limite pour envoyer une déclaration fiscale

EXEMPLE : **un courrier de rappel de l'échéance déclarative** SIGNIFIE *un courrier de rappel de la date limite à laquelle vous devez envoyer votre déclaration fiscale*

déclaration

♦ *porter déclaration de* = déclarer

EXEMPLE : **le décret qui porte déclaration d'utilité publique de ces travaux** SIGNIFIE *le décret qui déclare ces travaux d'utilité publique*

EXEMPLE : **un arrêté portant déclaration d'insalubrité de ce logement** SIGNIFIE *un arrêté déclarant que ce logement est insalubre*

déclaration nominative à l'embauche, déclaration préalable d'embauche : déclaration que doit faire l'employeur auprès des organismes de protection sociale avant d'embaucher un salarié

déclaration de situation mensuelle (aux Assedic) : indication par le demandeur d'emploi du nombre d'heures pendant lesquelles il a travaillé dans le dernier mois

déclaration d'intention d'aliéner : acte établi par le notaire chargé de la vente d'un bien immobilier lorsque celui-ci est situé dans une zone où l'État (ou une collectivité locale) a la priorité pour acheter

→ voir greffe, succession, revenu

déclassement

❒ (on vous parle d'une décision administrative) décision administrative de sortir un bien du domaine public

EXEMPLE : **le conseil municipal a décidé le déclassement de ces chemins ruraux** SIGNIFIE *le conseil municipal a décidé que ces chemins ne seraient plus ruraux (et deviendraient privés)*

déclasser

❒ (on vous parle d'une décision administrative) sortir un bien du domaine public

déclinatoire

déclinatoire de compétence : document contestant la compétence d'un tribunal dans le jugement d'une affaire

décliner

1 (des renseignements) = énumérer

EXEMPLE : **décliner ses noms, prénoms et**

fonctions SIGNIFIE *donner ses noms, prénoms et fonctions*

2 (une offre) = refuser

EXEMPLE : **vous avez décliné cette offre** SIGNIFIE *vous avez refusé cette offre*

3 *se décliner* = s'énumérer

EXEMPLE : **les éléments de réponse peuvent se décliner en trois points** SIGNIFIE *les éléments de réponse peuvent s'énumérer* ou *se diviser en trois points*

EXEMPLE : **cette formation se décline en deux séances** SIGNIFIE *cette formation a lieu en deux séances*

déclivité

= pente

EXEMPLE : **votre terrain présente une forte déclivité** SIGNIFIE *votre terrain est très en pente*

décompte

1 (on vous parle d'une somme à déduire) = déduction, réduction

EXEMPLE : **nous avons fait le décompte des sommes déjà versées** SIGNIFIE *nous avons déduit les sommes déjà versées*

2 (on vous parle d'un calcul) = détail (du calcul)

EXEMPLE : **merci d'envoyer le décompte de vos indemnités** SIGNIFIE *merci d'envoyer le détail de vos indemnités*

EXEMPLE : **pour obtenir le décompte de vos points sur votre permis de conduire** SIGNIFIE *pour obtenir le détail du calcul de vos points sur votre permis de conduire*

EXEMPLE : **nous avons procédé à un nouveau décompte des voix** SIGNIFIE *nous avons recompté les voix*

décompter

1 (on vous parle d'une déduction) = déduire

EXEMPLE : **les sommes déjà décomptées du montant** SIGNIFIE *les sommes déjà déduites du montant*

2 (on vous parle d'un calcul) = calculer, compter

EXEMPLE : **les points sont décomptés comme suit** SIGNIFIE *les points sont calculés ainsi*

EXEMPLE : **les bulletins de vote déjà décomptés** SIGNIFIE *les bulletins de vote déjà comptés*

découvert

❒ argent dépensé par une personne alors qu'elle ne l'a pas sur son compte

♦ *à découvert :*

(compte) sans argent dessus

(personne) qui n'a plus d'argent sur son compte

décret

décret d'application : texte administratif qui permet de faire appliquer une loi et précise comment elle doit être appliquée

décret-loi : acte écrit ayant la même valeur qu'une loi, que prenait le gouvernement sous les IIIe et IVe Républiques

de cujus

❒ personne décédée dont on règle la succession

se dédire

❒ changer d'avis après avoir passé un contrat ou pris un engagement

EXEMPLE : **l'acheteur de la maison s'est dédit sans raison sérieuse** SIGNIFIE *l'acheteur a décidé de ne plus acheter la maison sans raison sérieuse*

dédit

❒ possibilité de changer d'avis après avoir passé un contrat ou pris un engagement

indemnité de dédit : somme à payer lorsqu'on change d'avis après avoir passé un contrat ou pris un engagement

dédommagement

❒ argent ou avantage accordé à la victime d'un dommage

♦ *en dédommagement de (qqch)* = pour réparer ou compenser (qqch)

EXEMPLE : **en dédommagement de ce préjudice** SIGNIFIE *pour réparer ce préjudice*

dédommager

❒ (une personne) donner de l'argent ou un avantage à la victime d'un dommage

dédouanement

❒ (d'une marchandise) établissement des documents nécessaires à son entrée ou à sa sortie du territoire et paiement éventuel des droits de douane

dédouaner

1 (une marchandise) remplir les documents nécessaires à son entrée ou à sa sortie du territoire et payer les droits de douane éventuels

2 (on vous parle de responsabilité) = dégager d'une responsabilité

EXEMPLE : **cela ne vous dédouane en rien** SIGNIFIE *cela ne justifie pas ce que vous avez fait (ou dit)*

déductibilité

EXEMPLE : **ce régime permet la déductibilité de certaines cotisations** SIGNIFIE *ce régime permet de déduire certaines cotisations*

EXEMPLE : **je vous rappelle la non-déductibilité de ce type de pension au regard de l'impôt** SIGNIFIE *je vous rappelle que ce type de pension ne peut pas être déduit de vos revenus imposables*

de facto

= de fait ; dans la réalité mais sans base juridique

défaillance

❒ (on vous parle d'un engagement) fait de ne pas respecter ce qu'on s'était engagé à faire

EXEMPLE : **toute défaillance dans le plan d'apurement entraînera la suppression de l'aide** SIGNIFIE *si les dates de remboursement prévues dans le plan d'apurement ne sont pas respectées, vous ne recevrez plus l'aide*

défaillant, e

❒ (on vous parle d'un engagement) qui ne fait pas ce qu'il s'était engagé à faire

EXEMPLE : **le locataire défaillant** SIGNIFIE *le locataire qui ne paie pas ou qui n'a pas payé son loyer*

EXEMPLE : **l'emprunteur défaillant** SIGNIFIE *la personne qui ne rembourse pas ou qui n'a pas remboursé ce qu'elle a emprunté*

défaut

(on vous parle de manque) = absence, manque

EXEMPLE : **votre défaut d'expérience dans ce domaine** SIGNIFIE *votre manque d'expérience dans ce domaine*

EXEMPLE : **le défaut de production de ce document donne lieu à une amende** SIGNIFIE *si vous ne présentez pas ce document, vous risquez une amende*

EXEMPLE : **je vous informe de l'annulation de votre permis de conduire par défaut de points** SIGNIFIE *je vous informe que votre permis de conduire a été annulé parce que vous avez perdu la totalité de vos points*

♦ *faire défaut* = manquer

EXEMPLE : **ce qui fait surtout défaut** SIGNIFIE *ce qui manque surtout*

♦ *à défaut* = sinon

EXEMPLE : **à défaut, la présente décision sera annulée** SIGNIFIE *sinon, cette décision ne sera plus annulée*

♦ *à défaut de* = sans

EXEMPLE : **à défaut de réponse du contribuable** SIGNIFIE *sans réponse du contribuable; si le contribuable ne répond pas*

EXEMPLE : **à défaut de production du document** SIGNIFIE *si vous ne présentez pas ce document*

EXEMPLE : **à défaut pour vous de libérer volontairement les lieux** SIGNIFIE *si vous ne quittez pas volontairement les lieux*

défection

(on vous parle d'absence)

EXEMPLE : **je vous remercie de me prévenir en cas de défection** SIGNIFIE *je vous remercie de me prévenir si vous ne venez pas (ou si des personnes ne viennent pas)*

EXEMPLE : **il y a eu trois défections** SIGNIFIE *trois personnes ne sont pas venues ou ont annoncé qu'elles ne viendraient pas*

défectueux, -euse

= qui fonctionne mal, qui a des défauts (de fabrication)

EXEMPLE : **le remplacement des comp-**

teurs défectueux SIGNIFIE *le remplacement des compteurs qui fonctionnent mal*

défectuosité
= défaut

EXEMPLE : **les pneus présentaient des défectuosités graves** SIGNIFIE *les pneus avaient des défauts graves*

défendeur, -eresse
❒ personne contre qui un procès est engagé par le demandeur, et qui va donc chercher à se défendre; celui-ci lui demande, au moyen d'un acte d'huissier, de se présenter devant un tribunal, c'est la procédure de l'assignation. Il ne faut pas confondre le « défendeur » et le « défenseur », qui est un synonyme d'avocat

déféré
déféré préfectoral : acte par lequel un préfet demande à un tribunal administratif d'examiner les décisions des communes, départements ou régions qu'il considère comme illégales

déférer
1 *déférer devant* ou *à* (un tribunal, une cour) = envoyer ou porter devant (pour jugement)

EXEMPLE : **l'adolescent a été déféré devant le parquet de Rennes** SIGNIFIE *l'adolescent a été envoyé devant le parquet de Rennes pour y être jugé*

EXEMPLE : **l'affaire a été déférée devant le tribunal administratif** SIGNIFIE *l'affaire a été portée devant le tribunal administratif*

2 *déférer à*
(une convocation, une citation) = répondre à

EXEMPLE : **vous n'avez pas déféré aux convocations de la police** SIGNIFIE *vous n'avez pas répondu aux convocations de la police*

(une disposition, une prescription) = respecter

EXEMPLE : **je vous demande de déférer aux dispositions de l'article 1** SIGNIFIE *je vous demande de respecter les dispositions de l'article 1*

déficience
= insuffisance

EXEMPLE : **en cas de déficience de pression de votre installation** SIGNIFIE *si vous avez des problèmes de pression dans votre installation*

EXEMPLE : **en cas de déficience de la signalisation** SIGNIFIE *si la signalisation est insuffisante* ou *mauvaise*

EXEMPLE : **une déficience cardiaque** SIGNIFIE *des problèmes cardiaques*

déficient, e
= insuffisant

EXEMPLE : **la signalisation routière est déficiente dans ce quartier** SIGNIFIE *la signalisation routière est insuffisante* ou *mauvaise dans ce quartier*

EXEMPLE : **le freinage de votre véhicule est déficient** SIGNIFIE *votre véhicule freine mal*

EXEMPLE : **vous avez un état de santé déficient** SIGNIFIE *votre santé est très fragile*

déficit
1 (au sens financier) somme d'argent qui manque quand les dépenses sont plus importantes que les rentrées d'argent

2 (au sens général) = manque, insuffisance

EXEMPLE : **le déficit de moyens d'accueil** SIGNIFIE *le manque* ou *l'insuffisance de moyens d'accueil*

EXEMPLE : **il y a un déficit dans l'information des habitants de la commune** SIGNIFIE *les habitants de la commune ne sont pas assez informés*

déficitaire
1 (au sens financier) dont les dépenses sont plus importantes que les rentrées d'argent

EXEMPLE : **étant donné le caractère déficitaire de cette activité** SIGNIFIE *puisque cette activité entraîne plus de dépenses qu'elle n'apporte d'argent*

2 (au sens général)

EXEMPLE : **les départements déficitaires en enseignants** SIGNIFIE *les départements qui manquent d'enseignants*

défiscalisation
❒ fait de ne pas soumettre ou de ne pas être soumis à l'impôt

EXEMPLE : **en vue de la défiscalisation de ces revenus** SIGNIFIE *pour que ces revenus ne soient plus soumis à l'impôt; pour qu'il n'y ait plus d'impôt à payer sur ces revenus*

défiscaliser

= ne pas soumettre à l'impôt

EXEMPLE : **ces rentes sont complètement défiscalisées** SIGNIFIE *ces rentes ne sont pas soumises à l'impôt; il n'y a pas d'impôt à payer sur ces rentes*

dégressif, -ive

= qui va en diminuant

allocation unique dégressive : indemnisation du chômage qui était calculée à partir de l'ancien salaire et baissait régulièrement; elle n'existe plus depuis la loi Fillon de 2002

dégressivité

= diminution régulière

EXEMPLE : **vous vous interrogez sur la dégressivité de votre allocation** SIGNIFIE *vous vous interrogez sur le fait que votre allocation diminue régulièrement*

dégrèvement

❒ réduction ou suppression d'un impôt accordée par l'Administration

EXEMPLE : **l'impôt dont le dégrèvement vous est accordé** SIGNIFIE *l'impôt pour lequel une réduction vous est accordée*

dégrever

♦ *dégrever (qqn)* = accorder une réduction ou une suppression d'impôt à (qqn)

EXEMPLE : **le montant dégrevé vous sera remboursé** SIGNIFIE *le montant qui correspond à la réduction accordée vous sera remboursé*

déguiser

❒ (**en droit**) modifier la nature ou l'une des conditions d'un acte (par exemple, vente qu'on fait passer pour une donation, déclaration d'un prix plus faible, etc)

délabré, e

= en très mauvais état

EXEMPLE : **si cette habitation est délabrée** SIGNIFIE *si cette habitation est en très mauvais état*

délabrement

= très mauvais état

EXEMPLE : **en raison de son état de délabrement, votre maison constitue un danger pour les passants** SIGNIFIE *votre maison est dans un si mauvais état qu'elle en est dangereuse pour les passants*

délai

1 délai de rigueur = date limite

EXEMPLE : **votre demande doit nous parvenir avant le 22 février, délai de rigueur** SIGNIFIE *votre demande doit nous parvenir avant la date limite du 22 février; votre demande doit nous parvenir le 21 février au plus tard*

sans délai = sans attendre, tout de suite

EXEMPLE : **cela doit être fait sans délai** SIGNIFIE *cela doit être fait sans attendre* ou *tout de suite*

→ voir carence, prévenance

2 délai de grâce : période supplémentaire accordée par un juge pour payer une dette

délai(-)congé

❒ période qui doit s'écouler entre le moment où l'une des parties d'un contrat de travail à durée indéterminée décide de mettre fin au contrat et la fin de ce contrat

délégant, e

❒ (personne) qui demande à quelqu'un de faire quelque chose

délégataire

❒ (**personne, organisme**) chargé(e) de faire quelque chose pour quelqu'un d'autre

EXEMPLE : **l'organisme payeur délégataire** SIGNIFIE *l'organisme chargé de payer la somme*

délégation

❒ (**on vous parle d'une créance**) opération par laquelle une personne demande à une autre personne de payer une troisième personne en son nom délégation de signature : autorisation donnée par une autorité à une autre autorité de signer à sa place certains actes juridiques

EXEMPLE : **les titulaires de la délégation de signature** SIGNIFIE *les personnes qui ont le droit de signer à la place de...*

délégation de crédit : acte administratif par lequel un crédit est transféré à un ministère, un département, etc

délégation de pouvoirs : autorisation donnée par une autorité à une autre autorité d'exercer certains de ses pouvoirs à sa place

délégation d'autorité parentale : acte par lequel un tribunal transfère la totalité ou une partie de l'autorité parentale, dans l'intérêt de l'enfant, soit à une personne, soit au service départemental d'aide sociale à l'enfance

délibérant, e

❒ (assemblée, organe) qui se réunit pour prendre une décision

délibératif, -ive

❒ (commission) qui a le droit de voter

voix délibérative : droit de voter

EXEMPLE : **ce représentant participe aux réunions sans voix délibérative** SIGNIFIE *ce représentant participe aux réunions mais n'a pas le droit de participer au vote des décisions*

délibération

❒ (on vous parle d'une concertation) discussion pour prendre une décision

❒ (on vous parle d'une décision) décision prise par une assemblée

EXEMPLE : **la délibération approuvant ce projet** SIGNIFIE *la décision approuvant ce projet*

EXEMPLE : **je vais reconsidérer la délibération du 12 février 2002** SIGNIFIE *je vais réétudier la décision prise le 12 février 2002*

délibéré, e

= conscient

EXEMPLE : **il s'agit d'une fausse déclaration délibérée** SIGNIFIE *il s'agit d'une fausse déclaration faite volontairement*

EXEMPLE : **c'est un choix délibéré** SIGNIFIE *c'est un choix fait volontairement*

❒ (on vous parle de la procédure judiciaire) période de réflexion des magistrats, avant qu'ils ne rendent leur décision

délibérer

= se réunir pour prendre une décision

EXEMPLE : **le conseil municipal a délibéré à ce sujet** SIGNIFIE *le conseil municipal s'est réuni et a pris une décision à ce sujet*

♦ *délibérer de* ou *sur (qqch)* = prendre une décision (après une discussion ou un débat)

EXEMPLE : **la commission doit délibérer sur cette demande** SIGNIFIE *la commission doit prendre une décision sur cette demande (lors d'une prochaine réunion)*

délictueux, -euse

❒ qui est un délit

→ voir délit

délit

❒ acte ou fait contraire à la loi, puni d'une peine (emprisonnement, amende, suppression de droits, etc)

flagrant délit : délit qui est en train ou qui vient d'être commis

EXEMPLE : **prendre** ou **surprendre quelqu'un en flagrant délit** SIGNIFIE *surprendre quelqu'un en train de commettre un acte interdit par la loi*

délivrance

(d'une autorisation, d'un document)

EXEMPLE : **le défaut de ce document s'oppose à la délivrance d'une carte de séjour** SIGNIFIE *sans ce document, nous ne pouvons pas vous accorder* ou *vous donner une carte de séjour*

EXEMPLE : **vous avez sollicité la délivrance d'un certificat de résidence** SIGNIFIE *vous avez demandé un certificat de résidence; vous avez fait une demande de certificat de résidence*

demandeur, -eresse

❒ personne qui engage un procès

démembrement

❒ (d'une propriété) au moment d'une donation ou d'une succession, division du droit de propriété en deux droits distincts: l'usufruit et la nue-propriété

→ voir usufruit, nue-propriété

au demeurant

= d'ailleurs, par ailleurs

EXEMPLE : **au demeurant, vous ne contestez pas l'existence de ces décalages** SIGNIFIE *d'ailleurs, vous ne contestez pas l'existence de ces décalages*

demeure

♦ *mettre (qqn) en demeure de faire (qqch)* : ordonner à quelqu'un de remplir un engagement ou une obligation dans un délai déterminé

EXEMPLE : **je vous mets en demeure de déposer votre demande dans ce délai** SIGNIFIE *vous devez absolument déposer votre demande dans ce délai*

mise en demeure : ordre de remplir un engagement ou une obligation dans un délai déterminé; en particulier, ordre de payer dans un délai déterminé

demi-part

❒ (on vous parle d'un impôt) moitié de l'unité de base qui sert à calculer l'impôt sur le revenu; en général, l'enfant à charge représente une demi-part

démissionnaire

❒ (personne) qui donne ou a donné sa démission

EXEMPLE : **vous ne pouvez pas le considérer comme démissionnaire du fait de sa seule absence** SIGNIFIE *vous ne pouvez pas considérer qu'il a démissionné, simplement parce qu'il est absent*

EXEMPLE : **après trois absences, il est déclaré démissionnaire** SIGNIFIE *après trois absences, nous considérons qu'il a donné sa démission*

EXEMPLE : **lorsque le président est atteint par la limite d'âge, il est réputé démissionnaire** SIGNIFIE *lorsque le président a atteint l'âge de la retraite, on considère qu'il a donné sa démission*

démuni, e

(on vous parle de ressources) = sans argent, sans ressources

EXEMPLE : **ces aides sont réservées aux personnes les plus démunies** SIGNIFIE *ces aides sont réservées aux personnes qui en ont le plus besoin*

♦ *démuni de* = sans

EXEMPLE : **vous êtes entré en France démuni de tout document officiel** SIGNIFIE *vous êtes entré en France sans aucun document officiel*

EXEMPLE : **vous étiez démunis de visa de long séjour** SIGNIFIE *vous n'aviez pas de visa de long séjour*

dénaturer

(des faits, des paroles) = déformer

EXEMPLE : **vous avez complètement dénaturé ses propos** SIGNIFIE *vous avez complètement déformé ses propos*

dénégation

❒ refus de reconnaître quelque chose comme vrai

dénégation d'action : refus du droit d'agir en justice opposé à une partie parce qu'elle n'a pas la qualité pour agir ou d'intérêt à agir

dénégation d'écriture : déclaration par laquelle une personne refuse de reconnaître avoir écrit ou signé quelque chose

déni

déni de justice : refus d'un juge ou d'un tribunal d'examiner et de juger une affaire qui lui est présentée alors qu'il devrait le faire

dénier

❒ refuser de reconnaître comme vrai

EXEMPLE : **vous déniez les faits qui vous sont reprochés** SIGNIFIE *vous ne reconnaissez pas les faits qui vous sont reprochés*

♦ *dénier (qqch) à (qqn)* = refuser (injustement) (qqch) à (qqn)

EXEMPLE : **il vous a dénié le droit d'entrer dans l'immeuble** SIGNIFIE *il vous a refusé le droit d'entrer dans l'immeuble*

EXEMPLE : **l'association ne dénie à personne la possibilité de se défendre** SIGNIFIE *l'association ne refuse à personne* *la possibilité de se défendre; l'association autorise tout le monde à se défendre*

deniers
= argent

EXEMPLE : **il a dû payer de ses propres deniers** SIGNIFIE *il a dû payer avec son (propre) argent*

deniers publics : argent de l'État

dénivelé (e)
= pente ; différence de niveau entre deux points

dénivellation
= pente ; différence de niveau entre deux points

dénombrement
= compte, calcul

EXEMPLE : **le dernier dénombrement de chômeurs** SIGNIFIE *le dernier calcul du nombre de chômeurs*

EXEMPLE : **nous rencontrons des difficultés concernant le dénombrement des élèves** SIGNIFIE *nous avons des difficultés pour calculer* ou *pour connaître le nombre exact d'élèves*

dénombrer
= compter

EXEMPLE : **la population a été dénombrée au dernier recensement** SIGNIFIE *on a calculé* ou *compté le nombre d'habitants au dernier recensement*

EXEMPLE : **nous essayons de dénombrer les personnes en grande difficulté dans notre commune** SIGNIFIE *nous essayons de connaître le nombre exact de personnes en grande difficulté dans notre commune*

dénominateur
dénominateur commun, commun dénominateur : point commun

EXEMPLE : **ces associations ont un dénominateur commun** SIGNIFIE *ces associations ont un point commun*

dénomination
❒ nom officiel d'une société ou d'un groupement

dénomination sociale : nom officiel d'une société

dénommer
= appeler

EXEMPLE : **l'association dénommée CREAT** SIGNIFIE *l'association qui s'appelle CREAT*

EXEMPLE : **les personnes dénommées dans le tableau** SIGNIFIE *les personnes dont le nom apparaît dans le tableau*

dénouement
= règlement

EXEMPLE : **pour permettre le dénouement rapide de cette affaire** SIGNIFIE *pour permettre le règlement rapide de cette affaire; pour permettre de régler rapidement cette affaire*

EXEMPLE : **cette affaire a eu un dénouement heureux** SIGNIFIE *cette affaire s'est bien terminé*

denrée
❒ aliment pour les hommes ou les animaux

denrées alimentaires = aliments

se départir
EXEMPLE : **sans se départir de son calme** SIGNIFIE *sans perdre son calme; en restant calme*

EXEMPLE : **si vous ne vous départez pas de cette attitude** SIGNIFIE *si vous ne changez pas d'attitude*

EXEMPLE : **il aimerait se départir de cette réputation** SIGNIFIE *il aimerait ne plus avoir cette réputation*

dépayser
(un dossier) le transférer à une autre juridiction pour qu'elle le traite

EXEMPLE : **le dossier a été dépaysé vers un tribunal de Marseille** SIGNIFIE *le dossier a été transféré à un tribunal de Marseille*

dépens
1 (on vous parle de frais de justice) frais d'un procès (excepté les honoraires) que le perdant doit généralement payer

condamné aux dépens : obligé de payer les frais d'un procès (excepté les honoraires)

2 *aux dépens de*
(on vous parle de frais) = en faisant payer, aux frais de

(on vous parle d'un dommage)

EXEMPLE : **cette mesure a été prise auxdépens des salariés** SIGNIFIE *cette mesure fait du tort aux salariés*

EXEMPLE : **cela s'est fait aux dépens de la production** SIGNIFIE *cela a nui à la production*

en dépit de
= malgré

EXEMPLE : **en dépit de l'avis du Conseil général** SIGNIFIE *malgré l'avis du Conseil général*

dépositaire
❐ (au sens général) personne à qui est confié un objet, une marchandise

❐ (au sens juridique) personne qui s'engage par contrat à garder puis à rendre la chose qui lui a été confiée

❐ (dans le commerce) commerçant chargé de distribuer les marchandises qui lui ont été confiées

déposition
❐ (on vous parle d'un témoignage) déclaration d'un témoin

dépourvu, e
♦ *dépourvu de* = sans

EXEMPLE : **vous êtes entré sur le territoire français dépourvu de visa** SIGNIFIE *vous êtes entré sur le territoire français sans visa*

EXEMPLE : **le local est dépourvu de système d'aération** SIGNIFIE *le local n'a pas de système d'aération*

dérogation
❐ autorisation, donnée par la loi, de ne pas respecter un principe général dans certains cas

dérogatoire
❐ qui permet exceptionnellement de ne pas respecter une loi ou un règlement

à titre dérogatoire = de façon exceptionnelle

EXEMPLE : **c'est donc à titre dérogatoire que vous avez reçu un certificat** SIGNIFIE *c'est donc grâce à une autorisation exceptionnelle que vous avez reçu un certificat*

déroger
♦ *déroger à (qqch)* = ne pas appliquer (qqch) , ne pas respecter (qqch)

EXEMPLE : **je ne peux déroger à la réglementation** SIGNIFIE *je suis obligé d'appliquer la réglementation*

dès
♦ *dès lors* = donc, ainsi

EXEMPLE : **dès lors, votre réclamation ne peut pas être acceptée** SIGNIFIE *votre réclamation ne peut donc pas être acceptée*

♦ *dès lors que* = à partir du moment où

EXEMPLE : **vous disposez d'un délai de deux mois, dès lors que vous aurez déposé la demande** SIGNIFIE *vous disposez d'un délai de deux mois, à partir du moment* ou *du jour où vous aurez déposé la demande*

désaffectation
❐ (on vous parle du domaine public) procédure qui retire à un bien l'usage pour lequel il était prévu

désaffecter
(un immeuble, un lieu) = lui retirer l'usage pour lequel il était prévu

EXEMPLE : **un bâtiment agricole désaffecté** SIGNIFIE *un bâtiment qui n'est plus utilisé pour l'exploitation agricole*

EXEMPLE : **ces usines désaffectées depuis vingt ans** SIGNIFIE *ces usines qui ne fonctionnent plus depuis vingt ans*

EXEMPLE : **cet hôtel désaffecté peut accueillir votre association** SIGNIFIE *cet ancien hôtel peut accueillir votre association*

désapprobation
= désaccord

EXEMPLE : **si vous souhaitez exprimer votre désapprobation** SIGNIFIE *si vous souhaitez exprimer votre désaccord*

EXEMPLE : **cette décision fait l'objet d'une forte désapprobation de la part de la population** SIGNIFIE *la population critique beaucoup cette décision; la population n'approuve pas du tout cette décision*

désapprouver

= être contre, ne pas être d'accord avec

EXEMPLE : **le Conseil général désapprouve ce projet** SIGNIFIE *le Conseil général est contre ce projet*

EXEMPLE : **je désapprouve ce comportement** SIGNIFIE *je ne suis pas d'accord avec ce comportement*

descendant

❐ (on vous parle d'un lien familial) personne qui descend directement d'une autre, soit au premier degré (enfant), soit à un degré plus éloigné (petit-enfant, arrière-petit-enfant)

desdits, desdites

= de ces

EXEMPLE : **vous ne contestez pas l'existence desdites erreurs** SIGNIFIE *vous ne contestez pas l'existence de ces erreurs*

déshérence

❐ absence d'héritiers lors d'une succession; dans ce cas, la succession revient à l'État

desiderata

= souhaits

EXEMPLE : **nous vous ferons une proposition selon vos desiderata** SIGNIFIE *nous vous ferons une proposition selon vos souhaits*

désignation

1 (on vous parle d'une appellation) = nom

EXEMPLE : **il manque la désignation de votre établissement bancaire** SIGNIFIE *il manque le nom de votre banque*

2 (on vous parle d'une nomination) = choix

EXEMPLE : **les conditions de désignation des délégués** SIGNIFIE *les conditions dans lesquelles les délégués sont choisis*

EXEMPLE : **nous attendons la désignation d'un expert** SIGNIFIE *nous attendons qu'un expert soit nommé* ou *choisi*

désigner

1 (on vous parle d'une appellation) = nommer, appeler

EXEMPLE : **l'association désignée plus loin** SIGNIFIE *l'association dont le nom est donné plus loin*

2 (on vous parle d'une nomination) = choisir, nommer

EXEMPLE : **les communes doivent désigner leurs délégués** SIGNIFIE *les communes doivent choisir leurs délégués*

EXEMPLE : **le représentant n'est pas encore désigné** SIGNIFIE *le représentant n'est pas encore choisi*

désistement

❐ abandon volontaire d'un droit ou d'un avantage

EXEMPLE : **en cas de désistement des autres héritiers** SIGNIFIE *si les autres héritiers abandonnent leur droit*

se désister

(d'un droit, d'une procédure) = abandonner, renoncer à

EXEMPLE : **elle s'est désistée de la procédure** SIGNIFIE *elle a abandonné la procédure*

EXEMPLE : **vous vous êtes désisté de votre réclamation** SIGNIFIE *vous avez abandonné votre réclamation*

dessaisir

❐ (une personne) lui retirer ses pouvoirs ou ses fonctions

EXEMPLE : **la commune a été dessaisie de ses compétences en la matière** SIGNIFIE *la commune n'a plus le pouvoir d'agir dans ce domaine*

♦ *se dessaisir de* (une arme) = céder ou détruire

EXEMPLE : **vous devez vous dessaisir de votre arme auprès de la police** SIGNIFIE *vous devez donner votre arme à la police*

dessaisissement

(d'une arme)

EXEMPLE : **vous devez vous occuper du dessaisissement de votre arme dans les meilleurs délais** SIGNIFIE *vous devez céder ou détruire votre arme le plus rapidement possible*

destination

1 (on vous parle d'un usage)

EXEMPLE : **il faut préciser la destination**

du terrain SIGNIFIE *il faut préciser l'usage prévu pour le terrain*

EXEMPLE : **veuillez me faire parvenir le justificatif de destination de cette arme** SIGNIFIE *merci de m'envoyer le document précisant l'usage de votre arme* ou *l'usage que vous comptez faire de votre arme*

EXEMPLE : **pour changer la destination d'un bien agricole** SIGNIFIE *pour changer l'usage qui peut être fait d'un bien agricole*

bien immeuble par destination : bien qui ne peut être détaché sans être cassé ou abîmé, ou sans casser ou abîmer la partie fixe auquel il est attaché (exemple: évier, cheminée, etc)

2 (on vous parle d'un bénéfice)

EXEMPLE : **le conseil doit se prononcer sur la destination du legs** SIGNIFIE *le conseil doit dire qui recevra le legs*

détenir

1 (une chose) disposer de quelque chose sans en être forcément le propriétaire

EXEMPLE : **vous détenez une arme de type pistolet** SIGNIFIE *vous disposez d'une arme* ou *vous avez une arme de type pistolet*

EXEMPLE : **le capital que vous détenez vous permettrait de régler les frais** SIGNIFIE *votre capital vous permettrait de régler les frais*

2 (une personne) = garder prisonnier

détenteur, -trice

❒ personne qui dispose de quelque chose sans en être obligatoirement le propriétaire

EXEMPLE : **les détenteurs d'armes** SIGNIFIE *les personnes qui disposent d'armes* ou *qui ont des armes*

avis à tiers détenteur : procédure permettant au Trésor public de se faire payer certains impôts par le débiteur du contribuable

détention

1 (d'un droit, d'une chose) fait d'avoir un droit ou de pouvoir utiliser une chose, sans en être forcément le propriétaire

2 (d'une personne) = emprisonnement

détention provisoire : emprisonnement d'une personne mise en examen, avant son jugement

en détention = en prison

détriment

♦ ***au détriment de*** = en faisant du tort à

EXEMPLE : **cette formalité n'a pas été respectée, au détriment de votre client** SIGNIFIE *cette formalité n'a pas été respectée et cela a fait du tort à votre client*

EXEMPLE : **ceci se ferait au détriment de nos autres missions** SIGNIFIE *ceci nous empêcherait de bien remplir nos autres missions*

dévolu, e

= attribué (légalement), réservé (légalement)

EXEMPLE : **ce lieu est dévolu aux manifestations culturelles** SIGNIFIE *ce lieu est réservé* ou *destiné au manifestations culturelles*

EXEMPLE : **ce rôle vous est dévolu** SIGNIFIE *c'est votre rôle; c'est à vous de remplir ce rôle*

dévolutif, -ive

attestation dévolutive : document précisant quelles personnes ont le droit de recueillir une succession

dévolution

1 (d'un marché, d'une opération, d'une mission) = attribution

EXEMPLE : **les conditions de dévolution des marchés pour la réhabilitation de l'église** SIGNIFIE *les conditions d'attribution des marchés pour la réhabilitation de l'église*

2 **dévolution successorale** : transfert des biens et des dettes aux héritiers

diamétralement

diamétralement opposé = totalement opposé

EXEMPLE : **sa conclusion est diamétralement opposée à la vôtre** SIGNIFIE *sa conclusion est totalement opposée à la vôtre*

diffamation

❒ parole ou écrit qui porte atteinte à l'honneur ou à la réputation d'une personne, en l'accusant d'un fait

diffamatoire

❒ qui porte atteinte à l'honneur ou à la réputation d'une personne, en l'accusant d'un fait

diffamer

❒ accuser une personne d'un fait qui porte atteinte à son honneur ou sa réputation

différé

❒ période pendant laquelle quelque chose n'est pas fait

EXEMPLE : **nous vous accordons un prêt remboursable après un différé de 5 ans** SIGNIFIE *nous vous accordons un prêt que vous devrez commencer à rembourser dans 5 ans*

différé d'indemnisation : période pendant laquelle les indemnités ne sont pas payées

différé d'amortissement : report du remboursement d'un prêt (ne concerne que le capital et non les intérêts)

différend

= désaccord, conflit

EXEMPLE : **mes services ne peuvent pas intervenir dans ce différend** SIGNIFIE *mes services ne peuvent pas intervenir dans ce conflit*

différentiel, -ielle

adjectif

(allocation, rente) dont le montant varie en fonction des autres ressources de la personne qui la reçoit ou d'autres critères

EXEMPLE : **le RMI est une allocation différentielle** SIGNIFIE *le RMI est calculé en fonction des ressources de la personne qui le reçoit*

nom masculin

= différence (en pourcentage), complément (à un salaire ou une allocation)

EXEMPLE : **vous recevrez un différentiel de RMI de 150 euros** SIGNIFIE *vous recevrez 150 euros de RMI en complément de vos autres ressources*

différer

= retarder, reporter

EXEMPLE : **il ne m'est plus possible de différer ma décision** SIGNIFIE *je ne peux plus retarder ma décision*

EXEMPLE : **du fait de la perception différée de la créance** SIGNIFIE *parce que l'argent qui était dû a été reçu avec retard*

EXEMPLE : **une réponse tardive risquerait de différer votre indemnisation** SIGNIFIE *une réponse tardive risquerait de retarder votre indemnisation*

dilatoire

❒ qui cherche à faire gagner du temps, à retarder une décision ou à prolonger un procès

diligence

= rapidité et sérieux

EXEMPLE : **cela dépend de la diligence que vous apporterez à ces démarches** SIGNIFIE *cela dépend de votre rapidité à faire ces démarches*

♦ *à la diligence de* = à la demande de, par

EXEMPLE : **l'acte sera enregistré à la diligence de la commune** SIGNIFIE *la commune se chargera de l'enregistrement de l'acte*

EXEMPLE : **les opérations d'élagage sont effectuées à la diligence des propriétaires** SIGNIFIE *les propriétaires se chargent de l'élagage*

♦ *faire diligence* = agir rapidement

EXEMPLE : **la direction du travail a fait diligence pour que votre dossier soit établi** SIGNIFIE *la direction du travail a rapidement fait établir votre dossier*

diligences = démarches (obligatoires)

EXEMPLE : **le trésorier a effectué toutes les diligences réglementaires nécessaires** SIGNIFIE *le trésorier a effectué toutes les démarches réglementaires nécessaires*

diligent, e

= rapide

EXEMPLE : **une diligente réponse sera appréciée** SIGNIFIE *une réponse rapide sera appréciée; merci de répondre rapidement*

EXEMPLE : **les candidats doivent se montrer diligents pour que leur dossier parvienne à temps** SIGNIFIE *les candidats doivent envoyer leur dossier rapidement*

diligenter

(une enquête) = (faire) mener rapidement

EXEMPLE : **il faut diligenter une enquête sur cette affaire** SIGNIFIE *il faut (faire) mener rapidement une enquête sur cette affaire*

EXEMPLE : **l'étude diligentée par nos services** SIGNIFIE *l'étude menée* ou *faite par nos services*

diplomatique

valise diplomatique : transport de courrier ou d'objets par voie diplomatique, ce qui les dispense de tout contrôle douanier

dirimant, e

(empêchement, obstacle) = absolu

EXEMPLE : **ce principe est dirimant à l'aboutissement de votre demande** SIGNIFIE *ce principe empêche votre demande d'aboutir*

discordance

= différence

EXEMPLE : **il existe une discordance entre ces documents** SIGNIFIE *il y a une différence entre ces documents*

EXEMPLE : **le vérificateur a relevé une discordance entre les sommes déclarées et les sommes reçues** SIGNIFIE *le vérificateur a relevé des différences entre les sommes déclarées et les sommes reçues*

discordant, e

EXEMPLE : **en cas d'examens discordants** SIGNIFIE *au cas où les examens ne donneraient pas les mêmes résultats; au cas où les examens donneraient des résultats opposés*

EXEMPLE : **leurs analyses du problème étaient discordantes** SIGNIFIE *leurs analyses du problème étaient différentes* ou *opposées; ils n'ont pas analysé le problème de la même manière*

discrétionnaire

pouvoir discrétionnaire : liberté qu'a une autorité de prendre des décisions sans avoir à se justifier ni être contrôlée

discrimination

1 (entre des choses) = différence

EXEMPLE : **il n'y a pas de discrimination à faire entre ces cas** SIGNIFIE *ces cas doivent être traités de la même manière*

2 (entre des personnes) fait de défavoriser une personne ou un groupe de personnes par rapport aux autres

discriminatoire

❒ qui défavorise une personne ou un groupe de personnes par rapport aux autres

EXEMPLE : **il s'agit d'une mesure discriminatoire à l'égard des personnes handicapées** SIGNIFIE *c'est une mesure qui défavorise les personnes handicapées*

disparité

= différence (importante), écart

EXEMPLE : **il y a des disparités d'une zone administrative à l'autre** SIGNIFIE *il y a des différences importantes d'une zone administrative à l'autre*

disponibilité

1 (d'un objet, d'un document)

EXEMPLE : **je vous informe de la disponibilité de votre permis de conduire** SIGNIFIE *je vous informe que votre permis de conduire est prêt et que vous pouvez venir le chercher*

EXEMPLE : **vous avez été informé de la disponibilité du produit** SIGNIFIE *on vous a informé que le produit était disponible*

2 (en droit) fait de pouvoir être vendu, transféré ou donné

3 disponibilités (on vous parle de finances) : somme d'argent disponible immédiatement

4 (on vous parle de temps)

EXEMPLE : **dites-moi quelle est votre disponibilité pour le rendez-vous** SIGNIFIE *dites-moi quand vous pourriez venir au rendez-vous*

EXEMPLE : **merci de m'informer de votre**

disponibilité SIGNIFIE *merci de me dire quand vous seriez libre*

5 (pour un fonctionnaire) situation administrative d'un fonctionnaire qui n'exerce pas ses fonctions de manière temporaire; durant cette période, il perd ses droits à l'avancement et à la retraite

disposer

❒ (d'un bien, en droit) exercer sur lui son droit de propriété (en particulier, le vendre, le donner, l'hypothéquer, le détruire, etc)

dispositif

❒ (d'un jugement) partie finale d'un jugement contenant la solution du litige

dispositions

❒ (en droit) ensemble des points réglés par une loi, un règlement, un testament

EXEMPLE : **votre cas n'entre pas dans ces dispositions législatives et réglementaires** SIGNIFIE *votre cas ne fait pas partie de ceux prévus par ces lois et ces règlements*

EXEMPLE : **comme le précisent les dispositions testamentaires prises par votre parente** SIGNIFIE *comme le testament de votre parente le précise*

EXEMPLE : **les dispositions contractuelles doivent être respectées** SIGNIFIE *l'ensemble des conditions* ou *des éléments du contrat doit être respecté*

EXEMPLE : **selon les dispositions conventionnelles** SIGNIFIE *selon les points fixés dans la convention*

dissémination

= dispersion

EXEMPLE : **il faudra prendre des précautions pour éviter la dissémination de ces poussières** SIGNIFIE *il faudra prendre des précautions pour éviter que les poussières ne se répandent partout*

EXEMPLE : **en raison du danger de dissémination du plomb dans l'atmosphère du logement** SIGNIFIE *en raison du danger de dispersion du plomb dans l'atmosphère du logement; à cause du risque que le plomb se répande dans l'atmosphère du logement*

dissension

= désaccord, conflit

EXEMPLE : **afin d'éviter toute dissension entre les copropriétaires** SIGNIFIE *pour éviter tout désaccord* ou *conflit entre les copropriétaires*

dissimulation

❒ fait de cacher volontairement quelque chose

EXEMPLE : **vous pourriez être poursuivi pour dissimulation de revenus** SIGNIFIE *vous pourriez être poursuivi pour avoir caché des revenus (au fisc)*

dissimuler

= cacher (volontairement)

EXEMPLE : **vous aviez dissimulé cette information à la Caisse d'allocations familiales** SIGNIFIE *vous aviez caché cette information à la Caisse d'allocations familiales*

travail dissimulé : travail non déclaré aux autorités

dissolution

1 (d'une association) disparition légale

2 (d'un mariage) rupture du mariage (par divorce ou à la suite du décès d'un des époux)

dissoudre

❒ (une association, un mariage) mettre légalement fin à

diurne

♦ *en période diurne* = pendant qu'il fait jour

divagation

❒ (d'animaux) fait de laisser un animal aller sur la voie publique ou sur une propriété privée, ou de laisser un animal dangereux en liberté

divergence

(entre des documents) = différence

EXEMPLE : **en cas de divergence entre les actes de propriété** SIGNIFIE *s'il y a des différences entre les actes de propriété; si les actes de propriété n'indiquent pas la même chose*

(entre des personnes) = désaccord

EXEMPLE : **un point de divergence sub-**

siste entre eux SIGNIFIE *il reste un point de désaccord entre eux*

divergent, e

= différent

EXEMPLE : **en cas d'avis divergents sur le sujet** SIGNIFIE *en cas d'avis différents sur le sujet*

dividende

❐ (on vous parle de bénéfices) part des bénéfices d'une société attribuée à chaque associé

divulgation

❐ fait de donner une information qui devait rester secrète

EXEMPLE : **mes services ne peuvent être accusés de divulgations d'informations confidentielles** SIGNIFIE *mes services ne peuvent pas être accusés d'avoir donné des informations confidentielles*

EXEMPLE : **vous n'avez pas souhaité la divulgation de ce rapport** SIGNIFIE *vous n'avez pas souhaité qu'on diffuse le contenu de ce rapport*

divulguer

= révéler

EXEMPLE : **nous ne pouvons pas divulguer cette information** SIGNIFIE *nous ne pouvons pas révéler* ou *donner cette information*

EXEMPLE : **vous pouvez refuser que votre nom soit divulgué** SIGNIFIE *vous pouvez refuser que votre nom soit cité*

dol

❐ (on vous parle d'un contrat) tromperie qui a pour but de faire prendre un engagement à quelqu'un

doléance

= réclamation

EXEMPLE : **pour que vos doléances soient prises en compte** SIGNIFIE *pour que vos réclamations soient prises en compte*

dolosif, -ive

❐ (acte, intention) qui tient d'une tromperie ayant pour but de faire prendre un engagement à quelqu'un

domanial, e (masc. pl. -aux)

❐ (on vous parle d'une propriété privée) d'un domaine privé

❐ (on vous parle d'une propriété de l'État) du domaine public

EXEMPLE : **les forêts et les rivières domaniales** SIGNIFIE *les forêts et les rivières appartenant à l'État*

redevance domaniale : somme qui doit être payée pour pouvoir utiliser un domaine public

domanialité

❐ (d'une propriété privée) fait d'appartenir à un domaine

domanialité publique : fait d'appartenir au domaine public et d'être à cause de cela soumis à un ensemble de règles particulières

domicile

❐ (en droit) lieu d'habitation officiel et habituel

EXEMPLE : **le permis peut être envoyé à votre domicile** SIGNIFIE *le permis peut être envoyé chez vous*

EXEMPLE : **la gendarmerie dont dépend votre domicile** SIGNIFIE *la gendarmerie dont dépend votre habitation*

♦ *élire domicile à :*
(en droit) choisir comme adresse officielle (pour y faire exécuter un contrat)

(au sens courant) choisir d'habiter à

justificatif de domicile : document mentionnant l'adresse (habituelle et légale), par exemple une facture EDF ou une quittance de loyer

> ☞ Rappel: les justificatifs de domicile ont été supprimés le 26 décembre 2000. Les citoyens n'ont plus à fournir de justificatif de domicile sauf pour :
> -l'obtention d'une carte nationale d'identité sécurisée ou d'un certificat de nationalité
> -l'obtention d'un titre de voyage ou de circulation (passeport, sortie du territoire, titre de circulation républicain, etc)
> -l'obtention ou le renouvellement d'un titre de séjour ou d'une attestation d'accueil
> -l'inscription sur les listes électorales. Dans ces cas, un seul justificatif suffit.

domiciliaire

❒ (visite, perquisition) faite chez quelqu'un sur ordre de la justice

EXEMPLE : **je suis saisi d'une procédure d'expulsion domiciliaire du logement que vous occupez** SIGNIFIE *je suis chargé de vous faire expulser du logement que vous occupez*

domiciliataire

❒ personne chez qui un chèque ou une lettre de change peuvent être payés (en général un banquier)

domiciliation

1 (d'un chèque, d'un mandat) indication du lieu choisi pour le paiement d'un chèque ou d'un mandat

2 (on vous parle d'une adresse) adresse officielle et légale

EXEMPLE : **votre département de domiciliation** SIGNIFIE *le département où vous habitez (officiellement)*

domicilier

1 (une personne)

EXEMPLE : **être domicilié à** SIGNIFIE *avoir pour lieu d'habitation officiel et habituel*

EXEMPLE : **les élèves non domiciliés dans la commune** SIGNIFIE *les élèves qui n'habitent pas dans la commune*

2 (une entreprise) choisir son adresse légale

EXEMPLE : **vous avez la possibilité de domicilier le siège social de votre entreprise à votre résidence** SIGNIFIE *vous pouvez choisir comme adresse légale de votre société celle de votre résidence*

3 (un chèque, un mandat) indiquer le lieu choisi pour son paiement

dommages

dommages et intérêts, dommages-intérêts : somme versée par quelqu'un, qui n'a pas fait ce qu'il devait faire, à la personne à qui cela a causé un dommage

don

don manuel : don fait de la main à la main, sans passer par un notaire

donataire

❒ personne à qui une donation est faite

→ voir donateur, donation

donateur, -trice

❒ (en droit) personne qui fait un don à quelqu'un

→ voir donataire, donation

donation

❒ contrat par lequel une personne donne définitivement quelque chose à quelqu'un

donation-partage : contrat par lequel une personne distribue, de son vivant, tous ou partie de ses biens entre ses descendants

→ voir donataire, donateur

d'ores et déjà

= déjà, dès maintenant

EXEMPLE : **je l'ai d'ores et déjà demandé aux services vétérinaires** SIGNIFIE *je l'ai déjà demandé aux services vétérinaires*

EXEMPLE : **votre agence bancaire peut, d'ores et déjà, vous l'envoyer** SIGNIFIE *votre agence bancaire peut vous l'envoyer dès maintenant*

dotation

❒ (on vous parle d'argent) revenus ou crédits donnés à un établissement d'utilité publique, à un organisme ou à une personne

(on vous parle d'équipement, de temps, de postes, etc)

EXEMPLE : **la dotation de cet établissement en personnel de soins** SIGNIFIE *le nombre de postes de personnel de soins attribué à cet établissement*

EXEMPLE : **la dotation horaire du lycée en cours d'allemand ne peut être majorée** SIGNIFIE *le nombre d'heures de cours d'allemand attribué au lycée ne peut pas être augmenté*

doter

(on vous parle d'argent) = donner des revenus ou des crédits à

(on vous parle d'équipement, d'un document, etc) = donner à, attribuer à

EXEMPLE : **ce quartier est doté d'une**

nouvelle gare routière SIGNIFIE *ce quartier est équipé d'une nouvelle gare routière*

EXEMPLE : **si vous n'êtes doté d'une carte de séjour temporaire** SIGNIFIE *si vous n'avez pas de carte de séjour temporaire*

droit

♦ *à bon droit* = à juste titre, avec raison

EXEMPLE : **c'est donc à bon droit que la commune vous a affiliée à cette caisse de retraite** SIGNIFIE *c'est donc avec raison* ou *à juste titre que la commune vous a affiliée à cette caisse de retraite*

EXEMPLE : **cette demande a été rejetée à bon droit par mes services** SIGNIFIE *cette demande a été rejetée à juste titre par mes services*

♦ *à qui de droit :* à la personne qui a le droit ou le pouvoir nécessaire

EXEMPLE : **vous devrez rembourser ces frais à qui de droit** SIGNIFIE *vous devrez rembourser ces frais à la personne qui y a droit*

♦ *de droit* = automatiquement

EXEMPLE : **le délai de paiement n'est pas de droit** SIGNIFIE *le délai de paiement n'est pas accordé automatiquement*

EXEMPLE : **les ressortissants des États membres de l'Union européenne sont de droit dispensés de visa de court séjour** SIGNIFIE *la loi dispense (automatiquement) les ressortissants des États membres de l'Union européenne de visa de court séjour*

♦ *de plein droit :* automatiquement (et sans formalités)

EXEMPLE : **le bail sera résilié de plein droit** SIGNIFIE *le bail sera résilié automatiquement*

EXEMPLE : **pour l'obtention de plein droit d'un premier titre de séjour** SIGNIFIE *pour obtenir automatiquement un premier titre de séjour*

droit commun : règles générales du droit qui sont appliquées lorsqu'il n'y a pas de dispositions spéciales

droit de passage : droit du propriétaire d'un immeuble (bâtiment ou terrain) sans accès à la voie publique de passer par un autre terrain ou bâtiment pour accéder à sa propriété

♦ *faire droit à* = satisfaire, donner une réponse positive à

EXEMPLE : **ces renseignements me permettent de faire droit à votre demande** SIGNIFIE *ces renseignements me permettent de satisfaire votre demande*

♦ *fonder (qqch) en droit* = justifier (qqch) par la loi

EXEMPLE : **les juridictions suisses ont fondé en droit le rejet de la demande** SIGNIFIE *les juridictions suisses ont justifié par la loi le rejet de la demande*

♦ *ouvrir droit à* = donner droit à

EXEMPLE : **cette demande n'ouvre droit à aucune prolongation de séjour** SIGNIFIE *cette demande ne donne droit à aucune prolongation de séjour; cette demande ne permet pas de prolonger le séjour*

ouverture de droit :

EXEMPLE : **la notification des Assedic portant ouverture de vos droits pour l'année 2002** SIGNIFIE *le courrier des Assedic qui indique que vos droits commencent en 2002*

EXEMPLE : **les plafonds de ressources établissant l'ouverture des droits à cette rente** SIGNIFIE *les plafonds de ressources qui établissent le droit à recevoir cette rente*

dubitatif, -ive

♦ *être dubitatif sur* ou *quant à* = avoir des doutes sur

dudit

= de ce, de cet

EXEMPLE : **six mois après la réception dudit chèque** SIGNIFIE *six mois après la réception de ce chèque*

dûment

= comme il convient, comme il faut

EXEMPLE : **il conviendra de me retourner ce document dûment rempli, daté et signé** SIGNIFIE *vous devrez me renvoyer ce document rempli, daté et signé comme il convient*

EXEMPLE : **les dangers dûment constatés** SIGNIFIE *les dangers effectivement constatés*

durabilité

❐ (d'un bien) période d'utilisation déterminée par le juge

❐ (d'un droit) période de validité déterminée par le juge

durable

❐ qui dure un certain temps (déterminé par le juge)

EXEMPLE : **si le locataire a repris, d'une façon durable et régulière, le paiement de son loyer** SIGNIFIE *si le locataire a recommencé à payer son loyer régulièrement et pendant plusieurs mois*

EXEMPLE : **les preuves d'une installation durable en France** SIGNIFIE *les preuves que la personne s'installe en France pour une longue période (ou pour au moins 6 mois, etc)*

durablement

= assez longtemps ; pour une période déterminée par le juge

EXEMPLE : **son intention de s'établir durablement en France** SIGNIFIE *son intention d'habiter en France pour une longue période*

dysfonctionnement

= mauvais fonctionnement, problème de fonctionnement

EXEMPLE : **pour trouver une solution à ce dysfonctionnement** SIGNIFIE *pour trouver une solution à ce mauvais fonctionnement*

E

eau

eaux territoriales : zone de mer bordant un État sur laquelle il exerce son contrôle et son autorité

ébriété

= ivresse

état d'ébriété : état d'ivresse

échangiste

❐ personne qui, par contrat, échange un bien avec une autre personne

échéance

1 (on vous parle d'une date) date limite pour faire quelque chose (en particulier, payer quelque chose)

EXEMPLE : **le salaire doit être payé à échéance fixe** SIGNIFIE *le salaire doit être payé à date fixe*

EXEMPLE : **à la date d'échéance du salaire, je vous invite à vérifier la somme qui vous est remise** SIGNIFIE *à la date où le salaire vous est versé, vérifiez la somme que vous avez reçue*

♦ *à échéance de* = dans un délai de

EXEMPLE : **sans réponse de votre part à échéance de 4 mois** SIGNIFIE *si vous ne répondez pas dans un délai de 4 mois* ou *avant 4 mois*

♦ *arriver à échéance*

EXEMPLE : **la validité de cette autorisation arrive à échéance le 25 mai** SIGNIFIE *cette autorisation ne sera plus valable après le 25 mai*

EXEMPLE : **à échéance, cette attestation remplacera l'ancienne** SIGNIFIE *lorsque l'ancienne attestation ne sera plus valable, celle-ci la remplacera*

avis d'échéance : document qui donne les dates auxquelles on doit avoir fait un chose (en particulier, payer quelque chose)

2 (on vous parle d'une somme)

EXEMPLE : **la somme de 2 000 euros qui représente les échéances de février à mai inclus** SIGNIFIE *les 2 000 euros qui représentent les sommes à régler de février à mai inclus*

échéancier

❐ (on vous parle d'un registre) document donnant les dates où des sommes doivent être payées ou des travaux effectués

échec

♦ *faire échec à* = empêcher (de réussir)

EXEMPLE : **votre demande a pour seul but de faire échec à une mesure d'éloignement** SIGNIFIE *votre demande a pour seul but d'empêcher une mesure d'éloignement*

EXEMPLE : **ce changement de dernière minute risque de faire échec à l'opération** SIGNIFIE *ce changement de dernière minute risque d'être un obstacle au succès de l'opération*

échelonnement

EXEMPLE : **vous avez la possibilité de demander un échelonnement de paie-**

ment SIGNIFIE *vous pouvez demander à payer en plusieurs fois*

échelonner

(une opération, un paiement) = faire en plusieurs fois

EXEMPLE : **le paiement pourra être échelonné sur 3 ans** SIGNIFIE *le paiement pourra être fait en plusieurs fois sur 3 ans*

EXEMPLE : **pour échelonner le paiement** SIGNIFIE *pour que vous puissiez payer en plusieurs fois*

EXEMPLE : **au cours de plusieurs rencontres échelonnées entre fin avril et début mai** SIGNIFIE *au cours de plusieurs rencontres (qui ont eu lieu) entre avril et début mai*

EXEMPLE : **ce plan s'échelonnera sur plusieurs années** SIGNIFIE *ce plan se fera* ou *se déroulera sur plusieurs années*

◆ *s'échelonner de ... à ... ; s'échelonner entre ... et ...* = aller de ... à ...

EXEMPLE : **les aides s'échelonnent de 233 euros à 306 euros** SIGNIFIE *les aides vont de 233 euros à 306 euros*

échoir

(on vous parle d'une échéance)

EXEMPLE : **le terme du loyer échoit le 12 décembre** SIGNIFIE *le loyer doit être payé le 12 décembre au plus tard*

EXEMPLE : **les intérêts à échoir** SIGNIFIE *les intérêts à payer (avant une certaine date)*

échu, e

EXEMPLE : **cette autorisation est échue depuis le 9 avril 2004** SIGNIFIE *cette autorisation n'est plus valable depuis le 9 avril 2004*

EXEMPLE : **les indemnités sont versées à terme échu** SIGNIFIE *les indemnités sont versées à la fin de la période où elles doivent être payées*

EXEMPLE : **la retraite est versée à semestre échu** SIGNIFIE *la retraite est versée à la fin de chaque semestre* ou *lorsque le semestre est écoulé*

EXEMPLE : **l'avis est adressé pour chaque trimestre non échu** SIGNIFIE *l'avis est envoyé avant la fin de chaque trimestre*

écritures

1 (on vous parle de finances) = comptabilité

EXEMPLE : **le déficit constaté dans vos écritures** SIGNIFIE *le déficit constaté dans votre comptabilité*

2 (on vous parle d'une procédure) actes de procédure produits au cours d'un procès

édicter

= fixer

EXEMPLE : **les conditions édictées par l'article 3** SIGNIFIE *les conditions fixées par* ou *indiquées dans l'article 3*

édiction

EXEMPLE : **l'édiction des règles du Plan Local d'Urbanisme revient à la commune** SIGNIFIE *la commune peut seule fixer les règles du Plan Local d'Urbanisme*

édification

= construction

EXEMPLE : **je vous informe que l'édification d'une clôture est soumise à déclaration** SIGNIFIE *je vous informe qu'avant de construire une clôture, il faut d'abord faire une déclaration*

édifier

(un bâtiment, une clôture) = construire

EXEMPLE : **les constructions doivent être édifiées à une distance d'au moins 4 mètres** SIGNIFIE *les constructions doivent être faites à une distance d'au moins 4 mètres*

effacement

(d'une dette) = annulation

EXEMPLE : **vous avez sollicité l'effacement de vos dettes fiscales** SIGNIFIE *vous avez demandé l'annulation de vos dettes fiscales*

effectif, -ive

= réel

EXEMPLE : **il faut un mois de travail effectif pour...** SIGNIFIE *il faut avoir travaillé un mois complet pour...*

EXEMPLE : **l'âge effectif de cessation d'activité** SIGNIFIE *l'âge où l'on arrête réellement de travailler*

EXEMPLE : **à la date du paiement effectif**

SIGNIFIE *à la date où le paiement est (réellement) fait*

EXEMPLE : **les usagers effectifs du service** SIGNIFIE *les personnes qui utilisent vraiment* ou *réellement le service*

EXEMPLE : **le propriétaire effectif à cette date** SIGNIFIE *la personne qui est réellement propriétaire à cette date*

♦ *devenir effectif ; être effectif* = s'appliquer, être appliqué

EXEMPLE : **le délai au terme duquel cette réforme deviendra effective** SIGNIFIE *le délai après lequel la réforme sera (réellement) appliquée*

EXEMPLE : **la décision ne sera effective qu'après signature des personnes concernées** SIGNIFIE *la décision ne sera appliquée que lorsque les personnes concernées auront signé*

effet

♦ *à l'effet de* = pour

EXEMPLE : **vous devez vous rendre à la mairie à l'effet d'obtenir ces documents** SIGNIFIE *vous devez aller à la mairie pour obtenir ces documents*

♦ *à cet effet* = pour cela

EXEMPLE : **un cadre est prévu à cet effet sur le formulaire** SIGNIFIE *un cadre est prévu pour cela sur le formulaire*

EXEMPLE : **je vous ai, à cet effet, envoyé un courrier** SIGNIFIE *je vous ai donc envoyé un courrier*

♦ *prendre effet*
(on vous parle d'une convention, d'une mesure) = s'appliquer

EXEMPLE : **cette décision prend effet dès aujourd'hui** SIGNIFIE *cette décision s'applique dès aujourd'hui*

(on vous parle d'une rente, d'un service) = commencer à être versé

EXEMPLE : **cette rente prend effet à compter de la date de votre soixantième anniversaire** SIGNIFIE *cette rente commencera à vous être versée à partir de votre soixantième anniversaire*

♦ *reprendre effet* (on vous parle d'une convention, d'une mesure) = s'appliquer à nouveau

EXEMPLE : **la clause de résiliation reprend son plein effet** SIGNIFIE *la clause de résiliation s'applique à nouveau*

♦ *produire effet* (on vous parle d'une clause) = s'appliquer

EXEMPLE : **la clause ne produit effet que deux mois après** SIGNIFIE *la clause ne s'applique que deux mois après*

(on vous parle d'une déclaration) = être valable

EXEMPLE : **cette déclaration ne produit plus effet lorsque l'exploitation a été interrompue pendant plus de deux ans** SIGNIFIE *cette déclaration n'est plus valable lorsque l'exploitation a été interrompue pendant plus de deux ans*

efficience

= efficacité, rendement

EXEMPLE : **pour accroître l'efficience du système** SIGNIFIE *pour augmenter l'efficacité du système*
= pour rendre le système plus efficace

effluent

❒ eaux évacuées par les égouts (eaux de ruissellement, eaux usées)

effraction

❒ fait de casser ou d'endommager une clôture ou une serrure

égard

♦ *eu égard à* = compte tenu de

EXEMPLE : **eu égard à votre situation, vous ne pourrez bénéficier d'une autorisation de séjour** SIGNIFIE *compte tenu de votre situation, vous ne pourrez pas bénéficier d'une autorisation de séjour*

♦ *à cet égard* = à ce sujet

EXEMPLE : **à cet égard, je vous propose de contacter votre mairie** SIGNIFIE *je vous propose de contacter votre mairie à ce sujet* ou *pour en discuter*

♦ *à l'égard de* = au sujet de, envers

EXEMPLE : **vous pouvez me présenter vos observations à l'égard de cette mesure** SIGNIFIE *vous pouvez me présenter vos observations au sujet de cette mesure* ou *sur cette mesure*

EXEMPLE : **la décision prise à votre égard par le tribunal** SIGNIFIE *la décision prise par le tribunal à votre sujet*

EXEMPLE : **la sanction prise à leur égard** SIGNIFIE *la sanction prise contre eux*

élargir

(un détenu) = mettre en liberté, libérer

élargissement

(d'un détenu) = mise en liberté

électif, -ive

EXEMPLE : **la médaille doit être remise par une personne titulaire d'un mandat électif** SIGNIFIE *la médaille doit être remise par un élu*

EXEMPLE : **précisez quelles sont ses fonctions électives** SIGNIFIE *précisez quelles sont les fonctions pour lesquelles il a été élu*

éligibilité

❐ (à une subvention, une aide, une mesure) fait de remplir les conditions pour faire ou avoir quelque chose

EXEMPLE : **je ne peux pas me prononcer sur l'éligibilité de votre projet aux fonds européens** SIGNIFIE *je ne peux pas vous dire si votre projet pourra bénéficier des fonds européens*

EXEMPLE : **votre dossier ne remplit pas tous les critères d'éligibilité** SIGNIFIE *votre dossier ne remplit pas toutes les conditions nécessaires pour être retenu*

éligible

❐ (on vous parle d'une élection) qui a le droit d'être élu

♦ *éligible à* (une subvention, une aide) = qui remplit les conditions nécessaires (pour faire ou avoir (qqch)), qui peut avoir ou faire (qqch)

EXEMPLE : **vous êtes éligible à cette aide** SIGNIFIE *vous remplissez les conditions pour* ou *pouvez recevoir cette aide*

EXEMPLE : **votre projet n'est pas éligible à cette mesure** SIGNIFIE *votre projet ne peut pas bénéficier de cette mesure*

elliptique

= pas assez précis, pas assez détaillé

EXEMPLE : **cette affirmation elliptique ne peut être retenue** SIGNIFIE *cette affirmation n'est pas assez précise pour être retenue*

EXEMPLE : **vous êtes trop elliptique dans vos propositions** SIGNIFIE *vos propositions ne sont pas assez précises* ou *pas assez détaillées*

éloignement

mesure d'éloignement : expulsion

EXEMPLE : **votre situation actuelle vous expose à une mesure d'éloignement hors de France** SIGNIFIE *dans votre situation actuelle, vous risquez une expulsion hors de France* ou *vous risquez d'être expulsé de France*

éluder

1 (une question) = éviter, ne pas répondre

(une responsabilité) = échapper à, ne pas remplir

EXEMPLE : **on ne peut pas éluder cette question** SIGNIFIE *on ne peut pas éviter cette question; il faut répondre à cette question*

EXEMPLE : **vous ne pouvez pas éluder votre responsabilité** SIGNIFIE *vous ne pouvez pas échapper à votre responsabilité; vous devez accepter votre responsabilité*

2 (un impôt) = échapper à (de manière illégale), ne pas payer

EXEMPLE : **quand le but d'un contrat est d'éluder l'impôt** SIGNIFIE *quand le but d'un contrat est d'échapper à l'impôt*

EXEMPLE : **TVA éludée pour l'exercice du 1/1/2001 au 31/07/2002** SIGNIFIE *TVA non payée pour l'exercice du 1/1/2001 au 31/07/2002*

émanation

1 (on vous parle d'un organisme)

EXEMPLE : **cette commission est une émanation de la Commission départementale de lutte contre le travail illégal** SIGNIFIE *cette commission a été créée par la Commission départementale de lutte contre le travail illégal*

EXEMPLE : **la Sagemor est une émanation du Conseil général** SIGNIFIE *la Sagemor dépend du Conseil général*

2 (on vous parle d'une odeur) = mauvaise odeur

EXEMPLE : **pour empêcher la sortie des émanations provenant de l'égout** SIGNIFIE *pour empêcher la sortie des (mauvaises) odeurs provenant de l'égout*

émancipation

❐ acte juridique qui met fin à l'autorité des parents (ou du tuteur) sur un mineur à partir de 16 ans; elle peut être légale lorsqu'elle est accordée par la loi suite au mariage, elle peut aussi être judiciaire lorsqu'elle résulte d'une décision du juge des tutelles

émanciper

❒ (un mineur) ne plus faire dépendre de l'autorité des parents (ou du tuteur)

émaner

♦ *émaner de* = provenir de, venir de

EXEMPLE : **un courrier émanant de Mme Meron** SIGNIFIE *un courrier écrit par Mme Meron*

EXEMPLE : **si la demande émane de la caisse de mutualité** SIGNIFIE *si c'est la caisse de mutualité qui a fait la demande*

émargement

❒ fait de signer pour prouver sa présence ou pour certifier qu'on a reçu un document, etc

feuille d'émargement, liste d'émargement :

(dans des élections) liste où sont inscrits les noms des électeurs (qui la signent au moment de voter)

(à un examen, une réunion) liste où sont inscrits les noms des personnes concernées (qui doivent la signer pour prouver leur présence ou pour certifier avoir reçu un document, etc)

émarger

1 (on vous parle d'un salaire) = recevoir un salaire

EXEMPLE : **cette personne émarge au cabinet du maire** SIGNIFIE *cette personne reçoit son salaire du cabinet du maire*

EXEMPLE : **le directeur émarge à 5 000 euros** SIGNIFIE *le directeur reçoit un salaire de 5 000 euros*

2 (on vous parle d'un document) = signer

EXEMPLE : **le règlement doit être émargé par tous les membres du personnel** SIGNIFIE *le règlement doit être signé par tous les membres du personnel*

embâcle

❒ obstacle à la circulation d'un cours d'eau

émergence

1 (au sens courant) = apparition (soudaine)

EXEMPLE : **on observe l'émergence de nouveaux problèmes** SIGNIFIE *on observe l'apparition de nouveaux problèmes; de nouveaux problèmes apparaissent*

2 (en acoustique) différence entre le niveau de bruit habituel et le niveau de bruit englobant celui d'une activité particulière

émergent, e

EXEMPLE : **ces activités correspondent à des besoins émergents** SIGNIFIE *ces activités correspondent à de nouveaux besoins*

émerger

= apparaître

EXEMPLE : **nous souhaitons voir émerger de nouvelles solutions** SIGNIFIE *nous souhaitons voir apparaître de nouvelles solutions*

émettre

1 (un avis) = donner, rendre

EXEMPLE : **le commissaire a émis un avis favorable sur ce projet** SIGNIFIE *le commissaire a donné un avis favorable sur ce projet; le commissaire a approuvé ce projet*

EXEMPLE : **j'émets un avis défavorable à votre demande d'autorisation** SIGNIFIE *je donne un avis défavorable à votre demande d'autorisation*

2 (une facture) = faire et envoyer

émission

(d'un document, d'une facture)

EXEMPLE : **il est impossible de connaître la date d'émission de ces factures** SIGNIFIE *on ne peut pas savoir à quelle date ces factures ont été faites (et envoyées)*

EXEMPLE : **au moyen de l'émission d'un mandat** SIGNIFIE *en produisant un mandat*

émoluments

❒ (d'un officier ministériel) rémunération, fixée par décret, des huissiers, notaires, etc pour certains actes de procédure

emphytéose

❒ contrat de location de longue durée

(de 18 à 99 ans) dans lequel le locataire a un droit réel sur l'immeuble, c'est-à-dire qu'il peut l'hypothéquer, le louer ou le sous-louer

emphytéotique

bail emphytéotique : contrat de location de longue durée (de 18 à 99 ans) dans lequel le locataire a un droit réel sur l'immeuble, c'est-à-dire qu'il peut l'hypothéquer, le louer ou le sous-louer

empire

♦ *sous l'empire de l'alcool ; sous l'empire d'un état alcoolique* = en état d'ivresse

♦ *sous l'empire de* (loi, dispositions légales)

EXEMPLE : **cette jurisprudence a été rendue sous l'empire de l'ancienne législation** SIGNIFIE *cette jurisprudence a été rendue alors que s'appliquait l'ancienne législation*

emporter

(attribution, renonciation, exécution) = entraîner

EXEMPLE : **cet avis emporte attribution immédiate de la somme au profit du Trésor public** SIGNIFIE *cet avis entraîne l'attribution immédiate de la somme au profit du Trésor public*

EXEMPLE : **ce cas fait partie de ceux qui emportent obligatoirement la participation financière de la commune** SIGNIFIE *ce cas fait partie de ceux qui entraînent obligatoirement la participation financière de la commune*

empressement

EXEMPLE : **compte tenu de votre manque d'empressement à répondre à ces courriers** SIGNIFIE *comme vous ne semblez pas vouloir répondre (rapidement) à ces courriers*

EXEMPLE : **vous vous plaignez de leur manque d'empressement à vous aider** SIGNIFIE *vous vous plaignez du fait qu'ils n'ont pas fait d'efforts pour vous aider*

s'empresser

♦ *s'empresser de* = se dépêcher de

EXEMPLE : **il s'est empressé de vous répondre** SIGNIFIE *il s'est dépêché de vous répondre*

EXEMPLE : **vous vous êtes empressé de quitter la salle** SIGNIFIE *vous avez immédiatement quitté la salle*

emprise

1 (on vous parle de confiscation) fait pour l'Administration de prendre la propriété immobilière d'un particulier (pour elle-même ou pour quelqu'un d'autre), de façon légale ou illégale

2 (on vous parle du domaine public) espace dépendant du domaine public

EXEMPLE : **les ouvrages établis dans l'emprise de la voie publique** SIGNIFIE *les ouvrages construits sur* ou *sous la voie publique*

3 (on vous parle de domination) = autorité, influence

EXEMPLE : **vous n'avez aucune emprise sur lui** SIGNIFIE *vous n'avez aucune influence* ou *aucune autorité sur lui*

♦ *sous l'emprise de* (l'alcool, la colère) = sous l'effet de, sous l'influence de

EXEMPLE : **vous avez agi sous l'emprise de la colère** SIGNIFIE *vous avez agi sous l'effet de la colère*

(une personne) = sous l'influence ou l'autorité de

4 (on vous parle de législation)

EXEMPLE : **votre restaurant a bénéficié de ce classement sous l'emprise de l'arrêté ministériel du 29 avril 1963** SIGNIFIE *votre restaurant a bénéficié de ce classement par application de l'arrêté ministériel du 29 avril 1963*

enceinte

= espace (fermé)

EXEMPLE : **hors de l'enceinte du tribunal** SIGNIFIE *à l'extérieur du tribunal; hors du tribunal*

♦ *dans l'enceinte de* = dans, à l'intérieur de

EXEMPLE : **l'incident survenu dans l'enceinte du bar** SIGNIFIE *l'incident survenu dans* ou *à l'intérieur du bar*

enclave

❒ terrain entouré d'autres propriétés et sans accès direct à une route ou à un chemin

enclavé, e

❐ (terrain) entouré d'autres propriétés et sans accès direct à une route ou à un chemin

encombre

♦ *sans encombre* = sans difficulté, sans rencontrer d'obstacle

EXEMPLE : **vous avez pu vous rendre sur place sans encombre** SIGNIFIE *vous avez pu vous rendre sur place sans difficulté* ou *sans rencontrer d'obstacle*

encontre

♦ *à l'encontre de* = contre

EXEMPLE : **vous avez la possibilité de contester la décision prise à votre encontre** SIGNIFIE *vous pouvez contester la décision prise contre vous*

EXEMPLE : **je pourrai prendre à votre encontre une décision d'expulsion** SIGNIFIE *je pourrai décider de vous faire expulser*

encourir

(une amende, une peine) = risquer

EXEMPLE : **vous encourez une amende** SIGNIFIE *vous risquez une amende*

EXEMPLE : **la pénalité encourue est de 2 000 euros** SIGNIFIE *la pénalité qui pourrait être réclamée est de 2 000 euros*

encours

❐ (d'un client de banque) total des sommes avancées par la banque à un instant donné

encours clients : total des sommes dues par les clients

endossement

❐ (d'un chèque) fait de le signer au dos pour le mettre sur son compte

endosser

1 (un chèque) le signer au dos pour le mettre sur son compte

2 (une responsabilité, un rôle) = prendre, accepter

EXEMPLE : **le maire refuse d'endosser la responsabilité de cet accident** SIGNIFIE *le maire refuse d'être tenu responsable de cet accident*

endroit

♦ *à l'endroit de (qqn)* = concernant (qqn) , envers (qqn)

EXEMPLE : **une enquête sociale établie à votre endroit a été communiquée à mes services** SIGNIFIE *une enquête sociale vous concernant nous a été communiquée*

EXEMPLE : **son attitude à votre endroit** SIGNIFIE *l'attitude qu'il a envers* ou *avec vous*

EXEMPLE : **aucune sanction ne sera appliquée à votre endroit** SIGNIFIE *aucune sanction ne sera appliquée contre vous*

enfreindre

= ne pas respecter

EXEMPLE : **vous avez enfreint l'article R 351-28 du Code du Travail** SIGNIFIE *vous n'avez pas respecté* ou *pas observé l'article R 351-28 du Code du Travail*

enjoindre

♦ *enjoindre à (qqn) de faire (qqch)* = demander à (qqn) de faire (qqch)

EXEMPLE : **je vous enjoins de vous rendre au commissariat dans les plus brefs délais** SIGNIFIE *je vous demande de vous rendre au commissariat dès que vous le pourrez; vous devez absolument vous rendre au commissariat le plus rapidement possible*

s'enquérir

♦ *s'enquérir de* = (chercher à) s'informer de ou sur, (chercher à) se renseigner sur, chercher à savoir

EXEMPLE : **vous auriez pu vous enquérir auprès des personnes présentes** SIGNIFIE *vous auriez pu (chercher à) vous informer* ou *à vous renseigner auprès des personnes présentes*

EXEMPLE : **nous nous sommes enquis de ses intentions** SIGNIFIE *nous lui avons demandé quelles étaient ses intentions*

EXEMPLE : **il s'est enquis du sort des victimes** SIGNIFIE *il a demandé des nouvelles des victimes*

enquête

enquête administrative : enquête au cours de laquelle l'Administration réunit des informations et recueille l'avis des personnes intéressées avant de lancer une opération

enquête judiciaire :
(en droit civil) enquête au cours de laquelle le juge recueille des témoignages et d'autres éléments de preuve
(en droit pénal) enquête au cours de laquelle la police judiciaire recherche les auteurs d'une infraction et les conditions dans lesquelles elle a été commise

enquête publique : enquête pour informer et connaître l'avis de la population, ou des personnes concernées, sur un projet d'urbanisme ou d'environnement, avant de l'autoriser

enquête sociale : enquête ordonnée par le juge sur les conditions de vie d'une personne ou d'une famille avant de prendre une décision sur son avenir (ex: placement d'un mineur délinquant, garde d'enfants de parents divorcés, etc)

enquête d'utilité publique : enquête qui sert à connaitre l'avis de la population sur une opération projetée, notamment une expropriation, pour juger si l'opération a réellement une cause d'intérêt public

enrayer
= arrêter

EXEMPLE : **pour enrayer la dégradation de la situation** SIGNIFIE *pour arrêter la dégradation de la situation; pour que la situation arrête de se dégrader*

entacher
(une décision, une procédure) = remettre en cause

EXEMPLE : **la décision du préfet ne me semble pas entachée d'une erreur d'appréciation** SIGNIFIE *je ne pense pas que le préfet ait fait une erreur d'appréciation qui rendrait sa décision non valable*

EXEMPLE : **l'absence de cette information n'entache en rien le document** SIGNIFIE *l'absence de cette information ne remet pas en cause le document*

→ voir illégalité, irrégularité, nullité

entendre
(on vous parle d'une intention) = souhaiter, vouloir, avoir l'intention de

EXEMPLE : **si vous entendez contester cette décision** SIGNIFIE *si vous souhaitez* ou *voulez contester cette décision; si vous avez l'intention de contester cette décision*

EXEMPLE : **parmi les situations qu'entend régler la loi du 4 décembre 1985** SIGNIFIE *parmi les situations prévues par la loi du 4 décembre 1985*

entériner
= accepter et enregistrer, rendre valide et définitif en approuvant officiellement

EXEMPLE : **l'assemblée a entériné le changement d'adresse** SIGNIFIE *l'assemblée a accepté et enregistré le changement d'adresse*

entité
= organisme, association, entreprise

EXEMPLE : **cette association est la seule entité habilitée à délivrer des reçus** SIGNIFIE *cette association est la seule à pouvoir délivrer des reçus*

EXEMPLE : **il s'agit de la même entité juridique** SIGNIFIE *il s'agit de la même entreprise* (ou *association)*

entrave
= obstacle

EXEMPLE : **une entrave à la circulation** SIGNIFIE *un obstacle à la circulation*

EXEMPLE : **ceci est une entrave au bon déroulement des travaux** SIGNIFIE *cela gêne le bon déroulement des travaux*

entraver
= gêner, faire obstacle à

EXEMPLE : **ce stationnement entrave l'accès de l'immeuble** SIGNIFIE *ce stationnement gêne l'accès à l'immeuble*

EXEMPLE : **cela entraverait le cours de la justice** SIGNIFIE *cela empêcherait la justice de faire son travail*

s'entremettre
= intervenir (entre plusieurs personnes)

EXEMPLE : **les personnes que vous aurez autorisées à s'entremettre pour votre compte** SIGNIFIE *les personnes que vous aurez autorisées à intervenir en votre nom*

entremise

♦ *par l'entremise de* = par (l'intermédiaire de)

EXEMPLE : **les livraisons réalisées par l'entremise de la société Dupont** SIGNIFIE *les livraisons réalisées par la société Dupont*

épandable

❒ (par) où on peut faire s'écouler les eaux sales et les boues

❒ (en agriculture) où on peut étendre le fumier pour fertiliser

épandage

❒ fait de répandre de l'engrais, du fumier, etc sur un sol

épandre

= répandre, mettre

EXEMPLE : **pour épandre les eaux usées sur votre champ** SIGNIFIE *pour répandre les eaux usées sur votre champ*

épars, e

= dispersé, éparpillé

EXEMPLE : **ce secteur ne comporte que quelques constructions éparses** SIGNIFIE *ce secteur ne comporte que quelques constructions ici et là* ou *dispersées* ou *éparpillées*

épisodiquement

= de temps en temps, de temps à autre, parfois

EXEMPLE : **nous faisons appel épisodiquement à des professionnels** SIGNIFIE *nous faisons appel à des professionnels de temps à autre; nous faisons parfois appel à des professionnels*

EXEMPLE : **vous n'êtes qu'épisodiquement présent aux réunions** SIGNIFIE *vous n'êtes pas toujours présent aux réunions*

épizootie

❒ épidémie qui touche les animaux

éprouver

(une arme) = tester

EXEMPLE : **l'arme doit être éprouvée par le banc d'épreuves** SIGNIFIE *l'arme doit être testée par le banc d'épreuves*

équitable

= juste

EXEMPLE : **cet accord n'est pas équitable** SIGNIFIE *cet accord n'est pas juste*

équitablement

= de manière juste

EXEMPLE : **si ce différend ne peut être réglé équitablement** SIGNIFIE *si ce différend ne peut pas être réglé de manière juste*

équité

♦ *en équité* = en toute justice

EXEMPLE : **le médiateur a considéré, en équité, que la banque ne pouvait prendre en charge le crédit** SIGNIFIE *le médiateur a considéré qu'il était juste que la banque ne prenne pas en charge le crédit*

équivalent

équivalent habitant (on vous parle de pollution) : quantité moyenne de pollution produite en un jour par une personne

équivalent temps plein : nombre d'heures travaillées divisées par le nombre d'heures pendant lesquelles travaillent des personnes employées à temps plein

équivaloir

♦ *équivaloir à* = être égal à, correspondre à

EXEMPLE : **ce versement annuel équivaudra aux douze versements mensuels** SIGNIFIE *ce versement annuel sera égal à* ou *correspondra aux douze versements mensuels*

EXEMPLE : **le silence de l'Administration équivaut à un refus de votre demande** SIGNIFIE *si vous ne recevez pas de réponse de l'Administration, cela veut dire que votre demande est refusée*

érection

(d'un bâtiment) = construction

EXEMPLE : **l'érection d'un mur de 30 mètres** SIGNIFIE *la construction d'un mur de 30 mètres*

EXEMPLE : **l'érection d'un nouveau centre culturel** SIGNIFIE *la construction d'un nouveau centre culturel*

ériger

1 (un bâtiment) = construire

EXEMPLE : **un hangar a été érigé sur votre propriété** SIGNIFIE *un hangar a été construit sur votre propriété*

(une commission, un tribunal, une société) = créer, établir

2 *ériger en* = considérer comme

EXEMPLE : **la loi n'érige pas cette intégration en droit** SIGNIFIE *la loi ne considère pas que cette intégration est un droit*

EXEMPLE : **les régions qui ont été érigées en collectivités territoriales** SIGNIFIE *les régions qui sont devenues des collectivités territoriales*

EXEMPLE : **la commission n'a pas pour but de s'ériger en tribunal** SIGNIFIE *la commission n'a pas pour but d'agir comme un tribunal*

erratum (pl errata)

❐ erreur dans un texte, corrigée par un rectificatif

errements

(au sens courant) = mauvaise habitude

EXEMPLE : **pour mettre fin aux errements des années précédentes** SIGNIFIE *pour mettre fin aux mauvaises habitudes des années précédentes*

❐ (en droit) procédure, état d'avancement de la procédure

erreur

erreur de droit : ignorance ou mauvaise interprétation de la loi

erreur de fait : ignorance ou mauvaise connaissance d'un fait matériel

→ voir manifeste

erroné, e

= qui contient des erreurs, faux, inexact

EXEMPLE : **si la demande comporte des renseignements erronés** SIGNIFIE *si la demande contient des renseignements inexacts* ou *de faux renseignements*

EXEMPLE : **le total des recettes est erroné** SIGNIFIE *il y a une* ou *des erreurs dans le total des recettes*

erronément

= par erreur, de manière fausse, de manière inexacte

EXEMPLE : **le problème a été posé erronément** SIGNIFIE *le problème a été posé de manière inexacte*

EXEMPLE : **comme vous l'avez affirmé erronément** SIGNIFIE *comme vous l'avez affirmé par erreur*

escient

♦ *à bon escient* = comme il faut, quand il faut

EXEMPLE : **il exerce ce contrôle à bon escient** SIGNIFIE *il exerce ce contrôle correctement* ou *quand il faut*

EXEMPLE : **vous devez utiliser ces ressources à bon escient** SIGNIFIE *vous devez utiliser ces ressources de manière appropriée* ou *comme il faut*

♦ *à mauvais escient* = mal (en connaissance de cause)

EXEMPLE : **une grande part du budget a été utilisée à mauvais escient** SIGNIFIE *une grande part du budget a mal été utilisée (en connaissance de cause)*

EXEMPLE : **si vous l'utilisez à mauvais escient** SIGNIFIE *si vous ne l'utilisez pas comme il faut* ou *comme cela est prévu*

escompte

❐ (on vous parle d'une vente) réduction sur le prix de vente

❐ (on vous parle d'une dette) réduction d'une dette lorsqu'elle est payée en avance

escompter

1 (on vous parle d'une prévision) = prévoir, s'attendre à

EXEMPLE : **pour me permettre de vous verser la subvention escomptée** SIGNIFIE *pour me permettre de vous verser la subvention prévue* ou *attendue*

2 (on vous parle d'un paiement) = payer en avance, avec une retenue

escroquerie

❐ délit qui consiste à tromper une personne pour obtenir son bien, son argent ou ses services

espèce

♦ *de l'espèce* = de ce type, de ce genre

EXEMPLE : **les affaires de l'espèce** SIGNIFIE *les affaires de ce type* ou *de ce genre*

♦ *en l'espèce* = dans ce cas

EXEMPLE : **cette exception ne peut donc pas s'appliquer en l'espèce** SIGNIFIE *cette exception ne peut donc pas s'appliquer dans ce cas*

cas d'espèce = cas particulier ou précis

EXEMPLE : **la loi ne s'applique pas dans le cas d'espèce** SIGNIFIE *la loi ne s'applique pas dans ce cas particulier* ou *précis*

ester

♦ *ester en justice* : participer à un procès en tant que demandeur, défendeur ou témoin

étalement

(d'une dette) = paiement en plusieurs fois

EXEMPLE : **vous pouvez demander l'étalement du paiement des frais de formation** SIGNIFIE *vous pouvez demander à payer les frais de formation en plusieurs fois*

étaler

(une dette) = payer en plusieurs fois

EXEMPLE : **vous pouvez étaler le règlement de vos impôts** SIGNIFIE *vous pouvez payer vos impôts en plusieurs fois*

état

1 *faire état de* = mentionner, présenter, indiquer

EXEMPLE : **la lettre dans laquelle vous faites état de vos difficultés** SIGNIFIE *la lettre dans laquelle vous mentionnez* ou *vous décrivez vos difficultés*

EXEMPLE : **ce permis fait état de trois catégories bien définies** SIGNIFIE *ce permis mentionne* ou *indique trois catégories bien définies*

♦ *en tout état de cause* = dans tous les cas, de toute façon

EXEMPLE : **mes services se tiennent, en tout état de cause, à votre disposition** SIGNIFIE *dans tous les cas, mes services se tiennent à votre disposition; mes services se tiennent toujours à votre disposition*

EXEMPLE : **je vous prie de m'envoyer ce document en tout état de cause avant la demande de versement** SIGNIFIE *dans tous les cas* ou *de toute façon, je vous prie de m'envoyer ce document avant la demande de versement*

état de fait : situation

EXEMPLE : **pour faire cesser cet état de fait** SIGNIFIE *pour mettre fin à cette situation*

2 état civil :

(on vous parle de renseignements) renseignements sur la situation familiale d'une personne (nom, nationalité, naissance, mariage, etc)

(on vous parle du registre) registre contenant des renseignements sur la situation familiale des personnes nées dans une commune (nom, nationalité, naissance, mariage, etc)

(on vous parle de l'organisme) service public qui s'occupe d'enregistrer les renseignements sur la situation familiale des personnes nées dans une commune

> ☞ Rappel : les fiches d'état civil ont été supprimées le 26 décembre 2000. Les administrations ne peuvent plus ni vous les délivrer, ni vous les demander.

officier de l'état civil : fonctionnaire chargé du registre contenant les renseignements sur la situation familiale des personnes nées dans une commune (généralement le maire ou un adjoint)

3 (on vous parle d'un inventaire) = compte rendu, rapport

EXEMPLE : **vous devez me transmettre un état récapitulatif de l'ensemble des dépenses engagées** SIGNIFIE *vous devez me transmettre un compte rendu de l'ensemble des dépenses engagées*

EXEMPLE : **il nous faut un état descriptif des travaux d'aménagement** SIGNIFIE *il nous faut un rapport avec le descriptif des travaux d'aménagement*

état de frais : facture ; relevé des sommes dues à une personne, au titre de dépenses, indemnités ou rémunérations liées à l'exercice de ses fonctions

état des lieux : document décrivant l'état d'un immeuble ou d'un appartement, généralement fait avant et après sa location

état parasitaire : rapport d'un expert sur la présence ou non de termites ou d'autres parasites dans un immeuble

étayer

(une demande) = appuyer, justifier

EXEMPLE : **tout document étayant votre demande d'asile** SIGNIFIE *tout document appuyant* ou *justifiant votre demande d'asile*

EXEMPLE : **aucun motif ne me permet d'étayer une dérogation** SIGNIFIE *aucun motif ne me permet de justifier une dérogation; je n'ai aucune raison de vous accorder une dérogation*

éteindre

1 (une dette, un passif) = régler, payer

EXEMPLE : **ce versement n'éteint pas votre dette** SIGNIFIE *ce versement ne règle pas votre dette*

2 (l'action publique) = mettre fin à

EXEMPLE : **pour éteindre définitivement toutes poursuites** SIGNIFIE *pour mettre fin définitivement à toutes poursuites*

3 *s'éteindre* (en droit) = être perdu

EXEMPLE : **votre droit au revenu de remplacement s'éteint si vous ne répondez pas à la convocation** SIGNIFIE *vous perdez votre droit au revenu de remplacement si vous ne répondez pas à la convocation*

étiage

❒ (on vous parle d'une phase) baisse périodique des eaux d'un cours d'eau

❒ (on vous parle d'un niveau) niveau moyen le plus bas d'un cours d'eau

européen, -éenne

Espace Économique Européen : il comprend en 2004 les pays de l'Union européenne (Allemagne, Autriche, Belgique, Chypre, Danemark, Espagne, Estonie, Finlande, France, Royaume-Uni, Grèce, Hongrie, Irlande, Italie, Lettonie, Lituanie, Luxembourg, Malte, Pays-Bas, Pologne, Portugal, République tchèque, Slovénie, Slovaquie, Suède) ainsi que la Norvège, l'Islande et le Liechtenstein

Union Européenne : elle comprend en 2004 les pays suivants: Allemagne, Autriche, Belgique, Chypre, Danemark, Espagne, Estonie, Finlande, France, Royaume-Uni, Grèce, Hongrie, Irlande, Italie, Lettonie, Lituanie, Luxembourg, Malte, Pays-Bas, Pologne, Portugal, République tchèque, Slovénie, Slovaquie, Suède

évasion

évasion fiscale : fait de se servir des imprécisions de la loi pour payer le moins d'impôts possible

éventualité

= cas, possibilité

EXEMPLE : **j'ai étudié l'éventualité de vous accorder un certificat de résidence** SIGNIFIE *j'ai étudié la possibilité de vous accorder un certificat de résidence*

♦ *dans cette éventualité* = dans ce cas

EXEMPLE : **dans cette éventualité, votre demande pourrait être examinée en priorité** SIGNIFIE *dans ce cas, votre demande pourrait être étudiée en priorité*

♦ *dans l'éventualité où* = si, au cas où, dans le cas où

EXEMPLE : **dans l'éventualité où vous ne seriez pas disponible ce jour-là** SIGNIFIE *au cas où vous ne seriez pas disponible ce jour-là; si vous n'étiez pas disponible ce jour-là*

éviction

1 (d'un droit) perte d'un droit sur une chose parce qu'une autre personne avait déjà un droit sur cette chose

indemnité d'éviction (d'un bail) : argent que doit verser le propriétaire à son locataire s'il ne renouvelle pas le contrat de location

2 (d'un groupe, d'un établissement) = exclusion

EXEMPLE : **après son éviction du lycée** SIGNIFIE *après son exclusion du lycée*

évincer

1 (on vous parle d'un droit) enlever à quelqu'un la possession d'une chose

2 (on vous parle d'exclusion) = écarter, exclure

EXEMPLE : **vous avez été évincé sur ce lot au profit d'un concurrent** SIGNIFIE *votre offre sur ce lot a été refusée au profit de celle d'un concurrent*

EXEMPLE : **des personnes ont été évincées du groupe** SIGNIFIE *des personnes ont été exclues du groupe*

exactions

= mauvais traitements

EXEMPLE : **les exactions perpétrées à l'encontre du personnel** SIGNIFIE *les mauvais traitements infligés au personnel*

examen

♦ *mettre (qqn) en examen* : informer quelqu'un des faits qui lui sont reprochés, au cours de l'examen d'une affaire par le juge d'instruction

mise en examen : acte de procédure par lequel le juge d'instruction informe une personne des faits qui lui sont reprochés

excaver

= creuser

excédent

❒ ce qui est en plus de la quantité fixée

EXEMPLE : **pour obtenir le remboursement d'un excédent de versement au titre de votre impôt sur le revenu 2000** SIGNIFIE *pour obtenir le remboursement des impôts que vous avez payés en trop sur votre revenu 2000*

excédentaire

= qui dépasse la quantité fixée ou le nombre fixé

EXEMPLE : **ce taux sera de 5% pour chaque pièce excédentaire** SIGNIFIE *ce taux sera de 5% pour chaque pièce qui dépasse le nombre fixé*

excéder

(on vous parle de temps ou d'argent) = dépasser, être supérieur à

EXEMPLE : **les acomptes n'excèdent pas 80 % du montant de la subvention** SIGNIFIE *les acomptes ne dépassent pas 80 % du montant de la subvention*

EXEMPLE : **vos indemnités excèdent le minimum légal** SIGNIFIE *vos indemnités sont supérieures au minimum légal*

EXEMPLE : **vous devez prendre contact avec lui dans un délai n'excédant pas trois semaines** SIGNIFIE *vous devez prendre contact avec lui dans les trois semaines* ou *avant trois semaines*

exciper

♦ *exciper de (qqch)* = s'appuyer sur (qqch) , se servir de (qqch) comme argument

EXEMPLE : **vous ne pouvez exciper de vos activités professionnelles pour...** SIGNIFIE *vous ne pouvez pas vous servir de vos activités professionnelles comme argument pour...*

exclusive

♦ *sans exclusive* = sans rien rejeter, sans rejeter personne

EXEMPLE : **ce forum doit être un rassemblement sans exclusive** SIGNIFIE *ce forum doit rassembler tout le monde (sans rejeter personne)*

EXEMPLE : **le débat doit être ouvert sans exclusive à tous les membres** SIGNIFIE *le débat doit être ouvert à tous les membres, sans exception*

exclusivité

clause d'exclusivité : clause d'un contrat qui engage une des parties à ne pas conclure d'accords similaires avec quelqu'un d'autre

principe d'exclusivité : principe qui veut que lorsqu'une autorité est compétente, elle est seule compétente

exécuteur, -trice

exécuteur testamentaire : personne désignée par l'auteur d'un testament pour le faire respecter

exécutif, -ive

pouvoir exécutif : le gouvernement, en tant qu'autorité chargée d'appliquer les lois

exécution

♦ *mettre à exécution* (un arrêté, une mesure) = exécuter, appliquer

EXEMPLE : **si la mise à exécution de cet arrêté ne peut intervenir immédiatement** SIGNIFIE *si cet arrêté ne peut pas être appliqué immédiatement*

♦ *en exécution de* = en application de

voie d'exécution : moyen par lequel une personne peut obtenir qu'un jugement ou qu'un acte juridique soit appliqué, avec l'aide de l'autorité publique

exécution provisoire : possibilité qu'a le gagnant d'un procès de faire exécuter le jugement même si la partie adverse le conteste

exécution forcée : moyen juridique pour obliger quelqu'un à remplir ses obligations, notamment à payer une somme d'argent

juge de l'exécution : juge à qui on fait appel en cas de difficulté pour qu'un jugement soit appliqué

exécutoire

❒ qui peut ou doit être appliqué (en utilisant la force si nécessaire)

EXEMPLE : **cette décision est exécutoire sans délai** SIGNIFIE *cette décision peut être immédiatement appliquée; cette décision doit être immédiatement appliquée*

formule exécutoire : formule inscrite à la fin d'une décision de justice qui permet de la faire exécuter (de force si nécessaire)

titre exécutoire : document légal qui permet de faire exécuter une obligation (de force si nécessaire)

copie exécutoire : copie d'un acte ou d'un jugement avec la formule qui en permet l'exécution

exempt, e

♦ *exempt de* = sans

EXEMPLE : **un projet exempt de risques** SIGNIFIE *un projet sans risques*

EXEMPLE : **un terrain exempt de toute construction** SIGNIFIE *un terrain sans construction; un terrain sur lequel il n'y a aucune construction*

exempter

♦ *exempter de (qqch)* = dispenser de (qqch)

EXEMPLE : **des travaux exemptés de permis de construire** SIGNIFIE *des travaux pour lesquels un permis de construire n'est pas nécessaire*

EXEMPLE : **une personne exemptée d'impôts** SIGNIFIE *une personne qui n'a pas à payer d'impôts*

exemption

EXEMPLE : **les personnes qui bénéficient de l'exemption fiscale** SIGNIFIE *les personnes qui n'ont pas à payer d'impôts*

EXEMPLE : **pour obtenir l'exemption du permis de construire** SIGNIFIE *pour obtenir le droit de construire sans permis*

exercice

exercice budgétaire : période comprise entre deux budgets (un an en général)

exergue

♦ *en exergue* = en tête, en haut

EXEMPLE : **la mention apposée en exergue des avertissements sanitaires** SIGNIFIE *la mention placée en tête* ou *en haut des avertissements sanitaires*

♦ *mettre en exergue*

(au début d'un document) = mettre en tête ou en haut

EXEMPLE : **le chiffre mis en exergue du rapport** SIGNIFIE *le chiffre mis en tête* ou *en haut du rapport*

(on vous parle d'attention) = mettre en évidence

EXEMPLE : **un contrat d'insertion mettant en exergue votre projet professionnel** SIGNIFIE *un contrat d'insertion mettant en évidence votre projet professionnel*

EXEMPLE : **ce fait mérite d'être mis en exergue dans le rapport** SIGNIFIE *ce fait mérite d'être mis en évidence dans le rapport*

exhaustif, -ive

= complet

EXEMPLE : **une liste exhaustive des modifications** SIGNIFIE *une liste complète des modifications; une liste de toutes les modifications*

EXEMPLE : **une liste non exhaustive des administrations qui organisent ces**

concours SIGNIFIE *une liste incomplète des administrations qui organisent ces concours; une liste de certaines des administrations qui organisent ces concours*

exhaustivité

EXEMPLE : **cette liste ne prétend pas à l'exhaustivité** SIGNIFIE *cette liste ne prétend pas être complète*

EXEMPLE : **ce recensement de population vise à l'exhaustivité** SIGNIFIE *ce recensement de la population essaie de compter tous les habitants*

exhérédation

❒ action par laquelle l'auteur d'un testament prive les héritiers de leurs droits à la succession; s'il a des enfants, il ne peut les priver que d'une partie de la succession appelée quotité disponible

→ voir quotité

exhortation

= (fort) encouragement, appel

EXEMPLE : **une exhortation au calme** SIGNIFIE *un appel au calme*

exhorter

♦ *exhorter (qqn) à faire (qqch)* = encourager fortement (qqn) à faire (qqch) , demander à (qqn) de faire (qqch)

EXEMPLE : **il l'a exhorté au calme** SIGNIFIE *il lui a demandé de rester calme*

EXEMPLE : **je vous exhorte à effectuer cette démarche** SIGNIFIE *je vous encourage fortement à effectuer cette démarche; j'insiste pour que vous fassiez cette démarche*

exigibilité

EXEMPLE : **vous pouvez contester l'exigibilité de la somme réclamée par l'Administration** SIGNIFIE *vous pouvez contester que vous devez cette somme à l'Administration*

date d'exigibilité : date à laquelle quelque chose peut être exigé

EXEMPLE : **la date d'exigibilité de cette taxe** SIGNIFIE *la date à laquelle le paiement de cette taxe peut être exigé*

exigible

1 (on vous parle d'une chose imposée) = obligatoire, qui peut être exigé

EXEMPLE : **le visa de long séjour est exigible du ressortissant étranger** SIGNIFIE *le ressortissant étranger doit (obligatoirement) fournir un visa de long séjour*

2 (on vous parle d'une somme) = qui doit être payé

EXEMPLE : **les cotisations exigibles à la date du 28 août 2002** SIGNIFIE *les cotisations qui doivent être payées* ou *à payer avant le 28 août 2002*

EXEMPLE : **le paiement est exigible six mois après le décès** SIGNIFIE *le paiement doit être fait six mois après le décès*

existence

existence juridique :

EXEMPLE : **cette association est dépourvue d'existence juridique** SIGNIFIE *cette association n'a pas de statut légal; pour la loi, cette association n'existe pas*

exonération

= dispense de paiement

EXEMPLE : **il vous a été accordé le droit à exonération de la taxe d'apprentissage** SIGNIFIE *vous n'avez pas à payer la taxe d'apprentissage*

EXEMPLE : **pour obtenir l'exonération des cotisations sociales** SIGNIFIE *pour ne pas avoir à payer les cotisations sociales*

exonérer

= dispenser de payer

EXEMPLE : **vous êtes exonéré de la redevance télévision** SIGNIFIE *vous n'avez pas à payer la redevance télévision*

expédition

(d'un arrêté, d'un contrat notarié) = copie, duplicata

EXEMPLE : **une expédition de mon arrêté en date du 4 mars 2002** SIGNIFIE *une copie de mon arrêté du 4 mars 2002*

explicitation

EXEMPLE : **une explicitation plus fine de vos critères est nécessaire** SIGNIFIE *vous devez expliquer vos critères de manière plus claire* ou *plus détaillée*

EXEMPLE : **l'explicitation des nouvelles**

méthodes d'intervention SIGNIFIE *la présentation claire et détaillée des nouvelles méthodes d'intervention*

explicite

1 (rejet, demande, accord) = (clairement) exprimé

EXEMPLE : **dans le cas où votre demande ferait l'objet d'un rejet explicite** SIGNIFIE *si votre demande était (clairement) rejetée; si l'on vous disait (ou écrivait) que votre demande avait été rejetée*

2 (personne) = clair

EXEMPLE : **vous n'avez pas été très explicite sur votre situation** SIGNIFIE *vous ne vous êtes pas exprimé clairement sur votre situation*

explicitement

= clairement

EXEMPLE : **il convient de le préciser explicitement dans le contrat de travail** SIGNIFIE *il faut que cela soit clairement écrit* ou *précisé dans le contrat de travail*

expliciter

= exprimer clairement, rendre clair

EXEMPLE : **vous n'avez pas explicité vos intentions** SIGNIFIE *vous n'avez pas exprimé clairement vos intentions*

exploit

exploit d'huissier (de justice) : document écrit et donné ou envoyé par un huissier à une personne pour lui demander de faire quelque chose

exponentiel, -elle

= considérable, rapide et continu

EXEMPLE : **le nombre de demandes augmente de façon exponentielle** SIGNIFIE *le nombre de demandes ne cesse d'augmenter; le nombre de demandes augmente considérablement*

exprès, -esse

(demande, autorisation) = clairement exprimé

EXEMPLE : **il faut la permission expresse du propriétaire** SIGNIFIE *il faut que le propriétaire donne clairement sa permission*

expressément

EXEMPLE : **la présence d'un huissier n'est pas expressément prévue** SIGNIFIE *il n'est pas écrit* ou *précisé qu'un huissier doit être présent*

expropriant, e

❐ (pour cause d'utilité publique) qui oblige de manière légale une personne à céder un bien immeuble ou un droit réel immobilier à l'État (une collectivité territoriale ou un établissement public) dans un but d'intérêt public et en échange d'une indemnité

expropriation

❐ (pour cause d'utilité publique) moyen légal d'obliger une personne à céder un bien immeuble ou un droit réel immobilier à l'État (une collectivité territoriale ou un établissement public) dans un but d'intérêt public et en échange d'une indemnité

exproprier

♦ *exproprier (qqn)* (pour cause d'utilité publique) : obliger quelqu'un à céder un bien immeuble ou un droit réel immobilier à l'État (à une collectivité territoriale ou un établissement public) dans un but d'intérêt public et en échange d'une indemnité

expulser

❐ (un locataire) faire sortir (par la force si nécessaire) du logement où il n'a pas le droit d'être

❐ (un étranger) faire quitter le territoire français

expulsion

❐ (d'un locataire) action de faire sortir (par la force si nécessaire) une personne d'un lieu où elle n'a pas le droit d'être

❐ (d'un étranger) exécution de l'ordre donné à un étranger de quitter le territoire français

extenso

→ voir in extenso

extinction

1 (d'une dette, d'un passif) = règlement, paiement

EXEMPLE : **jusqu'à extinction de votre dette** SIGNIFIE *jusqu'au paiement* ou *règlement de votre dette*

2 (de l'action publique) perte du droit d'exercer des poursuites

EXEMPLE : **l'amnistie a entraîné l'extinction des poursuites** SIGNIFIE *suite à l'amnistie, les poursuites ne peuvent plus être exercées*

3 (d'un droit)

EXEMPLE : **jusqu'à l'extinction de votre droit aux indemnités** SIGNIFIE *jusqu'à ce que vous n'ayez plus droit aux indemnités*

extorquer

❐ obtenir par la force, la menace ou la contrainte

EXEMPLE : **elle lui a extorqué sa signature** SIGNIFIE *elle l'a obligé à signer (par la force* ou *la menace* ou *la contrainte)*

extorsion

❐ délit consistant à obtenir quelque chose (signature, engagement, révélation d'un secret, remise de biens, etc) par la force, la menace ou la contrainte

extra(-)contractuel, -elle

❐ non défini par ou non contenu dans un contrat

extrader

❐ livrer une personne qui se trouve sur son territoire à un autre État, à sa demande, pour qu'il puisse la juger ou la mettre en prison

extradition

❐ procédure par laquelle un État livre à un autre État, à sa demande, une personne qui se trouve sur son territoire pour qu'il puisse la juger ou la mettre en prison

extrajudiciaire

❐ (acte d'huissier) qui est fait en dehors d'une procédure judiciaire (ex: demande de renouvellement de bail)

❐ (aveu) fait en l'absence d'un juge

extra(-)légal, e (masc. pl. -aux)

❐ non prévu ou non organisé par la loi

EXEMPLE : **vous avez la possibilité de demander une aide extra-légale auprès de votre caisse maladie** SIGNIFIE *vous avez la possibilité de demander une aide à votre caisse maladie, mais la loi ne l'oblige pas à vous l'accorder*

extranéité

❐ caractère de ce qui est étranger

EXEMPLE : **en raison de l'extranéité de ces personnes** SIGNIFIE *parce que ces personnes sont étrangères*

extrapolation

EXEMPLE : **l'extrapolation de ces résultats à l'ensemble de la population n'a pas de valeur** SIGNIFIE *généraliser ces résultats à l'ensemble de la population n'a pas de valeur*

EXEMPLE : **ces chiffres sont le résultat d'une extrapolation par rapport aux mesures réalisées en 2002** SIGNIFIE *ces chiffres ont été calculés à partir des mesures réalisées en 2002*

extrapoler

= généraliser

EXEMPLE : **il est difficile d'extrapoler ces résultats à d'autres cas** SIGNIFIE *il est difficile de généraliser ces résultats à d'autres cas; il est difficile d'appliquer ces résultats à d'autres cas*

EXEMPLE : **les études à partir desquelles a été extrapolée l'existence d'effets secondaires** SIGNIFIE *les études à partir desquelles on a conclu qu'il existait des effets secondaires*

exutoire

❐ (on vous parle d'écoulement) ouverture pour l'écoulement d'eaux ou de déchets

F

fâcheux, -euse

= ennuyeux, regrettable, gênant

EXEMPLE : **il serait fâcheux que ces faits se reproduisent** SIGNIFIE *il serait gênant* ou *regrettable que ces faits se reproduisent*

EXEMPLE : **ces incidents sont fâcheux pour le bon déroulement des activités** SIGNIFIE *ces incidents gênent le bon déroulement des activités*

faculté

(en droit) = droit, possibilité

EXEMPLE : **vous conservez la faculté de revenir sur le territoire français** SIGNIFIE *vous conservez le droit* ou *la possibilité de revenir sur le territoire français*

EXEMPLE : **pour exercer la faculté de déposer un recours contentieux** SIGNIFIE *pour (pouvoir) déposer un recours contentieux*

faillite

1 (on vous parle d'une entreprise) le terme faillite pour parler des difficultés d'une entreprise est impropre, bien que fréquemment utilisé; utilisez plutôt dépôt de bilan

faillite civile : situation où tous les biens d'une personne qui doit de l'argent peuvent être vendus pour payer sa dette; la personne ne doit alors plus rien

faillite personnelle : sanction qui peut s'appliquer aux commerçants, aux artisans ou aux dirigeants d'entreprise en liquidation judiciaire, coupables d'actes malhonnêtes ou imprudents

2 (on vous parle d'un projet, d'un système) = échec

EXEMPLE : **après la faillite de ce projet** SIGNIFIE *après l'échec de ce projet*

faire

♦ *pour ce faire* = pour faire cela, pour cela

EXEMPLE : **vous disposez, pour ce faire, d'un délai de deux mois** SIGNIFIE *vous disposez d'un délai de deux mois pour faire cela*

faisabilité

EXEMPLE : **nous avons étudié la faisabilité technique du projet** SIGNIFIE *nous avons étudié les possibilités techniques de réaliser le projet*

étude de faisabilité du projet : étude sur la possibilité de réaliser un projet

fait

♦ *du fait de* = à cause de, par

EXEMPLE : **une rupture abusive du contrat de travail du fait de l'employeur** SIGNIFIE *une rupture abusive du contrat de travail par l'employeur*

EXEMPLE : **cette autorisation ne peut vous être accordée du fait de l'annulation de votre permis de conduire** SIGNIFIE *cette autorisation ne peut pas vous être accordée parce que votre permis de conduire a été annulé*

♦ *du fait que* = parce que, comme

EXEMPLE : **votre dossier ne peut être retenu du fait que vous l'avez envoyé trop tard** SIGNIFIE *votre dossier ne peut pas être retenu parce que vous l'avez envoyé trop tard; comme vous avez envoyé votre dossier trop tard, il ne peut pas être retenu*

fait générateur : fait ou événement à l'origine d'une obligation (spécialement celle de payer un impôt ou une dette)

falsification

❒ transformation ou modification dont le but est de tromper

falsifier

❒ transformer ou modifier dans le but de tromper

faute

faute grave (en droit du travail) : faute du salarié qui permet à son employeur de le renvoyer sans délai et sans indemnité de licenciement

faute lourde :
(en droit du travail) faute faite par le salarié pour nuire à l'employeur ou à l'entreprise et qui permet à son employeur de le renvoyer sans délai, sans indemnité de licenciement ni indemnité compensatrice de congés payés et de l'obliger éventuellement à lui verser des dommages-intérêts

(en droit administratif) faute qui permet d'engager la responsabilité personnelle de l'agent

faute inexcusable (dans un accident du travail, de la circulation) : faute très grave qui consiste à agir de manière dangereuse sans raison et sans tenir compte des risques alors qu'on les connaissait

faute intentionnelle (dans un accident du travail) : faute faite volontairement dans le but de causer un dommage

faute de service : dommage causé par un agent public pendant qu'il assure son service, que l'Administration doit réparer

fauteur, -euse

EXEMPLE : **le principal fauteur de pollution** SIGNIFIE *le principal responsable de la pollution*

fauteur de troubles : personne qui a provoqué des troubles

fauteur de désordre : personne qui a provoqué des désordres

férié

jour férié : jour de fête légale où l'on ne travaille pas

férir

♦ *sans coup férir* = sans (aucune) difficulté

EXEMPLE : **vous pouvez demander, sans coup férir, le remboursement de cette cotisation** SIGNIFIE *vous pouvez demander, sans (aucune) difficulté, le remboursement de cette cotisation*

fermage

❒ (on vous parle d'un contrat) contrat de location d'une terre agricole

❒ (on vous parle d'un loyer) loyer d'une terre agricole

fiabiliser

= rendre (plus) sûr

EXEMPLE : **ce contrôle fiabilise l'édition des données** SIGNIFIE *ce contrôle rend plus sûre l'édition des données*

fiabilité

EXEMPLE : **c'est un système d'une grande fiabilité** SIGNIFIE *c'est un système très sûr* ou *dans lequel on peut avoir confiance*

EXEMPLE : **tout dépend de la fiabilité de ces renseignements** SIGNIFIE *tout dépend de la confiance qu'on peut avoir dans ces renseignements*

fiable

= sûr, sérieux, sur lequel on peut compter

EXEMPLE : **ce contrôle n'est pas fiable à 100 %** SIGNIFIE *ce contrôle n'est pas sûr à 100 %*

fiduciaire

monnaie fiduciaire : pièces de monnaie et billets de banque

société fiduciaire (en droit français) : société chargée de travaux comptables, juridiques, fiscaux et d'organisation pour des entreprises privées

filiation

❐ lien de parenté entre l'enfant et son père ou sa mère

EXEMPLE : **un document comportant votre filiation** SIGNIFIE *un document mentionnant le nom de votre père et celui de votre mère*

fin

à toutes fins utiles : au cas où cela serait utile

EXEMPLE : **à toutes fins utiles, je vous envoie le dossier** SIGNIFIE *je vous envoie le dossier au cas où cela pourrait vous être utile*

♦ *aux fins de* = pour, dans le but de

EXEMPLE : **je vous prie de contacter mes services aux fins de régulariser cette situation** SIGNIFIE *je vous prie de contacter mes services pour régulariser cette situation*

EXEMPLE : **aux fins de constat de la résiliation du bail** SIGNIFIE *pour constater la résiliation de votre bail*

EXEMPLE : **vous m'avez fait parvenir un dossier de candidature aux fins d'inscription sur cette liste** SIGNIFIE *vous m'avez envoyé un dossier de candidature pour vous inscrire sur cette liste*

finalité

= but, objectif

EXEMPLE : **un rapport dans lequel sont exposées les finalités du projet** SIGNIFIE *un rapport qui expose les objectifs du projet*

fiscal, e (masc. pl. -aux)

amende fiscale : argent que l'on doit verser au Trésor Public pour une faute commise par rapport à la loi fiscale

contrôle fiscal : contrôle des revenus fait par l'administration des impôts

dette fiscale : impôt dû mais non payé

domicile fiscal : adresse à laquelle une personne déclare ses revenus

timbre fiscal : timbre collé sur un document qui prouve qu'un impôt, ou une taxe, a été payé (il peut s'acheter dans les bureaux de tabac ou au centre des impôts)

fixation

♦ *porter fixation de* = fixer

EXEMPLE : **l'avenant portant fixation des nouveaux tarifs de base** SIGNIFIE *l'avenant qui fixe les nouveaux tarifs de base*

flagrant, e

1 (crime, délit) constaté au moment où il est commis ou immédiatement après

2 (au sens général) = évident

EXEMPLE : **si les risques sont flagrants** SIGNIFIE *si les risques sont évidents*

EXEMPLE : **il s'agit d'une violation flagrante de la loi** SIGNIFIE *il s'agit d'une violation évidente de la loi*

EXEMPLE : **je n'ai pas constaté d'erreurs flagrantes dans le dossier** SIGNIFIE *je n'ai pas constaté de grosses erreurs dans le dossier*

fluctuant, e

= variable

EXEMPLE : **du fait de votre profession, vos revenus sont fluctuants** SIGNIFIE *du fait de votre profession, vos revenus varient*

EXEMPLE : **les critères d'attribution des bourses sont fluctuants** SIGNIFIE *les critères d'attribution des bourses sont variables* ou *changent*

foi

♦ *faire foi de* = prouver

EXEMPLE : **les chiffres en font foi** SIGNIFIE *les chiffres le prouvent*

EXEMPLE : **c'est la date du cachet de la poste qui fait foi de l'envoi** SIGNIFIE *c'est la date du cachet de la poste qui prouve que l'envoi a été fait ce jour-là*

EXEMPLE : **les dossiers doivent être envoyés avant le 30 mars 2005, le ca-**

chet de la poste faisant foi SIGNIFIE *les dossiers doivent être envoyés avant le 30 mars 2005, la date du cachet de la poste prouvant la date de l'envoi*

♦ *sur la foi de* = en se fondant sur, en s'appuyant sur

EXEMPLE : **sur la foi de ces documents** SIGNIFIE *en se fondant* ou *en s'appuyant sur ces documents*

EXEMPLE : **sur la foi de plusieurs témoins** SIGNIFIE *en se fondant* ou *en s'appuyant sur les déclarations de plusieurs témoins*

♦ *en foi de quoi* : par conséquent

bonne foi (on vous parle d'un contrat) : fait de l'exécuter en croyant le respecter

foncier, -ière

adjectif

en rapport avec un immeuble, une maison ou un terrain

EXEMPLE : **revenus fonciers** SIGNIFIE *revenus provenant d'un immeuble, d'une maison ou d'un terrain*

taxe foncière, impôt foncier : impôt annuel sur les immeubles, maisons ou terrains

publicité foncière : renseignements sur la situation juridique des biens immobiliers

nom masculin

sol, sous-sol, terrain, immeuble

foncier bâti : terrain sur lequel il y a une construction

foncier non bâti : terrain sans construction

fonctionnel, -elle

capacités fonctionnelles : état physique

EXEMPLE : **vos capacités fonctionnelles ne vous permettent pas d'exercer ce travail** SIGNIFIE *votre état physique ne vous permet pas de faire ce travail*

réadaptation fonctionnelle : rééducation d'une personne victime d'un accident ou qui a subi une opération, pour qu'elle retrouve une vie normale et une activité professionnelle

fond

condition de fond : condition essentielle, condition portant sur le contenu

EXEMPLE : **vous ne remplissez pas l'une des conditions de fond pour obtenir un certificat de résidence** SIGNIFIE *vous ne remplissez pas l'une des conditions essentielles pour obtenir un certificat de résidence*

motif de fond : argument portant sur le contenu

♦ *faire fond sur* = s'appuyer sur

EXEMPLE : **vous faites fond sur cette situation pour...** SIGNIFIE *vous vous appuyez sur cette situation pour...*

fondé, e

❒ (au sens général) = justifié

❒ (en droit) qui a une base juridique

EXEMPLE : **cet argument n'est pas fondé juridiquement** SIGNIFIE *cet argument n'a aucune base juridique valable*

♦ *être fondé sur* = s'appuyer sur

EXEMPLE : **mon refus est fondé sur les faits suivants** SIGNIFIE *mon refus s'appuie sur les faits suivants; je refuse (votre demande) pour les raisons suivantes*

♦ *être fondé à faire (qqch)* = avoir de bonnes raisons pour ou de faire (qqch) , avoir des raisons valables pour ou de faire (qqch)

EXEMPLE : **dans ce cas, la commune n'est pas fondée à intervenir** SIGNIFIE *dans ce cas, la commune n'a pas de raisons juridiquement valables pour intervenir*

♦ *s'estimer fondé à ; se croire fondé à* = penser avoir de bonnes raisons pour

EXEMPLE : **si vous vous estimez fondé à contester cette décision** SIGNIFIE *si vous pensez avoir de bonnes raisons pour contester cette décision*

fondement

1 (d'une procédure, d'un article) = base (juridique), règles de droit applicables

EXEMPLE : **le fondement juridique de la procédure** SIGNIFIE *la base juridique de la procédure*

♦ *sur le fondement de* = sur la base de, en s'appuyant sur

EXEMPLE : **je serais disposé à reconsidérer votre situation sur le fondement de l'article 14** SIGNIFIE *je serais prêt à reconsidérer votre situation sur la base de l'article 14*

EXEMPLE : **nous ne pouvons engager sa responsabilité sur le fondement de cet article** SIGNIFIE *nous ne pouvons engager sa responsabilité en nous appuyant sur cet article*

2 (d'un raisonnement, d'une argumentation) = justification, raison

EXEMPLE : **votre accusation est sans fondement** SIGNIFIE *votre accusation n'est pas justifiée*

EXEMPLE : **des précisions quant au fondement de l'avis médical peuvent vous être données** SIGNIFIE *nous pouvons vous donner des précisions sur les raisons de cet avis médical*

fonds

1 (on vous parle d'un bien) terrain ou bâtiment

fonds de commerce : biens matériels ou non (en particulier la clientèle) qui appartiennent à un commerçant et lui permettent d'exercer son activité

fonds dominant : immeuble (terrain ou bâtiment) qui profite d'une contrainte imposée à un autre immeuble appartenant à un propriétaire différent (exemple: dans le droit de passage, le fonds dominant est le terrain dont le propriétaire a l'autorisation de passer sur un immeuble appartenant à une autre personne pour pouvoir accéder à la voie publique)

fonds servant : immeuble (terrain ou bâtiment) auquel une contrainte est imposée au profit d'un autre immeuble appartenant à un propriétaire différent

2 (on vous parle d'un capital) = argent

fonds de roulement (on vous parle de syndic) : avance permanente de trésorerie du syndicat des propriétaires

(on vous parle d'une entreprise) total de l'actif à court terme moins le total du passif à court terme

→ voir bailleur

fongible

❒ (bien) qui peut être remplacé par d'autres choses de même nature pour un paiement ou un remboursement (par exemple: produits alimentaires, argent)

force

1 **(cas de) force majeure** : situation extérieure, imprévisible et inévitable, qui excuse quelqu'un de ne pas remplir ses obligations

force publique : police ou gendarmerie

EXEMPLE : **j'accorderai le concours de la force publique à l'huissier** SIGNIFIE *j'accorderai l'aide de la police (ou de la gendarmerie) à l'huissier*

agent de la force publique : policier ou gendarme

à force ouverte : par plusieurs personnes employant la force

2 (on vous parle d'une succession)
forces : ensemble des biens et des droits de la personne décédée

forclore

❒ (une personne) lui faire perdre un droit parce qu'elle ne l'a pas utilisé dans le délai autorisé

❒ (un délai)

EXEMPLE : **ce délai est forclos** SIGNIFIE *la démarche n'a pas été faite dans le délai fixé*

forclusion

❒ perte d'un droit qui n'a pas été utilisé dans le délai autorisé

EXEMPLE : **cela frappe de forclusion les sommes réclamées** SIGNIFIE *les sommes ont été réclamées trop tard et ne sont donc plus à payer; il est trop tard pour réclamer ces sommes*

EXEMPLE : **la victime peut demander à être relevée de la forclusion** SIGNIFIE *la victime peut demander à ne pas perdre ses droits*

forfait

1 (on vous parle d'une rémunération) clause d'un contrat fixant à l'avance le prix d'un travail ou d'un service

2 (on vous parle d'impôts) évaluation globale des revenus d'une personne non salariée, qui sert à calculer ses impôts

forfaitaire

❒ fixé par avance et non modifiable

EXEMPLE : **il s'agit d'une amende forfaitaire** SIGNIFIE *le montant de cette amende est fixé à l'avance et ne peut pas être* *changé (son paiement met fin à la procédure)*

forfaitairement

EXEMPLE : **la rémunération est fixée forfaitairement** SIGNIFIE *la rémunération est fixée par avance et globalement, et ne peut pas être modifiée*

EXEMPLE : **la Caisse d'allocations familiales octroie forfaitairement 100 euros à tout stagiaire** SIGNIFIE *la Caisse d'allocations familiales donne 100 euros à tout stagiaire (somme fixée à l'avance et non modifiable)*

formalité

❐ (on vous parle d'une procédure) démarche obligatoire

EXEMPLE : **je vous serais obligé de bien vouloir vous soumettre à cette formalité au plus tôt** SIGNIFIE *je vous remercie de faire cette démarche le plus rapidement possible*

EXEMPLE : **il vous appartient d'accomplir les formalités d'immatriculation du véhicule** SIGNIFIE *c'est à vous de faire immatriculer votre véhicule*

♦ *sans autre formalité* = directement, sans avoir rien d'autre à faire

EXEMPLE : **je pourrais alors prendre cette décision sans autre formalité** SIGNIFIE *je pourrais alors prendre cette décision directement*

former

(une demande, un recours) = faire

EXEMPLE : **seul le propriétaire a le droit de former la demande** SIGNIFIE *seul le propriétaire a le droit de faire la demande*

EXEMPLE : **vous avez formé un recours contre cette décision** SIGNIFIE *vous avez fait un recours contre cette décision*

→ voir opposition

fort

♦ *se porter fort pour qqn :* s'engager à obtenir son accord à un acte juridique (vente, partage, achat, etc.)

fourrière

❐ (pour véhicules) lieu où sont gardés les véhicules confisqués par la police jusqu'à ce que leurs propriétaires viennent payer une amende

❐ (pour animaux) lieu où sont gardés les animaux errants jusqu'à ce que leurs propriétaires viennent payer une amende

foyer

❐ (on vous parle d'un lieu) lieu où habite la famille

❐ (on vous parle de personnes) membres d'une famille qui vivent sous le même toit

EXEMPLE : **si vous n'apportez aucune ressource à votre foyer** SIGNIFIE *si vous n'apportez pas d'argent à votre famille*

foyer fiscal : personne vivant seule ou famille qui peut avoir à payer des impôts sur le revenu

→ voir occupationnel

fractionnable

EXEMPLE : **le congé paternité est de 11 jours et n'est pas fractionnable** SIGNIFIE *le congé paternité est de 11 jours qui doivent être pris en une seule fois*

EXEMPLE : **ce stage de trois mois est fractionnable** SIGNIFIE *ce stage de trois mois peut être fait en plusieurs fois*

fractionnement

= partage, division

EXEMPLE : **le fractionnement des tâches entre plusieurs prestataires entraînera un coût supplémentaire** SIGNIFIE *le partage des tâches entre plusieurs prestataires entraînera un coût supplémentaire*

EXEMPLE : **vous pouvez bénéficier d'un fractionnement du paiement de l'impôt** SIGNIFIE *vous pouvez payer l'impôt en plusieurs fois*

fractionner

= diviser, partager

EXEMPLE : **cette surface a été fractionnée en plusieurs unités de 10 m2** SIGNIFIE *cette surface a été divisée* ou *partagée en plusieurs unités de 10 m2*

EXEMPLE : **si le salarié fractionne la durée du congé** SIGNIFIE *si le salarié prend son congé en plusieurs fois*

EXEMPLE : **la mesure de suspension de votre permis de conduire ne peut**

être fractionnée SIGNIFIE *votre permis de conduire ne peut vous être retiré que pour une période continue (de X jours)*

frais

frais réels : somme réellement payée pour un service ou un bien

franc, franche

zone franche : zone qui a un régime administratif et fiscal avantageux, en particulier pour les opérations d'import-export

franchisage

contrat de franchisage : contrat par lequel une entreprise permet à un commerçant indépendant d'exploiter sa marque, son nom, un brevet ou un savoir-faire en échange du versement régulier d'une somme et de certains engagements; l'entreprise peut éventuellement être le fournisseur du franchisé

franchise

1 (on vous parle d'assurances) somme que doit payer l'assuré en cas de dommage

2 (on vous parle de taxes, d'impôts) dispense de payer certains droits ou certaines taxes

♦ *en franchise* (on vous parle d'un bien) = sur lequel on n'a pas à payer de taxe

♦ *en franchise de* (droits, impôt, etc) = sans avoir à payer de

EXEMPLE : **les envois d'une valeur inférieure à 22 euros peuvent être reçus en franchise de droits et taxes** SIGNIFIE *les envois d'une valeur inférieure à 22 euros peuvent être reçus sans avoir à payer de droits ni de taxes*

EXEMPLE : **pour acheter des véhicules en franchise de TVA** SIGNIFIE *pour acheter des véhicules sans avoir à payer la TVA*

franchisé, e

❐ qui utilise la marque, le nom ou le brevet d'une entreprise en échange du versement régulier d'une somme et de certains engagements

franchiser

❐ (une société, une marque) permettre à un commerçant d'utiliser une marque, un nom ou un brevet en échange du versement régulier d'une somme et de certains engagements

franchiseur

❐ entreprise qui permet à un commerçant indépendant d'exploiter sa marque, son nom, un brevet ou un savoir-faire en échange du versement régulier d'une somme et de certains engagements; elle peut éventuellement être le fournisseur du franchisé

francisation

1 (d'un nom)

EXEMPLE : **vous pouvez demander la francisation de vos nom et prénoms** SIGNIFIE *vous pouvez demander à donner une forme ou une orthographe française à vos nom et prénoms*

2 (d'un navire) formalité donnant le droit de naviguer sous le pavillon français

franciser

1 (un nom) lui donner une forme ou une orthographe française

2 (un navire) lui donner le droit de naviguer sous le pavillon français

franco

♦ *franco de port* : sans frais de transport (pour le destinataire)

fraude

❐ acte illégal qui a pour but de tromper ou de causer un dommage

frauduleusement

❐ en commettant un acte illégal pour tromper ou pour causer un dommage

frauduleux, -euse

❐ faux ou illégal, qui a pour but de tromper ou de causer un dommage

fuite

délit de fuite : fait de ne pas s'arrêter, alors qu'on sait qu'on a causé un accident de circulation, pour ne pas en être tenu responsable

G

gage

1 (on vous parle d'un contrat) contrat par lequel une personne qui doit de l'argent à quelqu'un lui donne un bien en garantie

❐ (on vous parle d'un bien) bien donné en garantie à une personne à qui on doit de l'argent

certificat de non(-)gage, attestation de non(-)gage : document donné par la préfecture prouvant qu'une voiture ne sert pas de garantie à une dette et qu'elle peut donc être revendue

→ voir situation

2 (au sens général) = garantie

EXEMPLE : **cela n'est pas un gage de qualité** SIGNIFIE *cela n'est pas une garantie de qualité; cela ne garantit pas la qualité*

gager

❐ (un bien) le donner en garantie à une personne à qui on doit de l'argent

EXEMPLE : **votre véhicule est gagé** SIGNIFIE *votre véhicule sert de garantie à une personne à qui vous devez de l'argent*

gageure

= défi

EXEMPLE : **la gestion de ce projet est devenue une gageure** SIGNIFIE *gérer ce projet est devenu très difficile*

gain

1 (d'une activité professionnelle) = revenu

EXEMPLE : **votre perte de gain de la période allant du 2 au 12 avril** SIGNIFIE *votre perte de revenu pour la période du 2 au 12 avril*

(on vous parle d'un avantage)

EXEMPLE : **un gain minimum de 70 points est assuré pour les employés** SIGNIFIE *les employés sont assurés de gagner au minimum 70 points*

2 *avoir gain de cause ; obtenir gain de cause*

(au sens courant) = obtenir ce qu'on voulait

(en droit) obtenir une réponse favorable à une demande en justice

♦ *donner gain de cause à (qqn)*

(au sens courant) = accorder à (qqn) ce qu'il voulait

(en droit)

EXEMPLE : **la Cour d'appel a donné gain de cause aux héritiers** SIGNIFIE *la Cour d'appel a pris une décision en faveur des héritiers; la Cour d'appel a décidé que les héritiers avaient raison*

garant, e

❐ (on vous parle d'argent) responsable de la dette d'une personne

♦ *être garant de* = être responsable de

♦ *se porter garant de* = accepter d'être responsable de

garde[1]

garde à vue : mesure permettant à un officier de police judiciaire de retenir une personne (suspect, témoin), pour les besoins d'une enquête, pendant le délai fixé par la loi

garde²

garde des Sceaux : ministre de la Justice

générateur

→ voir fait

grâce

ce terme devrait être réservé à la grâce présidentielle, mais vous le trouverez dans les formulations suivantes :

EXEMPLE : **vous souhaitez bénéficier d'une grâce annulant votre dette** SIGNIFIE *vous souhaitez que votre dette soit annulée* ou *réduite*

EXEMPLE : **vous sollicitez une grâce suite à la suspension de votre permis de conduire** SIGNIFIE *vous demandez que la décision de suspendre votre permis de conduire soit révisée*

grâce présidentielle : réduction ou annulation d'une peine accordée par le Président de la République

→ voir délai

gracier

❐ (un condamné) annuler ou alléger sa peine

gracieusement

= gratuitement

EXEMPLE : **ces locaux sont mis gracieusement à votre disposition** SIGNIFIE *ces locaux sont mis à votre disposition gratuitement*

gracieux, -ieuse

1 (on vous parle d'une somme, d'une remise) accordé sans être dû, sans que rien ne soit demandé en échange

EXEMPLE : **un stage à titre gracieux** SIGNIFIE *un stage non rémunéré*

EXEMPLE : **vous avez sollicité une décharge gracieuse de votre responsabilité au regard du paiement de cet impôt** SIGNIFIE *vous avez demandé l'autorisation de ne pas payer cet impôt*

remise gracieuse : réduction ou annulation d'une dette accordée à une personne qui en fait la demande

EXEMPLE : **j'ai décidé de vous consentir une remise gracieuse de 660 euros** SIGNIFIE *j'ai décidé de vous accorder une réduction de 660 euros*

2 (en droit) = sans passer par un tribunal

EXEMPLE : **cette décision peut être contestée à titre gracieux** SIGNIFIE *cette décision peut être contestée sans passer par un tribunal*

recours gracieux : procédure permettant de réétudier une décision administrative sans faire appel à un tribunal

gratification

❐ (on vous parle de salaire) somme versée exceptionnellement par un employeur en plus du salaire habituel

gratifier

(d'un don) = faire un don à

EXEMPLE : **Madame Durand a gratifié cet établissement** SIGNIFIE *Madame Durand a fait un don à cet établissement*

gratuit, e

à titre gratuit : gratuitement

gré

♦ *savoir gré à (qqn) de* = être reconnaissant à (qqn) de, remercier (qqn) de

EXEMPLE : **je vous saurais gré de bien vouloir me retourner ce document** SIGNIFIE *je vous remercie* ou *vous serais reconnaissant de bien vouloir me retourner ce document*

♦ *de son plein gré* = par soi-même, volontairement, sans y être forcé

EXEMPLE : **je vous conseille de libérer ce logement de votre plein gré** SIGNIFIE *je vous conseille de quitter ce logement avant d'y être forcé (par la police)*

greffe

❐ service qui garde les dossiers des procès, tient les registres et enregistre les déclarations

déclaration au greffe : présentation orale ou écrite au greffe de certains tribunaux (tribunaux d'instance, conseils de prud'hommes, etc) d'une demande en justice et de ses motifs

greffier, -ière

❐ personne chargée d'assister les magistrats à l'audience, d'établir des documents juridiques, de conserver les dossiers des procès et les copies des jugements

grever

1 (un budget, un coût, une facture) = alourdir, augmenter

EXEMPLE : **ces imprévus ont grevé le coût du projet** SIGNIFIE *ces imprévus ont alourdi* ou *augmenté le coût du projet*

2 (un bien) lui faire supporter une charge ou le faire servir de garantie

EXEMPLE : **le terrain est grevé d'un droit de passage** SIGNIFIE *il y a un droit de passage sur le terrain; le propriétaire du terrain doit laisser un droit de passage*

grief

= sujet de plainte

EXEMPLE : **écrivez-lui en exposant vos griefs** SIGNIFIE *écrivez-lui en lui expliquant de quoi vous vous plaignez*

grosse

❐ copie d'un acte ou d'un jugement (avec la formule qui en permet l'exécution)

guise

1 *à votre guise* = comme vous (le) voulez

EXEMPLE : **vous êtes libre d'agir à votre guise** SIGNIFIE *vous êtes libre d'agir comme vous (le) voulez; vous êtes libre de faire ce que vous voulez*

2 *en guise de* = comme

EXEMPLE : **vous avez répondu en guise d'explication que...** SIGNIFIE *vous avez donné comme explication que...*

EXEMPLE : **le devis que vous avez envoyé en guise de réponse** SIGNIFIE *le devis que vous avez envoyé en réponse*

habilitation

❐ autorisation légale de faire quelque chose

habiliter

♦ *habiliter à faire (qqch)* = autoriser (légalement) à faire (qqch)

EXEMPLE : **les agents habilités à constater les infractions** SIGNIFIE *les agents autorisés à constater les infractions*

EXEMPLE : **mon service n'est pas habilité à intervenir dans cette affaire** SIGNIFIE *mon service ne peut pas intervenir dans cette affaire*

habitation

habitation légère de loisirs : construction démontable ou transportable destinée à être habitée de manière temporaire (ex: bungalow, mobile-home, etc)

harcèlement

harcèlement moral : délit qui consiste à agir de manière répétée contre une personne pour dégrader ses conditions de travail et ainsi nuire à ses droits, à sa dignité ou à son avenir professionnel et mettre en danger sa santé physique ou morale

harcèlement sexuel : délit consistant à abuser de son autorité pour essayer d'obtenir par la contrainte, l'ordre ou la menace une faveur sexuelle

hasardeux, -euse

= dangereux, risqué

EXEMPLE : **ce projet est hasardeux** SIGNIFIE *ce projet est risqué*

EXEMPLE : **il serait hasardeux de ne pas en tenir compte** SIGNIFIE *il serait dangereux* ou *risqué de ne pas en tenir compte*

hâtivement

= trop vite, trop rapidement

EXEMPLE : **ce système a été un peu hâtivement mis en place** SIGNIFIE *ce système a été mis en place un peu trop vite* ou *un peu trop rapidement*

hauteur

♦ *à hauteur de* = pour un montant de, pour une valeur de

EXEMPLE : **des tickets repas à hauteur de 4 euros par personne** SIGNIFIE *des tickets repas d'une valeur de 4 euros par personne*

EXEMPLE : **le ministère accorde des aides à hauteur de 300 euros maximum par stagiaire** SIGNIFIE *le ministère accorde des aides d'un montant de 300 euros maximum par stagiaire; le ministère accorde une aide de 300 euros maximum par stagiaire*

EXEMPLE : **une remise à hauteur de 50% vous a été accordée** SIGNIFIE *une remise de 50% vous a été accordée*

hebdomadaire

EXEMPLE : **le repos hebdomadaire des sa-**

lariés SIGNIFIE *le repos accordé chaque semaine aux salariés*

EXEMPLE : **la durée hebdomadaire du travail est de 35 h** SIGNIFIE *la durée du travail est de 35 h par semaine*

hebdomadairement

= chaque semaine

EXEMPLE : **la durée de travail doit être décomptée hebdomadairement** SIGNIFIE *la durée de travail doit être décomptée chaque semaine*

hébergeant, e

❐ personne qui loge quelqu'un chez elle

EXEMPLE : **vous devez apporter un justificatif de domicile récent de votre hébergeante** SIGNIFIE *vous devez apporter un justificatif de domicile récent de la personne chez qui vous logez*

héberger

= loger chez soi

EXEMPLE : **la personne que vous hébergez** SIGNIFIE *la personne qui loge chez vous*

hectare

= dix mille mètres carrés

(unité de mesure abrégée en 'ha')

hiérarchique

→ voir recours

hiérarchiquement

= selon la hiérarchie

EXEMPLE : **il était hiérarchiquement subordonné à l'organisme qui l'employait** SIGNIFIE *il était sous l'autorité de l'organisme qui l'employait*

EXEMPLE : **le service médical de l'assurance maladie n'est pas hiérarchiquement rattaché à la caisse primaire** SIGNIFIE *le service médical de l'assurance maladie ne dépend pas de la caisse primaire*

homologation

1 (d'un fait, d'un acte) = validation (officielle)

EXEMPLE : **cet acte devra être soumis à l'homologation du juge d'instance** SIGNIFIE *cet acte devra être validé par le juge d'instance*

2 (d'un objet, d'un bâtiment, etc) déclaration qu'une chose est en accord avec les normes imposées

EXEMPLE : **si le terrain n'a subi aucune modification depuis sa dernière homologation** SIGNIFIE *si le terrain n'a subi aucune modification depuis qu'il a été déclaré conforme aux normes*

homologue

❐ personne qui occupe la même fonction qu'une autre (dans un autre pays, une autre entreprise, etc)

homologuer

1 (un acte, un fait) = valider (officiellement)

EXEMPLE : **un diplôme homologué** SIGNIFIE *un diplôme officiellement reconnu*

2 (un objet, un bâtiment) reconnaître officiellement conforme aux normes

EXEMPLE : **le siège n'est pas homologué** SIGNIFIE *le siège n'est pas conforme aux normes; le siège ne respecte pas les normes*

honoraires

❐ (on vous parle de rémunération) rémunération des personnes qui ont une activité indépendante et non salariée (médecins, avocats, architectes, etc)

dépassement d'honoraires (on vous parle de Sécurité sociale) : application de tarifs supérieurs à ceux qui servent de base au remboursement des assurés par la Sécurité sociale

honorer

1 (une amende, une facture, un loyer) = payer

(un prélèvement, un remboursement) = faire

EXEMPLE : **ces factures ont été honorées en retard** SIGNIFIE *ces factures ont été payées en retard*

EXEMPLE : **vous avez des difficultés pour honorer le remboursement de votre dette** SIGNIFIE *vous avez des difficultés pour rembourser votre dette*

2 (un contrat, un engagement) = respecter

EXEMPLE : **vous n'avez pas honoré vos**

engagements financiers SIGNIFIE *vous n'avez pas respecté vos engagements financiers*

hormis

= sauf, à part

EXEMPLE : **aucun document n'est nécessaire, hormis la carte nationale d'identité** SIGNIFIE *aucun document n'est nécessaire, sauf* ou *à part la carte nationale d'identité*

horodaté, e

❒ (document) qui indique l'heure à laquelle il a été rédigé ou envoyé

EXEMPLE : **un fax horodaté à 12 h 04** SIGNIFIE *un fax indiquant qu'il a été envoyé à 12 h 04*

hors

- *hors d'eau* : à l'abri de l'eau
- *hors d'air* : à l'abri de l'air

hospitalisation

hospitalisation à la demande d'un tiers : hospitalisation d'une personne atteinte de troubles mentaux pouvant poser des problèmes de sécurité, sans son accord; elle est demandée par quelqu'un de sa famille ou de son entourage

hospitalisation d'office : hospitalisation d'une personne atteinte de troubles mentaux pouvant poser des problèmes de sécurité, sans son accord; elle est décidée par le préfet par arrêté préfectoral

hospitalisation libre : hospitalisation d'une personne atteinte de troubles mentaux, avec son accord

huis(-)clos

❒ audience à laquelle le public n'est pas admis

- *à huis(-)clos* : sans que le public soit admis

huissier

❒ personne chargée de faire appliquer les décisions de justice, de faire payer des dettes et de constater certaines situations

huissier poursuivant :

(pour une expulsion) agent chargé de faire expulser le locataire

(pour une saisie-vente) agent chargé de la vente aux enchères

huitaine

sous huitaine : dans les huit jours, dans un délai de huit jours

EXEMPLE : **je vous invite à m'envoyer sous huitaine vos observations écrites** SIGNIFIE *je vous invite à m'envoyer vos observations écrites dans les huit jours, c'est-à-dire avant le 28 août (ou le 10 octobre, etc)*

hypothécaire

prêt (avec affectation) hypothécaire : prêt permettant à une personne qui a prêté de l'argent pour l'achat d'un immeuble de se faire payer sur le prix de la vente de cet immeuble en cas de non remboursement du prêt

hypothèque

❒ droit d'une personne, à qui une autre doit de l'argent, de faire vendre un bien garanti (généralement immeuble) pour se faire payer sur le prix de sa vente

bureau, service des hypothèques : service chargé des renseignements sur la situation juridique des immeubles et qui perçoit certains droits fiscaux

hypothéquer

❒ (un bien immobilier) utiliser comme garantie de paiement à la personne à qui on doit de l'argent

I

identité

identité judiciaire : service de la police judiciaire chargé d'identifier des personnes et de traiter des indices (empreintes digitales, etc)

idoine

= approprié, adapté

EXEMPLE : **il faut des structures idoines** SIGNIFIE *il faut des structures adaptées*

illicéité

❐ fait de ne pas respecter le droit (loi, règlement, jurisprudence, ordre public, bonnes mœurs, etc)

EXEMPLE : **en raison de l'illicéité de cet acte** SIGNIFIE *parce que cet acte est contraire au droit; parce que cet acte ne respecte pas la loi* (ou *le règlement, etc)*

illicite

❐ contraire au droit ou interdit par le droit (loi, règlement, jurisprudence, ordre public, bonnes mœurs, etc)

EXEMPLE : **des actes illicites peuvent lui être imputés** SIGNIFIE *il peut être accusé d'actes contraires à la loi* (ou *au règlement, etc)*

EXEMPLE : **l'agrandissement de votre cabanon est illicite** SIGNIFIE *l'agrandissement de votre cabanon est interdit par la loi* ou *n'est pas autorisé par la loi*

illicitement

❐ d'une manière contraire au droit (loi, règlement, jurisprudence, ordre public, bonnes mœurs, etc)

EXEMPLE : **ces marchandises ont été illicitement importées** SIGNIFIE *ces marchandises ont été importées d'une manière contraire à la loi* ou *au règlement*

immeuble

❐ (en droit) bien qui ne peut pas être déplacé (terrain, bâtiments, etc) ou objet qui fait partie intégrante d'un immeuble (cheminée, chauffage central individuel, etc)

immeuble bâti : bâtiment

immeuble non bâti : terrain

imminent, e

= très prochain

EXEMPLE : **pour empêcher cette mesure d'expulsion imminente** SIGNIFIE *pour empêcher cette expulsion très prochaine* ou *qui devrait avoir lieu très bientôt*

s'immiscer

♦ *s'immiscer dans (qqch)* = intervenir dans (qqch)

EXEMPLE : **il ne m'appartient pas de m'immiscer dans cette affaire** SIGNIFIE *je n'ai pas à intervenir dans cette affaire*

EXEMPLE : **mes services n'ont pas à s'immiscer dans ces problèmes** SIGNIFIE *mes services n'ont pas à intervenir dans ces problèmes*

immixtion
= intervention

EXEMPLE : **s'il y a eu immixtion de l'État dans les affaires communales** SIGNIFIE *si l'État est intervenu dans les affaires communales*

EXEMPLE : **vous considérez qu'il s'agit d'une immixtion dans votre vie privée** SIGNIFIE *vous considérez qu'on s'est mêlé de votre vie privée*

immobilier, -ière
→ voir bien

immobilisation
1 (on vous parle de capitaux) fait d'être indisponibles par le placement qu'on en a fait

2 immobilisations (on vous parle des biens d'une entreprise) : biens acquis ou créés par une entreprise pour être utilisés sur une assez longue durée comme moyens d'exploitation ou instruments de travail

immobilisé, e
bien immobilisé : bien acquis ou créé par une entreprise pour être utilisé sur une assez longue durée comme moyen d'exploitation ou instrument de travail

immobiliser
1 (des capitaux) les rendre indisponibles par le placement qu'on en fait

2 bien immobilisé : bien acquis ou créé par une entreprise pour être utilisé sur une assez longue durée comme moyen d'exploitation ou instrument de travail

immuable
= constant, qui ne change pas, qui est toujours le même

EXEMPLE : **ce coefficient est immuable** SIGNIFIE *ce coefficient est constant; ce coefficient ne change pas* ou *est toujours le même*

immunité
❒ (en droit pénal) fait de ne pas pouvoir être poursuivi en justice quand on se trouve dans une certaine situation déterminée par la loi

immunité parlementaire : privilège selon lequel un parlementaire ne peut être poursuivi en justice pendant la session parlementaire

immunité diplomatique : privilège du personnel des ambassades et des consulats, qui ne peuvent être poursuivis devant les tribunaux du pays où ils résident et n'ont pas à y payer d'impôts

impartial, e (masc. pl. -iaux)
EXEMPLE : **nous avons mené l'enquête de manière impartiale** SIGNIFIE *nous avons mené l'enquête de manière juste; nous avons mené l'enquête sans avantager ni désavantager personne*

EXEMPLE : **des informations impartiales** SIGNIFIE *des informations justes, qui ne favorisent ou ne défavorisent personne*

impartialement
EXEMPLE : **nous avons traité cette affaire impartialement** SIGNIFIE *nous avons traité cette affaire de manière juste; nous avons traité cette affaire sans avantager ni désavantager personne*

impartialité
EXEMPLE : **le dossier a été examiné en toute impartialité** SIGNIFIE *nous avons étudié le dossier sans avantager ni désavantager personne*

impartir
= accorder

EXEMPLE : **dans le délai qui vous est imparti** SIGNIFIE *dans le délai qui vous est accordé*

EXEMPLE : **le délai de deux mois qui m'est imparti pour procéder à l'examen de votre dossier** SIGNIFIE *le délai de deux mois dont je dispose pour étudier votre dossier; les deux mois que j'ai pour étudier votre dossier*

impécunieux, -ieuse
= qui manque d'argent

EXEMPLE : **les copropriétaires impécunieux** SIGNIFIE *les copropriétaires qui manquent d'argent*

impécuniosité

= manque d'argent

EXEMPLE : **en raison de l'impécuniosité de l'association** SIGNIFIE *à cause du manque d'argent de l'association; parce que l'association manque d'argent*

impenses

dépenses faites par un possesseur pour conserver, améliorer ou embellir un immeuble dont il a la jouissance

impérieusement

EXEMPLE : **si vous en avez impérieusement besoin** SIGNIFIE *si vous en avez vraiment besoin*

impérieux, -ieuse

EXEMPLE : **en cas d'obligations familiales impérieuses** SIGNIFIE *en cas d'obligations familiales très importantes*

EXEMPLE : **le délai ne peut être prolongé que pour des raisons d'urgence impérieuse** SIGNIFIE *le délai ne peut être prolongé qu'en cas d'urgence (réelle)*

impersonnel, -elle

sous forme impersonnelle, de manière impersonnelle : sans préciser de nom

EXEMPLE : **tout courrier doit être adressé sous forme impersonnelle à Monsieur le Préfet** SIGNIFIE *tout courrier doit être adressé à Monsieur le Préfet, sans préciser de nom*

impersonnellement

= sans préciser de nom

EXEMPLE : **toute correspondance doit être adressée impersonnellement à Monsieur le Directeur départemental** SIGNIFIE *tout courrier doit être adressé à Monsieur le Directeur départemental, sans préciser de nom*

impétrant, e

❐ personne qui a obtenu une charge, un titre, un diplôme

impétration

❐ action pour obtenir un bénéfice ou une mesure de l'autorité compétente

impétrer

❐ (un bénéfice, une mesure) l'obtenir de l'autorité compétente

implication

1 (on vous parle d'une retombée) = conséquence

EXEMPLE : **cela va avoir de grosses implications financières** SIGNIFIE *cela va avoir de grosses conséquences financières*

2 (on vous parle d'une intervention)

EXEMPLE : **son implication dans l'affaire n'a jamais été prouvée** SIGNIFIE *il n'a jamais été prouvé qu'il était mêlé à l'affaire*

implicite

= sous-entendu, non écrit ou non dit

EXEMPLE : **l'absence de réponse dans un délai de six mois vaut rejet implicite de votre demande** SIGNIFIE *si vous ne recevez pas de réponse dans un délai de six mois, cela veut dire que votre demande a été rejetée (même si cela ne vous a pas été dit ni écrit)*

implicitement

❐ de manière sous-entendue, non écrite ou non dite

EXEMPLE : **cela signifie que votre demande a été implicitement rejetée** SIGNIFIE *cela signifie que votre demande a été rejetée (même si cela ne vous a pas été dit ni écrit)*

imposable

1 (revenu) sur lequel on peut avoir à payer des impôts

EXEMPLE : **je vous signale que la retraite du combattant est non imposable** SIGNIFIE *je vous signale que vous n'avez pas à payer d'impôt sur la retraite du combattant*

2 (personne) qui doit payer un impôt

EXEMPLE : **vous n'êtes pas imposable au titre des revenus de l'année 2001** SIGNIFIE *vous n'avez pas à payer d'impôt sur vos revenu de l'année 2001*

imposition

avis d'imposition : document indiquant les éléments qui servent de base au calcul de l'impôt, les sommes à payer et la date de paiement

avis de non imposition : document adressé aux personnes qui ont rempli une déclaration de revenus et qui n'ont pas d'impôt à payer

base d'imposition : revenus ou biens qui entrent dans le calcul de l'impôt à payer

impossibilité

♦ *être* ou *se trouver dans l'impossibilité de faire (qqch)* = ne pas pouvoir faire (qqch)

EXEMPLE : **les contribuables qui se trouvent dans l'impossibilité de payer leur dette** SIGNIFIE *les contribuables qui ne peuvent pas payer leur dette*

en cas d'impossibilité : si ce n'est pas possible

EXEMPLE : **en cas d'impossibilité, vous pourrez demander un nouveau rendez-vous** SIGNIFIE *si ce n'est pas possible (ce jour-là* ou *à cette heure-là), vous pourrez demander un autre rendez-vous*

impôt

impôt direct : impôt payé directement par le contribuable à l'État; ex: l'impôt sur le revenu, l'impôt sur les sociétés, l'impôt sur la fortune

impôt indirect : impôt payé au moment des achats de biens et de services par les clients, puis reversés par les entreprises à l'État; ex: la TVA, la taxe sur le tabac, l'alcool et l'essence, la taxe sur les spectacles

impôts locaux : impôts récoltés par l'État au profit des collectivités locales; ex: les taxes foncières, la taxe d'habitation et la taxe professionnelle

impraticable

1 (chemin, route) = où l'on ne peut pas passer ou circuler

EXEMPLE : **ces chemins étaient impraticables en raison des pluies** SIGNIFIE *on ne pouvait plus passer par ces chemins à cause des pluies*

EXEMPLE : **ce chemin est impraticable en vélo** SIGNIFIE *on ne peut pas rouler à vélo sur ce chemin*

2 (projet, mesure, etc) = qui est difficile à appliquer, qu'on ne peut pas appliquer

EXEMPLE : **cette formule est impraticable** SIGNIFIE *cette formule ne peut pas être appliquée*

imprescriptibilité

1 (on vous parle d'un droit) fait qu'il ne peut être perdu en aucun cas, quelle que soit la période de temps écoulée

❐ (on vous parle d'un bien public) fait de ne pas pouvoir être vendu, par principe

2 (on vous parle d'un crime, d'un délit) fait que l'on peut engager des poursuites quel que soit le délai écoulé depuis le moment où il a été commis

(on vous parle d'une peine) fait qu'elle ne peut être annulée en aucun cas, quel que soit le délai écoulé pour son application

imprescriptible

1 (droit) qui ne peut être perdu en aucun cas, quelle que soit la période de temps écoulée

(bien public) qui, par principe, ne peut pas être vendu

2 (crime, délit) pour lequel on peut engager des poursuites quel que soit le délai écoulé depuis le moment où il a été commis

(peine) qui ne peut être annulée en aucun cas, quel que soit le délai écoulé pour son application

imprévoyance

EXEMPLE : **il ne peut pas être accusé d'imprévoyance** SIGNIFIE *on ne peut pas l'accuser de ne pas avoir assez réfléchi aux problèmes* ou *aux risques*

imprévoyant, e

EXEMPLE : **vous avez été imprévoyant** SIGNIFIE *vous n'avez pas pensé aux problèmes (qui pourraient arriver)* ou *aux risques; vous n'avez pas pensé aux conséquences (que cela pouvait avoir)*

improbation

= désaccord

EXEMPLE : **si des personnes donnent des signes d'improbation** SIGNIFIE *si des personnes semblent ne pas être d'accord*

impropre

♦ *impropre à* = qui ne convient pas pour

EXEMPLE : **cette eau est impropre à la consommation** SIGNIFIE *cette eau ne doit pas être bue*

EXEMPLE : **ce défaut rend l'objet impro-**

imprudemment

= sans faire attention

EXEMPLE : **vous avez imprudemment laissé passer la date limite** SIGNIFIE *vous avez laissé passer la date limite sans faire attention*

imputabilité

= responsabilité

EXEMPLE : **l'assureur a contesté l'imputabilité des blessures** SIGNIFIE *l'assureur a contesté le fait que son client était responsable des blessures*

EXEMPLE : **j'ai demandé l'avis du médecin quant à l'imputabilité de ce décès à l'accident** SIGNIFIE *j'ai demandé au médecin s'il pensait que le décès était dû à* ou *avait été causé par l'accident*

imputable

♦ *imputable à (qqn)* ou *(qqch)* = dont (qqn) ou (qqch) est responsable, dû à (qqn) ou (qqch)

EXEMPLE : **cela n'est en rien imputable à la carence de l'ouvrier** SIGNIFIE *l'ouvrier n'est absolument pas responsable de cela*

EXEMPLE : **le délai d'attente est imputable à des dysfonctionnements** SIGNIFIE *le délai d'attente est dû à des problèmes de fonctionnement*

EXEMPLE : **la rupture du contrat de travail vous est juridiquement imputable** SIGNIFIE *pour la loi, c'est vous qui avez rompu le contrat de travail*

imputation

1 (on vous parle d'argent)

EXEMPLE : **des biens ayant une même imputation comptable** SIGNIFIE *des biens qui sont mis sur le même compte*

EXEMPLE : **cela dépend de l'imputation des versements** SIGNIFIE *cela dépend des comptes sur lesquels les versements ont été faits*

2 (on vous parle de responsabilité) = accusation

EXEMPLE : **ces imputations ne me semblent pas justifiées** SIGNIFIE *ces accusations ne me semblent pas justifiées*

imputer

1 (de l'argent) = inscrire, mettre sur

EXEMPLE : **vous imputerez cette somme sur le budget** SIGNIFIE *vous inscrirez cette somme sur le budget*

EXEMPLE : **le prélèvement de 205 euros sera imputé au débit de votre compte** SIGNIFIE *le prélèvement de 205 euros sera débité de* ou *fait sur votre compte*

2 *imputer à (qqn)* (une faute) = attribuer à (qqn) , accuser (qqn) de

EXEMPLE : **les responsabilités sont imputées aux deux établissements** SIGNIFIE *les responsabilités sont attribuées aux deux établissements; les deux établissements sont considérés comme responsables*

EXEMPLE : **si des pratiques illégales lui sont imputées** SIGNIFIE *s'il est accusé de pratiques illégales*

inactif

❐ personne qui n'a pas d'activité professionnelle payée mais qui n'est pas chômeur

inaction

EXEMPLE : **étant donné l'inaction du propriétaire** SIGNIFIE *puisque le propriétaire n'agit pas* ou *ne fait rien*

EXEMPLE : **ce problème ne justifie en rien votre inaction** SIGNIFIE *ce problème n'est pas une raison pour ne rien faire* ou *pour ne pas agir*

inadéquation

EXEMPLE : **vous me signalez l'inadéquation des véhicules au transport des bagages** SIGNIFIE *vous me signalez que ces véhicules ne sont pas adaptés au transport des bagages; vous me signalez que ces véhicules ne conviennent pas au transport des bagages*

EXEMPLE : **le problème est l'inadéquation entre l'emploi proposé et votre formation** SIGNIFIE *le problème est que votre formation ne correspond pas à l'emploi proposé*

inaliénabilité

❐ (d'un droit, d'une valeur, d'un titre) fait de ne pas pouvoir être cédé ou vendu

inaliénable

❐ (droit, valeur, titre) qu'on ne peut pas céder ou vendre

inaltérable

= constant, permanent

EXEMPLE : **le document doit porter d'une manière très lisible et inaltérable, la mention vendu le...** SIGNIFIE *il faut que la mention vendu le... soit écrite sur le document et qu'elle ne puisse être ni effacée ni modifiée*

inapte

1 (personne)

♦ *être inapte à faire (qqch)* = ne pas pouvoir faire (qqch) (pour des raisons de santé)

EXEMPLE : **vous êtes déclaré inapte à cet emploi** SIGNIFIE *le médecin a déclaré que vous ne pouviez pas occuper cet emploi pour des raisons de santé*

EXEMPLE : **vous êtes reconnu inapte physiquement à la conduite automobile** SIGNIFIE *votre état de santé ne vous permet pas de conduire*

2 (arme)

EXEMPLE : **pour rendre cette arme inapte au tir** SIGNIFIE *pour qu'on ne puisse plus tirer avec cette arme*

inaptitude

❐ impossibilité à faire quelque chose

EXEMPLE : **le rapport médical de votre inaptitude au travail** SIGNIFIE *le rapport qui indique que vous ne pouvez pas travailler pour des raisons médicales*

in bonis

❐ signifie 'dans ses biens' et se dit d'une personne qui a plus de biens que de dettes et qui a les moyens de payer

incapacité

1 (en droit) état d'une personne privée de certains droits par la loi ou par décision de justice (par exemple: mineurs, majeurs protégés)

2 (on vous parle d'impossibilité) *être dans l'incapacité de* = ne pas pouvoir

EXEMPLE : **si vous êtes dans l'incapacité de vous déplacer** SIGNIFIE *si vous ne pouvez pas vous déplacer*

taux d'incapacité : évaluation (en pourcentage) de l'état d'une personne ne pouvant plus travailler, qui lui donne certains droits et lui permet de toucher certaines allocations

taux d'incapacité permanente : évaluation (en pourcentage) de l'état d'une personne qui ne pourra plus jamais travailler

incapacité temporaire : état d'une personne qui ne peut plus travailler pendant une période déterminée à cause d'une blessure ou d'une maladie

incarcération

= emprisonnement

EXEMPLE : **pendant son incarcération** SIGNIFIE *pendant qu'il était en prison*

incarcérer

= emprisonner, mettre en prison

EXEMPLE : **il a été incarcéré pendant 6 mois** SIGNIFIE *il a passé 6 mois en prison*

incessamment

= très bientôt, dans très peu de temps

EXEMPLE : **le remboursement de la somme devrait intervenir incessamment** SIGNIFIE *le remboursement de la somme devrait être fait très bientôt; la somme devrait être remboursée dans très peu de temps*

incessibilité

❐ (d'un droit) fait de ne pas pouvoir être cédé

❐ (d'une rente) fait de ne pas pouvoir être reversée à une autre personne

incessible

❐ (droit) qui ne peut pas être cédé

❐ (rente) qui ne peut pas être reversée à une autre personne

EXEMPLE : **la retraite du combattant est incessible** SIGNIFIE *la retraite du combattant ne peut pas être reversée à la veuve de la personne qui la recevait*

incidence

= conséquence

EXEMPLE : **cette mesure a des incidences sur vos droits** SIGNIFIE *cette mesure a des conséquences sur vos droits*

EXEMPLE : **l'incidence financière de cette situation** SIGNIFIE *les conséquences financières de cette situation*

EXEMPLE : **les événements ayant eu une incidence sur votre situation de demandeur d'emploi** SIGNIFIE *les événements qui ont eu des conséquences sur votre situation de demandeur d'emploi*

incitatif, -ive

❒ (mesure) qui encourage à faire quelque chose

aide incitative : aide financière donnée à quelqu'un pour l'encourager à faire quelque chose

incitation

= encouragement

EXEMPLE : **c'est une incitation pour vous à rechercher un travail** SIGNIFIE *c'est pour vous encourager à rechercher un travail*

incitation fiscale : baisse d'impôts accordée pour encourager une activité

incitation à la haine raciale : délit qui consiste à encourager une personne ou un groupe de personnes à avoir un comportement ou des propos racistes

incitation à la violence : délit qui consiste à encourager une personne ou un groupe de personnes à commettre des actes violents

inciter

♦ *inciter à* = encourager à, pousser à

EXEMPLE : **je vous incite à venir retirer rapidement ce formulaire** SIGNIFIE *je vous suggère de* ou *vous invite à venir retirer rapidement ce formulaire*

EXEMPLE : **certains éléments m'incitent à refuser cette autorisation** SIGNIFIE *certains éléments me poussent à refuser cette autorisation*

EXEMPLE : **ces conditions de circulation doivent inciter à la prudence** SIGNIFIE *ces conditions de circulation doivent encourager à être prudent*

incivilité

❒ action ou parole impolie qui ne respecte pas les règles de la vie en société

incliner

♦ *incliner (qqn) à faire (qqch)* = pousser (qqn) à faire (qqch)

EXEMPLE : **je suis inclinée à accepter** SIGNIFIE *je suis poussée à accepter*

♦ *incliner à faire (qqch)* = avoir tendance à faire (qqch)

EXEMPLE : **j'incline à penser que ...** SIGNIFIE *j'ai tendance à penser que ...*

inclusivement

= inclus, compris

EXEMPLE : **pendant 10 jours de suite, soit jusqu'au 9 avril inclusivement** SIGNIFIE *pendant 10 jours de suite, soit jusqu'au 9 avril inclus* ou *compris*

EXEMPLE : **entre parents jusqu'au quatrième degré inclusivement** SIGNIFIE *entre parents jusqu'au quatrième degré inclus* ou *compris*

incomber

♦ *incomber à (qqn)* = être du devoir ou de la responsabilité de (qqn)

EXEMPLE : **son entretien en incombe à la commune** SIGNIFIE *la commune est responsable de son entretien; c'est à la commune de l'entretenir*

EXEMPLE : **je vous rappelle l'obligation qui vous incombe de tenir un registre** SIGNIFIE *je vous rappelle votre obligation* ou *que vous êtes obligé de tenir un registre*

incompatibilité

❒ (de fonctions, de mandats) interdiction par la loi de les exercer en même temps

❒ (au sens général)

EXEMPLE : **dans le cas d'incompatibilité de ces médicaments** SIGNIFIE *dans le cas où il serait dangereux de prendre ces médicaments en même temps*

EXEMPLE : **vous ne présentez aucune des incompatibilités prévues par la loi pour exercer ce travail** SIGNIFIE *vous pouvez tout à fait exercer ce travail, la loi vous y autorise*

incompatible

❒ (fonctions, mandats) que la loi interdit d'exercer en même temps

❒ (au sens général)

EXEMPLE : **ces deux systèmes sont in-**

compatibles entre eux SIGNIFIE *ces systèmes ne peuvent pas fonctionner ensemble*

EXEMPLE : **ces activités ne sont pas incompatibles** SIGNIFIE *ces activités peuvent être exercées en même temps*

EXEMPLE : **cette décision est incompatible avec le droit européen** SIGNIFIE *cette décision n'est pas en accord avec* ou *ne respecte pas le droit européen*

EXEMPLE : **votre état de santé est incompatible avec la conduite de ces véhicules** SIGNIFIE *votre état de santé ne vous permet pas de conduire ces véhicules*

EXEMPLE : **cette activité est incompatible avec le voisinage de zones habitées** SIGNIFIE *cette activité ne peut pas être menée dans le voisinage de zones habitées*

incompressible

= qui ne peut pas être réduit

EXEMPLE : **ces frais sont incompressibles** SIGNIFIE *ces frais ne peuvent pas être réduits*

EXEMPLE : **c'est un délai incompressible pour pouvoir finir les travaux** SIGNIFIE *c'est le délai minimum pour pouvoir finir les travaux; les travaux ne peuvent pas être terminés avant ce délai*

inconstructibilité

(d'un terrain, d'une zone)

EXEMPLE : **il existe un principe d'inconstructibilité de ce type de terrains fixé par l'article L-111.1.2 du code de l'urbanisme** SIGNIFIE *d'après l'article L-111.1.2 du code de l'urbanisme, aucune construction n'est autorisée sur ce type de terrain*

inconstructible

❒ (terrain, zone) sur lequel aucune construction n'est autorisée

EXEMPLE : **cette parcelle est située dans une zone inconstructible** SIGNIFIE *cette parcelle est située dans une zone sur laquelle aucune construction n'est autorisée*

incorporation

❒ (dans un régime juridique) fait de mettre un bien ou une personne dans une catégorie soumise à des règles particulières

EXEMPLE : **avant l'incorporation de l'immeuble dans le domaine public** SIGNIFIE *avant que l'immeuble ne soit intégré au domaine public; avant que l'immeuble ne fasse partie du domaine public*

incorporel, -elle

→ voir bien

incorporer

❒ (dans un régime juridique) mettre dans une catégorie soumise à des règles particulières

EXEMPLE : **les parkings seront incorporés aux parties communes de l'immeuble** SIGNIFIE *les parkings seront intégrés aux parties communes de l'immeuble*

EXEMPLE : **si les meubles et les objets sont incorporés à l'immeuble** SIGNIFIE *si les meubles et les objets sont intégrés à l'immeuble*

incrimination

1 (en droit) rattachement à une catégorie juridique (d'un délit, d'une contravention, d'un crime)

EXEMPLE : **ces faits peuvent tomber sous le coup d'incriminations pénales** SIGNIFIE *ces faits peuvent être considérés comme des délits (ou des contraventions ou des crimes) et donc entraîner une action en justice*

2 (au sens général) = accusation

EXEMPLE : **vous contestez ces incriminations** SIGNIFIE *vous contestez ces accusations*

incriminer

(une personne) = accuser, considérer comme responsable, mettre en cause

EXEMPLE : **la personne incriminée peut demander une contre-enquête** SIGNIFIE *la personne accusée* ou *mise en cause peut demander une contre-enquête*

(un fait, une chose) = mettre en cause

EXEMPLE : **on a incriminé la responsabilité de l'usine** SIGNIFIE *on a mis en cause la responsabilité de l'usine*

EXEMPLE : **je ferai le point sur cet établissement au regard des nuisances sonores incriminées** SIGNIFIE *je ferai le point sur les nuisances sonores qui sont reprochées à cet établissement*

indemnisable

❒ (personne) qui peut ou doit recevoir une somme pour compenser un dommage, une perte ou des frais

❒ (préjudice, période) pour lequel on peut ou on doit recevoir une somme pour compenser un dommage, une perte ou des frais

indemnisation

❒ (paiement d'une) somme pour compenser un dommage, une perte ou des frais

indemniser

❒ (une personne) lui verser une somme pour compenser un dommage, une perte ou des frais

❒ (un préjudice, une période) verser de l'argent à une personne pour compenser un dommage, une perte ou des frais

EXEMPLE : **les périodes indemnisées par l'Assedic** SIGNIFIE *les périodes pour lesquelles l'Assedic vous versera de l'argent*

indemnitaire

adjectif

(régime, dotation) qui compense un dommage, une perte ou des frais

nom

personne qui reçoit une somme en compensation d'un dommage, d'une perte ou de frais

indemnité

❒ somme versée pour compenser un dommage, une perte ou des frais

indemnités journalières : somme versée pour compenser la perte de salaire pendant un arrêt de travail, en cas de maladie ou d'accident du travail

→ voir compensateur, sujétion

indéniable

= certain, indiscutable

EXEMPLE : **ce sont des avantages indéniables** SIGNIFIE *ce sont des avantages certains* ou *indiscutables*

♦ *il est indéniable que*

EXEMPLE : **il est indéniable que votre voisin est en faute** SIGNIFIE *votre voisin est en faute, c'est certain; votre voisin est sans aucun doute en faute*

indéniablement

= indiscutablement

indigence

(d'une personne) = pauvreté

EXEMPLE : **si son indigence ne lui permet pas de payer ses dettes** SIGNIFIE *s'il n'a pas assez d'argent pour payer ses dettes*

indignité

❒ (on vous parle d'acquisition de la nationalité) fait d'avoir été condamné pour des faits suffisamment graves pour que la nationalité soit refusée

indignité successorale : sanction qui prive quelqu'un de son droit à hériter s'il a commis des fautes graves contre la personne décédée

indignité électorale : sanction qui prive quelqu'un du droit de vote parce qu'il a été condamné par la justice

indisponibilité

1 (au sens général)

EXEMPLE : **le contrat prévoit une durée maximale d'indisponibilité du produit de 48 heures** SIGNIFIE *le contrat prévoit que le produit ne doit pas être indisponible pendant plus de 48 heures*

EXEMPLE : **étant donné l'indisponibilité momentanée de ce formulaire** SIGNIFIE *comme ce formulaire n'est pas disponible pour le moment*

EXEMPLE : **merci de me prévenir si vous avez une indisponibilité ce jour-là** SIGNIFIE *merci de me prévenir si vous n'êtes pas libre* ou *si vous ne pouvez pas venir ce jour-là*

2 (d'un bien, en droit) fait de ne pas pouvoir changer de propriétaire, donc ne pas pouvoir être vendu

indivis, e

bien indivis : bien possédé par plusieurs personnes et qui n'est pas divisé (matériellement) entre elles

copropriétaire indivis : personne qui est propriétaire du même bien que d'autres alors que ce bien n'est pas divisé (matériellement) entre elles

indivision

❒ situation dans laquelle un bien est possédé par plusieurs personnes sans être divisé (matériellement) entre elles

indu, e

1 (argent) = payé par erreur

un indu : somme qui a été payée par erreur

EXEMPLE : **vous avez sollicité une remise de dette suite à un indu de RMI** SIGNIFIE *vous avez demandé à ne pas rembourser la somme qui vous a été versée par erreur en paiement du RMI*

2 (usage, action) = non justifié

EXEMPLE : **tout usage indu de la carte sera sanctionné par une amende** SIGNIFIE *tout usage non justifié* ou *irrégulier de la carte sera sanctionné par une amende*

induire

= entraîner

EXEMPLE : **les frais induits par cette opération** SIGNIFIE *les frais entraînés par cette opération*

♦ *induire en erreur*= tromper

EXEMPLE : **une publicité de nature à induire en erreur** SIGNIFIE *une publicité trompeuse*

indûment

= par erreur, de manière injustifiée

EXEMPLE : **une erreur a majoré indûment le montant de la taxe** SIGNIFIE *le montant de la taxe a été augmenté par erreur*

EXEMPLE : **les sommes que vous avez indûment perçues** SIGNIFIE *les sommes que vous avez perçues* ou *qui vous ont été versées par erreur*

inégalité

inégalité de traitement :

EXEMPLE : **ils considèrent qu'ils sont victimes d'une inégalité de traitement par rapport aux autres propriétaires** SIGNIFIE *ils considèrent qu'ils sont moins bien traités que les autres propriétaires*

EXEMPLE : **vous soulignez l'inégalité de traitement des individus selon leur lieu de résidence** SIGNIFIE *vous soulignez le fait que les individus sont traités différemment selon leur lieu de résidence*

inéligibilité

(d'un dossier, d'une demande)

EXEMPLE : **la commission a déclaré l'inéligibilité de votre demande** SIGNIFIE *la commission a refusé votre demande parce qu'elle ne remplissait pas les conditions nécessaires*

inéligible

❒ (dossier, demande) qui ne remplit pas les conditions nécessaires

EXEMPLE : **votre dossier est donc inéligible pour manque de justificatifs** SIGNIFIE *je ne peux donc pas accepter votre dossier parce qu'il manque des justificatifs*

inéluctabilité

= caractère inévitable

EXEMPLE : **cela prouve l'inéluctabilité de ces événements** SIGNIFIE *cela prouve que ces événements étaient inévitables*

inéluctable

= inévitable

EXEMPLE : **ces changements sont inéluctables** SIGNIFIE *ces changements sont inévitables; on ne peut pas empêcher ces changements*

inéluctablement

= inévitablement

EXEMPLE : **cela entraîne inéluctablement une augmentation des loyers** SIGNIFIE *cela entraîne inévitablement une augmentation des loyers*

inéquitable

= injuste

EXEMPLE : **cela me semble particulièrement inéquitable** SIGNIFIE *cela me semble très injuste*

inexécution

❒ (d'un engagement, d'une obligation) fait de ne pas respecter

EXEMPLE : **en cas d'inexécution du contrat** SIGNIFIE *si le contrat n'est pas exécuté*

EXEMPLE : **votre inexécution de cette obligation de paiement est à l'origine du litige** SIGNIFIE *c'est parce que vous n'avez pas payé ce que vous devez qu'il y a un litige*

EXEMPLE : **en cas d'inexécution des travaux dans les délais fixés** SIGNIFIE *si les travaux ne sont pas faits* ou *exécutés dans les délais fixés*

inexistence

1 (au sens général)

EXEMPLE : **pour pouvoir conclure à l'inexistence d'infraction pénale** SIGNIFIE *pour pouvoir conclure qu'il n'y a pas eu d'infraction pénale*

EXEMPLE : **vous devez vous assurer de l'inexistence d'objets abandonnés dans la cabine** SIGNIFIE *vous devez vous assurer qu'il n'y a pas d'objets abandonnés dans la cabine*

2 (d'un acte juridique) fait de n'avoir aucun effet juridique parce qu'il lui manque un élément essentiel

in extenso

= en entier

EXEMPLE : **le rapport a été publié in extenso** SIGNIFIE *le rapport a été publié en entier*

infantile

(protection, maladie, etc) = des jeunes enfants

EXEMPLE : **les services chargés de la protection infantile** SIGNIFIE *les service chargés de la protection des jeunes enfants*

infirmation

❒ (en droit) annulation totale ou partielle d'une décision judiciaire par le juge d'appel

EXEMPLE : **ils ont demandé l'infirmation du non-lieu** SIGNIFIE *ils ont demandé que le juge d'appel annule la décision de non-lieu*

infirmer

1 (un fait) = contredire

EXEMPLE : **ces informations ont été infirmées par la suite** SIGNIFIE *ces informations ont été contredites par la suite*

EXEMPLE : **merci de bien vouloir confirmer ou infirmer cette information** SIGNIFIE *merci de bien vouloir me dire si cette information est vraie ou fausse*

2 (un jugement) = annuler (partiellement ou totalement)

EXEMPLE : **ce premier jugement a été infirmé par la cour d'appel** SIGNIFIE *ce premier jugement a été annulé par la cour d'appel*

information

information judiciaire : période pendant laquelle le juge réunit tous les éléments nécessaires au jugement (preuves, entretiens avec les personnes concernées, etc)

infra

= plus bas, plus loin

EXEMPLE : **les avantages particuliers décrits infra** SIGNIFIE *les avantages particuliers décrits plus bas* ou *plus loin*

EXEMPLE : **les conditions précisées infra en 10.1.4** SIGNIFIE *les conditions précisées plus bas* ou *plus loin au paragraphe 10.1.4*

infraction

❒ acte qui ne respecte pas une loi ou une réglementation et qui reçoit une peine définie strictement par la loi

EXEMPLE : **des travaux réalisés en infraction au regard de la législation sur l'urbanisme** SIGNIFIE *des travaux ne respectant pas la loi* ou *non autorisés par les lois sur l'urbanisme*

EXEMPLE : **vous êtes en infraction vis-à-vis du décret n ° 92-1143** SIGNIFIE *vous ne respectez pas le décret n ° 92-1143*

infructueux, -euse

(action, recherche) = sans résultat

EXEMPLE : **le commandement de payer est resté infructueux** SIGNIFIE *le commandement de payer n'a eu aucun résultat*

ingérence

EXEMPLE : **il vous accuse d'ingérence dans sa vie privée** SIGNIFIE *il vous accuse de vous mêler de sa vie privée; il vous accuse d'intervenir dans sa vie privée*

délit d'ingérence : infraction commise par un fonctionnaire public lorsqu'il intervient dans des affaires auxquelles sa fonction lui interdit de prendre part (ex: intérêt dans une entreprise qu'il a administrée ou gérée)

s'ingérer

♦ *s'ingérer dans* = intervenir dans, se mêler de

EXEMPLE : **sans vouloir m'ingérer dans votre vie personnelle** SIGNIFIE *sans vouloir intervenir dans votre vie personnelle; sans vouloir me mêler de votre vie personnelle*

inhérent, e

♦ *inhérent à* = lié à

EXEMPLE : **les risques inhérents à ce type de travail** SIGNIFIE *les risques liés à ce type de travail*

EXEMPLE : **les frais inhérents à cette opération** SIGNIFIE *les frais entraînés par cette opération*

EXEMPLE : **le rôle de médiateur est inhérent à ma fonction** SIGNIFIE *le rôle de médiateur fait partie de ma fonction*

initial, e (masc. pl. -iaux)

= premier, de départ

EXEMPLE : **vous avez reçu le versement initial** SIGNIFIE *vous avez reçu le premier versement*

EXEMPLE : **le certificat médical initial ne nous est pas parvenu** SIGNIFIE *nous n'avons pas reçu le premier certificat médical*

EXEMPLE : **vous devez remettre les lieux dans leur état initial** SIGNIFIE *vous devez remettre les lieux dans leur état d'origine* ou *dans l'état dans lequel vous les avez trouvés*

initialement

= au début, au départ, à l'origine

EXEMPLE : **la réunion initialement prévue le 4 mars** SIGNIFIE *la réunion prévue à l'origine le 4 mars*

EXEMPLE : **les devis initialement présentés** SIGNIFIE *les premiers devis présentés; les devis présentés au départ*

initiative

EXEMPLE : **je l'ai contacté de ma propre initiative** SIGNIFIE *c'est moi qui ai décidé de le contacter (, sans qu'on me le demande* ou *sans y avoir été forcé)*

EXEMPLE : **vous devez vous présenter au tribunal de votre propre initiative** SIGNIFIE *vous devez vous présenter au tribunal de vous-même*

EXEMPLE : **cette procédure est d'initiative communale** SIGNIFIE *c'est la commune qui a mis cette procédure en place*

EXEMPLE : **cette démarche peut être effectuée à votre initiative** SIGNIFIE *vous pouvez décider vous-même de faire cette démarche*

EXEMPLE : **le recours peut être fait à l'initiative de la commission** SIGNIFIE *la commission peut proposer* ou *décider de faire un recours*

EXEMPLE : **j'ai pris l'initiative de vous contacter** SIGNIFIE *j'ai décidé de vous contacter*

EXEMPLE : **c'est à vous de prendre l'initiative de vous inscrire** SIGNIFIE *c'est à vous de vous inscrire (sans attendre qu'on vous le propose* ou *demande)*

initier

(une opération, une réflexion) = commencer, lancer, engager

EXEMPLE : **dans le cadre de l'action initiée par le ministère de l'équipement** SIGNIFIE *dans le cadre de l'action lancée par le ministère de l'équipement*

EXEMPLE : **une réflexion sur ce sujet est aujourd'hui initiée par mes services** SIGNIFIE *une réflexion sur ce sujet est aujourd'hui menée* ou *engagée par mes services; mes services mènent aujourd'hui une réflexion sur le sujet*

EXEMPLE : **ces rencontres ont été initiées en 2003** SIGNIFIE *ces rencontres ont commencé* ou *ont eu lieu pour la première fois en 2003*

injonction

= ordre

EXEMPLE : **vous n'avez pas obtempéré aux injonctions des services de police** SIGNIFIE *vous n'avez pas obéi aux ordres de la police*

EXEMPLE : **en cas de maintien sur le sol français malgré cette injonction de quitter la France** SIGNIFIE *si vous restez en France malgré l'ordre que vous avez reçu de quitter le territoire*

injonction de payer : ordre, donné par un juge, de payer une somme due

injonction d'exécution, injonction de faire : ordre, donné par un juge, de remplir une obligation ou un engagement

innocuité

EXEMPLE : **l'innocuité de ces produits a été prouvée** SIGNIFIE *il a été prouvé que ces produits ne sont pas dangereux*

EXEMPLE : **vous vous interrogez sur l'innocuité de ce traitement** SIGNIFIE *vous vous demandez si ce traitement peut être dangereux; vous vous demandez si ce traitement présente des risques*

inobservation

= non respect

EXEMPLE : **en cas d'inobservation de votre part de ces mesures** SIGNIFIE *si vous ne respectez pas ces mesures*

EXEMPLE : **des points vous ont été retirés pour inobservation d'un feu rouge** SIGNIFIE *des points vous ont été retirés parce que vous ne vous étiez pas arrêté à un feu rouge*

inopérant, e

= inefficace, sans effet

EXEMPLE : **cette méthode semble inopérante** SIGNIFIE *cette méthode semble inefficace* ou *sans effet*

EXEMPLE : **l'article 5 est inopérant dans ce cas** SIGNIFIE *l'article 5 ne peut pas être appliqué dans ce cas*

inopiné, e

= imprévu, inattendu

EXEMPLE : **au cours d'une visite inopinée** SIGNIFIE *au cours d'une visite inattendue* ou *qui n'était pas prévue*

EXEMPLE : **nous ferons des contrôles inopinés de votre élevage** SIGNIFIE *nous ferons des contrôles de votre élevage sans vous en avertir à l'avance*

inopinément

= de façon inattendue ou imprévue

EXEMPLE : **votre élevage a été contrôlé inopinément le 3 avril dernier** SIGNIFIE *votre élevage a été contrôlé le 3 avril dernier, sans qu'on vous ait prévenu à l'avance*

EXEMPLE : **vous vous êtes présenté inopinément dans mes services** SIGNIFIE *vous vous êtes présenté dans mes services sans y être invité* ou *sans avoir pris rendez-vous*

inopportun, e

(date, moment) = mal choisi

EXEMPLE : **le choix de cette date est inopportun** SIGNIFIE *cette date est mal choisie*

(action) = déplacé, mal venu

EXEMPLE : **le maire a jugé votre remarque inopportune** SIGNIFIE *le maire a jugé que votre remarque était mal venue* ou *déplacée*

EXEMPLE : **il n'est pas inopportun de souligner ce fait** SIGNIFIE *il est bon de souligner ce fait*

inopposable

❒ (en droit) que l'on ne peut pas utiliser pour faire reconnaître et respecter un acte ou une situation

insaisissabilité

❒ (d'un bien) fait de ne pas pouvoir être confisqué

insaisissable

❒ (bien) qui ne peut pas être confisqué

insalubre

❒ (conditions) = dangereux ou mauvais pour la santé

❒ (logement) qui ne respecte pas les règles d'hygiène et peut présenter des dangers pour la santé

insalubrité

❒ (d'un logement) non respect des règles d'hygiène qui peut entraîner des dangers pour la santé

EXEMPLE : **l'immeuble a été déclaré en état d'insalubrité** SIGNIFIE *l'immeuble a été déclaré dangereux pour la santé de ses habitants*

insolvabilité

= impossibilité de payer

EXEMPLE : **étant donné l'insolvabilité de Madame Martin** SIGNIFIE *comme Madame Martin n'a pas les moyens de payer*

insolvable

= qui n'a pas les moyens de payer, qui ne peut pas payer

EXEMPLE : **il est insolvable** SIGNIFIE *il ne peut pas* ou *n'a pas les moyens de payer*

insonorisation

❒ (d'un local) travaux faits pour le rendre silencieux ou l'isoler du bruit

insonoriser

❒ (un local) faire des travaux pour le rendre silencieux ou l'isoler du bruit

instamment

= avec insistance

EXEMPLE : **je vous demande instamment de m'envoyer ce document** SIGNIFIE *je vous demande avec insistance de m'envoyer ce document; j'insiste pour que vous m'envoyiez ce document*

EXEMPLE : **vous êtes instamment prié de trouver une solution à ce problème** SIGNIFIE *il faut absolument que vous trouviez une solution à ce problème*

instance

1 (on vous parle d'une procédure) procédure pour engager une action en justice

EXEMPLE : **vous devez retirer toute réclamation ou instance concernant cette imposition** SIGNIFIE *vous devez retirer toute réclamation ou action en justice concernant cette imposition*

EXEMPLE : **vous pouvez introduire une instance devant un tribunal civil** SIGNIFIE *vous pouvez engager une action en justice devant un tribunal civil*

tribunal d'instance : tribunal qui juge les contraventions et les affaires civiles où les sommes en jeu sont inférieures à un certain montant

tribunal de grande instance : tribunal qui juge les affaires civiles, en particulier celles où les sommes en jeu sont supérieures à un certain montant

juge d'instance : magistrat qui juge les contraventions et les affaires civiles où les sommes en jeu sont inférieures à un certain montant

♦ *en instance* (on vous parle d'une affaire) = en cours

(on vous parle d'une demande) = en attente

EXEMPLE : **il y a plus de 17 000 demandes en instance** SIGNIFIE *il y a plus de 17 000 demandes en attente*

EXEMPLE : **je garde votre candidature en instance** SIGNIFIE *je garde votre candidature en attente*

♦ *en instance de*

EXEMPLE : **comme vous êtes en instance de divorce** SIGNIFIE *comme vous êtes en cours de divorce*

EXEMPLE : **le centre dans lequel vous serez hébergé en instance d'expulsion** SIGNIFIE *le centre dans lequel vous serez hébergé en attendant votre expulsion*

♦ *en première instance* : au premier passage (d'une affaire) devant un tribunal

EXEMPLE : **le maire est compétent en première instance pour les problèmes de salubrité** SIGNIFIE *le maire peut prendre des décisions sur les problèmes de salubrité*

2 (on vous parle d'une juridiction) commission ou tribunal qui a un pouvoir de décision

EXEMPLE : **la Commission du titre de séjour, cette instance devant laquelle vous avez pu exposer vos arguments** SIGNIFIE *la Commission du titre de séjour devant laquelle vous avez pu exposer vos arguments*

EXEMPLE : **c'est la Commission départementale d'aide sociale qui prendra cette décision, cette instance siège à Paris** SIGNIFIE *c'est la Commission départementale d'aide sociale qui prendra cette décision, son siège se trouve à Paris*

à l'instar de

= comme

EXEMPLE : **à l'instar de toute décision administrative, ce courrier peut être contesté** SIGNIFIE *comme toute décision administrative, ce courrier peut être contesté*

instigation

♦ *à l'instigation de* = sur le(s) conseil(s) de

EXEMPLE : **la décision prise à l'instigation du comité** SIGNIFIE *la décision prise sur le conseil du comité*

instituer

= mettre en place, établir, créer

EXEMPLE : **la collectivité a institué cette taxe en 2001** SIGNIFIE *la collectivité a mis en place* ou *créé cette taxe en 2001*

EXEMPLE : **la commission instituée par la**

loi du 23 décembre 1986 SIGNIFIE *la commission mise en place par la loi du 23 décembre 1986*

institution

(on vous parle d'une action) = mise en place, création

EXEMPLE : **il a été décidé l'institution d'une taxe d'enlèvement des ordures ménagères** SIGNIFIE *une taxe d'enlèvement des ordures ménagères a été mise en place* ou *créée*

♦ *porter institution de* = créer

EXEMPLE : **l'arrêté portant institution d'une taxe parafiscale** SIGNIFIE *l'arrêté qui crée une taxe parafiscale*

instructeur, -trice

❒ (service, organisme, personne) chargé d'étudier les dossiers

magistrat instructeur : juge chargé de rechercher des preuves et les éléments nécessaires au jugement; il s'agit généralement d'un juge d'instruction

instruction

1 (on vous parle d'un simple examen) = étude

EXEMPLE : **après instruction de votre dossier...** SIGNIFIE *après étude de votre dossier...*

EXEMPLE : **le délai d'instruction d'une demande de permis de construire est de deux mois** SIGNIFIE *le délai d'étude d'une demande de permis de construire est de deux mois*

EXEMPLE : **je viens de procéder à une pré-instruction de laquelle il ressort que votre dossier ne peut être réputé complet** SIGNIFIE *j'ai fait une première étude de votre dossier et il est incomplet*

2 (on vous parle de procédure pénale) période pendant laquelle le juge réunit tous les éléments nécessaires au jugement (preuves, entretiens avec les personnes concernées, etc)

juge d'instruction : juge chargé de rechercher des preuves et les éléments nécessaires au jugement

instruire

1 (on vous parle de procédure générale) = étudier

EXEMPLE : **pour me permettre d'instruire votre requête** SIGNIFIE *pour me permettre d'étudier votre demande*

EXEMPLE : **le travailleur social qui a instruit votre dossier** SIGNIFIE *le travailleur social qui a étudié votre dossier*

2 (on vous parle de procédure pénale) réunir tous les éléments nécessaires au jugement d'une affaire (preuves, entretiens avec les personnes concernées, etc)

instrumentaire

huissier instrumentaire : huissier qui établit un document (contrat, procès-verbal, constat, etc)

témoin instrumentaire : témoin dont la présence est obligatoire pour garantir la validité de certains actes authentiques

instrumenter

❒ (on vous parle d'un huissier) dresser un acte, établir un écrit (contrat, procès-verbal, constat, etc)

à l'insu de

EXEMPLE : **aucune décision n'a été prise à votre insu** SIGNIFIE *aucune décision n'a été prise sans que vous le sachiez*

EXEMPLE : **à l'insu de l'utilisateur** SIGNIFIE *sans que l'utilisateur ne le sache*

intangible

= qu'on ne peut pas ou qu'on ne doit pas changer

EXEMPLE : **le premier point de l'accord est intangible** SIGNIFIE *le premier point de l'accord ne peut pas être changé*

intègre

= honnête

EXEMPLE : **c'est une personne intègre** SIGNIFIE *c'est une personne honnête*

intégrité

1 (on vous parle de l'état de biens, d'une personne)

EXEMPLE : **cela risque de porter atteinte à l'intégrité de ces biens** SIGNIFIE *cela risque d'endommager ces biens*

EXEMPLE : **les travaux pour rétablir l'inté-**

grité du bâtiment SIGNIFIE *les travaux pour remettre le bâtiment dans son état d'origine*

intégrité physique :

EXEMPLE : **les risques d'atteinte à votre intégrité physique en cas de retour dans votre pays d'origine** SIGNIFIE *les risques que vous soyez blessé, torturé ou tué si vous retournez dans votre pays*

2 (on vous parle de moralité) = honnêteté

EXEMPLE : **vous doutez de l'intégrité morale de cette personne** SIGNIFIE *vous doutez de l'honnêteté de cette personne*

intempéries

= mauvais temps

EXEMPLE : **les travaux n'ont pu être réalisés à cause des intempéries** SIGNIFIE *les travaux n'ont pas pu être réalisés à cause du mauvais temps*

intempestif, -ive

= malvenu, irréfléchi

EXEMPLE : **cette déclaration était intempestive** SIGNIFIE *cette déclaration était malvenue* ou *irréfléchie*

EXEMPLE : **vous vous plaignez de l'éclairage intempestif** SIGNIFIE *vous vous plaignez de l'éclairage gênant* ou *mal adapté*

intenter

(un procès, un recours) = faire, engager

(une action) = entreprendre, engager

EXEMPLE : **le recours contre cette décision doit être intenté devant la Commission centrale d'aide sociale** SIGNIFIE *pour contester cette décision, vous devez vous adresser à la Commission centrale d'aide sociale*

intercéder

= intervenir (en faveur de qqn)

EXEMPLE : **j'ai intercédé en votre faveur auprès du Bureau du logement de la Préfecture** SIGNIFIE *je suis intervenu en votre faveur auprès du Bureau du logement de la Préfecture*

interdiction

♦ ***porter interdiction de*** = interdire

EXEMPLE : **un arrêté portant interdiction d'accès à un édifice** SIGNIFIE *un arrêté interdisant l'accès à un édifice*

intéressé, e

♦ *l'intéressé(e)* = la personne concernée, cette personne

EXEMPLE : **je vous invite à prendre contact avec les intéressés** SIGNIFIE *je vous invite à prendre contact avec les personnes concernées*

EXEMPLE : **l'intéressé est en congé de maladie** SIGNIFIE *cette personne est en congé de maladie*

intéressement

❒ participation des salariés aux bénéfices de l'entreprise

interférer

♦ *interférer avec* ou *dans*

(on vous parle d'une personne) = se mêler de, intervenir dans

EXEMPLE : **je ne saurais donc interférer avec ces décisions** SIGNIFIE *je ne peux pas intervenir dans ces décisions*

EXEMPLE : **nous ne voulons pas interférer dans leur vie privée** SIGNIFIE *nous ne voulons pas nous mêler de leur vie privée*

(on vous parle d'un fait) = gêner

EXEMPLE : **cet événement risque d'interférer dans le développement du projet** SIGNIFIE *cet événement risque de gêner le développement du projet*

intérim

❒ (on vous parle d'une période) période pendant laquelle une personne remplace une autre personne dans ses fonctions

❒ (on vous parle d'un travail) remplacement provisoire d'une personne dans ses fonctions

intérimaire

❒ (activité, fonction, travail) pour remplacer provisoirement une autre personne dans ses fonctions

❒ (personne) qui remplace provisoirement une autre personne dans ses fonctions

interjeter

→ voir appel

intermittence

♦ ***par intermittence*** = de manière

non continue, par périodes, de temps en temps

EXEMPLE : **depuis quatre ans, vous travaillez par intermittence** SIGNIFIE *depuis quatre ans, vous travaillez de manière non continue*

EXEMPLE : **ce matériel n'est utilisable que par intermittence** SIGNIFIE *ce matériel n'est utilisable que de temps en temps*

intermittent, e

= qui s'arrête et recommence

EXEMPLE : **des bruits intermittents** SIGNIFIE *des bruits qui s'arrêtent et recommencent*

contrat à durée indéterminée intermittent : contrat pour des emplois dans lesquels des périodes non travaillées suivent des périodes travaillées (spectacles, tourisme, etc)

travailleur intermittent : personne qui a un contrat pour un emploi dans lequel des périodes non travaillées suivent des périodes travaillées (spectacles, tourisme, etc)

interpellation

(par la police) = arrestation

EXEMPLE : **lors de votre interpellation, vous n'avez pas déclaré solliciter l'asile** SIGNIFIE *au moment de votre arrestation* ou *quand la police vous a arrêté, vous n'avez pas dit que vous demandiez l'asile*

interpeller

(on vous parle de la police) = arrêter

EXEMPLE : **vous avez été interpellé sur le territoire national** SIGNIFIE *vous avez été arrêté sur le territoire national*

interrompre

= arrêter (définitivement ou provisoirement)

EXEMPLE : **si les travaux sont interrompus pendant un délai supérieur à une année** SIGNIFIE *si les travaux sont arrêtés pendant plus d'un an*

EXEMPLE : **le versement des allocations sera interrompu chaque mois où vous exercerez une activité professionnelle** SIGNIFIE *les allocations ne seront pas versées les mois où vous travaillerez*

EXEMPLE : **les étrangers qui justifient d'une résidence non interrompue d'au moins trois années en France** SIGNIFIE *les étrangers qui peuvent prouver qu'ils ont habité en France de manière continue pendant au moins trois ans*

interruptif, -ive

♦ *être interruptif de* = interrompre, entraîner l'interruption de

EXEMPLE : **ce recours est interruptif du délai de deux mois** SIGNIFIE *ce recours interrompt le délai* ou *entraîne l'interruption du délai de deux mois*

interruption

= arrêt (définitif ou provisoire)

EXEMPLE : **cela a-t-il nécessité une interruption d'activités professionnelles?** SIGNIFIE *cela vous a-t-il obligé à arrêter vos activités professionnelles ?*

intervention

champ d'intervention :

EXEMPLE : **ce type de formation n'entre pas dans le champ d'intervention de l'Assedic** SIGNIFIE *l'Assedic ne s'occupe pas de ce type de formation*

intimé

❐ personne contre qui on fait appel

→ voir appel

intimer

1 *intimer à (qqn) (l'ordre) de faire (qqch)* = donner à (qqn) l'ordre de faire (qqch)

2 *intimer (qqn)* (on vous parle d'un tribunal) : convoquer quelqu'un devant une cour d'appel

intimidant, e

= qui fait peur

EXEMPLE : **le ton de leurs lettres est souvent intimidant** SIGNIFIE *le ton de leurs lettres peut souvent impressionner*

intimidation

= pression, menace

EXEMPLE : **il utilise cela comme un moyen d'intimidation** SIGNIFIE *il utilise cela comme un moyen de pression*

EXEMPLE : **des gestes d'intimidation** SIGNIFIE *des gestes de menace*

intimider

(on vous parle de pression, de menace) = faire peur à

EXEMPLE : **le but de cette manœuvre est de vous intimider** SIGNIFIE *le but de cette manœuvre est de vous faire peur*

EXEMPLE : **ne vous laissez pas intimider par ces lettres** SIGNIFIE *ne vous laissez pas impressionner par ces lettres*

intitulé

1 (d'un document, d'un organisme) = nom

EXEMPLE : **l'intitulé du diplôme** SIGNIFIE *le nom du diplôme*

EXEMPLE : **l'intitulé exact de l'association** SIGNIFIE *le nom exact de l'association*

2 (d'une loi, d'un acte) formule au début d'une loi ou d'un acte

intituler

= appeler, donner un nom ou un titre à

EXEMPLE : **vous devez me renvoyer l'imprimé intitulé demande de contrôle médical** SIGNIFIE *vous devez me renvoyer l'imprimé demande de contrôle médical*

EXEMPLE : **ce guide est intitulé droits et libertés** SIGNIFIE *le titre de ce guide est droits et libertés*

♦ *s'intituler* = avoir pour titre, s'appeler

EXEMPLE : **le document s'intitule identification du demandeur** SIGNIFIE *le document a pour titre* ou *s'appelle identification du demandeur*

intransmissible

= qui ne peut pas être transmis

EXEMPLE : **l'autorisation qui vous sera délivrée est intransmissible** SIGNIFIE *l'autorisation qui vous sera délivrée ne peut pas être transmise* ou *donnée à une autre personne (pour qu'elle l'utilise)*

introduction

1 (d'une famille dans un pays)

EXEMPLE : **vous avez sollicité l'introduction en France de votre famille** SIGNIFIE *vous avez demandé l'autorisation de faire venir votre famille en France*

2 (d'une procédure judiciaire)

EXEMPLE : **cette décision peut être attaquée devant le tribunal administratif par l'introduction d'un recours** SIGNIFIE *cette décision peut être attaquée devant le tribunal administratif par* ou *en faisant un recours*

introduire

1 (une famille dans un pays) = faire entrer, faire venir

EXEMPLE : **ces personnes seront introduites en France par l'Office des migrations internationales** SIGNIFIE *ces personnes entreront en France par l'intermédiaire de l'Office des migrations internationales*

2 (une procédure judiciaire)

EXEMPLE : **vous pouvez introduire une instance devant le tribunal civil** SIGNIFIE *vous pouvez engager une action en justice devant le tribunal civil*

EXEMPLE : **vous pouvez introduire un recours devant le tribunal administratif** SIGNIFIE *vous pouvez contester cette décision devant le tribunal administratif*

intuitu personae

❒ (contrat) conclu en considération de la personne avec qui il a été passé (ex: le contrat de travail)

inusuel, -elle

= inhabituel

EXEMPLE : **un parcours inusuel** SIGNIFIE *un parcours inhabituel*

EXEMPLE : **un dossier d'une complexité inusuelle** SIGNIFIE *un dossier d'une complexité rare* ou *inhabituelle*

invalidation

= annulation

❒ fait de déclarer non valable

EXEMPLE : **suite à l'invalidation de votre permis de conduire** SIGNIFIE *suite à l'annulation de votre permis de conduire*

invalide

❒ (personne) qui ne peut pas travailler ou avoir une vie normale pour des raisons de santé

invalider

(acte) = rendre ou déclarer non valable

EXEMPLE : **cette décision a été invalidée par la commission** SIGNIFIE *la commission a déclaré que cette décision n'était pas valable*

invalidité

❒ (au sens courant) état d'une personne qui ne peut pas travailler ou avoir une vie normale pour des raisons de santé

❒ (pour la Sécurité sociale) diminution de la capacité de travail ou de gain (des deux tiers au moins) d'un assuré social causée par un accident ou par une maladie non professionnelle; cela donne droit à certaines prestations

invective

= parole (très) insultante

EXEMPLE : **la personne à qui étaient adressées ces invectives** SIGNIFIE *la personne à qui étaient adressées ces paroles insultantes*

invectiver

= insulter (violemment)

EXEMPLE : **vous avez invectivé les membres du personnel** SIGNIFIE *vous avez insulté (violemment) les membres du personnel*

investigation

= enquête, recherche

EXEMPLE : **nous allons procéder à des investigations complémentaires** SIGNIFIE *nous allons faire de nouvelles recherches (*ou *continuer notre enquête, etc)*

investir

♦ *être investi de* (un mandat, une mission) = être chargé de, recevoir

EXEMPLE : **il n'est pas investi de ce mandat** SIGNIFIE *il n'a pas reçu ce mandat*

EXEMPLE : **le syndicat est investi de trois missions principales** SIGNIFIE *le syndicat est chargé de* ou *a trois missions principales*

inviolabilité

❒ (du domicile) principe de protection de la vie privée selon lequel la police ne peut pas entrer ou tenter d'entrer chez des gens sans leur accord ou sans l'autorisation du juge d'instruction, en dehors de certains cas prévus par la loi

inviolabilité parlementaire : privilège d'un parlementaire de ne pas être poursuivi au cours de son mandat pour un crime ou un délit qu'il a commis (sauf flagrant délit), sauf si l'assemblée à laquelle il appartient en décide autrement

inviolable

1 (droit de propriété) signifie que personne ne peut être forcé à céder sa propriété sauf pour une cause d'utilité publique et en échange d'une compensation financière

2 (système informatique, de paiement, etc) protégé par un système de sécurité qui ne peut pas être forcé

invocation

EXEMPLE : **l'invocation d'un tel motif pour justifier un licenciement est inacceptable** SIGNIFIE *donner un tel motif pour justifier un licenciement est inacceptable*

EXEMPLE : **l'invocation de l'urgence ne vous dispense pas de remplir le dossier** SIGNIFIE *l'urgence n'est pas un argument pour ne pas remplir le dossier; l'urgence ne vous dispense pas de remplir le dossier*

invoquer

= donner comme argument, faire valoir

EXEMPLE : **vous invoquez des problèmes de santé** SIGNIFIE *vous donnez comme argument le fait que vous avez des problèmes de santé; vous dites que vous avez des problèmes de santé*

EXEMPLE : **le motif de refus invoqué par le maire dans son arrêté** SIGNIFIE *le motif de refus donné par le maire dans son arrêté*

EXEMPLE : **la loi que vous invoquez n'existe pas** SIGNIFIE *la loi que vous citez (pour vous justifier) n'existe pas*

ipso facto

= automatiquement

EXEMPLE : **le non-respect de cette règle entraîne ipso facto le report de la**

procédure SIGNIFIE *si cette règle n'est pas respectée, la procédure est automatiquement reportée*

irrecevabilité

❒ (d'une demande, d'un dossier) fait de ne pas pouvoir être traité pour des raisons de forme (notamment dépassement de délai, incompétence du juge, incapacité du demandeur)

EXEMPLE : **à peine d'irrecevabilité, les contestations doivent être déposées dans un délai d'un mois** SIGNIFIE *les contestations doivent être déposées dans un délai d'un mois, sinon, elles ne seront pas acceptées*

EXEMPLE : **l'absence de ces documents est un motif d'irrecevabilité de la candidature** SIGNIFIE *sans ces documents, la candidature n'est pas acceptée*

irrecevable

❒ (demande, dossier) qui ne peut pas être traité pour des raisons de forme (notamment dépassement de délai, incompétence du juge, incapacité du demandeur)

(argument) = inacceptable

EXEMPLE : **votre demande est irrecevable car vous l'avez envoyée trop tard** SIGNIFIE *votre demande ne peut pas être étudiée parce que vous l'avez envoyée trop tard*

irrécouvrable

❒ dont on ne peut pas recevoir le paiement

irréfragable

❒ (présomption) qui ne peut être contestée car aucune preuve contraire ne peut être apportée

EXEMPLE : **l'enquête l'a démontré de manière irréfragable** SIGNIFIE *l'enquête l'a démontré de manière incontestable*

irréfutable

❒ qu'on ne peut pas mettre en doute ou contester

EXEMPLE : **des éléments irréfutables concernant votre responsabilité ont été trouvés** SIGNIFIE *on a trouvé des éléments qui prouvent de manière certaine votre responsabilité*

irrégularité

❒ (en droit) acte ou situation qui ne respecte pas la règle établie (loi, décret, arrêté, jurisprudence, règlement intérieur, etc) généralement sur des questions de forme

entaché d'irrégularités : qui ne respecte pas la règle établie (loi, décret, arrêté, jurisprudence, règlement intérieur, etc) généralement sur des questions de forme

EXEMPLE : **son fonctionnement est entaché d'irrégularités** SIGNIFIE *son fonctionnement ne respecte pas le règlement (ou la loi, etc)*

EXEMPLE : **des irrégularités entachent ce permis de construire** SIGNIFIE *ce permis de construire contient des éléments contraires à la loi*

irrégulier, -ère

❒ (en droit) qui ne respecte pas la règle établie (loi, décret, arrêté, jurisprudence, règlement intérieur, etc)

irrégulièrement

❒ (en droit) sans respecter la règle établie (loi, décret, arrêté, jurisprudence, règlement intérieur, etc)

EXEMPLE : **vous êtes entrés irrégulièrement sans passeport ni visa** SIGNIFIE *vous êtes entrés sans passeport ni visa ce qui est contraire à la loi*

irrémédiable

(dégât, pertes, etc) = irréparable

EXEMPLE : **on a constaté des dégâts irrémédiables** SIGNIFIE *on a constaté des dégâts irréparables*

EXEMPLE : **des pertes irrémédiables** SIGNIFIE *des pertes irréparables* ou *définitives*

irrémédiablement

EXEMPLE : **certains documents sont irrémédiablement perdus** SIGNIFIE *certains documents sont définitivement perdus; certains documents ont été perdus et ne pourront jamais être retrouvés*

EXEMPLE : **ces appareils sont irrémédiablement endommagés** SIGNIFIE *ces appareils sont endommagés et ne pourront pas être réparés*

irrépétible

❐ (frais) que le gagnant d'un procès ne peut pas se faire rembourser par le perdant à moins que le tribunal n'en décide autrement

irréversibilité

EXEMPLE : **pour garantir l'irréversibilité de ces réformes** SIGNIFIE *pour garantir que ces réformes sont définitives; pour garantir qu'on ne reviendra pas sur ces réformes*

EXEMPLE : **un seuil d'irréversibilité a été franchi** SIGNIFIE *on est arrivé à un point où on ne pourra plus revenir en arrière*

EXEMPLE : **en raison de l'irréversibilité du dommage** SIGNIFIE *comme le dommage ne pourra pas être réparé*

irréversible

(processus, évolution) = qui ne peut pas être renversé

(dommage) = qui ne peut pas être réparé

(décision, demande) = sur laquelle on ne peut pas revenir

EXEMPLE : **en évitant de faire des choix irréversibles** SIGNIFIE *en évitant de faire des choix sur lesquels on ne peut pas revenir*

EXEMPLE : **à cause du caractère irréversible de sa décision** SIGNIFIE *parce que qu'il ne reviendra pas* ou *ne pourra pas revenir sur sa décision*

EXEMPLE : **il ne s'agit pas d'un choix irréversible** SIGNIFIE *il ne s'agit pas d'un choix (forcément) définitif*

irrévocable

= sur lequel on ne peut pas revenir, définitif

EXEMPLE : **cette décision est irrévocable** SIGNIFIE *cette décision est définitive; on ne peut pas revenir sur cette décision*

EXEMPLE : **la déclaration préalable fixe de manière irrévocable le nom de l'enfant** SIGNIFIE *la déclaration préalable fixe de manière définitive le nom de l'enfant; la déclaration préalable fixe le nom de l'enfant et on ne peut plus le changer par la suite*

irrévocablement

= définitivement

EXEMPLE : **cette convention vous engage irrévocablement** SIGNIFIE *cette convention vous engage définitivement*

EXEMPLE : **la décision a été prise irrévocablement** SIGNIFIE *la décision qui a été prise est définitive; on ne peut pas revenir sur la décision qui a été prise*

issu, e

♦ *issu de* = qui provient de, qui résulte de

EXEMPLE : **l'article L-116 issu de la même loi le précise** SIGNIFIE *l'article L-116 de la même loi le précise*

EXEMPLE : **tout accord issu de cette communication téléphonique** SIGNIFIE *tout accord passé au cours de cette communication téléphonique*

issue

♦ *à l'issue de* = à la fin de

EXEMPLE : **cette déclaration doit être renouvelée à l'issue d'une période de trois ans** SIGNIFIE *cette déclaration doit être renouvelée à la fin d'une période de trois ans*

EXEMPLE : **un entretien vous sera accordé à l'issue duquel sera établi un procès-verbal** SIGNIFIE *un entretien vous sera accordé, puis un procès-verbal sera établi*

issue favorable :

(à une demande) = réponse positive

EXEMPLE : **en cas d'issue favorable à votre requête** SIGNIFIE *si votre demande est acceptée*

EXEMPLE : **je ne peux accorder d'issue favorable à votre demande** SIGNIFIE *je ne peux satisfaire votre demande; je ne peux donner une réponse positive à votre demande*

(à un problème) = solution

EXEMPLE : **pour trouver une issue favorable au conflit** SIGNIFIE *pour trouver une solution au conflit*

EXEMPLE : **nous espérons aboutir à une issue favorable avant le 22 mars** SIGNIFIE *nous espérons arriver à une solution avant le 22 mars*

item
= élément

EXEMPLE : **cela concerne l'ensemble des items de la demande** SIGNIFIE *cela concerne tous les éléments de la demande*

itératif, -ive
= répété

EXEMPLE : **malgré des demandes itératives** SIGNIFIE *malgré des demandes répétées; malgré plusieurs demandes*

EXEMPLE : **une étude menée de manière itérative** SIGNIFIE *une étude menée plusieurs fois*

itération
= répétition

EXEMPLE : **à la sixième itération de cette réunion** SIGNIFIE *à la sixième réunion*

J-K

jouir

♦ *jouir de*

(un droit, une rente, un statut) = bénéficier de

EXEMPLE : **pour jouir de cette rente, il faut...** SIGNIFIE *pour bénéficier de cette rente, il faut...*

EXEMPLE : **les riverains jouissent d'un droit d'accès à l'immeuble** SIGNIFIE *les riverains bénéficient d'un* ou *ont un droit d'accès à l'immeuble*

(un bien) utiliser un bien et recevoir ce qu'il rapporte (sans en être obligatoirement le propriétaire)

jouissance

❒ (d'un bien) fait d'utiliser un bien et de recevoir ce qu'il rapporte (sans en être obligatoirement le propriétaire)

EXEMPLE : **votre droit à la jouissance de la pension est suspendu** SIGNIFIE *votre droit à recevoir cette pension est suspendu*

pension à jouissance immédiate : pension qui peut être touchée immédiatement (si les conditions nécessaires sont remplies)

entrée en jouissance :

EXEMPLE : **la date d'entrée en jouissance de votre allocation** SIGNIFIE *la date à laquelle vous commencerez à recevoir cette allocation*

EXEMPLE : **indiquez l'âge que vous aviez au moment de l'entrée en jouissance de la rente** SIGNIFIE *indiquez l'âge que vous aviez quand vous avez commencé à toucher la rente*

trouble de jouissance : impossibilité d'utiliser un bien et de recevoir ce qu'il rapporte (par exemple à cause de travaux, de dégradations, etc)

jour-amende

❒ amende pouvant remplacer une peine d'emprisonnement; elle est calculée en fonction du nombre de jours fixé par le juge et du montant de l'amende à payer pour chaque jour

journal

Journal officiel : journal publié par le gouvernement pour informer le public des nouvelles lois et des nouveaux règlements, et les rendre applicables

journal d'annonces légales : journal qui publie toutes les mesures qui doivent être communiquées au public (création, modification ou disparition d'une société, saisie, changement de régimes matrimoniaux, etc)

journalier, -ière

= par jour

EXEMPLE : **un montant journalier de 30 euros** SIGNIFIE *un montant de 30 euros par jour*

journellement

= chaque jour, tous les jours

EXEMPLE : **vous effectuez ce travail journellement** SIGNIFIE *vous effectuez ce travail chaque jour* ou *tous les jours*

jouxter

(un terrain, une maison) = être juste à côté de, être tout contre

EXEMPLE : **le terrain qui jouxte votre maison** SIGNIFIE *le terrain qui est juste à côté de* ou *tout contre votre maison*

judiciaire

autorité judiciaire : pouvoir appartenant à la justice de faire respecter les lois

judiciairement

= par la justice, en justice

EXEMPLE : **le jeune ne peut plus être protégé judiciairement** SIGNIFIE *le jeune ne peut plus être protégé par la justice*

EXEMPLE : **la séparation de corps n'a pas été prononcée judiciairement** SIGNIFIE *la séparation de corps n'a pas été prononcée par la justice*

EXEMPLE : **il est difficile d'intervenir judiciairement** SIGNIFIE *il est difficile de faire intervenir la justice*

juge

juge de l'application des peines : juge qui prend des décisions sur la manière dont les peines sont appliquées après le jugement, en prison et hors de prison

juge aux affaires familiales : juge spécialiste du droit de la famille et de la protection des intérêts des mineurs

juge des enfants : magistrat qui juge les infractions commises par des mineurs et prend des mesures de protection et d'aide pour les mineurs en danger

juge de l'expropriation : juge qui fixe le montant des indemnités de l'expropriation

juge des référés : juge qui, en cas d'urgence, peut prendre une décision provisoire mais applicable immédiatement

juré, e

❐ (aux assises) citoyen tiré au sort pour faire partie d'un jury qui examine une affaire criminelle

→ voir jury

juridiction

❐ tribunal ou ensemble de tribunaux

EXEMPLE : **la juridiction administrative** SIGNIFIE *le tribunal administratif; les tribunaux administratifs*

juridictionnel, -elle

(contrôle) = fait par un tribunal

(décision) = prise par un tribunal

recours juridictionnel : recours devant un tribunal

aide juridictionnelle : argent donné par l'État à un avocat pour représenter une personne dont les ressources sont inférieures à un certain montant et ainsi payer tout ou une partie des frais de procédure

jurisprudence

❐ ensemble des décisions de justice qui précisent ou complètent les lois et les règlements

EXEMPLE : **d'après une jurisprudence constante** SIGNIFIE *d'après les décisions de justice prises sur ce type de cas*

EXEMPLE : **le cas a fait jurisprudence** SIGNIFIE *la décision qui a été prise par le juge dans ce cas sert maintenant de référence*

jurisprudentiel, -elle

❐ (décision) qui précise ou complète une loi ou un règlement

EXEMPLE : **l'existence même d'un accident au sens jurisprudentiel du terme n'est pas établie** SIGNIFIE *il n'est pas prouvé qu'il y a eu un accident, même au sens donné par les décisions de justice*

jury

❐ (pour l'Éducation nationale) groupe de personnes chargées de décider ensemble de l'admission des candidats à un examen ou à un concours

❐ (aux assises) groupe de citoyens chargés de l'examen d'une affaire criminelle

→ voir assises, juré

justice

maison de justice et du droit : lieu de justice de proximité pour les habitants de communes ou quartiers éloignés des palais de justice; magistrats, greffiers, avocats et éducateurs y travaillent entre autres à: l'information sur les droits et les obligations, l'aide aux victimes, la médiation pénale, la prévention de la délinquance, la proposition de solutions à l'amiable pour de petits litiges, etc

justiciable

❒ (personne) qui peut être entendue ou appelée en justice pour y être jugée ou pour obtenir justice

Kbis

extrait Kbis : extrait d'immatriculation au registre du commerce et des sociétés

L

label

❐ marque (d'un syndicat professionnel ou d'un organisme semi-public) qui garantit l'origine et la qualité d'un produit ou d'un service

lacunaire

= incomplet

EXEMPLE : **les informations sont lacunaires** SIGNIFIE *les informations sont incomplètes; il manque des informations*

lacune

= manque, oubli

EXEMPLE : **les copies conformes ne doivent comporter ni lacune, ni addition dans le texte** SIGNIFIE *les copies conformes ne doivent comporter ni oubli, ni addition dans le texte*

EXEMPLE : **il y a des lacunes dans votre déclaration** SIGNIFIE *votre déclaration est incomplète*

ladite

= cette

EXEMPLE : **vous pouvez adresser vos observations à ladite commission** SIGNIFIE *vous pouvez adresser vos observations à cette commission*

laps de temps

= intervalle de temps

EXEMPLE : **un laps de temps de 2 ans doit s'écouler entre 2 stages** SIGNIFIE *un intervalle de 2 ans doit s'écouler entre 2 stages; 2 ans doivent s'écouler entre 2 stages*

latitude

♦ *avoir toute latitude pour faire (qqch)* = avoir le droit ou la possibilité de faire (qqch)

EXEMPLE : **ces dispositions ne sont assorties d'aucune latitude pour les services qui ont à les mettre en œuvre** SIGNIFIE *les services chargés d'appliquer ces dispositions ne peuvent absolument pas les modifier; les services chargés d'appliquer ces dispositions n'ont pas le droit de les modifier*

lato sensu

= au sens large

EXEMPLE : **dans le domaine économique lato sensu** SIGNIFIE *dans le domaine économique au sens large*

leasing

❐ contrat par lequel un locataire peut devenir propriétaire de la chose louée quand la location prend fin

ledit

= ce, cet

EXEMPLE : **les formalités mentionnées dans ledit arrêté** SIGNIFIE *les formalités mentionnées dans cet arrêté*

légaliser

1 (une pratique, un usage) = rendre légal, autoriser

EXEMPLE : **cela a été légalisé par un arrêté** SIGNIFIE *un arrêté a rendu cela légal*

2 (une signature, une procuration) certifier qu'elle a bien été faite par la personne à laquelle on l'attribue

légalité

1 (on vous parle de conformité à la loi) fait d'être conforme à la loi

EXEMPLE : **je ne peux que confirmer la légalité de cette décision** SIGNIFIE *je confirme que cette décision est bien conforme à la loi*

♦ *si vous entendez contester la légalité de la présente décision* (formule sacramentelle) : si vous contestez le fait que cette décision est conforme à la loi

2 (on vous parle de textes législatifs) = loi, droit

EXEMPLE : **respecter la légalité** SIGNIFIE *respecter la loi* ou *le droit*

légataire

❒ personne ou institution désignée par testament pour recevoir les biens et la fortune d'une personne décédée

EXEMPLE : **l'établissement légataire** SIGNIFIE *l'établissement désigné dans le testament pour recevoir les biens et la fortune de la personne décédée*

légataire universel : personne désignée par testament pour recevoir tous les biens et toute la fortune d'une personne décédée

légiférer

= établir des lois

législateur

❒ autorité qui établit les lois

EXEMPLE : **vous vous exposez aux sanctions administratives mises à ma disposition par le législateur** SIGNIFIE *vous vous exposez aux sanctions administratives que la loi m'autorise à utiliser* ou *prévues par la loi*

EXEMPLE : **le législateur a conféré un caractère exceptionnel aux remises d'impôts directs** SIGNIFIE *selon la loi, les remises d'impôts directs sont exceptionnelles*

législatif, -ive

= de loi, de la loi

EXEMPLE : **d'après ce texte législatif** SIGNIFIE *d'après cette loi* ou *ce texte de loi*

EXEMPLE : **d'après les dispositions législatives et réglementaires** SIGNIFIE *d'après les lois et les règlements*

pouvoir législatif : l'Assemblée nationale et le Sénat, chargés de faire et de voter les lois

législation

= lois (du pays)

EXEMPLE : **conformément à la législation en vigueur, votre demande n'est pas recevable** SIGNIFIE *selon les lois actuelles, votre demande ne peut pas être acceptée; les lois actuelles ne me permettent pas d'accepter votre demande*

légitimation

❒ (d'un enfant) fait de devenir légitime, par le mariage ou un jugement

→ voir légitime

légitime

1 enfant légitime : conçu ou né pendant le mariage, ou bien reconnu par un jugement ou la déclaration de ses parents au moment de leur mariage

héritier légitime : toute personne qui a un lien de famille officiel avec la personne décédée

2 (excuse, motif) = valable, justifié

EXEMPLE : **il s'est absenté sans raison légitime** SIGNIFIE *il s'est absenté sans raison valable*

EXEMPLE : **il est tout à fait légitime que cela entraîne une hausse des tarifs** SIGNIFIE *il est tout à fait justifié* ou *normal que cela entraîne une hausse des tarifs*

légitime défense : réaction justifiée à une agression injustifiée

légitimement

= avec raison

EXEMPLE : **vous pouvez légitimement réclamer cet argent** SIGNIFIE *vous avez des raisons valables pour réclamer cet argent; vous avez le droit de réclamer cet argent*

légitimer

1 (un enfant) régulariser la situation d'un enfant par le mariage de ses parents ou un jugement

(une union) officialiser par le mariage

2 (une action) = justifier

EXEMPLE : **rien ne peut légitimer votre comportement** SIGNIFIE *rien ne peut justifier votre comportement*

légitimité

1 (d'un enfant) situation de l'enfant conçu ou né dans le mariage, ou légitimé par un jugement

❒ (d'un héritier) fait d'avoir ses droits à l'héritage reconnus par la loi

❒ (d'une union) fait d'être officialisée par le mariage

→ voir légitimer

2 (d'une action)

EXEMPLE : **la légitimité de votre demande ne fait pas de doute** SIGNIFIE *votre demande est tout à fait justifiée; vous avez des raisons tout à fait valables pour faire cette demande*

legs

❒ biens donnés par testament à une personne ou à une institution

EXEMPLE : **cette personne a accepté le legs fait par M. Durand** SIGNIFIE *cette personne a accepté les biens ou la fortune que M. Durand lui a donnés par testament*

legs universel : totalité des biens d'une personne donnée par testament à une personne ou à une institution (s'il y a des enfants ou un conjoint, cela se limite à la quotité disponible)

léguer

= donner par testament

EXEMPLE : **elle a légué l'intégralité de ses biens à un organisme caritatif** SIGNIFIE *elle a donné par testament tous ses biens à un organisme caritatif*

lesdits, lesdites

= ces

EXEMPLE : **comme le précisent lesdites commissions** SIGNIFIE *comme ces commissions le précisent*

léser

= désavantager

EXEMPLE : **les personnes qui s'estiment lésées** SIGNIFIE *les personnes qui pensent avoir été désavantagées; les personnes qui pensent que leurs droits ou leurs intérêts n'ont pas été respectés*

EXEMPLE : **si vous estimez avoir été lésé, vous pouvez saisir directement le tribunal d'instance** SIGNIFIE *si vous estimez que vous avez été désavantagé, vous pouvez saisir le tribunal d'instance*

lésion

❒ (on vous parle d'un contrat) fait qu'il indique un prix très inférieur à la valeur réelle de l'immeuble vendu (prix inférieur de 7/12ème à la valeur réelle); cela entraîne la nullité de la vente

❒ (on vous parle d'un préjudice) = dommage

❒ (on vous parle d'un état physique) = blessure, dommage physique

lésionnel, -elle

❒ (bruit) qui a causé un dommage physique

❒ (signe) d'un dommage physique

létal, e (masc. pl. -aux)

= mortel, qui provoque la mort

levé

(d'un terrain) = plan

levé topographique : plan du terrain avec indication de son relief

levée

(d'une interdiction, d'une mesure) = annulation, suppression

EXEMPLE : **pour obtenir la levée de l'interdiction bancaire** SIGNIFIE *pour que l'interdiction bancaire soit supprimée*

levée de jugement : remise par le greffier d'une copie du jugement à la partie qui a obtenu satisfaction

lever

(une ambiguïté) = supprimer

(une interdiction, une mesure) = annuler, supprimer

EXEMPLE : **ma décision ne sera levée que sur rapport favorable du directeur** SIGNIFIE *seul un rapport favorable du directeur pourra annuler* ou *changer ma décision*

libellé

❐ mots utilisés dans un document officiel

EXEMPLE : **le libellé du contrat** SIGNIFIE *ce qui est écrit dans le contrat*

EXEMPLE : **le libellé au bas de chaque facture réclame le paiement pour l'année suivante** SIGNIFIE *il est écrit au bas de chaque facture que le paiement doit se faire l'année suivante*

libeller

(une lettre, un contrat) = rédiger, écrire

(un chèque, une enveloppe, une facture)

EXEMPLE : **la facture doit être libellée au nom de Monsieur Moulin** SIGNIFIE *la facture doit être faite au nom de Monsieur Moulin*

EXEMPLE : **merci de libeller votre chèque à l'ordre du Trésor public** SIGNIFIE *merci de faire un chèque à l'ordre du Trésor public*

EXEMPLE : **un chèque libellé en euros** SIGNIFIE *un chèque avec la somme en euros*

EXEMPLE : **une enveloppe libellée à vos nom et adresse** SIGNIFIE *une enveloppe à vos nom et adresse; une enveloppe où sont écrits vos nom et adresse*

libéral, e (masc. pl. -aux)

1 (profession) de caractère intellectuel et que l'on exerce sans dépendre d'un employeur

(médecin) qui exerce dans un cabinet et non à l'hôpital

2 (idées) = large

EXEMPLE : **il a bénéficié d'une interprétation plus libérale de cette loi** SIGNIFIE *il a bénéficié d'une interprétation plus favorable de cette loi*

libéraliser

(on vous parle d'autorisation) = rendre légal, autoriser

EXEMPLE : **cette pratique est libéralisée depuis 1998** SIGNIFIE *cette pratique est autorisée* ou *légale depuis 1998*

libéralité

❐ (en droit) acte par lequel une personne accorde un avantage à une autre sans contrepartie

libération

1 (d'un lieu)

EXEMPLE : **dès qu'une libération interviendra dans l'immeuble** SIGNIFIE *dès qu'un appartement de l'immeuble sera libre*

EXEMPLE : **la date de libération des locaux par le locataire** SIGNIFIE *la date où le locataire quitte les locaux*

EXEMPLE : **après la libération des locaux** SIGNIFIE *après le départ des personnes occupant les locaux*

2 (d'une obligation, d'une dette)

EXEMPLE : **pour obtenir la libération de cette dette** SIGNIFIE *pour ne plus avoir à payer cette dette*

3 **libération conditionnelle** : libération d'un condamné avant la fin de sa peine, accordée lorsqu'il s'est bien conduit pendant une période déterminée (qui ne peut pas être moins longue que la durée de la peine restant à subir)

libératoire

❐ qui libère d'une obligation, d'une dette

reçu libératoire : document qui atteste que la personne a payé ce qu'elle doit

prélèvement libératoire : paiement d'un impôt fait au moment où un revenu est reçu

libérer

1 (un lieu) = quitter (définitivement), partir (définitivement) de

EXEMPLE : **je vous demande de libérer les lieux rapidement** SIGNIFIE *je vous demande de quitter les lieux rapidement*

2 (d'une obligation, d'une dette)

EXEMPLE : **vous êtes libéré du paiement de cette somme** SIGNIFIE *vous n'avez plus à payer cette somme (parce que vous l'avez déjà fait* ou *parce que vous en êtes dispensé)*

EXEMPLE : **vous êtes libéré du cautionnement** SIGNIFIE *vous n'êtes plus caution (parce que...)*

♦ *se libérer de* (une dette) = payer

EXEMPLE : **je vous autorise à vous libérer de votre dette en effectuant neuf**

versements mensuels SIGNIFIE *je vous autorise à rembourser la somme que vous devez en effectuant neuf versements mensuels*

EXEMPLE : **il s'engage à se libérer des sommes à sa charge** SIGNIFIE *il s'engage à payer les sommes qu'il doit*

liberté

libertés publiques : libertés fondamentales reconnues aux citoyens (par exemple: liberté d'opinion, d'expression, de conscience, droit au travail, à la santé, droit de vote)

liberté surveillée : placement d'un mineur délinquant laissé en liberté sous la surveillance et le contrôle d'un éducateur

libre

→ voir papier

licéité

= caractère légal

EXEMPLE : **je m'interroge sur la licéité du contrat** SIGNIFIE *je me demande si le contrat est légal*

EXEMPLE : **les conditions de licéité de la grève** SIGNIFIE *les conditions qui déterminent si la grève est légale (ou non)*

licite

❒ (en droit) qui respecte le droit (loi, règlement, jurisprudence, ordre public, bonnes mœurs, etc)

EXEMPLE : **pour prouver l'origine licite de ce produit** SIGNIFIE *pour prouver que ce produit a été obtenu de manière légale*

EXEMPLE : **dans la limite des montants licites en matière de loyer** SIGNIFIE *dans la limite des montants autorisés (par la loi) pour les loyers*

lieu

♦ *donner lieu à* = entraîner

EXEMPLE : **cette procédure donne lieu à l'acquittement d'un droit de timbre de 15 euros** SIGNIFIE *pour cette procédure, vous devez payer un droit de timbre de 15 euros*

EXEMPLE : **la non-présentation de ces documents dans un délai de 30 jours donne lieu aux peines prévues à l'article 1726 du CGI** SIGNIFIE *si ces documents ne sont pas présentés dans un délai de 30 jours, les peines prévues à l'article 1726 du CGI seront appliquées*

♦ *en dernier lieu* = enfin, finalement

EXEMPLE : **en dernier lieu, il me semble utile de vous préciser que...** SIGNIFIE *enfin, il me semble utile de vous préciser que...*

EXEMPLE : **en dernier lieu, le contrat a été modifié le 30 mars 2003** SIGNIFIE *le contrat a été modifié pour la dernière fois le 30 mars 2003*

♦ *en premier lieu* = (tout) d'abord, premièrement

EXEMPLE : **elle doit en premier lieu nous contacter** SIGNIFIE *elle doit (tout) d'abord nous contacter; premièrement, elle doit nous contacter*

♦ *en second lieu* = ensuite, deuxièmement

EXEMPLE : **en second lieu, une somme de 300 euros a été versée sur votre compte** SIGNIFIE *ensuite, une somme de 300 euros a été versée sur votre compte; deuxièmement, une somme de 300 euros a été versée sur votre compte*

♦ *en* ou *au lieu et place de* = à la place de

EXEMPLE : **pour obtenir une carte de résident en lieu et place de la carte de séjour temporaire** SIGNIFIE *pour obtenir une carte de résident à la place de la carte de séjour temporaire*

EXEMPLE : **une personne ayant l'autorisation d'agir aux lieu et place du contribuable** SIGNIFIE *une personne ayant l'autorisation d'agir à la place du contribuable*

♦ *en temps et lieu*

EXEMPLE : **nous vous ferons connaître notre décision en temps et lieu** SIGNIFIE *nous vous ferons connaître notre décision le moment venu*

♦ *tenir lieu de* = remplacer, servir de

EXEMPLE : **l'envoi de la présente correspondance tient lieu d'avertissement** SIGNIFIE *ce courrier est un* ou *sert d'avertissement*

♦ *il y a lieu de* = il faut

EXEMPLE : **il y a lieu de préciser que cette procédure s'applique dans ce cas** SIGNIFIE *il faut préciser que cette procédure s'applique dans ce cas*

♦ *s'il y a lieu* = si nécessaire

EXEMPLE : **le maire peut, s'il y a lieu, prendre ces mesures** SIGNIFIE *le maire peut, si nécessaire, prendre ces mesures*

♦ *il n'y a pas lieu de* = il n'y a aucune raison de

EXEMPLE : **il n'y a pas lieu de s'inquiéter** SIGNIFIE *il n'y a aucune raison de s'inquiéter*

liminaire

EXEMPLE : **à titre liminaire** SIGNIFIE *tout d'abord* ou *pour commencer*

EXEMPLE : **cela est précisé dans l'avertissement liminaire du rapport** SIGNIFIE *cela est précisé dans l'avertissement au début du rapport*

limitatif, -ive

EXEMPLE : **il s'agit de la liste limitative des travaux** SIGNIFIE *il s'agit de la liste qui précise les seuls travaux à effectuer*

EXEMPLE : **c'est une énumération limitative des exceptions** SIGNIFIE *c'est une liste qui précise les seules exceptions possibles*

EXEMPLE : **la liste n'est pas limitative** SIGNIFIE *cette liste n'exclut pas les cas qui n'y sont pas cités*

limitativement

EXEMPLE : **dans les cas limitativement énumérés à l'article L-2224-2** SIGNIFIE *dans les cas énumérés à l'article L-2224-2, et seulement dans ces cas-là*

EXEMPLE : **la liste qui définit limitativement les produits bénéficiant d'un taux de TVA réduit** SIGNIFIE *la liste qui définit les seuls produits bénéficiant d'un taux de TVA réduit*

limitrophe

= qui touche

EXEMPLE : **les zones limitrophes de ce secteur** SIGNIFIE *les zones qui touchent ce secteur*

EXEMPLE : **dans les pays limitrophes de la France** SIGNIFIE *dans les pays qui touchent la France; dans les pays qui ont des frontières communes avec la France*

liquidateur

liquidateur judiciaire : personne nommée par le tribunal pour vendre les biens d'une entreprise et ainsi payer ses dettes

liquidation

1 (d'une retraite, d'une pension, d'une taxe) calcul permettant le paiement de la somme due

EXEMPLE : **afin d'effectuer la liquidation de votre retraite** SIGNIFIE *pour pouvoir calculer votre retraite et vous la verser*

2 (on vous parle d'un partage d'indivision) vente des biens communs pour payer les dettes

liquidation judiciaire : vente des biens d'une entreprise pour payer ses dettes en vue de sa disparition

3 (de marchandises, d'un stock) vendre au rabais (avec l'autorisation du préfet)

liquide

❐ (placement) qui peut être rapidement converti en argent disponible

liquider

1 (une retraite, une pension, une taxe, une prime) = calculer (pour payer)

EXEMPLE : **afin de pouvoir liquider votre retraite** SIGNIFIE *pour pouvoir calculer votre retraite et vous la verser*

EXEMPLE : **les pénalités liquidées par votre créancier** SIGNIFIE *les pénalités calculées* ou *chiffrées par le créancier*

2 (on vous parle de partage d'indivision) vendre les biens communs pour payer les dettes

(une entreprise) vendre ses biens pour obtenir de l'argent liquide et payer ses dettes (en vue de sa disparition)

3 (des marchandises, un stock) vendre au rabais (avec l'autorisation du préfet)

liquidité

❐ (on vous parle d'une créance) fait qu'elle ait un montant clairement déterminé

❐ (on vous parle d'un placement, d'un investissement) fait de pouvoir être rapidement converti en argent disponible

liquidités : argent immédiatement disponible

lisiblement

= de manière claire

EXEMPLE : **la date doit être inscrite lisiblement** SIGNIFIE *la date doit être inscrite d'une manière claire; la date doit être facile à lire*

liticonsorts

❐ personnes qui défendent un intérêt commun à un procès

litigant, e

❐ (partie) engagée dans un procès

litige

❐ conflit entre des personnes, qui peut entraîner un procès

♦ *en litige* = contesté, qui crée un désaccord

EXEMPLE : **nous devons étudier les points qui restent en litige** SIGNIFIE *nous devons étudier les points contestés* ou *qui ne sont pas encore réglés*

litigieux, -euse

= contesté, qui crée un désaccord

EXEMPLE : **le tribunal a demandé la démolition de la construction litigieuse** SIGNIFIE *le tribunal a demandé que la construction contestée soit démolie*

litispendance

❐ état d'une affaire portée en même temps devant deux tribunaux

livret

livret de famille : document qui contient des renseignements sur les parents et les enfants d'un même couple (noms, prénoms, dates et lieu de naissance, etc)

localisation

= emplacement, lieu, endroit

EXEMPLE : **quelle que soit la localisation du terrain** SIGNIFIE *quel que soit le lieu* ou *l'endroit où se trouve le terrain*

locatif, -ive

dette locative : loyer(s) devant être payé(s)

EXEMPLE : **le montant de votre dette locative** SIGNIFIE *le montant des loyers que vous devez*

expulsion locative : expulsion du locataire

EXEMPLE : **le tribunal a prononcé à votre encontre une décision d'expulsion locative** SIGNIFIE *le tribunal a décidé de vous expulser de votre logement*

logement locatif : logement qui est ou peut être loué

parc locatif : ensemble des logements qui sont ou peuvent être loués

prêt locatif : prêt accordé à une personne qui veut acheter un logement pour le louer

valeur locative : argent que peut rapporter un bâtiment ou un local loué

→ voir bail

location-gérance

❐ contrat par lequel un propriétaire loue son fonds de commerce (biens matériels ou non, clientèle notamment, permettant d'exercer l'activité) à une personne qui le gère en son propre nom et à ses propres risques

location-vente

❐ contrat par lequel un locataire peut devenir propriétaire de la chose louée quand la location prend fin

loisible

♦ *il vous est loisible de* = vous pouvez

EXEMPLE : **il vous est parfaitement loisible de me présenter vos observations** SIGNIFIE *si vous le voulez, vous pouvez me présenter vos observations*

loisir

♦ *avoir le loisir de faire (qqch)* = pouvoir faire (qqch)

EXEMPLE : **vous aurez tout loisir d'exprimer votre avis** SIGNIFIE *vous pourrez tout à fait exprimer votre avis*

♦ *à loisir*

EXEMPLE : **vous pourrez le modifier à loisir** SIGNIFIE *vous pourrez le modifier comme vous le voulez*

longitudinal, e (masc. pl. -aux)

= dans le sens de la longueur

stationnement longitudinal : stationnement parallèle à la chaussée

longitudinalement

= dans le sens de la longueur

EXEMPLE : **les camions stationnés longitudinalement à la chaussée** SIGNIFIE *les camions stationnés parallèlement à la chaussée*

lot

❒ (on vous parle d'un partage) partie d'un tout partagé entre plusieurs personnes

❒ (on vous parle d'un terrain) partie de terrain

lotir

❒ (un terrain, une propriété) partager en plusieurs lots (pour la vente)

lotissement

1 (on vous parle d'une opération d'urbanisme) division en terrains

2 (on vous parle d'une parcelle) parcelle d'un terrain

lotisseur

❒ personne qui divise et vend des terrains par parcelles

louage

= location

EXEMPLE : **le louage pour une durée inférieure à douze ans** SIGNIFIE *la location pour une durée inférieure à douze ans*

EXEMPLE : **le stationnement des véhicules de louage** SIGNIFIE *le stationnement des véhicules de location*

loyer

supplément de loyer de solidarité : supplément appliqué au loyer d'un locataire d'un logement HLM dont les ressources ont augmenté pendant le contrat de location et dépassent d'au moins 20% les plafonds prévus pour l'attribution de ces logements

lucratif, -ive

= qui rapporte de l'argent

EXEMPLE : **cette activité est peu lucrative** SIGNIFIE *cette activité ne rapporte pas beaucoup d'argent*

EXEMPLE : **vous faites cela dans un but lucratif** SIGNIFIE *vous faites cela pour gagner de l'argent*

♦ *à but lucratif* : dont le but est de gagner de l'argent ou de faire un profit

♦ *à but non lucratif* : dont le but n'est pas de gagner de l'argent ni de faire un profit

lucrativité

EXEMPLE : **cela prouve la lucrativité de cette activité** SIGNIFIE *cela prouve que cette activité a pour but de rapporter de l'argent* ou *un profit*

EXEMPLE : **la non-lucrativité de cet organisme est remise en cause** SIGNIFIE *le fait que cet organisme ne recherche pas à gagner de l'argent ou à faire un profit est remise en cause*

M

main courante

1 (on vous parle d'un registre de la police) registre sur lequel sont notés des événements, des interventions, etc

2 (on vous parle d'un registre commercial) registre sur lequel sont notées des opérations

main-forte

♦ *prêter main-forte à* = aider

EXEMPLE : **il a prêté main-forte aux gendarmes** SIGNIFIE *il a aidé les gendarmes*

mainlevée

❒ acte juridique qui supprime une contrainte (hypothèque, saisie, etc)

EXEMPLE : **vous souhaitez la mainlevée de votre mise sous curatelle** SIGNIFIE *vous souhaitez la suppression de votre mise sous curatelle* ou *ne plus être sous curatelle*

maint, e

= plusieurs

♦ *maintes fois :* souvent

♦ *maint et maint* = un grand nombre de

EXEMPLE : **j'ai répondu à maints et maints courriers** SIGNIFIE *j'ai répondu à un grand nombre de* ou *à de nombreux courriers*

maintien

1 (sur un territoire, dans un logement)

EXEMPLE : **votre maintien sur le territoire français vous exposerait à des sanctions** SIGNIFIE *si vous restiez sur le territoire français, vous risqueriez des sanctions*

EXEMPLE : **le tribunal pourrait vous accorder un délai supplémentaire de maintien dans les lieux** SIGNIFIE *le tribunal pourrait vous autoriser à rester dans le logement encore quelques jours*

2 (d'une allocation, d'une décision)

EXEMPLE : **le maintien de cette allocation est conditionné par le respect de cette procédure** SIGNIFIE *cette allocation ne continuera à vous être versée que si vous respectez cette procédure*

EXEMPLE : **je vous informe du maintien de cette décision** SIGNIFIE *je vous informe que cette décision est maintenue*

maître

maître d'ouvrage : propriétaire d'un immeuble qui fait réaliser des travaux sur cet immeuble et les finance

maître d'œuvre : personne ou entreprise qui conçoit un projet immobilier, surveille les travaux et vérifie que le contrat est respecté

maîtrise

maîtrise d'ouvrage : réalisation et financement de travaux sur un immeuble, par le propriétaire de cet immeuble

maîtrise d'œuvre : conception par une personne ou une entreprise d'un projet immobilier, surveillance des travaux et vérification que le contrat est respecté

majorable

= qui peut être augmenté

EXEMPLE : **ce tarif est majorable de 50 % selon les cas** SIGNIFIE *ce tarif peut être augmenté de 50 % selon les cas*

majoration

(d'une somme) = augmentation

EXEMPLE : **pour obtenir une majoration de cette allocation** SIGNIFIE *pour obtenir une augmentation de cette allocation*

EXEMPLE : **les majorations de retard pour cet impôt sont de 10 %** SIGNIFIE *la somme due augmentera de 10 % si elle est payée en retard*

majorer

= augmenter

EXEMPLE : **le paiement est majoré de 100 euros** SIGNIFIE *le paiement est augmenté de 100 euros*

EXEMPLE : **l'amende sera majorée de 50 euros** SIGNIFIE *l'amende augmentera de 50 euros*

maladie

maladie professionnelle : maladie dont l'origine est reconnue comme directement liée au travail de la victime

malfaçon

❒ défaut dû à un travail mal fait

mandant, e

❒ personne qui charge une autre personne d'agir en son nom ou pour défendre ses intérêts

mandat

1 (on vous parle de procuration) acte par lequel une personne donne le pouvoir à une autre de faire quelque chose pour elle et en son nom

2 (on vous parle de paiement) autorisation écrite donnée par une personne à une autre pour faire un paiement

mandat-cash, mandat-lettre : document utilisé pour faire parvenir de l'argent à quelqu'un par les services de la Poste

3 mandat d'amener : ordre donné par le juge à la police d'amener une personne devant lui

mandat d'arrêt : ordre donné à la police de rechercher une personne et de la conduire en prison

mandat de comparution : document donnant l'ordre à une personne de se présenter devant le juge à la date et à l'heure indiquées

mandat de dépôt : ordre donné par le juge à un directeur de prison de recevoir et de garder une personne dans son établissement en attendant qu'une affaire soit jugée

EXEMPLE : **vous avez été placé sous mandat de dépôt par Monsieur le Juge près le Tribunal d'Évry** SIGNIFIE *Monsieur le Juge du Tribunal d'Évry a ordonné que vous soyez mis en prison en attendant le jugement de l'affaire*

mandataire

❒ personne chargée d'agir au nom d'une autre personne ou pour défendre ses intérêts

mandatement

❒ (on vous parle de paiement) ordre de paiement d'une dépense publique

mandater

❒ (on vous parle de procuration) charger une personne d'agir pour le compte d'une autre et pour défendre ses intérêts

manifeste

1 = évident

erreur manifeste d'appréciation : erreur grave que fait l'Administration, en prenant une décision sans la justifier, qui entraîne la nullité de l'acte

2 (on vous parle de douane) document (à présenter à la douane) contenant la liste des marchandises d'un navire

manifestement

= de manière évidente, de toute évidence

EXEMPLE : **cette personne était manifestement ivre** SIGNIFIE *il est évident que cette personne était ivre; cette personne était de toute évidence ivre*

EXEMPLE : **vous avez manifestement pris un risque** SIGNIFIE *vous avez pris un risque évident*

EXEMPLE : **cette évaluation est manifestement excessive** SIGNIFIE *cette évaluation est excessive, c'est évident*

manifester

(une opinion) = exprimer

EXEMPLE : **si vous souhaitez manifester votre refus** SIGNIFIE *si vous souhaitez exprimer votre refus; si vous souhaitez refuser*

EXEMPLE : **vous manifestez le souhait de vous établir en France** SIGNIFIE *vous dites souhaiter vous établir en France*

manquement

EXEMPLE : **le manquement à cette obligation constitue une infraction** SIGNIFIE *ne pas respecter cette obligation est une infraction*

EXEMPLE : **tout manquement au respect des dispositions réglementaires entraînera des sanctions** SIGNIFIE *si les dispositions réglementaires ne sont pas respectées, des sanctions seront appliquées*

manquer

♦ *ne pas manquer de*

EXEMPLE : **je ne manquerai pas de procéder à l'examen de votre dossier** SIGNIFIE *soyez sûr que j'étudierai votre dossier*

EXEMPLE : **je ne manquerai pas de vous tenir informé** SIGNIFIE *bien entendu, je vous tiendrai informé*

manuscrit, e

= écrit à la main

EXEMPLE : **une lettre manuscrite** SIGNIFIE *une lettre écrite à la main*

EXEMPLE : **la mention manuscrite du salarié** SIGNIFIE *la mention écrite à la main par le salarié; la mention écrite de la main du salarié*

marché

marché public : contrat passé avec une collectivité ou un établissement public pour la réalisation de travaux, la fourniture de marchandises ou de services, dans des conditions fixées par une réglementation spécifique

marginal, e (masc. pl. -aux)

1 (note) = écrit en marge

EXEMPLE : **les mentions marginales** SIGNIFIE *les mentions écrites en marge (du document)*

2 (rôle, valeur) = (très) peu important

EXEMPLE : **il a un rôle marginal dans cette affaire** SIGNIFIE *il a un rôle peu important dans cette affaire*

EXEMPLE : **c'est un aspect marginal du dossier** SIGNIFIE *c'est un aspect (très) peu important du dossier*

EXEMPLE : **cela reste un phénomène marginal** SIGNIFIE *cela reste un phénomène assez rare*

EXEMPLE : **ce marché est marginal en France** SIGNIFIE *ce marché est faible* ou *peu important en France*

marginalement

= de manière (très) peu importante, très peu

EXEMPLE : **ces mesures ne concernent que marginalement l'impôt sur le revenu** SIGNIFIE *ces mesures ne concernent que très peu l'impôt sur le revenu*

EXEMPLE : **ce problème a été abordé marginalement** SIGNIFIE *ce problème n'a été que très peu abordé; ce problème n'a pas été abordé dans le détail*

marital, e (masc. pl. aux)

(nom) = du mari

vie maritale : union de deux personnes qui vivent comme des époux, sans être mariés

maritalement

♦ *vivre maritalement* : vivre comme des époux, sans être mariés

matérialiser

❒ représenter sous une forme matérielle

EXEMPLE : **le droit au séjour, matérialisé par la carte de séjour Communauté**

européenne SIGNIFIE *le droit au séjour que vous donne la carte de séjour Communauté européenne*

EXEMPLE : **la garantie est matérialisée par un contrat** SIGNIFIE *la garantie est écrite dans un contrat*

EXEMPLE : **des bornes matérialisent les limites de la zone** SIGNIFIE *des bornes marquent les limites de la zone*

matrice

→ voir cadastral

matricule

(on vous parle d'une inscription) = numéro d'inscription

EXEMPLE : **merci de nous donner votre matricule allocataire CAF** SIGNIFIE *merci de nous donner votre numéro d'inscription à la CAF*

matrimonial, e (masc. pl. -iaux)

régime matrimonial : règles qui déterminent la répartition des biens entre les époux et la manière dont ils sont gérés

maxima

= (nombre) maximal

EXEMPLE : **les nouveaux tarifs maxima** SIGNIFIE *les nouveaux tarifs maximaux*

= valeur maximum ou maximale

EXEMPLE : **le nombre de bêtes ne peut dépasser les maxima suivants...** SIGNIFIE *le nombre de bêtes maximum est de...*

a maxima

appel a maxima : appel fait par le ministère public pour diminuer la peine lorsqu'il trouve la peine trop sévère

méconnaissance

EXEMPLE : **la méconnaissance de cette règle constitue une faute** SIGNIFIE *ignorer* ou *ne pas respecter cette règle est une faute; ne pas respecter cette règle est une faute; si vous ignorez* ou *si vous ne respectez pas cette règle, vous êtes en faute*

EXEMPLE : **si vous exécutez des travaux en méconnaissance des obligations imposées par le Code de l'Urbanisme** SIGNIFIE *si vous faites des travaux en ignorant* ou *en ne respectant pas les obligations imposées par le Code de l'Urbanisme*

méconnaître

(une situation) = ne pas connaître, ignorer

(une loi) = ignorer, ne pas respecter

EXEMPLE : **sans méconnaître les obligations qui sont les vôtres, je vous invite à...** SIGNIFIE *je connais vos obligations, mais je vous invite à...*

EXEMPLE : **sans méconnaître le fait que ces propositions aient pu apparaître incomplètes, je vous demande...** SIGNIFIE *je sais que ces propositions ont pu sembler incomplètes, mais je vous demande...; bien que ces propositions aient pu sembler incomplètes, je vous demande...*

médecin

médecin(-)conseil : médecin de la Sécurité sociale qui décide si l'état de santé du salarié lui permet de travailler, si certains soins lui sont nécessaires et seront remboursés, etc

médecin traitant : médecin qui soigne habituellement une personne

EXEMPLE : **votre médecin traitant** SIGNIFIE *le médecin qui vous soigne habituellement*

médecin légiste : médecin chargé de faire des expertises pour aider la justice à découvrir la vérité

médian, e

= situé ou placé au milieu

EXEMPLE : **les logements sont situés en partie médiane de la plage** SIGNIFIE *les logements sont situés au milieu de la plage*

EXEMPLE : **pour trouver une voie médiane entre ces deux positions** SIGNIFIE *pour trouver un juste milieu entre ces deux positions*

médiateur, -trice

❒ personne chargée de trouver un accord entre des personnes qui sont en conflit

médiateur de la République : personne indépendante chargée de faire des enquêtes et de proposer des solutions pour régler les conflits entre le public et l'Administration

médiation

❐ action menée par une personne pour trouver un accord entre des personnes qui sont en conflit

médico(-)légal, e (masc. pl. -aux)

❐ relatif à la branche de la médecine dont le but est d'aider la justice à découvrir la vérité

même

♦ *être à même de* = pouvoir

EXEMPLE : **cet organisme sera mieux à même de vous renseigner** SIGNIFIE *cet organisme pourra mieux vous renseigner*

EXEMPLE : **pour que vous soyez à même de le surveiller** SIGNIFIE *pour que vous puissiez le surveiller*

♦ *par là même* = ainsi

EXEMPLE : **cela a retardé par là même le remboursement** SIGNIFIE *ainsi, cela a retardé le remboursement*

♦ *quand bien même* = même si

EXEMPLE : **quand bien même le montant des travaux aurait augmenté** SIGNIFIE *même si le montant des travaux avait augmenté*

mémoire[1]

♦ *pour mémoire :*

(en comptabilité) pour information

(au sens général)

EXEMPLE : **pour mémoire, cette autorisation n'avait pas été donnée** SIGNIFIE *je rappelle que cette autorisation n'avait pas été donnée*

mémoire[2]

❐ (dans une procédure) document qui expose les arguments et les demandes d'une partie

mémoire ampliatif : document déposé devant certaines juridictions, qui expose dans le détail les éléments (de droit ou de fait) sur lesquels s'appuie la partie pour sa demande ou sa défense

mémoire introductif : document déposé devant certaines juridictions, qui expose rapidement les éléments (de droit ou de fait) sur lesquels s'appuie la partie pour sa demande ou sa défense

mémoire supplétif : document déposé devant certaines juridictions qui complète un précédent mémoire

mémorandum

❐ (au sens courant) = note de service

❐ (en diplomatie) note d'un diplomate pour exposer le point de vue de son gouvernement

ménage

❐ (au sens économique) personnes qui partagent un même logement et mettent en commun une partie de leurs revenus

mensualisation

(d'un paiement)

EXEMPLE : **vous pouvez opter pour la mensualisation de vos impôts** SIGNIFIE *vous pouvez choisir de payer une partie de vos impôts tous les mois*

mensualiser

= payer chaque mois

EXEMPLE : **vos allocations sont mensualisées** SIGNIFIE *vos allocations vous sont payées chaque mois*

EXEMPLE : **ces versements seront mensualisés** SIGNIFIE *ces versements seront faits tous les mois; l'argent sera versé tous les mois*

mensualité

❐ somme payée ou reçue chaque mois

mensuellement

= tous les mois, chaque mois

EXEMPLE : **vous payez mensuellement** SIGNIFIE *vous payez tous les mois*

mention

♦ *faire mention de* = mentionner, indiquer

EXEMPLE : **il n'est pas fait mention de ces éléments** SIGNIFIE *ces éléments ne sont pas mentionnés* ou *indiqués*

se méprendre

= se tromper

EXEMPLE : **vous vous êtes mépris sur mes intentions** SIGNIFIE *vous vous êtes trompé sur mes intentions; vous avez mal compris mes intentions*

mépris

♦ *au mépris de* = sans tenir compte de, malgré

EXEMPLE : **au mépris de l'article L.421-1** SIGNIFIE *sans tenir compte de l'article L.421-1*

EXEMPLE : **au mépris de ces nombreux avertissements** SIGNIFIE *malgré* ou *sans tenir compte de ces nombreux avertissements*

méprise

= erreur

EXEMPLE : **vous l'avez effacé par méprise** SIGNIFIE *vous l'avez effacé par erreur*

mesure

♦ *être en mesure de* = pouvoir

EXEMPLE : **voici les informations que je suis en mesure de vous donner** SIGNIFIE *voici les informations que je peux vous donner*

EXEMPLE : **je ne suis pas en mesure d'accepter votre demande** SIGNIFIE *je ne peux pas accepter votre demande*

♦ *prendre la pleine mesure de* = bien évaluer, bien prendre en compte

EXEMPLE : **j'ai pris la pleine mesure de la situation** SIGNIFIE *j'ai bien évalué la situation*

→ voir conservatoire, éloignement

métropole

❐ (on vous parle du pays) partie de la France située en Europe (ne comprend pas les territoires et départements d'outre-mer)

❐ (on vous parle d'une ville) ville principale

métropolitain, e

France métropolitaine, territoire métropolitain : partie de la France située en Europe (ne comprend pas les territoires et départements d'outre-mer)

meuble

→ voir bien

milieu

en milieu fermé : en prison

en milieu ouvert : hors de prison

minima

minima sociaux : ensemble des allocations versées aux personnes qui ont très peu de ressources

a minima

appel a minima : appel fait par le ministère public pour augmenter la peine lorsqu'il la trouve insuffisante

minime

= très petit, pas important

EXEMPLE : **il s'agit de défauts minimes** SIGNIFIE *il s'agit de très petits défauts*

EXEMPLE : **l'écart est minime** SIGNIFIE *l'écart est très faible*

minimiser

= réduire (l'importance de), diminuer (l'importance de)

EXEMPLE : **pour minimiser les risques** SIGNIFIE *pour réduire les risques*

EXEMPLE : **les conséquences du litige ont été minimisées** SIGNIFIE *on n'a pas considéré toute l'importance des conséquences du litige*

ministère

ministère public : magistrats chargés de défendre les intérêts de la société

ministériel, -elle

officier ministériel : professionnel indépendant qui a une mission publique (par exemple: avoué, notaire, greffier des tribunaux de commerce, huissier de justice, commissaire-priseur)

minoration

(d'une somme) = diminution, réduction

EXEMPLE : **cela impliquerait une minoration du remboursement** SIGNIFIE *cela impliquerait une diminution* ou *une réduction du remboursement; le remboursement serait alors réduit*

minorer

(une somme) = diminuer, réduire

EXEMPLE : **votre allocation a été minorée de 10 %** SIGNIFIE *votre allocation a été diminuée* ou *réduite de 10 %*

minute

❐ (on vous parle d'un document) original d'un acte authentique ou d'un jugement

minutieux, -ieuse

(examen) = détaillé, attentif

EXEMPLE : **après un examen minutieux du dossier** SIGNIFIE *après une étude détaillée* ou *attentive du dossier*

mitoyen, -enne

❐ (mur, clôture) qui sépare deux propriétés et appartient à part égale aux deux propriétaires

EXEMPLE : **l'escalier réalisé par votre voisin contre votre muret non mitoyen** SIGNIFIE *l'escalier réalisé par votre voisin contre le muret qui vous appartient*

EXEMPLE : **le local commercial mitoyen de votre pavillon** SIGNIFIE *le local commercial qui touche votre pavillon*

mitoyenneté

❐ propriété de plusieurs personnes sur une clôture, un mur, etc

mixte

société d'économie mixte : société commerciale associant des partenaires privés et des partenaires publics, et soumise au contrôle de l'Administration

mobilier, -ière

capitaux mobiliers : actions, obligations

bien mobilier : bien matériel qui peut être déplacé (exemple: table, livre, etc), ou bien non matériel (action, obligation, rente viagère, droit de propriété intellectuelle, etc)

mobilisable

= que l'on peut rendre disponible, auquel on peut faire appel

EXEMPLE : **les ressources mobilisables** SIGNIFIE *les ressources que l'on peut utiliser*

EXEMPLE : **ce type de poste peut vous convenir eu égard à vos capacités fonctionnelles mobilisables** SIGNIFIE *étant donné les mouvements que vous pouvez faire, ce type de poste peut vous convenir*

EXEMPLE : **les partenaires mobilisables à cette occasion** SIGNIFIE *les partenaires auxquels on peut faire appel à cette occasion*

mobilisation

1 (de personnes, de moyens)

EXEMPLE : **la décision du juge dépendra de votre mobilisation pour faire évoluer votre situation** SIGNIFIE *la décision du juge dépendra de ce que vous ferez pour changer votre situation*

EXEMPLE : **cela suppose la mobilisation de moyens supplémentaires** SIGNIFIE *cela suppose l'utilisation de moyens supplémentaires; cela suppose que l'on fasse appel à des moyens supplémentaires*

2 (d'une créance) opération par laquelle une personne peut obtenir auprès d'un organisme de l'argent en échange du remboursement à venir d'une somme due

mobiliser

1 (une créance) fait d'obtenir auprès d'un organisme de l'argent en échange du remboursement à venir d'une somme due

2 (des personnes, des moyens) = faire appel à

EXEMPLE : **le comité a été mobilisé pour mettre en place ce dispositif** SIGNIFIE *on a fait appel au comité pour mettre en place ce dispositif*

EXEMPLE : **nous avons mobilisé toutes les ressources disponibles** SIGNIFIE *nous avons fait appel à toutes les ressources disponibles*

EXEMPLE : **parmi les aides susceptibles d'être mobilisées dans votre situa-**

tion SIGNIFIE *parmi les aides qui pourraient être utilisées* ou *auxquelles on pourrait faire appel dans votre situation*

♦ *se mobiliser*= se réunir ou se rassembler (pour agir)

EXEMPLE : **les riverains se sont mobilisés contre le projet** SIGNIFIE *les riverains se sont rassemblés (pour agir) contre le projet*

EXEMPLE : **mes services se sont très rapidement mobilisés** SIGNIFIE *mes services ont réagi très rapidement*

mobilité

personne à mobilité réduite : personne qui a du mal à se déplacer (personne âgée, handicapée, etc)

personne handicapée à mobilité réduite : personne handicapée qui a du mal à marcher ou qui est en fauteuil roulant

modalité

1 (on vous parle d'un moyen d'agir) = manière, façon

EXEMPLE : **les modalités de règlement peuvent s'effectuer sous forme de chèque bancaire ou postal** SIGNIFIE *vous pouvez payer par chèque bancaire ou postal*

EXEMPLE : **les modalités de classement des restaurants ont été modifiées** SIGNIFIE *la manière de classer les restaurants a changé*

EXEMPLE : **vous pouvez régler cette somme selon les modalités suivantes** SIGNIFIE *vous pouvez régler cette somme ainsi* ou *de la manière suivante*

EXEMPLE : **le décret fixe les modalités d'application de cette disposition** SIGNIFIE *le décret fixe la façon dont cette disposition doit être appliquée*

2 (on vous parle d'un acte juridique) partie d'un acte juridique qui en détermine les conditions de réalisation (date limite, etc)

modérateur, -trice

→ voir ticket

modération

1 (d'une somme, d'une peine) = diminution, réduction

EXEMPLE : **les impositions ont fait l'objet d'une large modération l'année dernière** SIGNIFIE *les impositions ont beaucoup diminué l'année dernière*

EXEMPLE : **il me paraît possible de vous accorder une modération de 381 euros au titre de l'impôt sur le revenu de 1999** SIGNIFIE *je peux vous accorder une réduction de 381 euros sur votre impôt sur le revenu de 1999*

2 (on vous parle d'attitude)

EXEMPLE : **je vous invite à plus de modération dans vos propos** SIGNIFIE *je vous invite à faire plus attention à ce que vous dites*

modicité

EXEMPLE : **compte tenu de la modicité de vos ressources** SIGNIFIE *compte tenu du fait que vous avez peu de ressources* ou *des ressources très limitées*

EXEMPLE : **étant donné la modicité de la somme** SIGNIFIE *étant donné qu'il s'agit d'une petite somme*

modique

= peu élevé, peu important

EXEMPLE : **il s'agit d'une somme modique** SIGNIFIE *il s'agit d'une petite somme*

EXEMPLE : **le loyer est modique** SIGNIFIE *le loyer n'est pas cher* ou *élevé*

modulation

1 (d'une mesure, d'un taux) = adaptation

EXEMPLE : **la modulation des taux selon les catégories d'immeubles** SIGNIFIE *l'adaptation des taux selon les catégories d'immeubles*

EXEMPLE : **une modulation de l'emploi du temps est possible** SIGNIFIE *l'emploi du temps peut être adapté*

2 (d'une peine) modification de ses conditions d'application

EXEMPLE : **seul le tribunal peut prononcer la modulation de cette peine** SIGNIFIE *seul le tribunal peut modifier les conditions d'application de cette peine*

moduler

1 (au sens général) = adapter

EXEMPLE : **les remboursements sont modulés selon le niveau des revenus** SIGNIFIE *les remboursements sont adaptés au niveau des revenus*

2 (une peine) = modifier ses conditions d'application

moindre

EXEMPLE : **sans prendre le moindre risque** SIGNIFIE *sans prendre aucun risque*

EXEMPLE : **en l'absence du moindre justificatif, nous ne pouvons agir** SIGNIFIE *sans aucun justificatif, nous ne pouvons agir*

EXEMPLE : **cela ne fait pas le moindre doute** SIGNIFIE *cela ne fait aucun doute*

moins

♦ *pour le moins ; à tout le moins* = au moins

EXEMPLE : **cela mérite pour le moins une réponse** SIGNIFIE *cela mérite au moins une réponse*

EXEMPLE : **je note que votre dossier est pour le moins incomplet** SIGNIFIE *je note que votre dossier est très incomplet*

moins-value

= perte de valeur

EXEMPLE : **cela n'occasionnera pas une moins-value pour votre maison** SIGNIFIE *votre maison ne perdra pas de valeur*

monoparental, e (masc. pl. -aux)

❒ (famille, foyer) où il n'y a qu'un seul parent

monopole

❒ (de fait) situation où une entreprise publique ou privée n'a pas de concurrent sur un marché

❒ (de droit) privilège donné par la loi à une entreprise publique ou privée d'être sans concurrent sur un marché

moral, e (masc. pl. -aux)

→ voir personne

moratoire

1 (suspension) suspension provisoire d'une action

2 intérêts moratoires : intérêts à régler lorsqu'une dette est payée en retard

motif

❒ (on vous parle d'une décision) = raison

❒ (dans un jugement) raison pour laquelle un magistrat rend un jugement

EXEMPLE : **nous vous ferons connaître le motif pour lequel l'allocation ne peut vous être versée** SIGNIFIE *nous vous donnerons la raison pour laquelle* ou *nous vous dirons pourquoi l'allocation ne peut vous être versée*

♦ *au motif que* = parce que

EXEMPLE : **votre demande ne peut être retenue au motif que vous ne résidiez pas en France** SIGNIFIE *votre demande ne peut être retenue parce que vous ne résidiez pas en France*

motion

❒ (au sens général) texte proposé ou adopté par une assemblée ou un membre d'assemblée

motivation

❒ (d'un acte administratif) informations que l'Administration doit donner sur les raisons de sa décision

motiver

(un avis, une requête, une demande) = justifier, donner des raisons à

EXEMPLE : **vous devez motiver cette demande** SIGNIFIE *vous devez donner les raisons de cette demande*

EXEMPLE : **merci de me faire connaître votre avis motivé** SIGNIFIE *merci de donner votre avis et ce qui le justifie* ou *et les raisons de cet avis*

moyen

❒ (en droit) raison donnée dans un procès pour appuyer une affirmation ou une demande, ou rejeter celles de la partie adverse

moyennant
= en échange de, pour, contre

EXEMPLE : **il sera mis à votre disposition moyennant le paiement d'une somme de 10 euros** SIGNIFIE *il sera mis à votre disposition contre le paiement d'une somme de 10 euros* ou *quand vous aurez payé la somme de 10 euros*

♦ *moyennant finances*= en payant

♦ *moyennant quoi*= en échange de quoi, grâce à quoi

multiplicité
= grand nombre

EXEMPLE : **en raison de la multiplicité des candidatures** SIGNIFIE *en raison du grand nombre de candidatures*

municipal, e (masc. pl. **-aux**)
= de la commune, d'une commune

conseil municipal : assemblée de personnes élues par les habitants d'une commune pour l'administrer

conseiller municipal : personne élue par les habitants d'une commune pour l'administrer

→ voir arrêté

municipalité
❒ (on vous parle du territoire) = commune

❒ (on vous parle des personnes) le maire et ses adjoints

se **munir**
♦ *se munir de*= prendre avec soi

EXEMPLE : **je vous invite à vous munir des documents suivants** SIGNIFIE *je vous invite à prendre avec vous les documents suivants*

EXEMPLE : **vous pouvez vous présenter à votre mairie munie de votre passeport** SIGNIFIE *vous pouvez vous présenter à votre mairie avec votre passeport*

EXEMPLE : **pour obtenir un titre de séjour, les étrangers doivent être munis d'un visa de long séjour** SIGNIFIE *pour obtenir un titre de séjour, les étrangers doivent présenter un visa de long séjour*

mutation
droits de mutation : somme versée aux impôts au moment de la vente de certains biens (fonds de commerce, immeubles, parts de société)

mystique
→ voir testament

N

nantir

= munir

EXEMPLE : **la personne nantie de ce titre** SIGNIFIE *la personne munie de* ou *qui possède ce titre*

nantissement

❒ (on vous parle de garantie) droit d'une personne à qui une autre doit de l'argent de faire vendre un bien meuble garanti (fonds de commerce, actions, parts sociales, etc) pour se faire payer sur le prix de sa vente; le propriétaire du bien en a la jouissance jusqu'à sa vente éventuelle

nationalité

déclaration de nationalité : demande auprès du juge d'instance pour obtenir la nationalité française par l'un des moyens prévus par la loi (mariage, résidence, etc)

naturalisation

❒ procédure permettant à un étranger d'acquérir (par décret) la nationalité française

naturaliser

♦ *naturaliser (qqn)* : donner à quelqu'un la nationalité française (par décret)

♦ *être naturalisé* : avoir obtenu (par décret) la nationalité française

nature

♦ *être de nature à*

EXEMPLE : **ces travaux ne sont pas de nature à vous apporter une gêne** SIGNIFIE *ces travaux ne risquent pas de vous gêner*

EXEMPLE : **ces mesures sont de nature à réduire vos dettes** SIGNIFIE *ces mesures peuvent vous aider à réduire vos dettes*

EXEMPLE : **des éléments de nature à calculer les ressources du foyer** SIGNIFIE *des éléments permettant de calculer les ressources du foyer*

naturel, -elle

héritier naturel : enfant naturel d'une personne décédée, qui a le droit d'hériter

nécessiteux, -euse

EXEMPLE : **cette aide est réservée aux personnes les plus nécessiteuses** SIGNIFIE *cette aide est réservée aux personnes qui en ont le plus besoin financièrement*

néfaste

= mauvais, négatif

EXEMPLE : **cela aurait des conséquences néfastes sur le règlement de votre dossier** SIGNIFIE *cela aurait des conséquences négatives sur le règlement de votre dossier; cela n'aiderait pas du tout à régler votre dossier*

négative

♦ *dans la négative* = sinon, si ce n'est pas le cas

EXEMPLE : **vous devez avoir la nationalité française ou, dans la négative, résider régulièrement et habituellement en France** SIGNIFIE *vous devez avoir la nationalité française ou, sinon* ou *si ce n'est pas le cas, résider régulièrement et habituellement en France*

EXEMPLE : **vous devez répondre dans un délai d'un mois, dans la négative, je devrai vous faire expulser** SIGNIFIE *vous devez répondre dans un délai d'un mois; si vous ne répondez pas* ou *ne le faites pas, je devrai vous faire expulser*

♦ *répondre par la négative* = refuser, répondre non

EXEMPLE : **jusqu'à présent, la direction départementale a répondu par la négative** SIGNIFIE *jusqu'à présent, la direction départementale a refusé*

EXEMPLE : **vous avez répondu par la négative à cette question** SIGNIFIE *vous avez répondu non à cette question*

négligence

❒ (en droit) faute non volontaire qui consiste à ne pas avoir fait ce qu'on aurait dû ou pu faire, et qui peut donner lieu à un procès

❒ (au sens courant) = manque de soin ou d'attention

EXEMPLE : **la négligence apportée aux travaux de remise en état** SIGNIFIE *le manque de soin* ou *d'attention apporté aux travaux de remise en état*

négliger

= ne pas accorder d'importance à

EXEMPLE : **vous ne devez pas négliger ces risques** SIGNIFIE *vous devez prendre ces risques en compte*

EXEMPLE : **il ne m'apparaît pas que votre situation ait été négligée** SIGNIFIE *votre situation a bien été prise en compte*

♦ *négliger de faire (qqch)* = ne pas prendre soin de faire (qqch)

EXEMPLE : **vous avez négligé de vérifier ces renseignements** SIGNIFIE *vous n'avez pas pris soin de vérifier ces renseignements; vous n'avez pas vérifié ces renseignements alors que vous auriez dû le faire*

neutralisation

❒ (d'une arme) transformation pour la mettre hors d'usage

neutraliser

❒ (une arme) la transformer pour la mettre hors d'usage

neutralité

(on vous parle du traitement d'une affaire)

EXEMPLE : **les dossiers que nous traitons le sont en toute neutralité** SIGNIFIE *nous examinons les dossiers sans essayer d'avantager ou de désavantager personne*

nocif, -ive

= (qui peut être) dangereux

EXEMPLE : **des effets nocifs pour la santé** SIGNIFIE *des effets dangereux pour la santé*

nocivité

= effets dangereux

EXEMPLE : **pour réduire la nocivité de ces produits** SIGNIFIE *pour rendre ces produits moins dangereux*

nom

nom d'usage : nom qui peut être utilisé en plus ou à la place du nom de famille dans le courrier administratif mais qui n'est pas le nom inscrit à l'état civil (pour une femme mariée: le nom de son mari)

nom de naissance, nom patronymique = nom de famille, nom inscrit sur l'acte de naissance ou le livret de famille

(pour une femme) = nom de jeune fille

nomenclature

= liste

EXEMPLE : **les documents cochés sur la nomenclature** SIGNIFIE *les documents cochés sur la liste*

nominatif, -ive

= qui porte le(s) nom(s)

EXEMPLE : **les documents à caractère administratif nominatif qui vous concernent** SIGNIFIE *les documents administratifs qui portent votre nom*

EXEMPLE : **la liste nominative des em-**

ployés SIGNIFIE *la liste des noms des employés*

EXEMPLE : **des titres nominatifs** SIGNIFIE *des titres au nom de leur propriétaire*

nominativement
= en mentionnant le nom

EXEMPLE : **vous pouvez poursuivre nominativement ces médecins** SIGNIFIE *vous pouvez attaquer ces médecins en justice en donnant leurs noms*

EXEMPLE : **le permis peut être accordé nominativement dans certaines conditions** SIGNIFIE *un permis portant le nom du titulaire peut être accordé dans certaines conditions*

nommément
= en donnant le nom, par le nom

EXEMPLE : **il n'est pas cité nommément** SIGNIFIE *son nom n'est pas cité*

non aedificandi
zone non aedificandi : zone où il est interdit de construire

non-lieu
❒ décision de ne pas attaquer une personne en justice, prise pour des raisons de droit ou lorsqu'il n'y a pas assez de preuves

nonobstant
= malgré

EXEMPLE : **en cas de continuation des travaux nonobstant la décision judiciaire** SIGNIFIE *si les travaux continuent malgré la décision judiciaire*

notable
(fait, différence) = important

EXEMPLE : **tout changement notable dans votre situation familiale** SIGNIFIE *tout changement important dans votre situation familiale*

EXEMPLE : **l'augmentation notable de votre dette** SIGNIFIE *l'augmentation importante de votre dette*

notablement
= beaucoup, de manière importante

EXEMPLE : **l'ouvrage a été notablement modifié** SIGNIFIE *l'ouvrage a été modifié de manière importante*

notarié, e
= fait devant ou par un notaire

acte notarié : document fait par un notaire et qui peut servir de preuve

notification
❒ (dans une procédure) document qui informe une personne d'une décision la concernant; la réception par la personne concernée ou la présentation à la personne concernée de ce document ouvre généralement un délai de procédure

EXEMPLE : **la notification de décision vous sera adressée dans un délai de deux mois** SIGNIFIE *nous vous informerons de la décision par courrier dans un délai de deux mois*

EXEMPLE : **cette invitation à quitter le territoire vaut autorisation de séjour valable un mois à compter de sa notification** SIGNIFIE *cette invitation à quitter le territoire sert d'autorisation de séjour; elle est valable un mois à partir du moment où la personne la reçoit*

notifier
♦ *notifier (qqch) à (qqn) :*

(au sens général) = informer (officiellement) (qqn) de (qqch)

(dans une procédure) informer officiellement quelqu'un de quelque chose, généralement par lettre recommandée avec accusé de réception; la réception de cette lettre ouvre généralement un délai de procédure

EXEMPLE : **je dois vous notifier une décision de refus concernant votre demande** SIGNIFIE *je dois vous informer que votre demande a été refusée*

EXEMPLE : **j'essaierai de vous notifier la décision le plus vite possible** SIGNIFIE *j'essaierai de vous informer de la décision le plus vite possible*

EXEMPLE : **ces droits vous ont été notifiés** SIGNIFIE *vous avez été informé (officiellement) de ces droits*

notoire
= connu

EXEMPLE : **il est notoire que cette méthode n'est pas efficace** SIGNIFIE *tout le monde sait* ou *reconnaît que cette méthode n'est pas efficace*

notoirement

EXEMPLE : **ce fait est notoirement connu** SIGNIFIE *ce fait est connu de tous*

EXEMPLE : **l'équipement est notoirement inadapté** SIGNIFIE *tout le monde sait* ou *reconnaît que l'équipement est inadapté*

notoriété

acte de notoriété : document, écrit par un juge ou un notaire, qui donne des témoignages prouvant qu'un fait est connu par beaucoup de personnes

nue-propriété

❒ droit d'une personne sur un bien; elle ne peut cependant ni l'utiliser ni recevoir ce qu'il rapporte

bien en nue-propriété : bien sur lequel une personne a un droit; elle ne peut cependant ni l'utiliser ni recevoir ce qu'il rapporte

→ voir démembrement, jouissance, usufruit

nul, nulle

❒ (acte juridique) déclaré non valable parce qu'il ne remplit pas certaines conditions

♦ ***nul et non avenu*** = non valable et comme n'ayant jamais existé

EXEMPLE : **cet accord doit donc être considéré comme nul et non avenu** SIGNIFIE *cet accord doit donc être considéré comme non valable et comme n'ayant jamais existé*

nullement

= pas du tout, absolument pas

EXEMPLE : **cela ne signifie nullement que vous êtes dispensé de la taxe** SIGNIFIE *cela ne signifie (absolument) pas que vous êtes dispensé de la taxe*

nullité

❒ (d'un acte juridique) fait de ne pas être valable parce qu'il ne remplit pas certaines conditions

EXEMPLE : **ces clauses doivent être incluses dans le contrat sous peine de nullité** SIGNIFIE *si ces clauses ne sont pas incluses dans le contrat, il n'est pas valable; ces clauses doivent être inscrites dans le contrat pour qu'il soit valable*

entaché de nullité : contenant des éléments pouvant le rendre non valable (notamment parce que certaines conditions ne sont pas remplies)

EXEMPLE : **le testament serait alors entaché de nullité** SIGNIFIE *le testament pourrait alors être considéré comme non valable*

nu-propriétaire, nue-propriétaire

❒ propriétaire qui peut disposer de son bien comme il le souhaite (mais sans pouvoir l'utiliser ni recevoir ce qu'il rapporte)

O

obérer

1 (on vous parle d'argent) = endetter

EXEMPLE : **cette action a obéré les finances de votre association** SIGNIFIE *cette action a endetté votre association*

2 (on vous parle d'un projet, d'une situation) = mettre en danger

EXEMPLE : **pour ne pas obérer ce projet** SIGNIFIE *pour ne pas mettre en danger ce projet*

objecter

= donner comme argument (contraire)

EXEMPLE : **vous ne pouvez pas objecter le manque de temps** SIGNIFIE *vous ne pouvez pas donner comme argument le manque de temps (pour...)*

EXEMPLE : **vous objectez votre situation financière pour ne pas payer vos dettes** SIGNIFIE *vous dites que votre situation financière ne vous permet pas de payer vos dettes*

EXEMPLE : **on lui a objecté que le délai était dépassé** SIGNIFIE *on lui a répondu que le délai était dépassé*

objection

EXEMPLE : **si vous n'avez aucune objection à formuler concernant cette décision** SIGNIFIE *si vous n'avez rien à dire contre cette décision*

EXEMPLE : **dans l'hypothèse où la présente décision appellerait des objections de votre part** SIGNIFIE *si vous n'êtes pas d'accord avec cette décision*

objectiver

EXEMPLE : **le but de ces tests est d'objectiver la qualité du service** SIGNIFIE *ces tests cherchent à montrer la qualité du service*

EXEMPLE : **des difficultés d'insertion professionnelle objectivées par une longue durée d'inscription comme demandeur d'emploi** SIGNIFIE *des difficultés d'insertion professionnelle rendues évidentes par une longue durée d'inscription comme demandeur d'emploi*

obligé, e

♦ ***je vous serais obligé de*** = je vous serais reconnaissant de, je vous remercie de

EXEMPLE : **je vous serais obligé de me faire parvenir ce document** SIGNIFIE *je vous remercie de me faire parvenir ce document*

EXEMPLE : **je vous serais obligé d'assister à cette réunion** SIGNIFIE *je vous serais reconnaissant d'assister à cette réunion*

obligeance

♦ ***avoir l'obligeance de*** = bien vouloir

EXEMPLE : **je vous demanderais de bien vouloir avoir l'obligeance de venir déposer ce dossier dans nos services** SIGNIFIE *je vous demanderais de (bien vouloir) venir déposer ce dossier dans nos services*

EXEMPLE : **vous aurez l'obligeance d'effectuer ce versement** SIGNIFIE *merci d'effectuer ce versement*

oblitération

❐ **(d'un timbre)** marque faite sur un timbre pour qu'il ne puisse pas être utilisé deux fois

oblitérer

❐ **(un timbre)** marquer un timbre pour qu'il ne puisse pas être utilisé deux fois

obsolescence

EXEMPLE : **étant donné l'obsolescence de cet arrêté** SIGNIFIE *étant donné que cet arrêté n'est plus applicable*

obsolète

= qui n'est plus utilisé ou applicable

EXEMPLE : **c'est un classement obsolète** SIGNIFIE *c'est un (ancien) classement qui n'est plus utilisé*

obstruer

= boucher

EXEMPLE : **tout objet pouvant obstruer les égouts** SIGNIFIE *tout objet pouvant boucher les égouts*

obtempérer

= obéir

EXEMPLE : **si vous n'obtempérez pas à cette injonction** SIGNIFIE *si vous n'obéissez pas à cet ordre*

EXEMPLE : **vous n'avez pas obtempéré aux injonctions des services de police** SIGNIFIE *vous n'avez pas obéi aux ordres des services de police*

obtention

EXEMPLE : **les conditions d'obtention de cette aide** SIGNIFIE *les conditions à remplir pour obtenir cette aide*

EXEMPLE : **dans un délai de six mois à compter de l'obtention de cette autorisation** SIGNIFIE *dans un délai de six mois à compter du jour où vous obtiendrez cette autorisation*

obturer

= boucher

EXEMPLE : **les canalisations ont été obturées** SIGNIFIE *les canalisations ont été bouchées*

obvier

♦ *obvier à* = trouver une solution à, éviter, empêcher

EXEMPLE : **afin d'obvier aux inconvénients du système** SIGNIFIE *pour trouver une solution aux inconvénients du système*

EXEMPLE : **vous n'êtes pas en mesure d'obvier à ces risques** SIGNIFIE *vous n'êtes pas en mesure d'éviter ces risques*

occasionnel, -elle

EXEMPLE : **votre enfant peut prendre ses repas à la cantine de manière occasionnelle** SIGNIFIE *votre enfant peut prendre ses repas à la cantine de temps en temps*

travailleur occasionnel : employé salarié pour une durée qui ne dépasse pas un certain nombre d'heures, fixé par décret

occasionnellement

= de temps en temps

EXEMPLE : **si vous n'utilisez ce service qu'occasionnellement** SIGNIFIE *si vous n'utilisez ce service que de temps en temps; si vous n'utilisez pas ce service de façon régulière*

occupationnel, -elle

foyer occupationnel : résidence qui accueille des personnes qui ont un handicap important

occurrence

♦ *en l'occurrence* = dans le cas présent, dans ce cas

EXEMPLE : **vous devez vous adresser au service concerné, en l'occurrence la CAF** SIGNIFIE *vous devez vous adresser au service concerné, dans le cas présent la CAF; vous devez vous adresser à la CAF*

octroi

= attribution

EXEMPLE : **l'octroi d'un titre de transport à tarif réduit** SIGNIFIE *l'attribution d'un titre de transport à tarif réduit*

EXEMPLE : **avoir une vie familiale en France ne suffit pas pour prétendre à l'octroi d'un titre de séjour** SIGNIFIE *avoir une vie familiale en France ne suffit pas* *pour pouvoir obtenir une carte de séjour*

EXEMPLE : **la décision d'octroi de subvention n'est pas définitive** SIGNIFIE *la décision d'accorder la subvention n'est pas définitive*

EXEMPLE : **vous avez sollicité l'octroi du concours de la force publique** SIGNIFIE *vous avez demandé l'intervention de la force publique*

♦ *porter octroi de*= accorder

EXEMPLE : **l'arrêté portant octroi de la subvention de 4500 euros** SIGNIFIE *l'arrêté qui accorde la subvention de 4500 euros*

octroyer

= accorder, donner, attribuer

EXEMPLE : **nous pouvons vous octroyer une aide financière** SIGNIFIE *nous pouvons vous accorder une aide financière*

EXEMPLE : **la prime peut être octroyée sous certaines conditions** SIGNIFIE *la prime peut être accordée* ou *donnée sous certaines conditions*

œuvrer

= travailler, agir

EXEMPLE : **nous continuons à œuvrer pour trouver des solutions** SIGNIFIE *nous continuons à agir* ou *à travailler pour trouver des solutions*

d'office

= automatique, automatiquement

EXEMPLE : **la procédure de virement d'office** SIGNIFIE *la procédure de virement automatique*

EXEMPLE : **cette décision peut être annulée d'office par le juge** SIGNIFIE *cette décision peut être annulée automatiquement par le juge (sans que personne ne le lui ait demandé)*

avocat commis d'office : avocat désigné (par le bâtonnier) pour assister une personne

officialiser

= rendre officiel

EXEMPLE : **votre accord sera officialisé par le premier règlement** SIGNIFIE *votre accord deviendra officiel quand vous aurez fait le premier règlement*

EXEMPLE : **ce partage n'est pas le résultat d'un accord officialisé avec votre voisin** SIGNIFIE *ce partage n'a pas été fait selon un accord officiel avec votre voisin*

EXEMPLE : **la loi du 11 décembre 2001 a officialisé ces mesures** SIGNIFIE *la loi du 11 décembre a rendu ces mesures officielles*

officier

officier public : personne qui établit des documents constituant des preuves et exécutables sans jugement

→ voir ministériel

officieux, -ieuse

❒ non confirmé ou non garanti officiellement

EXEMPLE : **la version officieuse de l'affaire** SIGNIFIE *la version de l'affaire qui n'a pas été confirmée officiellement*

offusquer

= choquer, mécontenter

EXEMPLE : **vous avez été offusqué par sa réponse** SIGNIFIE *vous avez été choqué par sa réponse*

♦ *s'offusquer*= être choqué

EXEMPLE : **vous vous êtes offusqué de ces remarques** SIGNIFIE *vous avez été choqué par ces remarques*

olographe

→ voir testament

omettre

= oublier

EXEMPLE : **le document omis doit être remis rapidement** SIGNIFIE *le document qui n'a pas été envoyé* ou *donné doit être remis rapidement*

EXEMPLE : **il faudra payer 150 euros pour chaque document omis** SIGNIFIE *il faudra payer 150 euros pour chaque document manquant*

EXEMPLE : **cet aspect a été omis dans la présentation** SIGNIFIE *cet aspect a été oublié* ou *n'a pas été mentionné dans la présentation*

EXEMPLE : **vous avez omis d'envoyer votre déclaration** SIGNIFIE *vous avez oublié d'envoyer* ou *vous n'avez pas envoyé votre déclaration*

omission

= oubli

EXEMPLE : **l'omission totale de ces documents donne lieu à une amende** SIGNIFIE *si vous n'envoyez aucun de ces documents, vous risquez une amende*

EXEMPLE : **les omissions ou inexactitudes relevées dans votre déclaration** SIGNIFIE *les informations inexactes ou que vous n'avez pas mentionnées dans votre déclaration*

onéreux, -euse

(on vous parle d'argent) = cher

EXEMPLE : **un document prouvant le caractère onéreux de l'acquisition du terrain** SIGNIFIE *un document prouvant que le terrain a été acheté*

à titre onéreux : contre de l'argent ou en échange d'un autre bien

EXEMPLE : **les biens acquis à titre onéreux** SIGNIFIE *les biens achetés* ou *échangés contre d'autres biens*

EXEMPLE : **si les produits ne sont pas cédés à titre onéreux ou gratuit** SIGNIFIE *si les produits ne sont ni vendus ni donnés*

opérant, e

= efficace

EXEMPLE : **ce programme a été moins opérant que prévu** SIGNIFIE *ce programme a été moins efficace que prévu*

EXEMPLE : **ce dossier n'est pas opérant au titre de l'arrêté du 12 décembre 1997** SIGNIFIE *d'après l'arrêté du 12 décembre 1997, ce dossier n'est pas valable*

opératoire

mode opératoire : façon de procéder, manière de faire

EXEMPLE : **vous n'avez donné aucune information sur le mode opératoire des travaux** SIGNIFIE *vous n'avez donné aucune information sur la manière dont les travaux sont faits; vous n'avez donné aucune information sur la réalisation des travaux*

opportun, e

EXEMPLE : **ces mesures ne m'apparaissent pas opportunes** SIGNIFIE *je ne pense pas qu'il convienne* ou *qu'il soit bon de prendre ces mesures*

EXEMPLE : **si vous le jugez opportun** SIGNIFIE *si vous le jugez utile*

EXEMPLE : **il serait opportun que vous vous présentiez à cette agence** SIGNIFIE *il faudrait que vous vous présentiez à cette agence*

♦ *en temps opportun* = en temps utile

EXEMPLE : **vous serez averti en temps opportun** SIGNIFIE *vous serez averti en temps utile* ou *le moment venu*

opportunément

EXEMPLE : **comme vous l'avez opportunément rappelé** SIGNIFIE *comme vous avez eu raison de le rappeler*

EXEMPLE : **cette personne est arrivée opportunément sur les lieux** SIGNIFIE *cette personne est arrivée au bon moment sur les lieux*

opportunité

1 (on vous parle de convenance)

EXEMPLE : **il appartient au maire d'apprécier l'opportunité d'installer ce panneau** SIGNIFIE *c'est au maire de dire s'il est souhaitable d'installer ou non ce panneau*

EXEMPLE : **je m'interroge sur l'opportunité de...** SIGNIFIE *je me demande s'il convient* ou *s'il est souhaitable de...*

2 (on vous parle de circonstances) = occasion

EXEMPLE : **je vous contacterai si une opportunité se présente** SIGNIFIE *je vous contacterai si une occasion se présente*

opposabilité

❐ (d'un document) fait de pouvoir être utilisé pour faire reconnaître et respecter l'existence d'un acte ou d'une situation

opposable

❐ (texte, situation, document, etc) que l'on peut utiliser pour faire reconnaître et respecter l'existence d'un acte ou d'une situation

EXEMPLE : **le document ne vous est pas opposable car il n'a pas été publié** SIGNIFIE *le document ne peut pas être utilisé contre vous puisqu'il n'a pas été publié*

opposant, e

❒ (personne) qui s'oppose à un acte ou à un jugement

opposition

opposition de conscience : interdiction totale de chasser, imposée par un propriétaire sur ses terres, au nom de convictions personnelles

♦ *faire opposition ; former opposition :*
(on vous parle d'un jugement) contester une décision de justice prise en son absence ou en l'absence de son représentant pour faire rejuger l'affaire par le même tribunal
(on vous parle d'argent) demander à sa banque de ne pas payer un ordre de paiement (notamment chèque, carte de paiement)

opter

♦ *opter pour* = choisir

EXEMPLE : **vous avez opté pour cette solution** SIGNIFIE *vous avez choisi cette solution*

optimal, e (masc. pl. aux)

= le meilleur (possible)

EXEMPLE : **les conditions optimales de réussite** SIGNIFIE *les meilleures conditions de réussite (possibles)*

EXEMPLE : **pour un fonctionnement optimal** SIGNIFIE *pour le meilleur fonctionnement possible*

ordinaire

♦ *en milieu ordinaire* (on vous parle d'un travail) : dans un milieu qui n'est pas particulièrement adapté aux personnes handicapées

ordonnance

1 (on vous parle d'un texte législatif) règlement qui a la valeur d'une loi

2 (on vous parle d'une décision juridique) décision prise par un juge unique

→ voir pénal, référé

ordonnancement

❒ (on vous parle de dépenses publiques) acte qui donne l'ordre à un comptable public de payer la dette d'un organisme public

ordonnateur, -trice

❒ (on vous parle de dépenses publiques) autorité qui peut donner l'ordre de recevoir ou de verser une somme au nom d'un organisme public

ordre

ordre public : ensemble de règles qui régissent la vie en société et permettent à chacun d'y exercer ses droits; le respect de ces règles assure la sécurité, la salubrité, la moralité et la tranquillité publique

♦ *porter ordre de* = donner l'ordre de, ordonner

EXEMPLE : **un arrêté portant ordre d'interruption des travaux** SIGNIFIE *un arrêté donnant l'ordre d'interrompre les travaux*

organique

loi organique : loi votée par le Parlement qui fixe des règles liées à la structure et au fonctionnement des institutions de l'État

originaire

♦ *originaire de* = né en ou dans, venant de

EXEMPLE : **les personnes originaires du département de l'Aube** SIGNIFIE *les personnes nées dans le département de l'Aube*

EXEMPLE : **le pays dont il est originaire** SIGNIFIE *le pays où il est né; son pays d'origine*

ouïr

= entendre

EXEMPLE : **ayant ouï cet exposé, le conseil a approuvé ces propositions** SIGNIFIE *après avoir entendu cet exposé, le conseil a approuvé ces propositions*

outrage

❒ (à un agent, un magistrat, etc) délit qui consiste à mettre en cause l'honneur ou le respect de certaines personnes dans l'exercice de leurs fonctions; depuis la loi n°2003-239 du 18 mars 2003, concerne également le manque de respect à l'hymne national ou au drapeau tricolore

outre

= en plus de

EXEMPLE : **vous devez m'envoyer, outre ce document, l'original de la lettre** SIGNIFIE *vous devez m'envoyer, en plus de ce document, l'original de la lettre*

EXEMPLE : **outre que votre demande nous est parvenue trop tard, le dossier est incomplet** SIGNIFIE *non seulement votre demande nous est parvenue trop tard, mais de plus le dossier est incomplet*

♦ *en outre* = également, de plus

EXEMPLE : **je vous précise en outre que les frais d'examen seront à votre charge** SIGNIFIE *je vous précise également que les frais d'examen seront à votre charge; de plus, je vous précise que les frais d'examen seront à votre charge*

♦ *outre mesure* = trop

EXEMPLE : **vous ne devez pas vous inquiéter outre mesure** SIGNIFIE *vous ne devez pas trop vous inquiéter*

♦ *passer outre* = ne pas tenir compte de

EXEMPLE : **votre avis doit me parvenir dans un délai de 45 jours, faute de quoi il sera passé outre** SIGNIFIE *votre avis doit me parvenir dans un délai de 45 jours, sinon il ne sera pas pris en compte*

ouverture

♦ *porter ouverture de* = ouvrir

EXEMPLE : **la notification des Assedic portant ouverture de vos droits pour l'année 2003** SIGNIFIE *la notification des Assedic qui ouvre vos droits pour l'année 2003*

ouvrable

jour ouvrable : jour de la semaine (sauf dimanche et jour férié)

ouvré

jour ouvré : jour travaillé

P

pacte

pacte tontinier : accord entre plusieurs personnes qui achètent un bien en commun; chacun a le droit, de son vivant, de profiter du bien, mais seul le survivant de tous en sera propriétaire

paierie

❒ bureau et service du comptable du Trésor public

paisiblement

❒ (au sens général) = tranquillement

EXEMPLE : **pour vous permettre de demeurer paisiblement sur le territoire français** SIGNIFIE *pour vous permettre de rester sur le territoire français sans être inquiété* ou *en toute tranquillité*

❒ (pour une location) de manière normale

EXEMPLE : **l'article 7 oblige le locataire à user paisiblement des locaux** SIGNIFIE *l'article 7 oblige le locataire à utiliser les locaux d'une manière normale*

palliatif, -ive

❒ (soins) qui calment la douleur sans agir sur la cause de la maladie

❒ (travaux) qui offrent une solution temporaire mais insuffisante à long terme

❒ (mesure) qui résout un problème de manière temporaire

pallier

(des difficultés) = résoudre (de manière provisoire), trouver une solution (temporaire) à

EXEMPLE : **pour vous aider à pallier ces difficultés** SIGNIFIE *pour vous aider à trouver une solution (temporaire) à ces difficultés; pour vous aider à résoudre ces difficultés*

(une carence, un manque) = compenser

EXEMPLE : **pour pallier l'absence d'aide financière** SIGNIFIE *pour compenser l'absence d'aide financière*

papier

papier libre : simple feuille de papier papier sans timbre fiscal

EXEMPLE : **il vous faudra nous faire parvenir une demande sur papier libre** SIGNIFIE *vous devrez nous faire parvenir une demande sur une simple feuille de papier*

parafe, paraphe

= initiales (du nom)

EXEMPLE : **signez de votre paraphe au bas de chaque page** SIGNIFIE *signez en mettant vos initiales au bas de chaque page*

parafer, parapher

= mettre ses initiales sur

EXEMPLE : **je vous demande de bien vouloir parapher et signer le projet** SIGNIFIE *je vous demande de bien vouloir mettre vos initiales sur chaque page du projet et de le signer*

parafiscal, e (masc. pl. -aux)

❒ (taxe, cotisation) perçue sous l'autorité de l'État pour le compte d'organismes autonomes

parafiscalité

❒ ensemble des taxes et des cotisations perçues sous l'autorité de l'État pour le compte d'organismes autonomes

parcellaire

1 (terrain, enquête, registre) qui concerne des parcelles ou des lots de terre

EXEMPLE : **je vous informe que le registre parcellaire a fait l'objet de modifications** SIGNIFIE *je vous informe que le registre qui concerne les parcelles de terre a été modifié*

2 (renseignements) = incomplet

EXEMPLE : **ces informations sont trop parcellaires** SIGNIFIE *ces informations sont trop incomplètes*

parcelle

❒ terrain délimité et numéroté par le cadastre

par-devant

= devant, en présence de

EXEMPLE : **il a fait un testament par-devant notaire** SIGNIFIE *il a fait un testament chez le notaire* ou *avec le notaire*

pareillement

= de la même manière, aussi

EXEMPLE : **ils en ont pareillement le droit** SIGNIFIE *ils en ont aussi le droit*

EXEMPLE : **vous devez procéder pareillement** SIGNIFIE *vous devez agir de la même manière; vous devez faire la même chose*

EXEMPLE : **il en va pareillement pour tout document administratif** SIGNIFIE *c'est la même chose pour tous les documents administratifs*

parental, e (masc. pl. -aux)

allocation parentale d'éducation : aide financière donnée aux parents qui ont au moins deux enfants et dont le dernier a moins de trois ans, sous certaines conditions de durée d'activité professionnelle

autorité parentale : ensemble des droits et des devoirs de garde, de surveillance et d'éducation du parent envers son enfant, de sa naissance jusqu'à sa majorité ou son émancipation; cette autorité s'exerce aussi sur les biens de l'enfant

congé parental : congé accordé aux parents par l'entreprise, à la naissance d'un enfant

parenté

EXEMPLE : **quel est votre degré de parenté avec cette personne?** SIGNIFIE *quels sont vos liens familiaux avec cette personne? (est-ce votre fils, votre cousine, votre grand-père, etc?)*

lien de parenté : lien entre des personnes nées les unes des autres ou d'un ancêtre commun (par exemple: père/fils; grand-mère/petit-fils, cousin, etc)

EXEMPLE : **un document attestant du lien de parenté qui vous unit à la personne que vous souhaitez retrouver** SIGNIFIE *un document prouvant que la personne que vous souhaitez retrouver est de votre famille*

parer

♦ *parer à* = faire face à, se protéger contre

EXEMPLE : **les mesures prévues pour parer à ces risques** SIGNIFIE *les mesures prévues pour faire face à* ou *se protéger contre ces risques*

EXEMPLE : **pour parer à cette situation** SIGNIFIE *pour faire face à cette situation*

paritaire

❒ (commission, comité) composé d'un nombre égal de représentants de chaque groupe concerné

paritairement

❒ (on vous parle d'une commission) avec un nombre égal de représentants de chaque groupe concerné

parité

1 (de groupes différents) = répartition égale

EXEMPLE : **la parité hommes-femmes n'est pas respectée pour ces postes**

SIGNIFIE *la répartition égale de ces postes entre les hommes et les femmes n'est pas respectée*

EXEMPLE : **l'association est subventionnée à parité par la ville et l'État** SIGNIFIE *l'association reçoit la moitié de sa subvention de la ville et l'autre moitié de l'État*

2 (on vous parle d'une monnaie)

EXEMPLE : **parité: 1 euro = 6.55957 francs** SIGNIFIE *équivalence: 1 euro = 6.55957 francs*

parquet

❒ (on vous parle de justice) magistrats chargés de demander, au nom de la société, que la loi soit appliquée

part

1 (on vous parle d'un impôt) unité de base qui sert à calculer l'impôt sur le revenu (en principe, une part est attribuée à chaque contribuable et une demi-part à chaque enfant)

→ voir demi-part

2 *faire part à (qqn) de (qqch)* = informer (qqn) de (qqch) , communiquer (qqch) à (qqn)

EXEMPLE : **je ne manquerai pas de vous faire part de leurs conclusions** SIGNIFIE *je vous informerai de leurs conclusions; je vous communiquerai leurs conclusions*

EXEMPLE : **je tiens à vous faire part des précisions suivantes** SIGNIFIE *je tiens à vous communiquer les précisions suivantes; je tiens à vous préciser ceci*

♦ *prendre part à* = participer à

partant

= ainsi, donc

EXEMPLE : **partant, cet argument n'est pas fondé** SIGNIFIE *cet argument n'est donc pas fondé*

partenariat

= collaboration, association

❒ groupement de personnes, d'entreprises ou d'institutions qui mènent une action commune

particulier, -ière

♦ *au cas particulier* = dans ce cas (précis)

EXEMPLE : **au cas particulier, l'examen des documents a prouvé le contraire** SIGNIFIE *dans ce cas (précis), l'examen des documents a prouvé le contraire*

partie

❒ (à un contrat) personne physique ou morale engagée par un contrat

❒ (à un procès) personne physique ou morale engagée dans un procès

partiel, -ielle

EXEMPLE : **le reversement total ou partiel des sommes** SIGNIFIE *le reversement d'une partie ou de la totalité des sommes*

EXEMPLE : **la commission autorise le maintien partiel de vos allocations** SIGNIFIE *la commission autorise qu'une partie des allocations continue à vous être versée*

EXEMPLE : **en cas de réalisation partielle des travaux** SIGNIFIE *si seulement une partie des travaux est réalisée*

partiellement

= en partie

EXEMPLE : **vos allocations peuvent être partiellement maintenues** SIGNIFIE *vos allocations peuvent être en partie maintenues; une partie de vos allocations peut être maintenue*

passation

(d'un contrat)

EXEMPLE : **la passation de ce contrat n'est pas encore intervenue** SIGNIFIE *le contrat n'a pas encore été passé* ou *signé*

passe-droit

❒ faveur accordée contre le droit, l'usage

passible

♦ *passible de* (on vous parle de peine) = (qui peut être) puni par

EXEMPLE : **c'est un délit passible d'une amende de 5 000 euros** SIGNIFIE *c'est un délit puni d'une amende de 5 000 euros*

EXEMPLE : **toute fausse déclaration est passible des peines prévues par l'article 154 du code pénal** SIGNIFIE *toute fausse déclaration est punie par les pei-*

nes prévues dans l'article 154 du code pénal

EXEMPLE : **si vous vous mainteniez sur le territoire, vous seriez passible d'un arrêté préfectoral de reconduite à la frontière** SIGNIFIE *si vous restiez sur le territoire, vous seriez reconduit à la frontière, comme l'autorise un arrêté préfectoral*

passif

1 (au sens général) ensemble de ce que doit une entreprise, une personne

2 (en comptabilité) ensemble des ressources d'une entreprise (capitaux propres, dettes)

patent, e

= évident

EXEMPLE : **les résultats sont patents** SIGNIFIE *les résultats sont évidents*

EXEMPLE : **il est patent que le problème ne se situe pas là** SIGNIFIE *il est évident que le problème ne se situe pas là; le problème n'est évidemment pas là*

patrimoine

❐ (d'une personne) ensemble de ses biens, créances et dettes

EXEMPLE : **votre patrimoine immobilier** SIGNIFIE *vos biens immobiliers*

patrimonial, e (masc. pl. -iaux)

❐ qui concerne les biens, les créances et les dettes d'une personne

EXEMPLE : **donnez-nous des renseignements sur votre situation patrimoniale** SIGNIFIE *donnez-nous des renseignements sur vos biens*

patronyme

= nom de famille, nom inscrit sur l'acte de naissance ou le livret de famille

(pour une femme) = nom de jeune fille

patronymique

→ voir nom

pâture

droit de vaine pâture : droit établi sur un usage qui permet aux habitants d'une commune de faire paître leurs troupeaux sur les terres communes

pécuniaire

= financier

EXEMPLE : **vous vous trouvez dans une situation pécuniaire difficile** SIGNIFIE *vous vous trouvez dans une situation financière difficile*

pécuniairement

= financièrement

EXEMPLE : **vous n'en avez pas besoin pécuniairement** SIGNIFIE *vous n'en avez pas besoin financièrement*

EXEMPLE : **les travaux vous incombent pécuniairement** SIGNIFIE *c'est à vous de payer les travaux*

peine

❐ punition prévue par la loi, appliquée à une personne qui a commis une faute

♦ *sous peine de*

EXEMPLE : **le locataire doit s'acquitter de son loyer, sous peine de poursuites devant les tribunaux** SIGNIFIE *le locataire doit payer son loyer, sinon il peut être poursuivi devant les tribunaux*

EXEMPLE : **le projet ne doit pas commencer avant la date de dépôt du dossier sous peine de perdre toute possibilité de subventionnement** SIGNIFIE *le projet ne doit pas commencer avant la date de dépôt du dossier; sinon, il risque de ne pas recevoir de subvention*

♦ *à peine de*

EXEMPLE : **la procédure ne peut, à peine d'irrecevabilité, être engagée avant cette date** SIGNIFIE *la procédure ne peut pas être engagée avant cette date; sinon elle serait irrecevable*

pénal, e (masc. pl. -aux)

❐ qui concerne les infractions et les peines

EXEMPLE : **vous risquez des poursuites sur le plan pénal** SIGNIFIE *vous risquez de devoir passer devant un tribunal et d'être condamné à une peine*

code pénal : textes qui définissent les infractions et précisent les peines à leur appliquer

ordonnance pénale : décision du juge du tribunal de police (dans le cadre d'une procédure simplifiée)

sanction pénale : peine de prison, amende, jour-amende (passé à travailler pour la collectivité)

EXEMPLE : **vous vous exposez à des sanctions pénales** SIGNIFIE *vous risquez de devoir payer une amende* ou *d'aller en prison, etc*

→ voir jour-amende

pénalement

❒ d'après les lois et les règlements sur les infractions

pénalisant, e

= qui désavantage

EXEMPLE : **cela pourrait être pénalisant pour les nouveaux inscrits** SIGNIFIE *cela pourrait désavantager les nouveaux inscrits*

pénaliser

= désavantager

EXEMPLE : **cette mesure ne vous pénalise pas du tout** SIGNIFIE *cette mesure ne vous désavantage pas du tout*

pénalité

(on vous parle d'argent) = amende, sanction financière

pénalité de retard : amende pour retard de paiement

pénitentiaire

(service, administration) = de la prison

EXEMPLE : **adressez-vous aux services pénitentiaires** SIGNIFIE *adressez-vous aux services de la prison*

établissement pénitentiaire, centre pénitentiaire : prison

pénultième

= avant-dernier

EXEMPLE : **au cours de la pénultième année** SIGNIFIE *au cours de l'avant-dernière année*

pénurie

= manque

EXEMPLE : **le département connaît une situation de pénurie en matière de logements sociaux** SIGNIFIE *le département manque de logements sociaux; le département n'a pas assez de logements sociaux*

percepteur, -trice

❒ personne qui encaisse les impôts directs et les amendes

perception

1 (on vous parle d'une action) = collecte

EXEMPLE : **ce service est en charge de la perception de la taxe** SIGNIFIE *ce service est chargé de collecter la taxe*

titre de perception : document qui établit ce qui est dû à l'Administration et l'autorise à se faire payer

2 (on vous parle d'un lieu) = bureau du percepteur

EXEMPLE : **vous présenterez les factures à votre perception** SIGNIFIE *vous présenterez les factures au bureau du percepteur*

percevoir

(de l'argent) = recevoir

EXEMPLE : **si vous percevez le RMI, vous devez contacter ce service** SIGNIFIE *si vous recevez le RMI, vous devez contacter ce service*

perdurer

(on vous parle d'une situation) = durer, continuer

EXEMPLE : **une telle situation ne peut perdurer** SIGNIFIE *une telle situation ne peut pas durer* ou *continuer*

péremption

❒ (en droit) disparition d'un droit parce qu'un délai a été dépassé

EXEMPLE : **dans ce cas, il y a péremption de la carte de résident** SIGNIFIE *dans ce cas, la carte de résident n'est plus valable*

date de péremption (d'un produit) : date après laquelle un produit n'est plus consommable

pérenne

= durable

EXEMPLE : **le bénéfice du RMI n'est pé-**

renne qu'à cette condition SIGNIFIE *vous ne pourrez continuer à bénéficier du RMI qu'à cette condition*

EXEMPLE : **ce principe rend pérenne l'accord jusqu'à la fin de l'année** SIGNIFIE *ce principe rend l'accord valable jusqu'à la fin de l'année; ce principe fait durer l'accord jusqu'à la fin de l'année*

pérennisation

EXEMPLE : **nous souhaitons la pérennisation des emplois créés** SIGNIFIE *nous souhaitons que les emplois créés soient durables*

pérenniser

= rendre durable, faire durer

EXEMPLE : **pour pérenniser ces emplois** SIGNIFIE *pour rendre ces emplois durables*

EXEMPLE : **cela permettrait de pérenniser la formation** SIGNIFIE *cela permettrait de continuer à assurer la formation*

EXEMPLE : **cette décision d'exonération ne pourra être pérennisée** SIGNIFIE *cette décision d'exonération ne pourra pas durer* ou *être maintenue*

pérennité

EXEMPLE : **pour assurer la pérennité de ces emplois** SIGNIFIE *pour rendre ces emplois durables*

EXEMPLE : **la pérennité du projet est mise en cause** SIGNIFIE *la poursuite du projet est mise en cause; la possibilité que le projet se poursuive* ou *se développe est mise en cause*

péréquation

❒ (en droit administratif) ajustement des traitements, pensions et impôts au coût de la vie ou pour une répartition harmonieuse

❒ (pour des pensions, des traitements) réajustement

❒ (pour la notation) harmonisation de la notation d'un examen ou d'un concours entre les différents correcteurs, pour compenser la plus ou moins grande sévérité de ceux-ci

péril

= danger

♦ *mettre en péril* = mettre en danger, menacer

EXEMPLE : **vous devez apporter des preuves que votre sécurité se trouve en péril** SIGNIFIE *vous devez apporter des preuves que votre sécurité est menacée; vous devez apporter des preuves que votre sécurité est en danger*

périmé, e

(autorisation, document) = qui n'est plus valable

EXEMPLE : **votre certificat de résidence est périmé depuis 2003** SIGNIFIE *votre certificat de résidence n'est plus valable depuis 2003*

périmètre

(on vous parle d'un espace) = zone, surface

EXEMPLE : **hors du périmètre constructible** SIGNIFIE *hors de la zone* ou *de la surface constructible*

EXEMPLE : **votre terrain est situé dans le périmètre de protection de l'église** SIGNIFIE *votre terrain est situé dans la zone de protection de l'église*

périodicité

EXEMPLE : **la périodicité des taxes est mensuelle** SIGNIFIE *le paiement des taxes se fait tous les mois*

EXEMPLE : **les contrôles interviendront selon une périodicité de 5 ans** SIGNIFIE *les contrôles seront faits tous les 5 ans*

périodique

= fait à intervalles réguliers, fait régulièrement

EXEMPLE : **l'installation doit subir des contrôles périodiques** SIGNIFIE *l'installation doit être contrôlée régulièrement*

périodiquement

= à intervalles réguliers, régulièrement

EXEMPLE : **le programme doit être renouvelé périodiquement** SIGNIFIE *le programme doit être renouvelé à intervalles réguliers* ou *régulièrement*

péri(-)scolaire

❒ (activités) en dehors de la classe ou de l'école

périssable

❒ (produit) qui se conserve mal

permissionnaire

❐ personne qui a un permis

perpétrer

= commettre, faire

EXEMPLE : **les exactions perpétrées à l'encontre du personnel** SIGNIFIE *les mauvais traitements infligés au personnel*

perpétuel, -elle

1 (concession, rente) accordée pour une durée illimitée

♦ *à titre perpétuel* : pour une durée illimitée

EXEMPLE : **en dehors du terrain concédé à titre perpétuel** SIGNIFIE *en dehors du terrain concédé pour une durée illimitée*

EXEMPLE : **à titre trentenaire ou perpétuel** SIGNIFIE *pour trente ans ou pour une durée illimitée*

2 (au sens courant) = continuel

EXEMPLE : **cette situation est en perpétuelle évolution** SIGNIFIE *celle situation est en continuelle évolution; cette situation évolue sans arrêt*

perpétuellement

= toujours, tout le temps, sans arrêt

EXEMPLE : **en arrivant perpétuellement en retard** SIGNIFIE *en arrivant toujours en retard*

EXEMPLE : **un environnement perpétuellement changeant** SIGNIFIE *un environnement qui change tout le temps* ou *sans arrêt*

perpétuer

= continuer, faire durer

EXEMPLE : **en perpétuant cette méthode** SIGNIFIE *en continuant à utiliser cette méthode*

EXEMPLE : **pour éviter de perpétuer cette situation** SIGNIFIE *pour éviter que cette situation ne dure; pour que cette situation cesse*

♦ *se perpétuer* = continuer, durer

EXEMPLE : **cette situation s'est perpétuée jusqu'à l'année passée** SIGNIFIE *cette situation a duré jusqu'à l'année passée*

perquisition

❐ recherche d'éléments de preuve faite par la police ou par la justice chez quelqu'un ou dans un autre endroit

EXEMPLE : **la police a effectué une perquisition à votre domicile** SIGNIFIE *la police a recherché des éléments de preuve chez vous*

perquisitionner

❐ rechercher des éléments de preuve (chez une personne ou dans un autre endroit)

EXEMPLE : **la police a perquisitionné dans vos locaux** SIGNIFIE *la police a recherché des éléments de preuve dans vos locaux*

personne

personne morale : groupe qui a une existence juridique et donc des droits et des obligations (par exemple: institutions, organismes, sociétés, associations, établissements publics)

personne physique : individu, personne

perspective

♦ *dans la perspective de :*

(on vous parle d'objectif) = dans le but de, pour

EXEMPLE : **c'est dans cette perspective que vous avez déposé un dossier de candidature** SIGNIFIE *c'est dans ce but que vous avez déposé un dossier de candidature*

(on vous parle de possibilité) = dans l'hypothèse où, dans le cas où

EXEMPLE : **dans la perspective de votre démission** SIGNIFIE *dans le cas où vous démissionneriez*

pertinence

(d'un choix, d'une demande)

EXEMPLE : **nous mettons en doute la pertinence de ce choix** SIGNIFIE *nous mettons en doute l'intérêt* ou *la justesse de ce choix; nous ne sommes pas sûrs que ce soit un bon choix*

EXEMPLE : **pour juger de la pertinence de votre demande** SIGNIFIE *pour savoir si vous avez de bonnes raisons de faire cette demande*

pertinent, e

(réponse) = adapté

(remarque) = de bon sens

EXEMPLE : **vos remarques sont tout à fait pertinentes** SIGNIFIE *vous avez tout à fait raison de faire ces remarques*

pétition

❒ (au sens courant) plainte ou réclamation adressée aux pouvoirs publics par une personne ou un groupe de personnes

pétition d'hérédité : action en justice par laquelle une personne demande la reconnaissance de son droit à l'héritage

pétitionnaire

❒ (on vous parle d'une réclamation) personne qui signe une pétition

❒ (on vous parle d'une demande) personne qui fait une demande

EXEMPLE : **le pétitionnaire n'a pas à justifier de sa qualité d'agriculteur pour obtenir un permis de construire** SIGNIFIE *la personne qui demande un permis de construire n'a pas à prouver qu'il est agriculteur pour l'obtenir*

phytosanitaire

❒ (diagnostic, certificat) sur l'état des arbres, des plantes

❒ (produit) de soins des arbres, des plantes

plafond

❒ (on vous parle d'une limite) maximum qu'on ne peut dépasser

EXEMPLE : **cette allocation est réservée aux personnes ne percevant pas un certain plafond de ressources** SIGNIFIE *cette allocation est réservée aux personnes dont les ressources sont inférieures à une certaine somme*

plafonnement

(d'une somme) = limitation

EXEMPLE : **il y a un plafonnement des aides financières** SIGNIFIE *les aides financières sont limitées (à une certaine somme)*

plafonner

(une somme) = limiter

EXEMPLE : **le montant des travaux est plafonné à 15 000 euros** SIGNIFIE *le montant des travaux est limité à 15 000 euros; le montant des travaux ne peut pas dépasser 15 000 euros*

plaider

1 (une cause) = défendre (en justice)

2 (un fait, un état) = donner comme argument de défense

EXEMPLE : **l'avocat a plaidé la démence de son client** SIGNIFIE *l'avocat a donné comme argument de défense que son client était dément*

♦ *plaider coupable* : reconnaître que l'on est coupable

♦ *plaider non coupable* : dire que l'on est innocent

3 (l'acquittement, la relaxe) = réclamer

plaideur, -euse

❒ personne engagée dans un procès

plaidoirie

❒ exposé devant un tribunal, des faits, des demandes et des arguments des parties; cet exposé est fait soit par les parties soit par leurs avocats

plaignant, e

❒ (personne) qui dépose une plainte en justice ou qui fait un procès

de plain-pied

❒ (on vous parle d'une habitation) d'un seul niveau

EXEMPLE : **des logements individuels de plain-pied** SIGNIFIE *des logements individuels d'un seul niveau*

plainte

❒ fait de signaler à la justice un acte dont on dit être la victime

♦ *porter plainte ; déposer plainte* : signaler à la justice un acte dont on dit être la victime

plan

plan d'occupation des sols : document qui fixe les règles d'utilisation et de construction des sols de la commune par zone et à partir duquel les demandes de permis de construire sont étudiées; depuis le 1er avril 2001, il est remplacé par le Plan local d'urbanisme

plan local d'urbanisme : document qui remplace le Plan d'occupation des sols depuis le 1e avril 2001 comme document de référence qui fixe les règles d'utilisation et de construction des sols d'une ou de plusieurs communes; le PLU découpe le terrain en zones selon leurs caractéristiques (habitat, activités industrielles, commerciales, espaces agricoles, etc) en tenant compte de ce qui existe déjà et des évolutions futures

pleinement

= entièrement, complètement

EXEMPLE : **nous espérons que cette nouvelle procédure vous donnera pleinement satisfaction** SIGNIFIE *nous espérons que cette nouvelle procédure vous donnera entièrement satisfaction*

plénière

❐ (assemblée, séance, commission) où tous les membres sont présents

pléthorique

= trop abondant, trop nombreux

EXEMPLE : **une main-d'œuvre pléthorique** SIGNIFIE *une main-d'œuvre trop abondante* ou *nombreuse*

EXEMPLE : **les effectifs sont pléthoriques dans les classes de ce lycée** SIGNIFIE *les effectifs sont trop importants dans les classes de ce lycée; les classes de ce lycée sont surchargées*

pluriannuel, -elle

= qui dure plusieurs années, sur plusieurs années

EXEMPLE : **des dépenses pluriannuelles** SIGNIFIE *des dépenses faites sur plusieurs années*

plus-value

= augmentation de valeur

EXEMPLE : **en tenant compte de la plus-value du logement** SIGNIFIE *en tenant compte de l'augmentation du logement*

polygame

❐ marié(e) à plusieurs femmes/hommes

polygamie

❐ fait d'être marié(e) à plusieurs femmes/hommes

polyvalent, e

❐ (employé) qui peut avoir différentes fonctions

❐ (appareil, local) qui peut avoir différents usages

ponctuel, -elle

(on vous parle de détails) = (fait) sur des points précis

(on vous parle de fréquence) = fait de temps en temps ou régulièrement

EXEMPLE : **il y aura des contrôles ponctuels** SIGNIFIE *il y aura des contrôles sur des points précis (ou de temps en temps)*

ponctuellement

(on vous parle de détails) = sur des points précis

(on vous parle de fréquence) = de temps en temps

EXEMPLE : **nous intervenons ponctuellement** SIGNIFIE *nous intervenons sur des points précis; nous intervenons de temps en temps*

pondération

1 (de paroles, dans le comportement) = modération

EXEMPLE : **vous devriez faire preuve de plus de pondération dans vos propos** SIGNIFIE *vous devriez être plus modéré* ou *mesuré dans vos propos*

2 (d'un calcul) attribution à chacun des éléments qui servent à calculer une moyenne ou un indice, d'une valeur qui exprime son importance relative par rapport aux autres éléments

pondéré, e

1 (paroles, comportement) = modéré, posé, mesuré

EXEMPLE : **il tient des propos plus pondérés** SIGNIFIE *il tient des propos plus modérés* ou *mesurés*

2 (moyenne, indice) calculé en attribuant à chacun de ses composants une valeur qui exprime son importance relative par rapport aux autres éléments

pondérer

1 (ses paroles, son comportement) = modérer, mesurer

EXEMPLE : **il faudrait pondérer vos propos** SIGNIFIE *il faudrait modérer* ou *mesurer vos propos*

2 (une moyenne, un indice) attribuer à chacun des éléments qui le compose une valeur qui exprime son importance relative par rapport aux autres éléments

porte-fort

♦ *promesse de porte-fort :* engagement par lequel une personne promet qu'elle obtiendra l'accord d'une autre personne à un acte juridique (vente, partage, achat, etc.) ; elle prend alors le risque de devoir verser une indemnité dans le cas où l'acte juridique ne serait pas approuvé

positif, -ive

actes positifs de recherche d'emploi : envoi de lettres de candidature, de CV, entretiens, qui prouvent qu'un emploi est vraiment recherché

positivement

1 (on vous parle d'accord) = de manière positive

EXEMPLE : **j'ai répondu positivement à votre demande** SIGNIFIE *j'ai donné une réponse positive à votre demande; j'ai accepté votre demande*

EXEMPLE : **cette initiative a été accueillie positivement** SIGNIFIE *cette initiative a été bien accueillie*

2 (on vous parle de certitude) = vraiment

EXEMPLE : **il est positivement impossible de respecter ces délais** SIGNIFIE *il est vraiment impossible de respecter ces délais*

post-

EXEMPLE : **post-I.V.G.** SIGNIFIE *après une I.V.G.*

EXEMPLE : **post-traumatique** SIGNIFIE *après une blessure*

postdater

♦ *postdater un document :* dater un document après la date réelle à laquelle il a été écrit ou signé

EXEMPLE : **ne faites pas de chèques postdatés** SIGNIFIE *datez vos chèques du jour où vous les remplissez*

postérieur, e

♦ *postérieur à* = fait ou survenu après

EXEMPLE : **les dépenses postérieures à cette date** SIGNIFIE *les dépenses faites après cette date*

EXEMPLE : **ce fait est nettement postérieur à la décision** SIGNIFIE *ceci a été fait longtemps après la décision*

postérieurement

♦ *postérieurement à* = après

EXEMPLE : **il est entré sur le territoire français postérieurement à cette date** SIGNIFIE *il est entré sur le territoire français après cette date*

posteriori

→ voir a posteriori

post(-)natal, e (masc. pl. -aux)

= après la naissance

postulant, e

= candidat(e) (à un poste)

EXEMPLE : **pour évaluer les connaissances du postulant** SIGNIFIE *pour évaluer les connaissances du candidat*

postuler

1 (on vous parle d'un avocat) représenter une personne en justice et accomplir certains actes de procédure

2 *postuler (à)* (on vous parle d'un candidat) = être ou se porter candidat à, envoyer sa candidature pour

EXEMPLE : **vous avez postulé (à) cet emploi** SIGNIFIE *vous êtes candidat à cet em-*

ploi; vous avez envoyé votre candidature pour cet emploi

potabilité

❒ (de l'eau) fait de pouvoir être bue sans danger pour la santé

potable

❒ (eau) qui peut être bue sans danger pour la santé

potentialité

= possibilité

EXEMPLE : **nous étudions les potentialités de financement** SIGNIFIE *nous étudions les possibilités de financement*

potentiel, -elle

= possible

EXEMPLE : **j'attire votre attention sur les nuisances potentielles** SIGNIFIE *j'attire votre attention sur les nuisances possibles* ou *que cela pourrait créer*

EXEMPLE : **contactez votre employeur potentiel** SIGNIFIE *contactez l'employeur qui pourrait vous engager*

potentiellement

EXEMPLE : **les personnes potentiellement concernées par cette mesure** SIGNIFIE *les personnes qui pourraient être concernées par cette mesure*

EXEMPLE : **des produits potentiellement dangereux** SIGNIFIE *des produits qui pourraient être dangereux (dans certaines circonstances)*

pourparlers

= négociation

♦ *en pourparlers avec* = en négociation avec

EXEMPLE : **vous êtes en pourparlers avec eux** SIGNIFIE *vous êtes en négociation avec eux*

poursuite

(on vous parle d'une procédure)

poursuites judiciaires : action en justice

fait d'attaquer une personne en justice

EXEMPLE : **vous risquez des poursuites judiciaires** SIGNIFIE *vous risquez d'être attaqué en justice*

EXEMPLE : **je souhaite éviter ces poursuites que je devrais engager contre vous** SIGNIFIE *je souhaite éviter d'engager une action en justice contre vous*

poursuites pénales : action menée par le ministère public, au nom de la société, pour faire appliquer la loi, rassembler les preuves et les charges, découvrir et faire juger l'auteur d'une infraction

poursuivre

(on vous parle d'une action en justice) = engager une action en justice contre, attaquer en justice

EXEMPLE : **votre employé peut vous poursuivre devant les prud'hommes** SIGNIFIE *votre employé peut engager une action contre vous devant les prud'hommes*

pourvoi

pourvoi en cassation : recours fait devant la Cour de cassation contre une décision de justice

→ voir cassation

pourvoir

1 (un poste) = affecter une personne à

EXEMPLE : **il serait possible de pourvoir cet emploi par un agent contractuel** SIGNIFIE *cet emploi pourrait être donné à un agent contractuel*

EXEMPLE : **les postes sont pourvus par voie de concours** SIGNIFIE *les postes sont donnés aux personnes qui ont réussi un concours*

2 *pourvoir de (qqch)* = donner (qqch) à , équiper de (qqch)

EXEMPLE : **si vous êtes pourvus de ce document** SIGNIFIE *si vous possédez ce document*

EXEMPLE : **toutes les bouteilles doivent être pourvues d'étiquettes** SIGNIFIE *toutes les bouteilles doivent avoir des étiquettes*

EXEMPLE : **si la maison n'est pas pourvue de fondations** SIGNIFIE *si la maison n'a pas de fondations*

3 *pourvoir à* (l'entretien, le fonctionnement, des besoins) = assurer

(des dépenses) = régler

EXEMPLE : **il faut pourvoir d'urgence à ce remplacement** SIGNIFIE *il faut faire ce remplacement d'urgence*

4 *se pourvoir* (on vous parle d'une action en justice) : contester une décision devant un tribunal

EXEMPLE : **vous avez la possibilité de vous pourvoir contre ma décision devant le tribunal administratif** SIGNIFIE *vous pouvez contester ma décision devant le tribunal administratif*

♦ *se pourvoir en cassation* : contester une décision devant la Cour de cassation

5 *se pourvoir de* (un document) = prendre avec soi

EXEMPLE : **n'oubliez pas de vous pourvoir du certificat** SIGNIFIE *n'oubliez pas de prendre le certificat avec vous*

(matériel, moyens) = s'équiper de

EXEMPLE : **vous devez vous pourvoir d'un système d'aération** SIGNIFIE *vous devez vous équiper d'un système d'aération*

pourvoyeur, -euse

❒ personne qui fournit quelque chose

EXEMPLE : **les pourvoyeurs de drogue** SIGNIFIE *les personnes qui fournissent de la drogue*

praticien, -ienne

❒ (on vous parle de soins médicaux) médecin

préalable

adjectif

= fait (ou dit, etc) d'abord

EXEMPLE : **un travail préalable doit s'opérer** SIGNIFIE *un travail doit être fait d'abord*

EXEMPLE : **je ne prends pas de rendez-vous sans étude préalable du dossier** SIGNIFIE *je ne prends pas de rendez-vous avant d'avoir d'abord étudié le dossier*

EXEMPLE : **je vous informerai des démarches préalables que vous devez entreprendre avant de commencer les travaux** SIGNIFIE *je vous informerai des démarches que vous devez faire avant de commencer les travaux*

nom masculin

❒ condition à remplir avant de faire quelque chose

EXEMPLE : **ceci constitue un préalable obligatoire** SIGNIFIE *ceci doit être fait avant toute autre chose*

♦ *au préalable* = d'abord

EXEMPLE : **le conseil municipal devra au préalable procéder à leur examen** SIGNIFIE *le conseil municipal devra d'abord les étudier*

préalablement

= d'abord

EXEMPLE : **vous devez préalablement obtenir une autorisation** SIGNIFIE *vous devez d'abord obtenir une autorisation; avant cela, vous devez obtenir une autorisation*

♦ *préalablement à* = avant

EXEMPLE : **préalablement à l'étude de ce dossier une réunion aura lieu** SIGNIFIE *une réunion aura lieu avant l'étude de ce dossier*

EXEMPLE : **les subventions doivent être acquises préalablement à toute décision** SIGNIFIE *les subventions doivent être acquises avant toute décision*

préavis

❒ (on vous parle d'un avis) avertissement donné avant que quelque chose soit fait, dans un délai et des conditions déterminés

EXEMPLE : **des poursuites seront alors engagées sans autre préavis** SIGNIFIE *des poursuites seront engagées sans autre avertissement*

❒ (on vous parle d'un délai) période qui suit l'avertissement que quelque chose va être fait

EXEMPLE : **l'employé peut être poursuivi devant les prud'hommes pour le non-respect du préavis** SIGNIFIE *l'employé peut être poursuivi devant les prud'hommes s'il ne respecte pas le délai prévu après sa démission*

précaire

1 bail précaire : contrat de location provisoire (inférieur à 24 mois) signé par un commerçant en attendant de prendre une décision définitive

détention précaire : fait de détenir quelque chose provisoirement et de devoir le rendre

à titre précaire : provisoirement, pour une durée limitée

EXEMPLE : **l'autorisation est accordée à titre précaire** SIGNIFIE *l'autorisation est accordée provisoirement* ou *pour une durée limitée*

2 (emploi) = sans garantie de durée
(conditions de vie) = difficiles

précarité

1 (on vous parle de la détention d'un bien) fait de n'être que provisoire et d'obliger à redonner le bien

2 (d'un emploi) fait d'être sans garantie de durée
(de conditions de vie) = caractère difficile

EXEMPLE : **l'indemnité de précarité prévue par le Code du travail** SIGNIFIE *l'indemnité prévue par le Code du travail pour les emplois sans garantie de durée*

précédemment

= avant

EXEMPLE : **il ne m'est pas possible de revenir sur la décision prise précédemment** SIGNIFIE *je ne peux pas changer la décision qui a été prise*

précédent, e

❐ fait qui s'est déjà passé (et qui peut servir d'exemple)

EXEMPLE : **il n'y a pas de précédent** SIGNIFIE *cela ne s'est jamais passé; c'est la première fois que cela arrive*

précité, e

EXEMPLE : **vous ne possédez aucun des diplômes précités** SIGNIFIE *vous ne possédez aucun des diplômes mentionnés plus haut* (ou *au paragraphe 2, etc)*

EXEMPLE : **je vous invite à répondre au service précité** SIGNIFIE *je vous invite à répondre à ce service (dont le nom est donné plus haut)*

préconisation

= recommandation, conseil

EXEMPLE : **ces éléments sont conformes aux préconisations de la loi** SIGNIFIE *ces éléments sont conformes aux recommandations de la loi*

EXEMPLE : **nous agirons conformément aux préconisations du bureau de contrôle** SIGNIFIE *nous suivrons les conseils du bureau de contrôle*

préconiser

= recommander, conseiller

EXEMPLE : **j'ai préconisé une enquête sur ce dossier** SIGNIFIE *j'ai recommandé une enquête sur ce dossier*

pré(-)contractuel, -elle

= avant la signature d'un (ou du) contrat

EXEMPLE : **l'obligation précontractuelle de renseignements** SIGNIFIE *l'obligation de fournir des renseignements avant la signature du contrat*

prédécédé, e

❐ mort avant une autre personne

préempter

❐ utiliser sa priorité à l'achat de quelque chose

EXEMPLE : **le terrain a été préempté par le ministère** SIGNIFIE *le terrain a été acheté par le ministère, qui était prioritaire*

préemption

❐ fait d'acheter quelque chose avant quelqu'un d'autre

droit de préemption : priorité à l'achat

EXEMPLE : **pour bénéficier du droit de préemption** SIGNIFIE *pour avoir le droit d'acheter quelque chose en priorité* ou *en premier*

droit de préemption urbain : priorité à l'achat donnée à la commune ou à l'État dans le but de réaliser des aménagements d'intérêt général dans la commune

préférentiellement

= de préférence

EXEMPLE : **vous pouvez demander à être logé préférentiellement dans la résidence sociale** SIGNIFIE *vous pouvez demander à être logé de préférence dans la résidence sociale*

EXEMPLE : **cette bactérie se développe préférentiellement en milieu humide** SIGNIFIE *cette bactérie se développe surtout en milieu humide*

prégnant, e

= important

EXEMPLE : **ces problèmes restent prégnants aujourd'hui** SIGNIFIE *ces problèmes restent importants aujourd'hui*

EXEMPLE : **il faudrait une prise en charge éducative plus prégnante** SIGNIFIE *il faudrait une prise en charge éducative plus importante*

pré-instruction

= première étude

EXEMPLE : **je viens de procéder à une pré-instruction de votre dossier** SIGNIFIE *je viens de faire une première étude de votre dossier*

préjudice

❒ dommage matériel ou moral

♦ *porter préjudice à ; causer préjudice à* = causer un dommage à , être dommageable à , nuire à

EXEMPLE : **cela peut vous causer préjudice** SIGNIFIE *cela peut vous être dommageable; cela peut vous nuire*

♦ *sans préjudice de* = sans que cela remette en cause ou en question

EXEMPLE : **sans préjudice du droit des tiers** SIGNIFIE *sans que cela remette en cause* ou *en question le droit des tiers*

préjudiciable

= nuisible, dommageable

EXEMPLE : **tout retard serait préjudiciable au bon examen du dossier** SIGNIFIE *tout retard nuirait à l'étude du dossier*

EXEMPLE : **cela peut vous être préjudiciable** SIGNIFIE *cela peut vous nuire* ou *vous être dommageable*

préjudiciel, -elle

❒ (motion) déposée avant une discussion

❒ (question) qui doit être réglée par un tribunal autre que celui qui juge l'affaire principale, et avant le jugement de celle-ci, parce qu'il n'est pas compétent pour cette question

préjudicier

♦ *préjudicier à* = nuire à

EXEMPLE : **des faits susceptibles de préjudicier à vos intérêts** SIGNIFIE *des faits qui risquent de nuire à vos intérêts*

EXEMPLE : **cela risque de préjudicier à la santé publique** SIGNIFIE *cela risque de nuire à la santé publique; cela risque de mettre en danger la santé publique*

préjuger

♦ *préjuger de* = déterminer à l'avance

EXEMPLE : **cet avis ne préjuge en rien de la décision finale** SIGNIFIE *cet avis ne détermine pas du tout ce que sera la décision finale*

préliminaire

EXEMPLE : **des études préliminaires doivent être faites** SIGNIFIE *des études préparatoires doivent être faites; des études doivent d'abord être faites*

EXEMPLE : **vous avez commencé ces travaux sans demande préliminaire** SIGNIFIE *vous avez commencé ces travaux sans en faire d'abord la demande*

♦ *à titre préliminaire* = tout d'abord, avant de commencer

EXEMPLE : **j'observe à titre préliminaire que le délai est dépassé depuis 3 mois** SIGNIFIE *tout d'abord, j'observe que le délai est dépassé depuis 3 mois*

prématuré, e

(action, décision) = fait trop tôt

EXEMPLE : **compte tenu du dépôt prématuré du permis** SIGNIFIE *comme le permis a été déposé trop tôt*

EXEMPLE : **il serait prématuré d'en déterminer toutes les conséquences** SIGNIFIE *il est trop tôt pour en déterminer toutes les conséquences*

prématurément

= trop tôt

EXEMPLE : **cette décision a été annoncée prématurément** SIGNIFIE *cette décision a été annoncée trop tôt*

prémices

= commencement, début

EXEMPLE : **dès les prémices du projet** SIGNIFIE *dès le début* ou *commencement du projet*

EXEMPLE : **on observe les prémices d'un**

changement important SIGNIFIE *on observe le début d'un changement important*

prémisse

= proposition, affirmation

EXEMPLE : **ce raisonnement repose sur des prémisses inexactes** SIGNIFIE *ce raisonnement repose sur des propositions* ou *des affirmations inexactes; ce raisonnement repose sur des bases inexactes*

prémunir

= protéger

EXEMPLE : **pour prémunir les habitants contre ces dangers** SIGNIFIE *pour protéger les habitants contre ces dangers*

EXEMPLE : **le meilleur moyen de se prémunir contre ce risque** SIGNIFIE *le meilleur moyen de se protéger contre ce risque*

prénuptial, e (masc. pl. -iaux)

→ voir certificat

prépondérance

= grande importance

EXEMPLE : **cela explique la prépondérance de ces structures** SIGNIFIE *cela explique que ces structures soient nombreuses* ou *les plus nombreuses*

EXEMPLE : **la prépondérance économique de cette région** SIGNIFIE *la supériorité économique de cette région*

préposé, e

(on vous parle de la Poste) = facteur

(au sens général) = employé

EXEMPLE : **vous pouvez faire une réclamation auprès de l'employeur ou de l'un de ses préposés** SIGNIFIE *vous pouvez faire une réclamation auprès de l'employeur ou de l'un de ses employés*

prérogative

= avantage

EXEMPLE : **ces modifications relèvent des prérogatives exclusives du préfet** SIGNIFIE *ces modifications dépendent uniquement du préfet; seul le préfet a le droit de faire ces modifications*

près

♦ *près le tribunal* = auprès du tribunal

EXEMPLE : **Me Durand expert près le tribunal** SIGNIFIE *Me Durand expert auprès du tribunal*

EXEMPLE : **vous pouvez saisir le juge de l'exécution près le Tribunal de Grande Instance** SIGNIFIE *vous pouvez saisir le juge de l'exécution auprès du Tribunal de Grande Instance*

présager

= laisser prévoir, annoncer

EXEMPLE : **cela ne permet en rien de présager l'avis de la commission** SIGNIFIE *cela ne permet absolument pas de savoir quel sera l'avis de la commission*

prescripteur, -trice

1 personne qui ordonne ou recommande quelque chose

2 (médecin) qui a fait l'ordonnance

prescription

1 (d'un arrêté, d'un décret) = recommandation, instruction

EXEMPLE : **les ouvrages réalisés répondent aux prescriptions des arrêtés techniques** SIGNIFIE *les ouvrages réalisés respectent les instructions des arrêtés techniques* ou *ce qui est fixé par les arrêtés techniques*

2 prescription acquisitive : fait d'acquérir quelque chose en l'ayant possédé un certain temps, de manière continue et sans qu'il y ait eu de contestation

prescription extinctive : fait de perdre un droit parce qu'on ne l'a pas exercé avant un certain délai

prescription biennale (pour un paiement) : fait qu'une somme ne peut plus être réclamée lorsque 2 ans se sont écoulés après le moment où elle aurait dû être payée

prescription quadriennale (pour un paiement) : fait qu'une somme ne peut plus être réclamée lorsque 4 ans se sont écoulés après le moment où elle aurait dû être payée par des personnes publiques

3 **prescription pénale** (on vous parle d'une peine) : fait qu'une peine ne peut plus être subie lorsqu'elle n'a pas été appliquée dans un certain délai (20 ans pour les crimes, 5 ans pour les délits, 2 ans pour les contraventions)

(on vous parle d'action publique) fait qu'aucune poursuite ne peut être engagée contre une personne lorsqu'un certain délai s'est écoulé depuis son infraction ou le dernier acte de poursuite (10 ans pour les crimes, 3 ans pour les délits, 1 an pour les contraventions)

EXEMPLE : **la prescription est de trois ans pour les délits** SIGNIFIE *lorsqu'un délit a été commis depuis plus de 3 ans, aucune poursuite ne peut plus être engagée contre la personne qui l'a commis*

prescrire

1 (on vous parle d'une demande ou d'un conseil) = ordonner, recommander

EXEMPLE : **le juge peut prescrire que les sommes soient payées immédiatement** SIGNIFIE *le juge peut ordonner que les sommes soient payées immédiatement*

EXEMPLE : **je n'ai pas manqué de prescrire aussitôt l'examen de votre requête** SIGNIFIE *j'ai immédiatement demandé* ou *ordonné l'étude de votre demande*

EXEMPLE : **vous n'avez pas fait cette démarche dans les délais prescrits** SIGNIFIE *vous n'avez pas fait cette démarche dans les délais fixés*

2 (on vous parle d'un droit) faire perdre un droit parce qu'il n'a pas été exercé avant un certain délai

EXEMPLE : **l'action en nullité se prescrit par 5 ans** ou **est prescrite en 5 ans** SIGNIFIE *un acte juridique ne peut plus être déclaré nul si 5 ans se sont écoulés depuis qu'il a été fait*

3 (en droit pénal)

EXEMPLE : **les procès-verbaux avaient été dressés en 1996 alors que l'action publique était prescrite** SIGNIFIE *les procès-verbaux avaient été dressés en 1996 alors qu'il était trop tard pour engager l'action publique*

présomption

= supposition

EXEMPLE : **s'il existe une présomption sérieuse de départ** SIGNIFIE *s'il existe des éléments sérieux qui vous font penser que la personne va partir; si vous pensez vraiment que la personne va partir*

présomption d'innocence : principe selon lequel une personne est innocente des faits qui lui sont reprochés tant qu'elle n'a pas été reconnue coupable

présomption de paternité :

EXEMPLE : **s'il n'y a pas de présomption de paternité** SIGNIFIE *si on ne sait pas qui est le père de l'enfant*

prestataire

1 (on vous parle d'une allocation) personne qui reçoit une allocation ou une aide

EXEMPLE : **le prestataire doit déclarer sa situation tous les mois** SIGNIFIE *la personne qui bénéficie des allocations doit déclarer sa situation tous les mois*

2 **prestataire de services** : personne ou entreprise qui fournit des services contre paiement

prestation

1 (on vous parle d'une allocation) argent versé (selon des règles fixées par la loi)

prestations familiales : argent versé par les caisses d'allocations familiales à une famille pour l'aider à élever ses enfants

2 (on vous parle d'un service) = service (fourni), intervention

EXEMPLE : **M. Durand a versé la somme de 5 000 euros pour une prestation qui n'a pas été réalisée** SIGNIFIE *M. Durand a versé la somme de 5 000 euros pour un service qui n'a pas été fourni*

présumer

= supposer

EXEMPLE : **je présume que ces interventions s'effectueront bientôt** SIGNIFIE *je suppose que ces interventions auront bientôt lieu*

prétendre

1 (on vous parle d'une déclaration) = affirmer, dire

EXEMPLE : **les manquements dont vous prétendez être la victime** SIGNIFIE *les manquements dont vous dites* ou *dites être la victime*

2 *prétendre à* = demander

EXEMPLE : **vous ne pouvez prétendre à la délivrance d'une carte de séjour** SIGNIFIE *vous ne pouvez pas demander de carte de séjour (parce que...)*

EXEMPLE : **le visa de long séjour requis pour pouvoir prétendre à l'obtention d'un certificat de résidence** SIGNIFIE *le visa de long séjour que vous devez obligatoirement avoir pour demander (et obtenir) un certificat de résidence*

EXEMPLE : **les avantages sociaux auxquels vous êtes en droit de prétendre** SIGNIFIE *les avantages sociaux que vous avez le droit de demander et de recevoir*

prétentions

1 (en droit) demandes faites au juge par les parties d'un procès sur des questions de droit et de fait; elles déterminent précisément sur quoi le jugement sera rendu

2 (on vous parle d'argent) salaire demandé au moment de l'embauche

pretium doloris

❒ dommages et intérêts accordés pour compenser des souffrances physiques et leurs conséquences psychologiques

preuve

♦ *faire preuve de* = montrer

EXEMPLE : **je vous demande de faire preuve de patience** SIGNIFIE *je vous demande d'être patient*

EXEMPLE : **si vous deviez faire preuve du même comportement à l'avenir** SIGNIFIE *si vous deviez avoir le même comportement à l'avenir*

prévalence

❒ pourcentage de cas de malades à un moment donné dans une population donnée, sans distinction entre les cas nouveaux et les cas anciens

prévaloir

= être le plus important

EXEMPLE : **le règlement qui prévalait à l'époque** SIGNIFIE *le règlement qui était appliqué à l'époque*

EXEMPLE : **c'est le motif qui prévaut** SIGNIFIE *c'est le motif le plus important*

♦ *se prévaloir de* = tirer avantage de, faire valoir

EXEMPLE : **vous ne pouvez vous prévaloir des dispositions de l'article 12** SIGNIFIE *vous ne pouvez pas faire valoir les dispositions de l'article 12; vous ne pouvez pas vous appuyer sur les dispositions de l'article 12*

EXEMPLE : **vous ne pouvez vous en prévaloir pour obtenir une autorisation** SIGNIFIE *vous ne pouvez pas utiliser cela comme un argument* ou *une raison pour obtenir une autorisation*

prévenance

délai de prévenance : délai que doit respecter une personne entre le moment où elle informe une autre d'une mesure et le moment où la mesure s'applique

prévenu, e

❒ personne poursuivie pour une contravention ou un délit devant un tribunal de police ou correctionnel, qui n'est pas encore jugée ou dont la condamnation n'est pas définitive

prime

1 (d'assurance) somme que l'assuré doit payer à l'assureur

2 (on vous parle d'une subvention) aide financière versée par l'État ou par une collectivité locale pour encourager une activité

3 (à un salarié) somme versée en plus du salaire comme récompense ou pour payer certains frais

primer

= l'emporter, être le plus important, être plus important que

EXEMPLE : **la décision du juge primera sur celle de l'Administration** SIGNIFIE *la décision du juge l'emportera sur celle de l'Administration*

primo-arrivant, e
primo-immigrant, e

❒ immigrant arrivé depuis peu en France

primordial, e (masc. pl. -aux)

= essentiel, très important

EXEMPLE : **cette information est primordiale pour votre dossier** SIGNIFIE *cette information est essentielle* ou *très importante pour votre dossier*

priori

→ voir a priori

prioritairement

= en priorité

EXEMPLE : **votre demande sera réexaminée prioritairement** SIGNIFIE *votre demande sera étudiée en priorité* ou *avant les autres*

privatif, -ive

❒ (on vous parle de copropriété) qui ne peut être utilisé que par certaines personnes

privation

(d'un droit)

EXEMPLE : **durant la privation de vos droits, vous ne pouvez plus obtenir de pension** SIGNIFIE *tant que vos droits ne vous seront pas rendus, vous ne pourrez plus obtenir de pension*

EXEMPLE : **il a été condamné à deux ans de privation de droits civiques** SIGNIFIE *ses droits civiques lui ont été retirés pendant deux ans*

probant, e

= convaincant

EXEMPLE : **ces résultats ne sont pas très probants** SIGNIFIE *ces résultats ne sont pas très convaincants; ces résultats ne prouvent pas grand chose*

EXEMPLE : **le médecin ne fournit aucune information probante sur votre mauvais état de santé** SIGNIFIE *le médecin ne fournit aucune information qui prouve votre mauvais état de santé*

EXEMPLE : **l'enquête sur la situation de concubinage a été jugée probante** SIGNIFIE *l'enquête a apporté assez de preuves qu'il y avait concubinage*

probation

❒ (en droit) période pendant laquelle la peine d'une personne condamnée est suspendue; cette personne est surveillée et aidée à se réintégrer dans la société

service pénitentiaire d'insertion et de probation : organisme qui aide des personnes à préparer leur sortie de prison en leur proposant du travail, des cours et des soins; il contrôle également que les personnes en sursis ou en liberté conditionnelle respectent leurs obligations

probatoire

❒ (parcours, permis, stage, etc) qui permet de vérifier que quelqu'un a bien les capacités, les qualités ou les connaissances nécessaires

examen probatoire : qu'on fait passer à une personne pour vérifier son niveau

période probatoire :
(au sens général) = période d'essai
(pour un condamné) mise à l'épreuve qui suspend la peine d'emprisonnement et pendant laquelle la personne est surveillée et aidée à se réintégrer dans la société; si cette personne ne remplit pas ses obligations ou est de nouveau condamnée, la peine d'emprisonnement est appliquée

probité

= honnêteté

EXEMPLE : **ces déclarations mettent en cause la probité de vos services** SIGNIFIE *ces déclarations mettent en cause l'honnêteté de vos services*

procès-verbal (pl procès-verbaux)

1 (on vous parle de constatation) constat écrit officiel

(on vous parle d'infraction) = contravention

EXEMPLE : **vous avez fait l'objet d'un procès-verbal pour excès de vitesse** SIGNIFIE *vous avez eu une contravention pour excès de vitesse*

2 (d'une réunion) compte rendu (officiel)

procuration

❒ écrit par lequel une personne donne pouvoir à une autre d'agir en son nom dans une circonstance déterminée

♦ *avoir procuration :* avoir le pouvoir d'agir au nom d'une autre personne

♦ *donner procuration à (qqn) :* donner à (qqn) le pouvoir de faire (qqch) en son nom

procureur

❒ magistrat qui représente le ministère public

procureur général : magistrat (de la Cour de cassation, d'une cour d'appel ou de la Cour des comptes) chargé de défendre les intérêts de la société, de veiller à l'application des lois et à l'exécution des décisions de justice

procureur de la République : magistrat (d'un tribunal de grande instance) chargé de défendre les intérêts de la société, de veiller à l'application des lois et à l'exécution des décisions judiciaires

prodiguer

(des soins, un conseil, une aide) = donner

EXEMPLE : **les soins qui vous ont été prodigués** SIGNIFIE *les soins qui vous ont été donnés; les soins que vous avez reçus*

EXEMPLE : **un travailleur social vous prodiguera aide et conseil** SIGNIFIE *un travailleur social vous aidera et vous conseillera*

production

(d'un document) = présentation

EXEMPLE : **l'argent sera versé sur production du justificatif** SIGNIFIE *l'argent sera versé lorsque le justificatif sera présenté*

EXEMPLE : **la non production de ces documents peut entraîner le rejet de votre demande** SIGNIFIE *si vous ne présentez pas ces documents, votre demande risque d'être rejetée*

produire

(un document) = fournir, présenter

EXEMPLE : **il vous faut produire une copie de ce document** SIGNIFIE *vous devez fournir* ou *présenter une copie de ce document*

proférer

= dire

EXEMPLE : **les menaces proférées à l'encontre de sa famille** SIGNIFIE *les menaces faites contre sa famille*

EXEMPLE : **les jugements que vous proférez** SIGNIFIE *les jugements que vous portez*

prohiber

= interdire

EXEMPLE : **c'est une pratique prohibée par l'article L. 420-1 du code de commerce** SIGNIFIE *c'est une pratique interdite par l'article L. 420-1 du code de commerce*

EXEMPLE : **mes services ont relevé différentes infractions pour organisation de lotos prohibés** SIGNIFIE *mes services ont relevé différentes infractions pour organisation de lotos illégaux*

prohibitif, -ive

(prix) = trop élevé, trop cher

EXEMPLE : **vous estimez ces tarifs prohibitifs** SIGNIFIE *vous estimez que ces tarifs sont trop élevés* ou *trop chers*

prohibition

= interdiction (légale)

EXEMPLE : **la prohibition de l'emploi de certains logiciels** SIGNIFIE *l'interdiction d'utiliser certains logiciels*

prolifération

= multiplication (rapide)

EXEMPLE : **pour éviter la prolifération d'erreurs de ce type** SIGNIFIE *pour éviter qu'il y ait de plus en plus d'erreurs de ce type*

proliférer

= se multiplier (rapidement)

EXEMPLE : **les offres de ce type prolifèrent** SIGNIFIE *les offres de ce type se multiplient; il y a de plus en plus d'offres de ce type*

promesse

promesse de vente :
(des deux parties) acte juridique dans lequel le vendeur s'engage à vendre un bien meuble ou immeuble et l'acheteur s'engage à l'acheter à un prix déterminé, si certaines conditions sont remplies
(d'une seule partie) acte juridique dans lequel le vendeur seul s'engage à vendre un bien meuble ou immeuble et l'acheteur a un droit d'option, c'est-à-dire le choix d'acheter ou non pendant un certain délai

prompt, e

= (très) rapide

EXEMPLE : **merci pour votre prompte réponse** SIGNIFIE *merci d'avoir répondu si vite* ou *si rapidement*

EXEMPLE : **il a été prompt à réagir** SIGNIFIE *il a réagi très vite*

promptement

= (très) rapidement

EXEMPLE : **un communiqué a promptement été publié** SIGNIFIE *un communiqué a été publié (très) rapidement*

EXEMPLE : **il a promptement réagi** SIGNIFIE *il a réagi (très) rapidement*

promptitude

= (grande) rapidité

EXEMPLE : **c'est avec promptitude que je vous ai répondu** SIGNIFIE *je vous ai répondu très rapidement* ou *très vite*

promulgation

❐ (d'une loi) reconnaissance de son existence et ordre de sa publication, faits par le Président de la République

promulguer

❐ (une loi) en reconnaître l'existence et ordonner sa publication

prononcé

❐ (d'un jugement) texte de la décision lu par le juge à la fin de l'audience

prononcer

(un jugement, une décision) = rendre

EXEMPLE : **un jugement d'expulsion est susceptible d'être prononcé à votre encontre** SIGNIFIE *un jugement d'expulsion pourrait être rendu contre vous*

proportion

♦ *à due proportion* = proportionnellement

EXEMPLE : **les jours de repos pris réduisent à due proportion les jours de R.T.T.** SIGNIFIE *les jours de repos sont déduits des jours de R.T.T.; les jours de repos pris réduisent d'autant les jours de R.T.T.*

proprement

♦ *proprement dit* = au sens exact

EXEMPLE : **s'agissant de l'ouvrage proprement dit** SIGNIFIE *au sujet de l'ouvrage lui-même*

♦ *à proprement parler* = vraiment, véritablement

EXEMPLE : **ce n'est pas à proprement parler un produit polluant** SIGNIFIE *ce n'est pas vraiment* ou *véritablement un produit polluant*

propriétaire-bailleur

→ voir bailleur

propriété

pleine propriété : droit d'une personne de disposer d'un bien comme elle le veut, y compris de l'utiliser et d'en recevoir ce qu'il rapporte

→ voir nue-propriété

prorata

♦ *au prorata de* = proportionnellement à, en proportion de

EXEMPLE : **il sera demandé une participation financière au prorata du nombre d'enfants** SIGNIFIE *une participation financière sera demandée proportionnellement au nombre d'enfants; une participation financière sera demandée; elle sera calculée par rapport au nombre d'enfants*

♦ *prorata temporis :* proportionnellement au temps écoulé

prorogation

= prolongation

EXEMPLE : **vous avez sollicité une proro-**

gation de séjour SIGNIFIE *vous avez demandé une prolongation de séjour* ou *à être autorisé à prolonger votre séjour*

EXEMPLE : **mes services ne peuvent engager de prorogation de visa** SIGNIFIE *mes services ne peuvent pas prolonger la durée des visas*

proroger

(une échéance) = reculer

(un délai) = prolonger

EXEMPLE : **votre certificat est prorogé jusqu'au 31 décembre 2002** SIGNIFIE *votre certificat est prolongé jusqu'au 31 décembre 2002*

proscription

(d'une action) = interdiction

EXEMPLE : **nous ne connaissons pas les motifs de cette proscription** SIGNIFIE *nous ne connaissons pas les raisons de cette interdiction*

proscrire

(une action) = interdire

EXEMPLE : **toute augmentation d'effectifs est proscrite** SIGNIFIE *toute augmentation d'effectifs est interdite*

prospection

(on vous parle d'emploi) = recherche

EXEMPLE : **vous devez effectuer une première prospection d'emploi** SIGNIFIE *vous devez faire une première recherche d'emploi*

protection

protection judiciaire de la jeunesse : services du ministère de la Justice chargés de la réinsertion sociale des jeunes délinquants et du suivi des mineurs en danger

protocole

1 protocole d'accord : document contenant les conditions générales d'un accord entre des parties

2 (on vous parle de comportement) règles à respecter dans les relations et les cérémonies officielles

❐ (pour une expérience) règles et conditions à respecter lors de son déroulement

provision

1 (pour un créancier) somme accordée par le juge, en attendant le jugement

❐ (pour un plaideur) somme accordée par le juge pour lui permettre de payer les frais d'un procès

EXEMPLE : **votre requête relative à une provision pour vos indemnités** SIGNIFIE *votre demande concernant une avance sur les indemnités que vous devez recevoir*

2 (on vous parle d'argent sur un compte) somme d'argent sur un compte en banque (qui servira à payer un chèque, une somme due, etc)

EXEMPLE : **vous ne disposez pas d'une provision suffisante pour honorer ce chèque** SIGNIFIE *vous n'avez pas assez d'argent sur votre compte en banque pour payer la somme inscrite sur ce chèque*

provisionnel, -elle

acompte provisionnel : somme à payer d'avance, calculée sur les impôts de l'année d'avant

provisionnellement

❐ en attendant un jugement ou un règlement définitif

EXEMPLE : **dans l'attente de cette décision, vous recevrez provisionnellement une allocation de 1 520 euros** SIGNIFIE *dans l'attente de cette décision, vous recevrez une allocation de 1 520 euros, montant qui pourra être révisé par le juge*

provisionner

(une somme) = inscrire (sur un compte)

EXEMPLE : **la somme a été provisionnée sur les comptes 2003** SIGNIFIE *le paiement de cette somme a été inscrit sur les comptes de 2003*

prud'homme

conseil des Prud'hommes : tribunal constitué de représentants d'employeurs et de salariés qui juge les conflits liés au contrat de travail

public, -que

→ voir action

pupille

pupille de l'État : enfant trouvé, abandonné, orphelin ou dont les parents ont été privés de l'autorité parentale, qui est confié au service de l'Aide sociale à l'enfance

pupille de la Nation : enfant victime ou orphelin de guerre qui reçoit de l'État un soutien matériel et moral jusqu'à sa majorité

pupille de l'Assistance publique : enfant trouvé, abandonné, maltraité ou dont les parents ont été privés de l'autorité parentale, qui est confié à l'Assistance publique

quadriennal, e (masc. pl. -aux)

(on vous parle d'une fréquence) = qui a lieu tous les quatre ans, qui est fait tous les quatre ans

(on vous parle d'une durée) = qui dure quatre ans, pour ou sur quatre ans

→ voir déchéance, prescription

quadruple

EXEMPLE : **en quadruple exemplaire** SIGNIFIE *en quatre exemplaires*

quadrupler

= multiplier par quatre

EXEMPLE : **nous avons quadruplé le montant des subventions** SIGNIFIE *nous avons multiplié par quatre le montant des subventions*

EXEMPLE : **ce montant a quadruplé en un an** SIGNIFIE *ce montant a été multiplié par quatre en un an*

qualifiant, e

❒ (formation) qui donne une compétence professionnelle

qualification

1 (d'un acte, d'une infraction) classement d'un fait, d'un acte ou d'une situation dans une catégorie juridique pour décider quel texte sera appliqué

2 (on vous parle d'un travail)

qualification professionnelle : ensemble des connaissances et capacités nécessaires pour faire un travail

contrat de qualification : contrat de travail incluant une période de formation professionnelle au moins égale à 25% de la durée du contrat

niveau de qualification : diplôme classé par niveau et par groupe de métier

EXEMPLE : **quel est votre niveau de qualification?** SIGNIFIE *quel diplôme avez-vous ou avez-vous préparé?; quelle expérience avez-vous dans ce métier?*

qualifié, e

1 (acte, fait) rattaché à une catégorie juridique

❒ (délit) considéré comme crime en raison de circonstances aggravantes

2 *être qualifié pour* (on vous parle de compétence) = avoir le pouvoir ou le droit de

EXEMPLE : **mes services sont les seuls qualifiés pour traiter ce type de demandes** SIGNIFIE *mes services sont les seuls à pouvoir traiter ce type de demandes*

qualifier

❒ (un acte, une infraction) rattacher à une catégorie juridique

EXEMPLE : **l'Administration n'a pas qualifié votre demande de fausse déclaration** SIGNIFIE *l'Administration n'a pas considéré que votre demande était une fausse déclaration*

qualité

♦ *en qualité de* = en tant que

EXEMPLE : **en votre qualité de représentant légal** SIGNIFIE *en tant que représentant légal*

♦ *avoir (la) qualité pour* = avoir le pouvoir de

EXEMPLE : **vous avez la qualité pour intervenir** SIGNIFIE *vous avez le pouvoir d'intervenir*

ès qualités : en tant qu'exerçant sa fonction

quant à

= en ce qui concerne

EXEMPLE : **le médecin a des réserves quant à vos aptitudes** SIGNIFIE *le médecin a des réserves en ce qui concerne vos aptitudes* ou *sur vos aptitudes*

EXEMPLE : **les précisions demandées quant au nombre et à la nature des emplois** SIGNIFIE *les précisions demandées sur le nombre et la nature des emplois*

EXEMPLE : **quant au maire, il ne peut rien décider** SIGNIFIE *le maire, lui, ne peut rien décider*

quantième

❐ jour du mois indiqué par un chiffre (de premier à trente ou trente et un)

EXEMPLE : **s'il n'existe pas de quantième correspondant dans le mois où se termine le délai** SIGNIFIE *si ce jour n'existe pas dans le mois où se termine le délai (par exemple, le 31 avril n'existe pas)*

quantifiable

= qui peut être calculé ou mesuré

EXEMPLE : **pour être indemnisé, le préjudice doit être quantifiable** SIGNIFIE *pour être indemnisé, le préjudice doit pouvoir être mesuré; on doit pouvoir calculer l'étendue du préjudice pour qu'il puisse être indemnisé*

quantification

EXEMPLE : **pour obtenir la quantification de ce phénomène acoustique** SIGNIFIE *pour mesurer ce phénomène acoustique*

EXEMPLE : **la quantification de la pollution émise par l'usine est difficile** SIGNIFIE *il est difficile de mesurer la quantité de pollution émise par l'usine; il est difficile de connaître la quantité de pollution émise par l'usine*

quantifier

= mesurer, déterminer la quantité ou l'importance de

EXEMPLE : **pour quantifier les conséquences de ce changement** SIGNIFIE *pour mesurer les conséquences de ce changement*

EXEMPLE : **il est difficile de quantifier ce risque** SIGNIFIE *il est difficile de déterminer l'importance de ce risque*

quantum

(d'une amende, d'une pension, d'une part) = montant

EXEMPLE : **nous souhaitons étudier le quantum attribué** SIGNIFIE *nous souhaitons étudier le montant attribué*

quarantaine

❐ isolement de plusieurs jours imposé à des personnes, des animaux ou des marchandises venant de pays où il y a des maladies, pour éviter qu'elles ne se propagent

quasi-

= presque

EXEMPLE : **la quasi-totalité de vos remarques** SIGNIFIE *presque toutes vos remarques*

EXEMPLE : **c'est un incident quasi-quotidien** SIGNIFIE *c'est un incident qui a lieu presque tous les jours*

quasiment

= presque

EXEMPLE : **ce chiffre a quasiment doublé** SIGNIFIE *ce chiffre a presque doublé*

querellé, e

(document, jugement) = contesté

EXEMPLE : **la mesure querellée** SIGNIFIE *la mesure contestée*

quereller

(une mesure) = contester

questionnement

= questions

EXEMPLE : **nous répondons au questionnement de M. Dupont** SIGNIFIE *nous répondons aux questions de M. Dupont*

quête

(fait de chercher) = recherche

♦ *en quête de* = à la recherche de

EXEMPLE : **notre service est actuellement en quête d'un local** SIGNIFIE *notre service est actuellement à la recherche d'un local; notre service recherche actuellement un local*

♦ *se mettre en quête de* = rechercher

EXEMPLE : **vous devez vous mettre en quête d'une solution** SIGNIFIE *vous devez rechercher une solution*

quiconque

1 = personne, n'importe qui

EXEMPLE : **sans prévenir quiconque** SIGNIFIE *sans prévenir personne*

EXEMPLE : **vous êtes mieux placé que quiconque pour le savoir** SIGNIFIE *vous êtes mieux placé que n'importe qui pour le savoir*

2 = toute personne (qui)

EXEMPLE : **quiconque en fait la demande** SIGNIFIE *toute personne qui en fait la demande*

EXEMPLE : **il est interdit à quiconque d'entrer** SIGNIFIE *personne n'a le droit d'entrer*

quinquennal, e (masc. pl. -aux)

(on vous parle d'une fréquence) = qui a lieu tous les cinq ans, fait tous les cinq ans

EXEMPLE : **une rencontre quinquennale** SIGNIFIE *une rencontre qui a lieu tous les cinq ans*

(on vous parle d'une durée) = qui dure cinq ans, pour ou sur cinq ans, de cinq ans

EXEMPLE : **après la période quinquennale** SIGNIFIE *après la période de cinq ans*

EXEMPLE : **un plan quinquennal** SIGNIFIE *un plan sur cinq ans*

EXEMPLE : **une garantie quinquennale** SIGNIFIE *une garantie qui dure cinq ans*

quintupler

= multiplier par cinq

EXEMPLE : **vous devez quintupler cette somme** SIGNIFIE *vous devez multiplier cette somme par cinq*

EXEMPLE : **cette somme est quintuplée** SIGNIFIE *cette somme est multipliée par cinq*

quinzaine

♦ *sous quinzaine* = dans les quinze jours

EXEMPLE : **en l'absence de réaction de votre part sous quinzaine** SIGNIFIE *si vous ne répondez pas dans les quinze jours*

quittance

❐ document écrit qui reconnaît le paiement d'une somme due

quittance de loyer : document écrit par le propriétaire reconnaissant que le loyer a été payé

quitus

❐ acte qui reconnaît que le responsable de la gestion d'une affaire a bien fait son travail et qu'il est déchargé de toute responsabilité

quitus fiscal : document donné par les impôts prouvant que l'on a bien payé ce que l'on devait

quorum

❐ dans une assemblée, nombre minimum de personnes nécessaire pour prendre une décision reconnue comme valable

quota

(on vous parle de pourcentage) = pourcentage déterminé

(on vous parle de quantité) = quantité déterminée

quote-part

1 (on vous parle de la répartition d'une somme) part que chacun reçoit ou paie

EXEMPLE : **ces frais représentent votre quote-part** SIGNIFIE *ces frais représentent la part que vous devez payer*

2 (on vous parle d'indivision) part d'une chose qu'on ne peut pas diviser entre plusieurs personnes

quotient

quotient familial : résultat de la division du revenu imposable en un certain nombre de parts, fixées d'après la situation et les charges de famille de la personne qui doit payer les impôts

quotité

❒ montant de la part que chacun reçoit ou paie dans la répartition d'une somme

quotité disponible : part de la succession dont la personne décédée a pu disposer, malgré la présence d'héritiers réservataires (enfants)

R

radiation

(d'une liste, d'un registre)

EXEMPLE : **votre situation à la date de radiation du registre des cadres** SIGNIFIE *votre situation à la date où votre nom a été rayé du registre des cadres*

EXEMPLE : **lorsqu'il y a eu radiation de votre dossier de RMI** SIGNIFIE *lorsque votre nom a été rayé de la liste des personnes recevant le RMI; lorsque le droit de recevoir le RMI vous a été retiré*

radier

❐ rayer d'une liste ou d'un registre

EXEMPLE : **vous avez été radié de la liste des demandeurs d'emploi** SIGNIFIE *vous avez été rayé de la liste des demandeurs d'emploi; vous ne faites plus partie de la liste des demandeurs d'emploi*

EXEMPLE : **vos droits au RMI ont été radiés au 31/07/2003** SIGNIFIE *vos droits au RMI vous ont été retirés le 31/07/2003*

raison

♦ *à raison de*

(on vous parle de base de calcul) = sur la base de

EXEMPLE : **l'impôt est dû à raison des bénéfices ou revenus du contribuable** SIGNIFIE *l'impôt est calculé sur la base des bénéfices ou des revenus du contribuable*

(on vous parle d'une cause) = à cause de

EXEMPLE : **les pénalités encourues à raison du retard** SIGNIFIE *les pénalités que vous risquez à cause du retard*

EXEMPLE : **vous ne pouvez recevoir la moindre indemnité à raison du temps écoulé** SIGNIFIE *vous ne pouvez recevoir la moindre indemnité à cause du temps écoulé*

(on vous parle d'une proportion) = pour

EXEMPLE : **vous êtes redevable de la taxe d'habitation 2002 à raison de ce logement** SIGNIFIE *vous devez la taxe d'habitation 2002 pour ce logement*

EXEMPLE : **vous pouvez obtenir des photocopies à raison de 15 centimes la page** SIGNIFIE *vous pouvez obtenir des photocopies pour 15 centimes la page*

EXEMPLE : **vous pouvez utiliser ce local à raison d'un tiers de sa surface au maximum** SIGNIFIE *vous ne pouvez utiliser au maximum qu'un tiers de la surface du local*

raison sociale : nom officiel d'une société

rang

♦ *au rang de*

EXEMPLE : **le testament a été déposé au rang des minutes de Maître Durand** SIGNIFIE *le testament a été déposé chez Maître Durand*

rapatriement

❐ (d'une personne) fait de faire rentrer une personne dans le pays dont elle a la nationalité

rapatrier

❐ (une personne) la faire rentrer dans le pays dont elle a la nationalité

rappel

rappel à la loi : fait de rappeler la loi à une personne qui a commis une infraction sans gravité, pour éviter qu'elle ne recommence

rappel d'impôt : montant de l'impôt non payé, réclamé suite à un redressement fiscal

→ voir redressement

rapporter

(une décision juridique) = annuler

EXEMPLE : **je ne peux pas rapporter la décision prise** SIGNIFIE *je ne peux pas annuler la décision prise*

se rapprocher

♦ *se rapprocher de* (on vous parle de prise de contact) = contacter, prendre contact avec

EXEMPLE : **je vous invite à vous rapprocher de cet organisme** SIGNIFIE *je vous invite à contacter* ou *prendre contact avec cet organisme*

ratification

(d'un accord, d'un acte) = approbation, confirmation

ratifier

(un accord, un acte) = approuver (et rendre ainsi valable)

EXEMPLE : **la commission doit ratifier l'accord** SIGNIFIE *la commission doit approuver* (ou *confirmer*) *l'accord*

ratio

❒ rapport entre deux valeurs

réactualisation

= mise à jour

EXEMPLE : **ces informations ne nous ont pas permis la réactualisation de votre dossier** SIGNIFIE *ces informations ne nous ont pas permis de mettre à jour votre dossier*

réactualiser

= mettre à jour

EXEMPLE : **vous devez réactualiser votre situation administrative** SIGNIFIE *vous devez mettre à jour votre situation administrative*

récapitulatif, -ive

❒ (tableau, déclaration, état) qui reprend ou résume point par point

EXEMPLE : **l'état récapitulatif des dépenses** SIGNIFIE *le document qui reprend point par point* ou *qui énumère toutes les dépenses*

EXEMPLE : **je vous adresse un tableau récapitulatif des formations disponibles** SIGNIFIE *je vous adresse un tableau qui vous indique toutes les formations disponibles*

EXEMPLE : **le récapitulatif des salaires versés** SIGNIFIE *le document qui indique l'ensemble des salaires versés*

récapitulation

❒ résumé point par point

EXEMPLE : **les factures figurant dans la récapitulation en annexe** SIGNIFIE *les factures mentionnées dans le document en annexe*

récapituler

❒ résumer ou redonner point par point

EXEMPLE : **les certificats récapitulant les paiements successifs** SIGNIFIE *les certificats qui redonnent point par point les paiements successifs*

recel

1 (d'objet) fait de garder ou de cacher quelque chose qui a été obtenu illégalement par une autre personne

EXEMPLE : **la police a constaté à votre domicile un recel d'armes** SIGNIFIE *la police a constaté que vous cachiez* ou *gardiez illégalement des armes chez vous*

2 (de personne) fait de cacher ou d'aider une personne coupable d'un crime

recel de malfaiteur : fait de cacher ou d'aider un malfaiteur

receler, recéler

1 (un objet) garder ou cacher quelque chose qui a été obtenu illégalement par une autre personne

2 (une personne) cacher ou aider une personne coupable d'un crime pour que la justice ne le trouve pas

recensement

❒ compte détaillé

recensement général de la population : compte des habitants d'un pays

recensement général des votes : compte des votes dans chaque collectivité territoriale (chef-lieu, commune)

EXEMPLE : **nous avons procédé au recensement des votes** SIGNIFIE *nous avons compté les votes* ou *fait le compte des votes*

recenser

(des tâches, des dépenses, des problèmes) = faire la liste de

(des votes, la population) = compter, faire le compte de

EXEMPLE : **vous m'avez transmis un document recensant vos dépenses** SIGNIFIE *vous m'avez transmis un document avec la liste de vos dépenses*

récépissé

❒ document prouvant que quelque chose a été reçu

récépissé provisoire de séjour : document permettant de rester sur le territoire français, en général pour une durée de trois mois, délivré par la préfecture

récépissé de déclaration : document prouvant qu'une déclaration a été déposée auprès d'un service de l'Administration

récépissé de dépôt : document prouvant que quelque chose (somme, document, marchandise) a été déposé chez quelqu'un ou dans un service

réception

→ voir accusé, accuser

recette

1 (on vous parle d'un bureau) service qui collecte les impôts indirects (TVA) et les droits d'enregistrement

2 (on vous parle d'argent) = total des sommes reçues

(d'une entreprise) = chiffre d'affaires

recettes fiscales : impôts perçus

titre de recettes : document de l'administration fiscale qui avertit le contribuable qu'elle veut obtenir le paiement de ce qu'il lui doit

recevabilité

❒ (d'une demande, d'un dossier) fait de remplir toutes les conditions pour pouvoir être étudié

EXEMPLE : **la DDASS a vérifié la recevabilité des dossiers** SIGNIFIE *la DDASS a vérifié que les dossiers remplissent toutes les conditions pour être étudiés*

recevable

❒ (demande, dossier) qui remplit les conditions nécessaires pour être étudié

EXEMPLE : **les dossiers techniquement recevables** SIGNIFIE *les dossiers qui remplissent les conditions techniques nécessaires pour être étudiés*

EXEMPLE : **ces personnes ne sont pas recevables** SIGNIFIE *ces personnes ne remplissent pas les conditions nécessaires pour que leur dossier soit étudié*

récidive

❒ fait de commettre une nouvelle infraction après avoir été déjà condamné pour une autre infraction

EXEMPLE : **en cas de récidive, vous devrez payer une amende** SIGNIFIE *si vous commettez à nouveau cette infraction, vous devrez payer une amende*

récidiver

❒ commettre une nouvelle infraction

récidiviste

❒ personne qui commet une nouvelle infraction

récipiendaire

❒ personne qui reçoit une nomination, un diplôme ou une récompense, ou qui est admise dans une société

réclamant, e

❒ (on vous parle d'impôt) personne qui fait une réclamation

réclamation

❐ (on vous parle d'impôt) demande de ne pas payer tout ou une partie d'un impôt

réclusion

= emprisonnement

EXEMPLE : **condamné à 15 ans de réclusion (criminelle)** SIGNIFIE *condamné à 15 ans de prison*

récolement

❐ (on vous parle d'une saisie) au moment de la vente qui suit une saisie-exécution, vérification par un huissier que la liste des meubles mis en vente correspond bien à celle qui a été faite au moment de la saisie

❐ (on vous parle d'un bâtiment) inventaire des travaux pour vérifier que ceux réalisés correspondent bien à ceux qui ont été autorisés

récompense

❐ (on vous parle de communauté légale) indemnité due à l'un des époux (au moment du divorce ou du décès) dans le cas où l'autre s'est enrichi personnellement grâce à des biens ou des fonds communs

reconductible

= renouvelable, qui peut être renouvelé

EXEMPLE : **cette somme vous est accordée à titre non reconductible** SIGNIFIE *cette somme vous est accordée mais ne vous sera pas versée une autre fois*

EXEMPLE : **cette prime est non reconductible** SIGNIFIE *cette prime ne peut pas être versée une seconde fois*

reconduction

= renouvellement

EXEMPLE : **je vous fais part de la décision de non reconduction du contrat** SIGNIFIE *je vous informe que le contrat ne sera pas renouvelé*

→ voir tacite

reconduire

1 (une action, un projet, un contrat) = renouveler, prolonger

EXEMPLE : **cette action est reconduite pour un an** SIGNIFIE *cette action est renouvelée* ou *prolongée pour un an*

2 (on vous parle d'une expulsion)

EXEMPLE : **le ressortissant sera reconduit à la frontière** SIGNIFIE *le ressortissant sera raccompagné à la frontière pour retourner dans son pays*

3 *reconduire (qqn) dans ses fonctions :* confier à nouveau les mêmes fonctions à quelqu'un

reconduite

(on vous parle d'une expulsion)

EXEMPLE : **vous risquez une mesure de reconduite à la frontière** SIGNIFIE *vous risquez d'être raccompagné à la frontière pour retourner dans votre pays*

reconnaissance

reconnaissance de dette : document écrit dans lequel une personne reconnaît devoir une certaine somme (ou quantité) à une autre personne; il n'est valable que si cette somme (ou quantité) est écrite en toutes lettres et en chiffres par la personne qui la doit

recourir

♦ *recourir à* (une méthode) = utiliser

EXEMPLE : **vous pouvez recourir à cette procédure** SIGNIFIE *vous pouvez utiliser cette procédure*

(une personne, un service) = demander l'aide de

EXEMPLE : **en recourant à notre service** SIGNIFIE *en demandant l'aide de notre service*

EXEMPLE : **vous pouvez recourir à une autre formule d'assurance** SIGNIFIE *vous pouvez prendre une autre formule d'assurance*

recours

1 (on vous parle d'une procédure) action pour obtenir qu'une décision soit réétudiée

EXEMPLE : **vous avez formé un recours contre la décision prise à votre encontre** SIGNIFIE *vous avez demandé que la décision prise contre vous soit annulée ou modifiée*

recours en annulation : demande d'annulation d'une décision administrative

recours administratif : demande de modification ou d'annulation d'une décision administrative faite auprès d'un service administratif

recours hiérarchique : contestation d'une décision administrative auprès du supérieur hiérarchique de la personne qui a pris cette décision

→ voir gracieux, contentieux

2 *avoir recours à* (une personne) = demander l'aide de

EXEMPLE : **vous pouvez avoir recours à mes services** SIGNIFIE *vous pouvez demander l'aide de mes services; vous pouvez demander à mes services d'intervenir*

♦ *en dernier recours* = comme dernière solution (possible)

EXEMPLE : **ces moyens ne seront mis en œuvre qu'en dernier recours** SIGNIFIE *ces moyens ne seront utilisés que comme dernière solution*

recouvrable

❒ dont on peut recevoir le paiement

EXEMPLE : **ces créances seront difficilement recouvrables** SIGNIFIE *il sera difficile de se faire payer ces créances*

recouvrement

❒ (d'une somme) action pour se faire payer des sommes dues

EXEMPLE : **pour procéder au recouvrement forcé des créances** SIGNIFIE *pour se faire payer les sommes dues en demandant l'aide de l'Administration ou de la justice*

agent de recouvrement : personne chargée d'encaisser les sommes dues

mise en recouvrement : procédure pour obtenir le paiement d'une somme due

service de recouvrement : service chargé d'encaisser les sommes dues

titre de recouvrement : document indiquant le montant d'une somme à payer et la date limite de paiement (et qui permet d'entamer des poursuites si la somme n'est pas payée)

recouvrer

1 (une somme) = recevoir le paiement de, encaisser, toucher

EXEMPLE : **cette somme sera recouvrée par le trésorier** SIGNIFIE *cette somme devra être payée au trésorier*

2 (un bien, une qualification) = récupérer

EXEMPLE : **il ne pourra recouvrer sa qualification qu'après la réalisation d'un contrôle** SIGNIFIE *il ne pourra récupérer sa qualification qu'après la réalisation d'un contrôle*

EXEMPLE : **une fois vos biens recouvrés** SIGNIFIE *une fois que vous aurez récupéré vos biens*

EXEMPLE : **recouvrer la santé** SIGNIFIE *se rétablir; guérir*

récrimination

= plainte, protestation

EXEMPLE : **nous tiendrons compte de vos récriminations** SIGNIFIE *nous tiendrons compte de vos plaintes; nous tiendrons compte de vos protestations*

récriminer

= protester, se plaindre

EXEMPLE : **vous êtes venus récriminer auprès de mes services** SIGNIFIE *vous êtes venus protester* ou *vous plaindre auprès de mes services*

♦ *récriminer contre* = protester contre, se plaindre de

EXEMPLE : **ils ne cessent de récriminer contre les problèmes de circulation** SIGNIFIE *ils n'arrêtent pas de se plaindre des problèmes de circulation*

recrudescence

= nouvelle et brusque augmentation

EXEMPLE : **devant la recrudescence des accidents** SIGNIFIE *devant cette nouvelle et brusque augmentation du nombre d'accidents*

recto

♦ *au recto* = sur l'endroit, sur la première page

EXEMPLE : **le tarif est rappelé au recto de la facture** SIGNIFIE *le tarif est rappelé sur la première page de la facture*

♦ *recto(-)verso* = des deux côtés

EXEMPLE : **la copie recto-verso de votre**

carte nationale d'identité SIGNIFIE *la copie des deux côtés de votre carte nationale d'identité*

→ voir verso

récurrent, e

= répété

EXEMPLE : **étant donné les problèmes récurrents sur la qualité de l'eau** SIGNIFIE *étant donné les problèmes répétés sur la qualité de l'eau*

EXEMPLE : **c'est un reproche récurrent** SIGNIFIE *c'est un reproche qui est fait régulièrement*

EXEMPLE : **nous le lui avons rappelé de manière récurrente** SIGNIFIE *nous le lui avons rappelé plusieurs fois*

EXEMPLE : **si ces anomalies ont un caractère récurrent** SIGNIFIE *si ces anomalies se reproduisent régulièrement*

récursoire

action récursoire : action en justice d'une personne qui a été condamnée à exécuter une obligation, contre la personne qui aurait dû l'exécuter

récusation

❐ (en justice) procédure par laquelle une personne refuse l'autorité d'un juge, d'un juré, d'un arbitre ou d'un expert, parce qu'elle le soupçonne de ne pas être objectif

récuser

1 (un argument) = repousser, rejeter

EXEMPLE : **il a récusé l'idée d'une modification** SIGNIFIE *il a rejeté* ou *repoussé l'idée d'une modification*

EXEMPLE : **vous récusez toute proposition d'une solution amiable** SIGNIFIE *vous rejetez* ou *repoussez toute proposition d'une solution amiable*

2 (un juge, un arbitre, un expert) refuser de reconnaître son autorité parce qu'on le soupçonne de ne pas être objectif

redevable

1 (on vous parle d'impôt) personne imposée

EXEMPLE : **les redevables peuvent s'adresser à notre service** SIGNIFIE *les personnes imposées peuvent s'adresser à notre service*

2 *être redevable de* = devoir

EXEMPLE : **vous êtes redevable de la somme de 504 euros** SIGNIFIE *vous devez la somme de 504 euros*

♦ *rester redevable de* = devoir toujours

EXEMPLE : **vous restez redevable de cette cotisation** SIGNIFIE *vous devez toujours cette cotisation*

redevance

❐ somme qui doit être payée à dates déterminées en contrepartie d'un service

EXEMPLE : **la collectivité a instauré la redevance d'enlèvement des ordures ménagères** SIGNIFIE *la collectivité a instauré la taxe d'enlèvement des ordures ménagères*

rédhibition

❐ annulation d'une vente par l'acheteur quand la chose achetée a des défauts cachés (dits rédhibitoires)

rédhibitoire

❐ (en droit) qui constitue un obstacle absolu

EXEMPLE : **ce n'est pas un défaut rédhibitoire en ce qui concerne le choix des utilisateurs** SIGNIFIE *ce défaut n'empêche pas les utilisateurs de choisir*

vice rédhibitoire : défaut caché d'un bien, suffisamment grave pour entraîner l'annulation de sa vente

action rédhibitoire : demande d'annulation du contrat de vente faite par l'acheteur d'un bien présentant un défaut caché grave

redite

= répétition (inutile)

EXEMPLE : **pour éviter toute redite** SIGNIFIE *pour éviter toute répétition (inutile)*

redressement

redressement fiscal : rectification des bases de calcul de l'impôt d'une déclaration fiscale

notification de redressement (en fiscalité) : document qui indique les raisons, la nature et le montant de la rectification des bases de calcul de l'impôt que l'Administration envisage de faire

redressement judiciaire : procédure utilisée pour régler la situation d'une entreprise qui ne peut plus payer ses dettes

redresser

1 (une entreprise, une personne) rectifier les bases de calcul de l'impôt qu'elle doit payer

2 (un abus, des erreurs) = corriger

EXEMPLE : **vous pouvez encore redresser cette erreur** SIGNIFIE *vous pouvez encore corriger cette erreur*

rééchelonnement

❐ (d'une dette) allongement de sa période de remboursement

EXEMPLE : **vous pouvez demander un rééchelonnement de votre dette** SIGNIFIE *vous pouvez demander à rembourser votre dette sur une plus longue période*

rééchelonner

❐ (une dette) allonger sa période de remboursement

rééligibilité

❐ droit d'être réélu

rééligible

❐ qui a le droit d'être réélu

réfaction

❐ réduction sur le prix de marchandises qui, au moment de la livraison, ne présentent pas les qualités ou les conditions convenues

réfection

= réparation, remise à neuf

EXEMPLE : **la chaussée est actuellement en cours de réfection** SIGNIFIE *la chaussée est actuellement en réparation*

référé

❐ procédure rapide et simplifiée, faite devant un juge, pour mettre fin à une situation contraire à la loi

ordonnance de référé : décision provisoire du juge, rendue à la demande d'une partie

référé-suspension : action du juge qui, en cas d'urgence, suspend l'exécution d'une décision en attendant de l'étudier à nouveau

référer

♦ *en référer à* (une personne, un service) = s'adresser à

EXEMPLE : **vous pouvez en référer aux services sociaux** SIGNIFIE *vous pouvez vous adresser aux services sociaux (pour leur parler du problème* ou *leur demander leur avis)*

♦ *se référer à* (un document) = se rapporter à, consulter

EXEMPLE : **en se référant au chapitre 3** SIGNIFIE *en se rapportant au chapitre 3*

EXEMPLE : **vous devez vous référer aux contrats que vous avez signés** SIGNIFIE *vous devez vous reporter aux contrats que vous avez signés*

réformation

❐ (d'un acte administratif) modification par le supérieur hiérarchique

❐ (d'un jugement) modification par un tribunal d'un degré supérieur

réformer

1 (un acte administratif, un jugement) modifier

2 (on vous parle de service militaire) reconnaître comme incapable de faire son service militaire

reformuler

= exprimer ou dire d'une autre manière, exprimer ou dire avec d'autres mots

EXEMPLE : **vous devez reformuler votre demande** SIGNIFIE *vous devez exprimer votre demande d'une autre manière; vous devez faire votre demande en utilisant d'autres mots*

réfugié, e

❐ (personne) qui a dû fuir son pays pour échapper à un danger (guerre, persécutions politiques ou religieuses, etc) et qui ne peut pas ou ne veut pas en réclamer la protection

réfutable

= qui peut être rejeté

EXEMPLE : **cet argument n'est pas réfutable** SIGNIFIE *cet argument ne peut pas être rejeté*

réfuter

(un raisonnement, un argument) = rejeter (en prouvant que c'est faux)

EXEMPLE : **les motifs de cette réclamation ont été réfutés** SIGNIFIE *les motifs de cette réclamation ont été rejetés (comme non valables)*

regain

EXEMPLE : **cette région a connu un regain d'activité** SIGNIFIE *cette région a connu un renouveau d'activité*

EXEMPLE : **cela a provoqué un regain de pollution** SIGNIFIE *cela a (à nouveau) augmenté la pollution*

regard

♦ *au regard de* = en ce qui concerne, par rapport à, d'après

EXEMPLE : **au regard de l'impôt sur le revenu** SIGNIFIE *en ce qui concerne l'impôt sur le revenu*

EXEMPLE : **vous êtes en situation irrégulière au regard de cette réglementation** SIGNIFIE *vous êtes en situation irrégulière par rapport à cette réglementation; vous ne respectez pas cette réglementation*

EXEMPLE : **au regard des éléments transmis, cette demande n'est pas recevable** SIGNIFIE *d'après les éléments transmis, cette demande n'est pas recevable*

régime

→ voir matrimonial

régir

(une association, une action, etc) = réglementer

EXEMPLE : **cette association est régie par la loi du 1er juillet 1901** SIGNIFIE *cette association est réglementée par la loi du 1er juillet 1901*

EXEMPLE : **les ressortissants algériens ne sont pas régis par cette ordonnance** SIGNIFIE *les ressortissants algériens ne dépendent pas de cette ordonnance; le cas des ressortissants algériens n'est pas réglementé par cette ordonnance*

règle

♦ *pour la bonne règle* = pour que les choses soient en règle, comme il se doit

EXEMPLE : **pour la bonne règle, j'envoie une copie de cette lettre à Monsieur le Maire** SIGNIFIE *pour que les choses soient en règle, j'envoie une copie de cette lettre à Monsieur le Maire*

EXEMPLE : **je vous informe pour la bonne règle que cette décision peut être contestée par les voies de recours habituelles** SIGNIFIE *je vous informe (comme il se doit) que cette décision peut être contestée par les voies de recours habituelles*

règlement judiciaire

ancien nom du « redressement judiciaire »

regroupement

regroupement familial : possibilité pour un étranger qui habite en France depuis un certain temps de faire venir son conjoint et ses enfants mineurs restés dans son pays d'origine

régularisable

EXEMPLE : **dans ce cas, votre situation est régularisable** SIGNIFIE *dans ce cas, vous pouvez vous mettre en règle avec la loi (ou avec le règlement)*

EXEMPLE : **après cette date, il ne sera plus régularisable** SIGNIFIE *après cette date, il sera trop tard pour qu'il se mette en règle avec la loi*

régularisation

EXEMPLE : **pour obtenir la régularisation de votre situation administrative** SIGNIFIE *pour que votre situation administrative soit en accord avec la loi ou respecte la loi ou les règlements; pour vous mettre en règle avec l'Administration*

régulariser

= mettre en règle, mettre en accord avec la loi

EXEMPLE : **vous devez régulariser votre situation** SIGNIFIE *vous devez vous mettre en règle avec la loi (ou avec le règlement)*

EXEMPLE : **cette somme n'a toujours pas été versée, vous devez donc régulariser votre situation dans les plus brefs délais** SIGNIFIE *vous n'avez toujours pas payé cette somme, vous devez donc le faire le plus rapidement possible*

régularité

❐ (on vous parle de respect la loi) fait de respecter la loi, les règlements

EXEMPLE : **je vous confirme la régularité de cet échange** SIGNIFIE *je vous confirme que cet échange respecte* ou *est en accord avec la loi*

EXEMPLE : **si vous êtes en mesure de justifier la régularité de votre résidence en France par la production d'un titre de séjour** SIGNIFIE *si vous pouvez présenter un titre de séjour qui prouve que vous avez le droit de résider en France*

régulier, -ère

(on vous parle de respect de la loi) = en règle, qui respecte la loi (ou les règlements)

EXEMPLE : **un titre de séjour régulier** SIGNIFIE *un titre de séjour en règle*

EXEMPLE : **vous ne pouvez pas justifier de cinq années de résidence régulière en France** SIGNIFIE *vous ne pouvez pas prouver que vous avez résidé en France pendant cinq ans, avec des papiers en règle*

réhabilitation

1 (d'un logement) = remise en état

EXEMPLE : **la réhabilitation doit être réalisée dans un délai de 10 ans** SIGNIFIE *le logement doit être remis en état dans un délai de 10 ans*

2 (d'une personne) fait de redonner ses droits à une personne qui a été condamnée

réhabiliter

1 (un logement) = remettre en état

2 (une personne) redonner ses droits à une personne qui a été condamnée

réintégration

réintégration dans la nationalité française : procédure par décret ou par déclaration pour rendre la nationalité française à des personnes qui l'ont perdue

réitération

EXEMPLE : **vous n'avez pas répondu à ma réitération d'une demande de justificatifs** SIGNIFIE *vous n'avez pas répondu à ma demande répétée de justificatifs; vous n'avez pas répondu à ma nouvelle demande de justificatifs*

EXEMPLE : **pour éviter la réitération des comportements dangereux** SIGNIFIE *pour éviter que ces comportements dangereux ne se reproduisent; pour éviter de nouveaux comportements dangereux*

réitérer

(une demande) = renouveler

EXEMPLE : **je vous réitère ma demande de justificatifs** SIGNIFIE *je vous demande à nouveau des justificatifs*

EXEMPLE : **je vous réitère mon invitation à contacter mes services** SIGNIFIE *je vous invite à nouveau à contacter mes services*

relater

= mentionner, rapporter

EXEMPLE : **le constat d'huissier relate ces faits** SIGNIFIE *le constat d'huissier mentionne ces faits*

EXEMPLE : **les faits que vous avez relatés** SIGNIFIE *les faits que vous avez rapportés*

EXEMPLE : **vous relatez vos difficultés à rembourser vos dettes** SIGNIFIE *vous parlez de vos difficultés à rembourser vos dettes*

relativement

♦ *relativement à* = en ce qui concerne

EXEMPLE : **le conflit qui vous oppose à votre maçon, relativement aux travaux qu'il n'a pas achevés** SIGNIFIE *le conflit qui vous oppose à votre maçon, en ce qui concerne les travaux qu'il n'a pas terminés*

relaxe

❐ décision d'un tribunal correctionnel qui reconnaît qu'une personne n'est pas coupable

relaxer

(un prévenu) = reconnaître non coupable

EXEMPLE : **le tribunal a relaxé Monsieur Dupont** SIGNIFIE *le tribunal a reconnu que Monsieur Dupont n'était pas coupable*

relevé

relevé d'identité bancaire : document où sont notés le nom de la banque et l'adresse de l'agence, le nom et l'adresse du titulaire du compte ainsi que le numéro du compte

relever

♦ *relever de* = dépendre de

EXEMPLE : **les services sociaux de la circonscription dont vous relevez** SIGNIFIE *les services sociaux de la circonscription dont vous dépendez*

reliquat

❐ somme restant à payer ou à recevoir

EXEMPLE : **vous devez payer le reliquat avant le 10 août** SIGNIFIE *vous devez payer la somme qui reste due avant le 10 août*

remédiable

EXEMPLE : **c'est un problème remédiable** SIGNIFIE *nous pouvons résoudre ce problème; nous pouvons trouver une solution à ce problème*

EXEMPLE : **la situation est difficilement remédiable** SIGNIFIE *il est difficile de trouver une solution à cette situation*

remédier

♦ *remédier à*

(un problème, une situation) = trouver une solution à

(un abus, une erreur) = réparer

EXEMPLE : **vous pouvez remédier à ces problèmes** SIGNIFIE *vous pouvez trouver une solution à ces problèmes*

EXEMPLE : **vous devez remédier à cette erreur** SIGNIFIE *vous devez réparer cette erreur*

remembrement

❐ regroupement de différentes parcelles en un seul domaine pour une exploitation plus efficace

remembrer

❐ (des parcelles) regrouper en un seul domaine

remise

♦ *faire remise de*

(on vous parle d'une réduction) = accorder une réduction de

EXEMPLE : **je vous informe que je peux vous faire remise totale des majorations** SIGNIFIE *je vous informe que je peux vous autoriser à ne payer aucune majoration*

(on vous parle d'une chose, d'un document) = donner, transmettre

EXEMPLE : **vous avez fait remise du contrat au conseiller municipal** SIGNIFIE *vous avez donné* ou *transmis le contrat au conseiller municipal*

remise de dette : annulation d'une dette par la personne à qui l'argent est dû

→ voir gracieux

renseigner

(un imprimé, un questionnaire, une rubrique) = remplir

EXEMPLE : **la déclaration ne renseignait pas la ligne 3** SIGNIFIE *il n'y avait aucune information* ou *aucun renseignement à la ligne 3*

EXEMPLE : **il faut renseigner la hauteur du bâtiment** SIGNIFIE *il faut donner* ou *préciser la hauteur du bâtiment*

EXEMPLE : **ce dossier est trop succinct pour recevoir une réponse renseignée de ma part** SIGNIFIE *il n'y a pas assez d'informations dans ce dossier pour que je puisse bien y répondre*

rente

1 (on vous parle d'un revenu) argent que rapporte régulièrement un bien ou un capital

2 (on vous parle d'une dette, d'une pension) somme qu'une personne doit verser

régulièrement à une autre (en particulier pour le paiement d'une dette ou d'une pension)

renvoi

❒ (en droit civil) fait de porter une affaire devant un autre juge

répercussion

= conséquence

EXEMPLE : **cette décision aura des répercussions sur votre activité** SIGNIFIE *cette décision aura des conséquences sur votre activité*

répercuter

1 (une consigne) = transmettre

EXEMPLE : **mes services répercutent les consignes** SIGNIFIE *mes services transmettent les consignes*

2 *répercuter une taxe sur* = faire supporter ou payer une taxe par

3 *se répercuter sur* (on vous parle d'une action, d'une décision) = avoir des conséquences sur

EXEMPLE : **une erreur sur un trimestre se répercute sur les données annuelles** SIGNIFIE *une erreur sur un trimestre a des conséquences sur les données annuelles*

EXEMPLE : **cette décision se répercutera sur votre dossier** SIGNIFIE *cette décision aura des conséquences sur votre dossier*

répétition

répétition de l'indu : remboursement de ce qui a été payé par erreur par l'Administration

répondant

❒ (on vous parle de caution) personne qui s'engage à régler ce que doit quelqu'un au cas où il ne pourrait pas payer

réponse

♦ *faire réponse* = répondre

EXEMPLE : **on m'a demandé de vous faire réponse** SIGNIFIE *on m'a demandé de vous répondre*

report

(d'une date, d'un délai)

EXEMPLE : **vous pouvez solliciter un report de délai en cas de difficulté** SIGNIFIE *vous pouvez demander un délai supplémentaire en cas de difficulté*

EXEMPLE : **vous m'avez demandé le report de la date de dépôt des déclarations** SIGNIFIE *vous m'avez demandé de retarder* ou *de repousser la date de dépôt des déclarations*

répréhensible

= condamnable

EXEMPLE : **ils se sont comportés de manière répréhensible** SIGNIFIE *ils se sont comportés d'une manière condamnable*

EXEMPLE : **il ne s'agit pas d'un acte pénalement répréhensible** SIGNIFIE *il ne s'agit pas d'un acte pour lequel on peut être poursuivi par la justice*

répressif, -ive

❒ (on vous parle d'une juridiction) chargée de poursuivre et de punir les personnes qui ont commis des infractions

❒ (on vous parle d'un texte) qui classe un délit dans une catégorie et indique les peines applicables

action répressive : fait de poursuivre et de punir les personnes qui ont commis des infractions

répression

❒ (au sens courant) = punition

❒ (en droit) fait de poursuivre et de punir les personnes qui ont commis des infractions

direction départementale de la Concurrence, de la Consommation et de la Répression des fraudes : organisme chargé de défendre les intérêts des entreprises et des consommateurs, de surveiller le bon fonctionnement du marché et de la concurrence, ainsi que la qualité des produits et des services

réprimer

(un acte, un délit) = punir

EXEMPLE : **ce délit est prévu et réprimé par la loi** SIGNIFIE *ce délit est prévu et puni par la loi*

réputé, e

(on vous parle d'un dossier, d'une autorisation) = considéré comme

EXEMPLE : **en apportant ces pièces, votre dossier sera réputé complet** SIGNIFIE *avec ces pièces, votre dossier sera complet*

EXEMPLE : **le permis sera réputé accordé après un délai de 3 mois** SIGNIFIE *le permis sera considéré comme accordé après un délai de 3 mois*

requérant, e

❐ (personne) qui réclame quelque chose devant une juridiction administrative

requérir

1 (on vous parle d'une action en justice) = réclamer (en justice)

EXEMPLE : **il m'a informé de son intention de requérir une indemnité** SIGNIFIE *il m'a informé de son intention de réclamer une indemnité (en demandant l'aide de la justice)*

EXEMPLE : **la peine requise par le procureur** SIGNIFIE *la peine demandée par le procureur*

2 (on vous parle de nécessité) = exiger

EXEMPLE : **la procédure requérait l'avis du maire** SIGNIFIE *la procédure exigeait l'avis du maire*

requête

1 (on vous parle d'une sollicitation) = demande

EXEMPLE : **nous ne pouvons pas satisfaire votre requête** SIGNIFIE *nous ne pouvons pas satisfaire votre demande*

2 (on vous parle d'une procédure) acte par lequel une personne engage un procès ou un recours en déposant simplement sa demande au greffe

réquisition

1 (on vous parle d'une demande de l'Administration) procédé permettant à l'Administration d'exiger qu'un bien lui soit remis ou que quelque chose soit fait

réquisition de la force publique : ordre d'intervenir donné par l'Administration à la police (ou l'armée)

2 (on vous parle du ministère public) avis donné par le ministère public sur l'application de la loi dans une affaire

3 (on vous parle d'une grève) ordre donné par les autorités administratives aux travailleurs en grève de reprendre le travail, lorsque l'ordre public est menacé

réquisitionner

❐ (du matériel, des locaux, des personnes) exiger qu'ils soient mis à disposition, dans des circonstances exceptionnelles

réquisitoire

❐ (dans un procès) demande faite par le représentant du ministère public au juge pour qu'il applique la loi pénale

réquisitoire introductif : demande par laquelle le ministère public charge le juge d'instruction de rechercher des preuves et des éléments sur des faits semblant constituer une infraction

réquisitoire définitif : demande par laquelle le ministère public donne son avis au juge d'instruction sur la suite à donner à une affaire

réquisitoire supplétif : demande par laquelle le ministère public charge le juge d'instruction d'enquêter sur des faits supplémentaires, non mentionnés dans le réquisitoire introductif

réservataire

1 (on vous parle d'un héritage) héritier à qui la loi réserve une certaine part d'une succession; les héritiers réservataires sont les descendants (enfants ou petits-enfants) et les ascendants (parents ou grands-parents) s'il n'y a pas de descendants

2 (on vous parle d'un logement social) organisme qui a le droit de le réserver

réserve

1 (on vous parle d'une clause) clause ajoutée à un acte ou à un contrat pour ne pas se trouver lié par une obligation

♦ *sous toutes réserves* = sans garantie (formule placée à la fin d'un acte juridique pour permettre des modifications)

EXEMPLE : **il y aurait sous toutes réserves quinze logements sociaux disponibles cette année** SIGNIFIE *il y aurait quinze logements sociaux disponibles cette année mais rien n'est encore garanti*

♦ *sous réserve de*

EXEMPLE : **sous réserve de l'appréciation des tribunaux** SIGNIFIE *si les tribunaux ne s'y opposent pas*

EXEMPLE : **vous pouvez obtenir un permis de conduire sous réserve d'être reconnu apte après un examen médical** SIGNIFIE *vous pouvez obtenir un permis de conduire à condition d'être* ou *si vous êtes reconnu apte après un examen médical*

♦ *sous réserve que* = à condition que

EXEMPLE : **la commission étudiera le dossier sous réserve que celui-ci réponde aux normes exigées** SIGNIFIE *la commission étudiera le dossier à condition qu'il réponde* ou *s'il répond aux normes exigées*

2 (dans une succession) part d'une succession que la loi réserve à certains héritiers

3 devoir de réserve, obligation de réserve : devoir des agents de l'État de ne rien exprimer qui pourrait nuire à l'État

résiduaire

eaux résiduaires : eaux usées

résiduel, -elle

= qui reste

loyer résiduel : part de loyer restant à payer

EXEMPLE : **il ne reste à votre charge que le paiement du loyer résiduel** SIGNIFIE *vous ne devez payer que la part du loyer qui n'a pas encore été réglée*

résiliable

❒ auquel on peut mettre fin

EXEMPLE : **l'abonnement d'un an n'est pas résiliable** SIGNIFIE *on ne peut pas mettre fin à l'abonnement en cours d'année*

résiliation

❒ acte ou jugement par lequel on met fin à un contrat

EXEMPLE : **cette clause prévoit la résiliation du contrat si...** SIGNIFIE *cette clause prévoit que l'on peut mettre fin au contrat si...*

♦ *clause de résiliation de plein droit* : clause qui prévoit que le contrat se termine automatiquement si certaines conditions ne sont pas respectées

résilier

= mettre fin à

EXEMPLE : **votre propriétaire souhaite résilier votre bail** SIGNIFIE *votre propriétaire souhaite mettre fin à votre contrat de location*

res nullius

❒ chose qui n'appartient à personne

résolu, e

❒ (vente, convention) annulée parce que l'une des parties n'a pas rempli ses obligations

résolution

1 (d'un litige, d'un problème) = règlement

EXEMPLE : **vous m'avez informé de la résolution du problème** SIGNIFIE *vous m'avez informé que le problème était réglé*

EXEMPLE : **ce dossier est en bonne voie de résolution** SIGNIFIE *ce dossier sera bientôt réglé*

2 (d'un contrat) fait de mettre fin à un contrat, soit lorsqu'une des parties n'a pas fait ce qu'elle devait faire, soit lorsque toutes les parties sont d'accord pour y mettre fin

3 (d'une personne) = décision

résolutoire

clause résolutoire : clause qui entraîne la fin d'un contrat si l'une des parties ne fait pas ce qu'elle doit faire

condition résolutoire : condition qui met fin à un contrat si elle se réalise

sanction résolutoire : sanction qui met fin au contrat parce qu'une des parties n'a pas fait ce qu'elle devait faire

résorber

(une dette) = éliminer

(des nuisances) = éliminer, faire disparaître

EXEMPLE : **pour résorber votre dette** SIGNIFIE *pour éliminer votre dette; pour que vous n'ayez plus de dettes* ou *plus rien à payer*

résorption

= suppression progressive

EXEMPLE : **pour faciliter la résorption de votre surendettement** SIGNIFIE *pour vous aider à rembourser vos dettes le plus rapidement possible*

ressort

♦ *du ressort de* = dépendant de

EXEMPLE : **cela n'est pas de mon ressort** SIGNIFIE *cela ne dépend pas de moi*

EXEMPLE : **le choix de l'établissement est du ressort de la famille** SIGNIFIE *c'est à la famille de choisir l'établissement*

♦ *en dernier ressort*

EXEMPLE : **dans ce cas, le tribunal d'instance juge en dernier ressort** SIGNIFIE *dans ce cas, c'est le tribunal d'instance qui prend la décision finale*

EXEMPLE : **en dernier ressort, le maire prend la décision** SIGNIFIE *c'est le maire qui prend la décision finale*

ressort territorial : zone géographique qui dépend d'une autorité

EXEMPLE : **les écoles publiques du ressort territorial de la commune** SIGNIFIE *les écoles publiques qui dépendent de la commune*

EXEMPLE : **les élèves de classes primaires domiciliés dans le ressort territorial de la commune siège** SIGNIFIE *les élèves de classes primaires domiciliés dans la zone qui dépend de la commune siège*

ressortir

♦ *ressortir à* (on vous parle d'une compétence) = dépendre de

EXEMPLE : **c'est à l'appréciation du directeur départemental des Yvelines auquel vous ressortissez** SIGNIFIE *c'est à l'appréciation du directeur départemental des Yvelines, dont vous dépendez*

ressortissant, e

❒ personne qui dépend de l'autorité d'un État (dont il a la nationalité)

restrictif, -ive

= qui limite

EXEMPLE : **le tribunal peut prononcer une mesure restrictive du droit de conduire** SIGNIFIE *le tribunal peut prononcer une mesure qui limite le droit de conduire*

EXEMPLE : **ces nouvelles règles sont plus restrictives que celles appliquées auparavant** SIGNIFIE *ces nouvelles règles fixent plus de limites* ou *de conditions que celles appliquées auparavant*

restriction

= réduction, limitation

EXEMPLE : **les mesures de restriction d'usage de l'eau** SIGNIFIE *les mesures qui limitent l'usage de l'eau*

EXEMPLE : **les restrictions prévues pour le bénéfice de cette allocation** SIGNIFIE *les conditions prévues pour pouvoir bénéficier de cette allocation*

rétention

(d'un permis) = confiscation

EXEMPLE : **vous avez fait l'objet d'une mesure de rétention du permis de conduire** SIGNIFIE *votre permis de conduire vous a été retiré*

droit de rétention : droit du créancier de garder un objet appartenant à une personne qui lui doit de l'argent, jusqu'à ce qu'elle ait payé la somme due

rétention administrative : placement d'un étranger en situation irrégulière dans un centre, en attendant son expulsion

centre de rétention : centre où sont placés les étrangers en situation irrégulière en attendant leur expulsion

retenue

❐ (on vous parle d'un prélèvement) prélèvement sur de l'argent reçu

retenue à la source : prélèvement direct de l'impôt sur le salaire ou sur un autre revenu

retour

♦ *en retour*

EXEMPLE : **vous trouverez, ci-joint en retour, l'original de votre certificat médical** SIGNIFIE *je vous renvoie avec cette lettre l'original de votre certificat médical*

♦ *faire retour de* = renvoyer

EXEMPLE : **il vous suffit de me faire retour des deux exemplaires de cette lettre** SIGNIFIE *il vous suffit de me renvoyer les deux exemplaires de cette lettre*

♦ *par retour du courrier*

EXEMPLE : **vous devrez me faire parvenir, par retour du courrier, une attestation signée de votre employeur** SIGNIFIE *vous devrez me faire parvenir, dès que vous aurez reçu cette lettre, une attestation signée de votre employeur*

rétractation

❐ fait de revenir sur ce qu'on a dit ou fait

délai de rétractation : délai pour revenir sur une décision ou une déclaration

se rétracter

❐ (on vous parle d'une déclaration) revenir sur ce qu'on a dit

EXEMPLE : **avant de se rétracter** SIGNIFIE *avant de revenir sur ses paroles*

rétribuer

(pour un travail, un service) = payer

EXEMPLE : **vous serez rétribué par mes services** SIGNIFIE *vous serez payé par mes services*

rétribution

(pour un travail, un service) = paiement

EXEMPLE : **ils ont fait les travaux moyennant rétribution** SIGNIFIE *ils ont fait les travaux en se faisant payer*

rétroactif, -ive

❐ qui a un effet sur ce qui s'est produit dans le passé

EXEMPLE : **cette mesure n'a pas d'effet rétroactif** SIGNIFIE *cette mesure ne s'applique pas à ce qui s'est passé avant qu'elle n'ait été adoptée*

rétroactivement

EXEMPLE : **cette mesure ne s'applique pas rétroactivement** SIGNIFIE *cette mesure ne s'applique pas à ce qui s'est passé avant qu'elle n'ait été adoptée*

rétroactivité

❐ effets d'un acte juridique sur des événements qui se sont produits avant que cet acte n'ait été adopté

EXEMPLE : **en vertu de la non rétroactivité des décisions administratives** SIGNIFIE *comme les décisions administratives ne s'appliquent pas à ce qui s'est passé avant qu'elles n'aient été prises*

rétrocéder

1 (ce qui a été reçu) = redonner, rendre

(des honoraires) = reverser

2 (ce qui a été acheté) = revendre

rétrocession

1 (ce qui a été reçu) fait de redonner ou de rendre

(des honoraires) = reversement

EXEMPLE : **si vous envisagez la rétrocession de ces biens** SIGNIFIE *si vous envisagez de rendre ces biens*

2 (ce qui a été acheté) = revente

rétrocessionnaire

❐ (de ce qui a été acheté) personne qui a vendu un bien en premier et qui en redevient l'acheteur

❐ (de ce qui a été reçu) personne à qui est rendu un bien

revenu

revenu de remplacement : allocation de chômage

déclaration de revenus : document par lequel la personne qui peut avoir à payer des impôts indique à l'administration fiscale ses revenus et les éléments nécessaires au calcul de l'impôt à payer

réversible

❐ (rente) qui peut ou doit être versée à une autre personne (conjoint ou orphelins) après le décès du bénéficiaire

EXEMPLE : **cette rente n'est pas réversible au conjoint survivant** SIGNIFIE *cette rente ne peut pas être versée au conjoint survivant*

réversion

pension de réversion : pension dont bénéficiait une personne décédée et qui peut être reversée au conjoint ou aux orphelins

revêtir

1 (on vous parle d'une caractéristique) = avoir

EXEMPLE : **cette intervention ne revêt aucun caractère obligatoire** SIGNIFIE *cette intervention n'a aucun caractère obligatoire; cette intervention n'est absolument pas obligatoire*

EXEMPLE : **cela ne revêt aucun intérêt** SIGNIFIE *cela n'a aucun intérêt*

EXEMPLE : **ce critère revêt une importance fondamentale** SIGNIFIE *ce critère est très important*

2 (on vous parle d'une signature, d'un visa)

EXEMPLE : **merci de me retourner ces exemplaires revêtus de votre signature** SIGNIFIE *merci de me retourner ces exemplaires signés*

EXEMPLE : **vous devez présenter un passeport revêtu d'un visa** SIGNIFIE *vous devez présenter un passeport avec un visa*

révocable

= annulable

EXEMPLE : **cette décision est révocable** SIGNIFIE *cette décision peut être annulée (selon certaines formalités)*

révocation

1 (d'une décision)

EXEMPLE : **il a demandé la révocation du sursis des peines** SIGNIFIE *il a demandé que le sursis des peines soit annulé*

2 (d'une personne) fait de priver d'une charge, d'une fonction

EXEMPLE : **le conseil de discipline a demandé la révocation de cette personne** SIGNIFIE *le conseil de discipline a demandé le renvoi de cette personne*

révolu, e

= passé

EXEMPLE : **les gérants ayant soixante ans révolus** SIGNIFIE *les gérants ayant soixante ans passés*

EXEMPLE : **le 8 avril prochain, cinq années révolues se seront écoulées depuis la dernière réunion** SIGNIFIE *le 8 avril prochain, cinq années complètes se seront écoulées depuis la dernière réunion*

révoquer

1 (une décision) annuler (par des formalités précises)

2 (une personne) priver de sa charge, de sa fonction

rigueur

♦ *de rigueur* = obligatoire, imposé par le règlement

EXEMPLE : **un silence total est de rigueur entre 22 heures et 7 heures** SIGNIFIE *un silence total est imposé par le règlement entre 22 heures et 7 heures*

EXEMPLE : **la présentation de ce document est de rigueur** SIGNIFIE *la présentation de ce document est obligatoire*

→ voir délai

ristourne

❐ (on vous parle d'une remise) = réduction, déduction

EXEMPLE : **une ristourne supplémentaire de 3,5 % sur les tarifs** SIGNIFIE *une réduction supplémentaire de 3,5 % sur les tarifs*

❐ (on vous parle d'assurances mutuelles) remboursement en fin d'année d'une partie de la cotisation ou de la prime payée par l'assuré

riverain, e

EXEMPLE : **l'accès des maisons riveraines** SIGNIFIE *l'accès des maisons situées le long de la route (ou de la rue ou du cours d'eau)*

EXEMPLE : **la rue dont vous êtes riverain** SIGNIFIE *la rue où vous habitez*

EXEMPLE : **les riverains de cette route** SIGNIFIE *les personnes dont les maisons sont situées le long de cette route*

EXEMPLE : **les propriétaires riverains de la rivière Tarn** SIGNIFIE *les propriétaires qui possèdent un terrain situé le long de la rivière Tarn*

riveraineté

droit de riveraineté : ensemble des droits des propriétaires dont les domaines sont situés le long d'un cours d'eau ou d'une voie publique

rixe

= dispute violente dans un lieu public

rogatoire

commission rogatoire : acte par lequel un juge donne ses pouvoirs à un autre juge ou à un officier de police pour qu'il fasse à sa place un acte d'instruction (audition, perquisition, saisie)

rôle

1 (on vous parle d'un registre) registre où les affaires présentées à un tribunal sont inscrites par ordre chronologique

2 (on vous parle d'un acte) feuille (recto et verso) d'un acte fait par un notaire (ou de la copie d'un jugement, etc)

3 (on vous parle d'impôt) liste des contribuables d'une commune pour une année donnée, avec indication des impôts à payer par chacun

S

saillant, e

1 (on vous parle de relief) = qui dépasse

EXEMPLE : **les parties les plus saillantes de l'ouvrage sont à 0,50 m du trottoir** SIGNIFIE *les parties de l'ouvrage qui dépassent le plus sont à 0,50 m du trottoir au maximum*

2 (fait, détail) = marquant, remarquable

EXEMPLE : **les points saillants de ce rapport** SIGNIFIE *les points marquants de ce rapport*

EXEMPLE : **aucun fait saillant n'a été observé** SIGNIFIE *aucun fait remarquable* ou *marquant n'a été observé*

saillie

= avancée

❒ partie d'un immeuble qui avance sur la voie publique ou sur le terrain du voisin

EXEMPLE : **une autorisation qui permet saillie sur la voie communale** SIGNIFIE *une autorisation qui permet de dépasser sur la voie communale*

EXEMPLE : **une saillie supérieure à 0,16 m** SIGNIFIE *une partie qui dépasse de plus de 0,16 m*

♦ *faire saillie* = dépasser

EXEMPLE : **les portes ne peuvent faire saillie sur le trottoir** SIGNIFIE *les portes ne peuvent pas dépasser sur le trottoir*

saisi, e

❒ personne dont les biens sont confisqués pour garantir ce qu'elle doit

tiers saisi : personne entre les mains de qui est confisqué un bien appartenant à quelqu'un qui fait l'objet d'une saisie

saisie

❒ confiscation par un huissier de justice des biens d'une personne qui doit de l'argent pour régler ce qu'elle doit

saisie-appréhension : procédure permettant à une personne de récupérer un bien qui lui appartient ou qui doit lui être livré; l'ordre est donné par un huissier de remettre l'objet dans un délai déterminé

saisie-attribution : confiscation, par un huissier de justice, de sommes d'argent qu'une personne doit, auprès d'une autre personne qui doit de l'argent à la première

saisie conservatoire : confiscation des biens d'une personne pour qu'elle n'en dispose pas ou qu'elle ne les fasse pas disparaître

saisie-vente : confiscation des biens meubles corporels d'une personne pour rembourser l'argent qu'elle doit sur le prix de leur vente

saisie des rémunérations : prélèvement par un huissier de justice d'une partie du salaire d'une personne pour rembourser ce qu'elle doit

saisine

1 (on vous parle d'une juridiction) procédé par lequel un juge, un tribunal ou une commission connaît une affaire et doit l'examiner

EXEMPLE : **vous pouvez effectuer une saisine des prud'hommes pour régler l'affaire** SIGNIFIE *vous pouvez demander l'intervention des prud'hommes pour régler l'affaire; vous pouvez vous adresser aux prud'hommes pour régler l'affaire*

2 (on vous parle de succession) droit d'un héritier à posséder les biens d'un héritage, sans avoir besoin d'une autorisation

saisir

1 (une juridiction, une commission) = demander l'intervention de (pour faire respecter ses droits)

EXEMPLE : **vous avez la possibilité de saisir la commission** SIGNIFIE *vous avez la possibilité de demander l'intervention de la commission*

2 (des biens) = confisquer

EXEMPLE : **nous pouvons faire appel à la force publique pour saisir ce véhicule** SIGNIFIE *nous pouvons demander l'aide de la force publique pour confisquer ce véhicule*

saisissable

❒ (bien) qui peut être confisqué par un huissier de justice à une personne qui doit de l'argent, pour régler ce qu'elle doit

saisissant, e

❒ personne qui fait confisquer les biens de la personne qui lui doit de l'argent, pour garantir le paiement

→ voir saisie

salarial, e (masc. pl. -iaux)

❒ (accord) sur les salaires

masse salariale : somme totale des rémunérations (directes et indirectes) reçues par l'ensemble des salariés d'une entreprise

→ voir cotisation

salubre

(air, climat) = bon pour la santé, sain

(logement) = qui ne présente pas de danger pour la santé

EXEMPLE : **des conditions de travail plus salubres** SIGNIFIE *des conditions de travail moins dangereuses pour la santé*

salubrité

(on vous parle de logement)

EXEMPLE : **pour s'assurer de la salubrité du logement** SIGNIFIE *pour s'assurer que le logement ne présente aucun danger pour la santé*

salubrité publique : absence de maladies ou de risques de maladie garantie par des mesures d'hygiène sur les personnes, les animaux et les choses et par la lutte contre la pollution

sanctionner

1 (on vous parle d'approbation) = confirmer (officiellement), valider (officiellement)

EXEMPLE : **cette formation est sanctionnée par un diplôme** SIGNIFIE *cette formation est validée par un diplôme*

2 (on vous parle de punition) = punir

EXEMPLE : **ces faits ne sont pas sanctionnés par la loi** SIGNIFIE *ces faits ne sont pas punis par la loi*

EXEMPLE : **tout usage irrégulier de la carte sera sanctionné par une amende** SIGNIFIE *tout usage irrégulier de la carte sera puni d'une amende*

sanitaire

❒ (contrôle, règlement, état) de la santé publique et de l'hygiène

❒ (action) pour la santé publique et l'hygiène

❒ (autorité) qui contrôle la santé publique et l'hygiène

sauf-conduit

❒ autorisation de se rendre dans un lieu, de le traverser ou d'y rester

sauvegarde

sauvegarde de la justice : mesure de protection des majeurs immédiatement prise pour une courte durée par le juge des tutelles

→ voir tutelle

savoir

ce mot se trouve parfois dans des tournures inutilement compliquées:

EXEMPLE : **il ne saurait être question qu'un loyer soit exigé** SIGNIFIE *il n'est pas question qu'un loyer soit exigé*

EXEMPLE : **je ne saurais donc considérer votre demande** SIGNIFIE *je ne pourrais donc pas considérer votre demande*

EXEMPLE : **je ne saurais trop vous conseiller de ...** SIGNIFIE *je vous conseille de ...*

EXEMPLE : **je ne saurais trop vous recommander de ...** SIGNIFIE *je vous recommande de ...*

sceau

= cachet officiel

EXEMPLE : **le sceau de la mairie** SIGNIFIE *le cachet officiel de la mairie*

scellés

❒ marque en cire posée par la justice sur un bien ou un document pour s'assurer que personne n'y touche

mise sous scellés : pose par la justice d'une marque en cire sur un bien ou un document pour s'assurer que personne n'y touche

sciemment

= volontairement, exprès

EXEMPLE : **vous avez sciemment ignoré ces avertissements** SIGNIFIE *vous avez volontairement ignoré ces avertissements*

EXEMPLE : **il ne l'a pas sciemment détruit** SIGNIFIE *il ne l'a pas détruit volontairement; il n'a pas fait exprès de le détruire*

EXEMPLE : **vous avez agi sciemment** SIGNIFIE *vous saviez ce que vous faisiez*

scinder

= diviser

EXEMPLE : **il a scindé son projet en deux parties distinctes** SIGNIFIE *il a divisé son projet en deux parties distinctes*

♦ *se scinder* = se diviser

EXEMPLE : **l'équipe s'est scindée en plusieurs groupes** SIGNIFIE *l'équipe s'est divisée en plusieurs groupes*

scolaire

carte scolaire : répartition des élèves et des enseignants entre les différents établissements d'enseignement public

scrupuleusement

= avec soin, de manière stricte, de manière rigoureuse

EXEMPLE : **vous devez respecter scrupuleusement ces prescriptions** SIGNIFIE *vous devez respecter ces prescriptions de manière stricte* ou *rigoureuse*

EXEMPLE : **chaque détail a été scrupuleusement étudié** SIGNIFIE *chaque détail a été étudié avec beaucoup d'attention*

scrupuleux, -euse

1 (on vous parle de rigueur) = strict

EXEMPLE : **le respect scrupuleux du règlement** SIGNIFIE *le strict respect du règlement*

EXEMPLE : **tout a été enregistré avec un soin scrupuleux** SIGNIFIE *tout a été enregistré avec beaucoup de soin*

2 (on vous parle de moralité) = honnête

EXEMPLE : **il s'agit d'une personne très scrupuleuse** SIGNIFIE *il s'agit d'une personne très honnête*

scrutin

❒ (action de voter) = vote

❒ dépôt de bulletins dans une boîte fermée

❒ (ensemble des opérations) dépôt de bulletins dans une boîte fermée, comptage des bulletins et annonce des résultats

scrutin public : système où le vote de chacun est connu

scrutin secret : système où le vote de chacun n'est pas connu

seconder

= aider

EXEMPLE : **notre service pourra vous seconder dans vos démarches** SIGNIFIE *notre service pourra vous aider dans vos démarches*

secrétaire-greffier

❒ personne chargée d'assister les magistrats à l'audience, d'établir des documents juridiques, de conserver les dossiers des procès et les copies des jugements

secrétariat-greffe

❒ service qui garde les dossiers des procès, tient les registres et enregistre les déclarations

sécurisation

❒ fait de munir d'un système de sécurité

EXEMPLE : **vous devez vous assurer de la sécurisation de votre arme** SIGNIFIE *vous devez vous assurer que votre arme a un système de sécurité*

sédentaire

❒ (population) qui vit dans un lieu fixe

❒ (commerçant) qui travaille dans un lieu fixe

❒ (activité) qui n'entraîne aucun déplacement

seing

= signature

EXEMPLE : **merci de renvoyer ce document accompagné de votre seing** SIGNIFIE *merci de renvoyer ce document signé* ou *accompagné de votre signature*

seing privé : signature non constatée par un notaire

acte sous seing privé : acte rédigé et signé sans la présence d'un notaire

séjourner

= résider, vivre, rester

EXEMPLE : **vous exprimez le souhait de séjourner et de travailler en France** SIGNIFIE *vous exprimez le souhait de résider et de travailler en France; vous exprimez le souhait de vivre en France et d'y travailler*

semestrialité

= (période de) six mois, semestre

EXEMPLE : **un examen a lieu à la fin de la semestrialité** SIGNIFIE *un examen a lieu à la fin du semestre; un examen a lieu à la fin de la période de six mois*

EXEMPLE : **étant donné la semestrialité des paiements** SIGNIFIE *étant donné que ces paiements sont semestriels; étant donné que ces paiements sont faits tous les six mois*

EXEMPLE : **il vous incombera d'acquitter cette somme par semestrialité** SIGNIFIE *vous devrez payer cette somme en faisant un versement chaque semestre* ou *tous les six mois*

semestriel, -elle

(on vous parle d'une durée) = qui dure six mois, pour ou sur six mois

(on vous parle d'une fréquence) = qui a lieu tous les six mois, qui est fait tous les six mois

EXEMPLE : **un rapport semestriel** SIGNIFIE *un rapport fait tous les six mois*

EXEMPLE : **les derniers résultats semestriels** SIGNIFIE *les résultats des six derniers mois*

semestriellement

= (une fois) tous les six mois

EXEMPLE : **les taux sont révisés semestriellement** SIGNIFIE *les taux sont révisés (une fois) tous les six mois*

semi-liberté

❒ mesure qui permet à un détenu, pendant la journée, de travailler à l'extérieur, de suivre une formation ou de recevoir des soins médicaux; il regagne la prison tous les soirs

sensible

(augmentation, différence, quantité) = assez important

EXEMPLE : **il y a une différence sensible de niveau** SIGNIFIE *il y a une différence de niveau assez importante*

sensiblement

1 (on vous parle d'une petite différence) = à peu près, presque

EXEMPLE : **la taille des pièces doit être sensiblement égale** SIGNIFIE *la taille des pièces doit être à peu près égale*

EXEMPLE : **ce sont sensiblement les mêmes quantités** SIGNIFIE *ce sont presque* ou *à peu près les mêmes quantités*

2 (on vous parle d'une grande différence) = de manière assez importante, beaucoup, nettement

EXEMPLE : **si vos revenus ont sensible-**

ment augmenté SIGNIFIE *si vos revenus ont beaucoup augmenté* ou *augmenté de manière assez importante*

EXEMPLE : **ce montant est sensiblement inférieur au montant prévu** SIGNIFIE *ce montant est nettement inférieur au montant prévu*

sentence

= décision (d'un juge ou d'un arbitre)

EXEMPLE : **vous pouvez compter sur la force publique pour l'exécution de cette sentence judiciaire** SIGNIFIE *vous pouvez compter sur la force publique pour l'exécution de cette décision de justice*

séparation

séparation de corps : situation de deux époux autorisés par le juge à ne plus vivre ensemble, sans être divorcés

séparation de fait : situation de deux époux qui ont décidé de vivre séparés, sans qu'il y ait eu jugement

séparation de biens : régime selon lequel les époux n'ont pas de biens en commun

(principe de la) séparation des pouvoirs : principe constitutionnel selon lequel les différentes fonctions de l'État (législative, exécutive, judiciaire) doivent être exercées par des autorités distinctes et indépendantes

séparé, e

séparé de corps : autorisé par le juge à ne plus vivre avec son conjoint

séparé de fait : qui ne vit plus avec son conjoint (sans qu'il y ait eu jugement)

septennal, e (masc. pl. -aux)

(on vous parle d'une fréquence) = qui a lieu tous les sept ans, fait tous les sept ans

EXEMPLE : **une réunion septennale** SIGNIFIE *une réunion qui a lieu tous les sept ans*

(on vous parle d'une durée) = qui dure sept ans, pour ou sur sept ans, de sept ans

EXEMPLE : **après la période septennale** SIGNIFIE *après la période de sept ans*

EXEMPLE : **un plan septennal** SIGNIFIE *un plan sur sept ans*

EXEMPLE : **une garantie septennale** SIGNIFIE *une garantie qui dure sept ans*

séquestration

❒ fait de retenir une personne prisonnière

séquestre

1 (on vous parle d'un dépôt) remise d'un bien entre les mains d'une personne extérieure à une affaire, en attendant que cette affaire soit réglée

♦ *mettre (qqch) sous séquestre* : remettre quelque chose à une personne extérieure à une affaire, en attendant que cette affaire soit réglée

2 (on vous parle d'une personne) personne chargée de conserver un bien qui est l'objet d'un procès, en attendant que l'affaire soit réglée

séquestrer

1 (un bien) remettre une affaire à une personne extérieure, en attendant que cette affaire soit réglée

2 (une personne) = retenir prisonnier

servitude

❒ (en droit civil) contrainte imposée à un immeuble (bâtiment ou terrain) au profit d'un autre immeuble appartenant à un propriétaire différent

❒ (en droit public) contrainte imposée à un immeuble (bâtiment ou terrain) privé pour l'intérêt de la collectivité

servitude de reculement : obligation pour une construction de se trouver à une distance minimale d'une autre construction ou d'une voie publique

servitude de prospect : interdiction pour une construction de cacher la vue d'une autre construction

servitude de vue : interdiction pour une construction d'avoir des ouvertures sur un immeuble (bâtiment ou terrain) sans respecter certaines distances

servitude de passage : obligation pour le propriétaire d'un immeuble (bâtiment ou terrain) de laisser passer une autre personne pour qu'elle puisse accéder de son propre immeuble à la voie publique

seuil

(on vous parle de niveau) = limite

EXEMPLE : **les seuils fixés par le règlement** SIGNIFIE *les limites fixées par le règlement*

sévir

= prendre des sanctions, punir (sévèrement)

sexennal, e (masc. pl. -aux)

(on vous parle d'une fréquence) = qui a lieu tous les six ans, fait tous les six ans

EXEMPLE : **une rencontre sexennale** SIGNIFIE *une rencontre qui a lieu tous les six ans*

(on vous parle d'une durée) = de six ans, qui dure six ans, pour ou sur six ans, de six ans

EXEMPLE : **un an avant le terme de la période sexennale** SIGNIFIE *un an avant la fin de la période de six ans*

EXEMPLE : **un plan sexennal** SIGNIFIE *un plan sur six ans*

EXEMPLE : **une garantie sexennale** SIGNIFIE *une garantie qui dure six ans*

siège

1 (on vous parle d'une juridiction) lieu où une juridiction fonctionne et tient ses audiences
magistrat du siège, juge du siège : magistrat qui règle les conflits (par opposition au magistrat du parquet qui réclame l'application de la loi)

2 siège social : adresse légale d'une société (mentionnée dans ses statuts)

siéger

(on vous parle d'une juridiction) = tenir séance

EXEMPLE : **la commission siège à Paris** SIGNIFIE *les séances de la commission se tiennent à Paris*

signalement

❒ (on vous parle d'une description) description physique qui permet de reconnaître quelqu'un

signalétique

adjectif

(fiche, notice) décrivant une chose ou une personne
état signalétique et des services : document qui détaille les services et pensions militaires d'une personne

nom féminin

(dans un lieu) moyens de signalisation (panneaux, marques au sol, lumières, etc)

signataire

❒ (personne) qui signe ou a signé une lettre, un document

significatif, -ive

(différence, quantité, événement) = (assez) important

EXEMPLE : **si vous avez constaté une amélioration significative** SIGNIFIE *si vous avez constaté une amélioration (assez) importante*

signification

1 (d'un mot, d'une information) = sens

EXEMPLE : **vous me demandez la signification de ce mot** SIGNIFIE *vous me demandez le sens de ce mot; vous me demandez ce que veut dire ce mot*

2 (on vous parle d'une formalité) envoi d'un acte ou d'une décision de justice fait par un huissier à la personne concernée

EXEMPLE : **dans un délai de quinze jours à compter de la signification du commandement de payer au locataire** SIGNIFIE *dans un délai de quinze jours à partir du moment où l'huissier a ordonné au locataire de payer son loyer*

signifier

◆ *signifier (qqch) à (qqn)*

(on vous parle d'une formalité) = informer (qqn) de (qqch) , par huissier

EXEMPLE : **l'injonction de payer qui vous a été signifiée par l'huissier** SIGNIFIE *l'ordre de payer que l'huissier vous a remis*

similitude

= ressemblance

EXEMPLE : **il n'y a pas de similitude entre les deux situations** SIGNIFIE *les deux situations ne se ressemblent pas*

EXEMPLE : **la réglementation impose aux commerçants une parfaite similitude entre les prix affichés et ceux pratiqués** SIGNIFIE *la réglementation impose que les prix affichés et les prix pratiqués par les commerçants soient les mêmes*

simulation

❐ accord entre des parties pour présenter dans un acte une opération qui ne correspond pas à la réalité (par exemple, une vente qu'on fait passer pour une donation)

simultané, e

❐ qui se produit en même temps

EXEMPLE : **dans le cas de la réalisation simultanée de ces deux études** SIGNIFIE *dans le cas où ces deux études seraient réalisées en même temps*

EXEMPLE : **l'exercice simultané de deux ou plusieurs emplois salariés n'est pas interdit par la loi** SIGNIFIE *la loi n'interdit pas d'avoir plusieurs emplois salariés en même temps*

simultanéité

EXEMPLE : **en cas de simultanéité des demandes** SIGNIFIE *si les demandes sont faites en même temps* ou *au même moment*

EXEMPLE : **cela est dû à la simultanéité des deux événements** SIGNIFIE *cela est dû au fait que les deux événements ont (eu) lieu en même temps*

simultanément

= en même temps

EXEMPLE : **les deux machines ne peuvent pas fonctionner simultanément** SIGNIFIE *les deux machines ne peuvent pas fonctionner en même temps*

sine die

= sans fixer une autre ou une nouvelle date

EXEMPLE : **la rencontre a été reportée sine die** SIGNIFIE *la rencontre a été reportée sans qu'une nouvelle date soit fixée*

sine qua non

condition sine qua non : condition obligatoire

EXEMPLE : **il s'agit d'une condition sine qua non pour recevoir la prime** SIGNIFIE *il s'agit d'une condition obligatoire pour recevoir la prime; il est impossible de recevoir la prime sans remplir cette condition*

singulier, -ière

(on vous parle d'une caractéristique) = particulier, spécial

EXEMPLE : **le caractère singulier de cette opération** SIGNIFIE *le caractère spécial* ou *particulier de cette opération*

singulièrement

= particulièrement, beaucoup, très

EXEMPLE : **la situation s'est singulièrement compliquée** SIGNIFIE *la situation s'est beaucoup compliquée*

EXEMPLE : **la procédure est singulièrement compliquée** SIGNIFIE *la procédure est très compliquée*

sinistre

1 (on vous parle d'un événement) incendie, inondation ou autre événement naturel qui cause un dommage à quelqu'un

2 (pour les assurances) dommage ou perte causé à une chose ou une personne assurée

sinistré, e

❐ qui a subi un dommage ou une catastrophe (incendie, inondation ou autre événement naturel)

siren

numéro siren : numéro d'identification à 9 chiffres attribué à chaque entreprise

siret

numéro siret : numéro d'identification à 14 chiffres attribué à chaque établissement d'une entreprise (9 chiffres du numéro siren de l'entreprise + 5 chiffres identifiant l'établissement particulier)

sis, e

= situé, qui se trouve

EXEMPLE : **l'Office des migrations inter-**

nationales, sis 19 rue de Moulins SIGNIFIE *l'Office des migrations internationales situé* ou *qui se trouve 19 rue de Moulins*

situation

certificat de situation administrative **(on vous parle d'un véhicule)** : document prouvant qu'un véhicule ne sert pas de garantie à une dette, que son propriétaire n'a aucune contravention à payer, et qu'il peut donc être revendu

bulletin de situation : document remis lors de l'hospitalisation qui sert de justificatif d'arrêt de travail pour l'employeur et la caisse d'assurance-maladie; il mentionne les dates d'entrée et de sortie de l'hôpital

→ voir gage

sociétaire

(on vous parle d'une entreprise)

EXEMPLE : **en cas de création d'une forme sociétaire** SIGNIFIE *en cas de création d'une société* ou *d'une entreprise individuelle*

soin

♦ *avoir* ou *prendre le soin de* = penser à, faire attention à ou de, s'occuper de

EXEMPLE : **vous aurez le soin de vous munir de ces documents** SIGNIFIE *pensez à prendre avec vous ces documents; n'oubliez pas de prendre ces documents avec vous*

EXEMPLE : **prenez soin de vérifier la somme indiquée** SIGNIFIE *pensez* ou *faites attention à vérifier la somme indiquée*

♦ *par les soins de* = par

EXEMPLE : **un document daté et signé par vos soins** SIGNIFIE *un document que vous avez (ou aurez) daté et signé*

EXEMPLE : **cette demande, effectuée par mes soins** SIGNIFIE *cette demande que j'ai faite*

EXEMPLE : **une copie du document sera affichée par les soins de l'autorité municipale** SIGNIFIE *l'autorité municipale affichera une copie du document*

solidaire

❐ **(on vous parle d'un débiteur)** lié à un ou plusieurs autres débiteurs par un lien juridique qui engage chacun à payer la totalité des sommes dues

❐ **(on vous parle d'un créancier)** lié à un ou plusieurs autres créanciers par un lien juridique qui permet à chacun de demander au débiteur de lui payer la totalité des sommes dues; ces sommes doivent être redistribuées entre tous les autres créanciers

❐ **(on vous parle de cautionnement, de paiement)** qui engage plusieurs personnes à payer la totalité de ce qui est dû

solidairement

♦ *solidairement responsable* : responsable, avec d'autres personnes, du paiement de la totalité de ce qui est dû

solidarité

❐ **(entre débiteurs)** lien juridique entre plusieurs débiteurs qui engage chacun à payer la totalité des sommes dues

❐ **(entre créanciers)** lien juridique entre plusieurs créanciers qui permet à chacun de demander au débiteur de lui payer la totalité des sommes dues

sollicitation

= demande

EXEMPLE : **j'espère avoir répondu à votre sollicitation** SIGNIFIE *j'espère avoir répondu à votre demande*

solliciter

1 **(une chose)** = demander

EXEMPLE : **vous avez sollicité auprès de mes services l'échange de votre permis de conduire** SIGNIFIE *vous avez demandé à mes services l'échange de votre permis de conduire*

2 **(une personne)** = faire appel à

EXEMPLE : **vous avez sollicité mes services pour le traitement de votre dossier** SIGNIFIE *vous avez demandé à mes services de traiter votre dossier*

solvabilité

❐ fait de pouvoir payer ce que l'on doit

EXEMPLE : **pour évaluer votre solvabilité** SIGNIFIE *pour savoir si vous avez les moyens de payer ce que vous devez*

solvable

= qui a les moyens de payer, qui peut payer

EXEMPLE : **les personnes non solvables** SIGNIFIE *les personnes qui n'ont pas les moyens de* ou *qui ne peuvent pas payer ce qu'elles doivent*

sommaire

(examen, procédure, descriptif, etc) = rapide, non détaillé

(construction) = très simple

sommairement

= rapidement, sans donner de détails

EXEMPLE : **vous avez décrit sommairement votre situation** SIGNIFIE *vous avez décrit votre situation rapidement* ou *sans donner de détails*

sommation

= ordre

(d'huissier) acte d'huissier ordonnant à une personne de faire quelque chose

sommation de payer : acte d'huissier qui ordonne à une personne de payer une dette

sommer

♦ *sommer (qqn) de faire (qqch) :* (en droit) ordonner à quelqu'un de faire quelque chose par un acte d'huissier

(au sens général) = ordonner ou donner l'ordre à (qqn) de faire (qqch)

EXEMPLE : **nous l'avons sommé de partir** SIGNIFIE *nous lui avons ordonné de partir; nous lui avons donné l'ordre de partir*

soulte

❐ somme versée par l'une des parties pour compenser l'inégalité de valeur des biens partagés ou échangés

soumettre

♦ *soumettre à*

(on vous parle d'une proposition) = présenter à, proposer à

EXEMPLE : **je ne peux pas soumettre votre candidature à la commission** SIGNIFIE *je ne peux pas présenter* ou *proposer votre candidature à la commission*

EXEMPLE : **ces demandes sont soumises à l'avis du comité** SIGNIFIE *ces demandes sont présentées au comité qui donne son avis*

(on vous parle d'une autorisation)

EXEMPLE : **les activités soumises à autorisation** SIGNIFIE *les activités pour lesquelles il faut une autorisation*

EXEMPLE : **les exploitants soumis à déclaration** SIGNIFIE *les exploitants qui doivent faire une déclaration*

♦ *se soumettre à* = obéir à

EXEMPLE : **vous devez vous soumettre à l'obligation de quitter le territoire français** SIGNIFIE *vous devez quitter le territoire français*

EXEMPLE : **l'examen médical auquel elle doit se soumettre** SIGNIFIE *l'examen médical qu'elle doit passer*

soumission

❐ (en droit civil) acte écrit dans lequel un candidat à un marché s'engage à respecter le cahier des charges et présente ses conditions

soumissionnaire

❐ (en droit civil) candidat à un marché qui, par écrit, s'engage à respecter le cahier des charges et présente ses conditions

soumissionner

❐ (en droit civil) se porter candidat à un marché en s'engageant par écrit à respecter le cahier des charges et en présentant ses conditions

souscription

1 (à un emprunt, une publication) fait de s'engager à payer

(on vous parle d'une somme) paiement fait par la personne qui s'engage à acheter

2 (pour le lancement d'une société) opération destinée à réunir l'argent nécessaire pour lancer une société en faisant un appel de fonds

souscrire

(un engagement, un contrat, un abonnement) = prendre

(une déclaration) = remplir

♦ *souscrire à*

(un avis, une démarche) = être d'accord avec, accepter

EXEMPLE : **nous souscrivons à cette démarche** SIGNIFIE *nous sommes d'accord avec cette démarche*

(une offre) = accepter

(un emprunt) = prendre

EXEMPLE : **vous n'êtes pas obligé de souscrire à l'offre de crédit du vendeur** SIGNIFIE *vous n'êtes pas obligé d'accepter l'offre de crédit du vendeur*

sous-jacent, e

1 (chose) = situé sous ou au-dessous

EXEMPLE : **le sol sous-jacent à l'immeuble** SIGNIFIE *le sol situé sous l'immeuble*

2 (idée, motif) = profond, caché

EXEMPLE : **il s'agit de la cause sous-jacente de ce conflit** SIGNIFIE *il s'agit de la cause profonde de ce conflit*

EXEMPLE : **l'idée sous-jacente à ce projet** SIGNIFIE *l'idée sur laquelle est basée ce projet*

sous-locataire

❒ personne qui loue un local à son locataire principal

sous-location

❒ (pour le locataire principal) fait de louer un local dont on est soi-même locataire principal

❒ (pour le sous-locataire) fait de louer un local à son locataire principal

❒ (on vous parle du contrat) contrat entre un locataire principal et un sous-locataire

sous-louer

❒ (pour le locataire principal) louer un local dont on est soi-même locataire principal

❒ (pour le sous-locataire) louer un local à son locataire principal

sous-seing

❒ acte rédigé et signé sans la présence d'un notaire

sous-tendre

= être à la base de

EXEMPLE : **c'est cette volonté qui sous-tend toute l'action des pouvoirs publics** SIGNIFIE *c'est cette volonté qui est à la base* ou *à l'origine de toute l'action des pouvoirs publics*

soustraire

♦ *soustraire (qqn)* ou *(qqch) à*

EXEMPLE : **les revenus soustraits à l'impôt** SIGNIFIE *les revenus non déclarés pour ne pas payer d'impôts*

EXEMPLE : **les propriétaires peuvent soustraire le terrain au contrôle de cet organisme** SIGNIFIE *les propriétaires peuvent faire en sorte que le terrain ne soit pas contrôlé par cet organisme*

♦ *se soustraire à*

(un engagement, une obligation) = ne pas remplir, ne pas respecter

(la justice) = échapper à

(un impôt) = échapper à, ne pas payer

EXEMPLE : **il se soustrait à ses obligations** SIGNIFIE *il ne remplit pas* ou *ne respecte pas ses obligations*

EXEMPLE : **je ne peux me soustraire à cet engagement** SIGNIFIE *je suis obligé de respecter cet engagement*

sous-traitance

❒ fait pour un entrepreneur de confier à un autre entrepreneur la réalisation de tout ou d'une partie des travaux, pour son compte et selon ses ordres, destinés à ses propres clients

sous-traitant

❒ entrepreneur à qui un autre entrepreneur a confié la réalisation de tout ou d'une partie des travaux, pour son compte et selon ses ordres, destinés à ses propres clients

sous-traiter

❒ confier à un autre entrepreneur la réalisation de travaux, pour son compte et selon ses ordres, destinés à ses propres clients

soutènement

mur de soutènement : mur destiné à supporter ou à retenir la poussée d'un terrain

soutien

soutien de famille : personne dont l'activité est indispensable pour faire vivre sa famille

souverain, e

❐ (état, tribunal) indépendant et qui n'est contrôlé par aucune autorité supérieure

EXEMPLE : **le jury d'examen est souverain dans sa décision** SIGNIFIE *le jury d'examen prend une décision définitive qui ne peut être changée par personne*

appréciation souveraine : liberté qu'a une autorité de prendre des décisions sans avoir à se justifier ni être contrôlée

EXEMPLE : **sous réserve de l'appréciation souveraine des tribunaux** SIGNIFIE *mais les juges pourront avoir une interprétation différente, qui sera celle retenue*

souverainement

❐ en toute indépendance, sans avoir à se justifier ni être contrôlé

EXEMPLE : **le juge des Prud'hommes apprécie souverainement les faits** SIGNIFIE *le juge des Prud'hommes apprécie les faits en toute indépendance sans avoir à se justifier ni être contrôlé*

spécifique

allocation de solidarité spécifique : aide financière destinée à des chômeurs n'ayant plus droit à l'assurance chômage

spontané, e

EXEMPLE : **votre démarche spontanée** SIGNIFIE *la démarche que vous avez faite de vous-même* ou *sans qu'on vous le demande*

EXEMPLE : **il est revenu sur ses aveux spontanés** SIGNIFIE *il est revenu sur les aveux qu'il avait faits de lui-même* ou *sans y être forcé*

spontanément

EXEMPLE : **sous réserve que l'infraction soit réparée spontanément** SIGNIFIE *à condition que vous répariez l'infraction par vous-même* ou *sans qu'on vous le demande* ou *sans y être forcé*

EXEMPLE : **le problème s'est résolu spontanément** SIGNIFIE *le problème s'est résolu tout seul*

statuer

♦ *statuer sur* = prendre une décision sur ou au sujet de

EXEMPLE : **je suis en droit de statuer sur cette demande** SIGNIFIE *je peux prendre une décision sur cette demande*

EXEMPLE : **pour me permettre de statuer en connaissance de cause** SIGNIFIE *pour me permettre de prendre une décision en connaissance de cause*

statut

❐ (on vous parle d'une personne, d'un bien, d'une institution) textes qui définissent la condition et le régime juridique applicables aux personnes, aux institutions et aux biens

EXEMPLE : **vous souhaitez obtenir un titre de séjour sur la base de votre statut de conjoint d'une personne française** SIGNIFIE *vous souhaitez obtenir un titre de séjour en tant que conjoint d'une personne française*

EXEMPLE : **vous avez fait une demande de statut de réfugié** SIGNIFIE *vous avez demandé à être officiellement reconnu comme réfugié*

statuts (d'une société, d'une association) : document écrit pour constituer une société ou une association et qui précise ses objectifs, ses moyens et ses règles de fonctionnement

statutaire

❐ conforme aux règles, aux actes qui constituent une société ou une association et qui précisent ses objectifs, moyens et règles de fonctionnement

statutairement

= selon les (ou ses, etc) statuts, par des statuts

EXEMPLE : **la prochaine réunion est prévue statutairement à la fin de l'année** SIGNIFIE *selon les statuts, la prochaine réunion est prévue à la fin de l'année*

EXEMPLE : **un comité défini statutairement** SIGNIFIE *un comité défini par des statuts*

→ voir statut

stipulation

(d'un contrat, d'une loi) = indication, condition, mention

EXEMPLE : **ce refus n'est pas contraire aux stipulations de l'accord** SIGNIFIE *ce refus n'est pas contraire à l'accord* ou *à ce qui est indiqué dans l'accord*

EXEMPLE : **sauf stipulation contraire du contrat** SIGNIFIE *sauf si le contrat indique* ou *mentionne le contraire*

stipuler

(on vous parle d'un contrat, d'une loi) = indiquer (comme condition)

EXEMPLE : **la réglementation stipule que vous disposez d'un délai de 15 jours maximum** SIGNIFIE *la réglementation indique que vous avez un délai de 15 jours maximum; d'après la réglementation, vous avez un délai de 15 jours maximum*

stricto sensu

= au sens strict

EXEMPLE : **l'article 28 ne s'applique pas stricto sensu à l'intérieur des bâtiments publics** SIGNIFIE *l'article 28 ne s'applique pas au sens strict à l'intérieur des bâtiments publics*

stupéfiant

= drogue

subir

(une peine) = accomplir

(un examen, un test, une visite) = passer

EXEMPLE : **vous pouvez demander à subir un nouvel examen** SIGNIFIE *vous pouvez demander à passer un nouvel examen*

submersible

❒ pouvant être complètement recouvert d'eau

subordonné, e

♦ *subordonné à*

(une personne) = placé sous l'autorité de

EXEMPLE : **vous êtes subordonné à M. Dupont** SIGNIFIE *vous êtes sous l'autorité de M. Dupont; vous dépendez hiérarchiquement de M. Dupont*

(une décision) = dépendant de

EXEMPLE : **l'autorisation est subordonnée au résultat de l'enquête** SIGNIFIE *l'autorisation dépend du résultat de l'enquête*

subrogation

❒ remplacement d'une personne ou d'une chose par une autre qui obéit aux mêmes règles juridiques que celle remplacée

subroger

❒ remplacer une personne ou une chose par une autre qui obéit aux mêmes règles juridiques que celle remplacée

EXEMPLE : **subroger un rapporteur** SIGNIFIE *nommer un juge à la place d'un autre, comme rapporteur*

♦ *se subroger à* = remplacer

EXEMPLE : **ils se sont subrogé aux Assedic pour vous verser l'allocation** SIGNIFIE *ils vous versent l'allocation à la place des Assedic*

subséquemment

= après, ensuite, en conséquence

EXEMPLE : **ce qui a été décidé subséquemment** SIGNIFIE *ce qui a été décidé après* ou *ensuite; ce qui a été décidé en conséquence*

subséquent, e

= fait ensuite ou après, qui vient ensuite ou après

EXEMPLE : **les accords subséquents** SIGNIFIE *les accords conclus après* ou *par la suite*

EXEMPLE : **en application du décret du 11 avril 1958 et des textes subséquents** SIGNIFIE *en application du décret du 11 avril 1958 et des textes qui ont suivi*

subsidiaire

(demande) = secondaire, faite au cas où la demande principale ne serait pas retenue

allocation subsidiaire : allocation que l'on peut recevoir seulement après avoir essayé d'obtenir d'autres allocations et pensions

subsidiairement

EXEMPLE : **cette question a été évoquée**

subsidiairement SIGNIFIE *cette question a aussi été évoquée sans être l'objet principal du débat*

EXEMPLE : **le tribunal a constaté le délabrement de l'immeuble et subsidiairement, a ordonné des travaux de réparation** SIGNIFIE *dans un premier temps, le tribunal a constaté le délabrement de l'immeuble et dans un deuxième temps, il a ordonné des travaux de réparation*

subsistance

EXEMPLE : **pour assurer leur subsistance** SIGNIFIE *pour assurer leurs besoins matériels*

subsister

(dans le temps) = exister encore, rester

EXEMPLE : **aucun obstacle ne subsiste** SIGNIFIE *il n'y a plus aucun obstacle*

EXEMPLE : **des doutes subsistent sur sa responsabilité** SIGNIFIE *il y a encore des doutes sur sa responsabilité*

substantiel, -elle

= important

EXEMPLE : **toute modification substantielle devra être signalée au préfet** SIGNIFIE *toute modification importante devra être signalée au préfet*

substantiellement

= très, beaucoup

EXEMPLE : **des remises substantiellement différentes** SIGNIFIE *des remises très différentes*

EXEMPLE : **la situation n'a pas substantiellement changé depuis** SIGNIFIE *la situation n'a pas beaucoup changé depuis*

substituer

♦ *substituer (qqch) à* = mettre (qqch) à la place de, remplacer (qqch) par

♦ *se substituer à* = remplacer

EXEMPLE : **cette procédure se substitue à celle mentionnée plus haut** SIGNIFIE *cette procédure remplace celle mentionnée plus haut*

substitut, e

❐ (on vous parle d'un magistrat) magistrat du ministère public, chargé d'assister le procureur

substitutif, -ive

❐ (peine) qui permet d'éviter l'emprisonnement

substitution

1 (au sens courant) = remplacement

EXEMPLE : **la substitution des systèmes de sécurité** SIGNIFIE *le remplacement des systèmes de sécurité*

♦ *en substitution à* = en remplacement de, pour remplacer

EXEMPLE : **une autre opération peut être engagée en substitution à la première** SIGNIFIE *une autre opération peut être engagée en remplacement de* ou *pour remplacer la première*

pouvoir de substitution : pouvoir des autorités hiérarchiques ou de tutelle de prendre des mesures à la place des autorités dont elles sont responsables

2 (on vous parle de don, de legs) désignation de la personne qui remplacera celle qui devait recevoir un don ou un legs au cas où cette dernière ne le pourrait pas

subvenir

♦ *subvenir à*

EXEMPLE : **il doit subvenir aux besoins de sa famille** SIGNIFIE *il doit donner à sa famille de quoi assurer ses besoins*

subvention

= aide financière (de l'État ou d'une association)

subventionnable

❐ qui peut recevoir une aide financière (de l'État ou d'une association)

EXEMPLE : **le montant de la dépense subventionnable est de 359 euros** SIGNIFIE *le montant de la dépense pour lequel vous pouvez recevoir une aide financière est de 359 euros*

subventionnement
= aide financière (de l'État ou d'une association)

subventionner
= aider financièrement

EXEMPLE : **nous ne pouvons pas subventionner ce projet** SIGNIFIE *nous ne pouvons pas aider financièrement ce projet*

successible
❐ qui remplit les conditions nécessaires pour recevoir une succession

EXEMPLE : **les parents au degré successible** SIGNIFIE *les personnes dont les liens familiaux avec le défunt leur permettent de recevoir la succession*

succession
❐ (on vous parle d'héritage) transmission aux héritiers des biens et des dettes d'une personne décédée

déclaration de succession : document par lequel les héritiers (ou légataires) indiquent à l'administration fiscale l'ensemble des biens et des dettes de la succession

successoral, e (masc. pl. -aux)
droits successoraux : droits à la succession

régime successoral : règles qui organisent une succession

actif successoral : biens et droits du défunt (sans les dettes)

→ voir dévolution

succinct, e
= bref, court

EXEMPLE : **ce dossier est trop succinct pour être traité** SIGNIFIE *ce dossier n'est pas assez complet* ou *ne comporte pas assez d'informations pour être traité*

succinctement
= rapidement, brièvement

EXEMPLE : **vous pouvez me répondre succinctement** SIGNIFIE *vous pouvez me donner une réponse courte*

EXEMPLE : **après avoir exposé succinctement votre situation** SIGNIFIE *après avoir fait un exposé rapide de votre situation*

succomber
(demandeur) perdre son procès

EXEMPLE : **la partie qui succombe peut être condamnée à une amende** SIGNIFIE *la partie qui a perdu son procès peut être condamnée à une amende*

suffrage
(d'un électeur) = voix, vote

EXEMPLE : **le nombre de suffrages exprimés** SIGNIFIE *le nombre de voix exprimées*

suffrage direct : système où les électeurs votent directement pour les candidats

suffrage indirect : système où les électeurs votent pour des candidats qui, à leur tour, éliront les représentants

suite
♦ *comme suite à* = en réponse à, suite à

EXEMPLE : **comme suite à votre demande, je vous adresse votre carte d'identité** SIGNIFIE *en réponse à votre demande, je vous adresse votre carte d'identité*

EXEMPLE : **comme suite à notre entretien téléphonique ...** SIGNIFIE *suite à notre conversation téléphonique ...*

♦ *faire suite à* (une demande, un courrier) = répondre à

♦ *par suite* = donc

EXEMPLE : **par suite, il n'a pas été en mesure de contrôler cette déclaration** SIGNIFIE *il n'a donc pas été en mesure de contrôler cette déclaration*

♦ *par suite de* = à cause de

EXEMPLE : **par suite d'une erreur** SIGNIFIE *à cause d'une erreur*

♦ *en suite de* = suite à

EXEMPLE : **en suite de votre entretien, je vous envoie le formulaire** SIGNIFIE *suite à votre entretien, je vous envoie le formulaire*

♦ *classement sans suite d'un dossier :*
(dans une procédure générale) arrêt du traitement d'un dossier et son classement

EXEMPLE : **votre dossier a fait l'objet d'un classement sans suite** SIGNIFIE *votre dossier ne sera plus traité (et sera classé)*

(dans une procédure pénale) décision de ne plus attaquer une personne devant la justice

♦ *classer un dossier sans suite :* (dans une procédure générale) = ne plus traiter un dossier et le classer

EXEMPLE : **votre demande sera classée sans suite** SIGNIFIE *votre demande ne sera plus traitée (parce que...)*

EXEMPLE : **en l'absence d'éléments nouveaux, ce dossier sera classé sans suite par mes services** SIGNIFIE *s'il n'y a pas d'éléments nouveaux, mes services ne traiteront plus ce dossier*
(dans une procédure pénale) décider de ne plus attaquer une personne devant la justice

♦ *donner suite à* (une demande, un dossier) = traiter

EXEMPLE : **pour me permettre de donner suite à votre demande** SIGNIFIE *pour me permettre de traiter votre demande*

EXEMPLE : **pour donner suite à votre lettre du 19 juin dernier** SIGNIFIE *en réponse* ou *pour répondre à votre lettre du 19 juin dernier*

♦ *donner* ou *réserver une suite favorable à* (une demande) = donner une réponse positive à

EXEMPLE : **je ne peux pas réserver une suite favorable à votre demande** SIGNIFIE *je ne peux pas donner de réponse positive à votre demande*

sujet, -ette

♦ *sujet à* (on vous parle d'autorisation)

EXEMPLE : **les dispositions sujettes à autorisation administrative** SIGNIFIE *les dispositions devant recevoir une autorisation administrative*

EXEMPLE : **cette acceptation est sujette à autorisation de mes services** SIGNIFIE *cette acceptation dépend de l'autorisation de mes services*

sujétion

1 (on vous parle d'un travail) = contrainte(s)

EXEMPLE : **la sujétion particulière imposée par ce poste** SIGNIFIE *les contraintes particulières imposées par ce poste*
indemnité de sujétion : argent donné à quelqu'un pour compenser un emploi pénible

2 (on vous parle d'une obligation) obligation imposée par l'Administration à des particuliers dans un but d'intérêt public

3 (on vous parle d'une autorité) fait de devoir obéir à une autorité

superfétatoire

= superflu, inutile

EXEMPLE : **cette mesure est devenue superfétatoire** SIGNIFIE *cette mesure est devenue superflue* ou *inutile*

suppléance

❐ remplacement provisoire (selon des règles prévues par la loi)

suppléer

1 ♦ *suppléer à* (un manque) = combler, compenser

EXEMPLE : **pour suppléer au manque de structures adaptées** SIGNIFIE *pour compenser le manque de structures adaptées; pour trouver une solution au manque de structures adaptées*

2 (une personne, un appareil) = remplacer (provisoirement)

EXEMPLE : **vous pouvez vous faire suppléer par un mandataire** SIGNIFIE *vous pouvez vous faire remplacer (dans vos fonctions) par un mandataire*

supplétif, -ive

→ voir mémoire

supporter

(des frais) = payer

EXEMPLE : **vous vous engagez à supporter les frais de cette visite** SIGNIFIE *vous vous engagez à payer les frais de cette visite*
(une taxe) = payer, être soumis à

EXEMPLE : **cette boisson ne supporte pas la taxe premix** SIGNIFIE *cette boisson n'est pas soumise à la taxe premix*

supra

= au-dessus, plus haut

EXEMPLE : **votre demande doit être accompagnée des documents cités supra** SIGNIFIE *votre demande doit être accompagnée des documents cités plus haut* ou *page 2, etc*

surcoût

= coût supplémentaire ou plus important

EXEMPLE : **cela entraînerait un surcoût à la construction** SIGNIFIE *la construction serait plus chère*

surcroît

(d'activité) = augmentation

EXEMPLE : **cela entraînerait un surcroît de travail** SIGNIFIE *cela entraînerait du travail supplémentaire*

♦ *de surcroît* = de plus

EXEMPLE : **il manque, de surcroît, une pièce au dossier** SIGNIFIE *de plus, il manque une pièce au dossier*

surendettement

❒ fait de ne pas pouvoir rembourser tout ce que l'on doit

commission de surendettement : commission chargée de trouver un accord entre les personnes qui ne peuvent plus rembourser ce qu'elles doivent et celles à qui elles doivent de l'argent

sûreté

période de sûreté : période pendant laquelle le condamné ne peut pas sortir de prison

peine de sûreté : peine qui interdit au condamné de sortir de prison pendant une période déterminée

EXEMPLE : **condamné à 30 ans de réclusion criminelle assortie d'une période de sûreté des deux tiers** SIGNIFIE *condamné à 30 ans de prison, avec interdiction de sortir de prison pendant les 20 premières années*

surface

surface hors œuvre brute : somme de la surface de tous les planchers d'une construction, y compris les murs, et des surfaces non habitables (ex: garages, terrasses, etc)

surface hors œuvre nette : surface de tous les planchers d'une construction, y compris les murs; elle ne comprend pas les surfaces non habitables

sur-le-champ

= aussitôt, immédiatement

EXEMPLE : **vous êtes tenu de me fournir, sur-le-champ, ces renseignements** SIGNIFIE *vous devez me fournir immédiatement ces renseignements*

EXEMPLE : **vous avez donné sur-le-champ l'ordre d'interrompre les travaux** SIGNIFIE *vous avez aussitôt* ou *immédiatement donné l'ordre d'interrompre les travaux*

surplus

♦ *au surplus* = d'ailleurs, par ailleurs

EXEMPLE : **au surplus, vous n'êtes pas imposable** SIGNIFIE *d'ailleurs* ou *par ailleurs, vous n'êtes pas imposable*

♦ *de surplus* = en plus, de plus

EXEMPLE : **de surplus, la somme affichée est très élevée** SIGNIFIE *en plus* ou *de plus, la somme affichée est très élevée*

surseoir

♦ *surseoir à* = retarder, remettre à plus tard

EXEMPLE : **je vous demande de surseoir à l'exécution des travaux** SIGNIFIE *je vous demande de retarder les travaux*

EXEMPLE : **le juge peut surseoir à statuer** SIGNIFIE *le juge peut remettre à plus tard sa décision*

EXEMPLE : **cela n'autorise pas les héritiers à surseoir à l'accomplissement de leurs obligations** SIGNIFIE *cela n'autorise pas les héritiers à attendre pour remplir leurs obligations*

sursis

❒ fait de remettre une décision, une mesure, une obligation ou une peine à plus tard

sursis à exécution :
(on vous parle d'une décision administrative) ordre d'un tribunal administratif ou du Conseil d'État pour que l'exécution d'une décision administrative soit retardée

(on vous parle d'une peine) mesure qui permet à une personne condamnée de ne pas exécuter tout ou partie de sa peine, à condition qu'elle ne commette pas une nouvelle faute

EXEMPLE : **vous avez été condamné à cinq mois de prison avec sursis** SIGNIFIE *vous avez été condamné à cinq mois de prison, mais la peine ne sera appliquée que si vous commettez une autre infraction dans les 5 ans*

sursis de paiement :
(on vous parle d'un délai) temps supplémentaire accordé pour payer
(on vous parle d'une suspension) suspension de l'obligation de payer

sursis à statuer : remise de la décision d'un juge à plus tard

survenance

= apparition

EXEMPLE : **la survenance des dégradations** SIGNIFIE *l'apparition des dégradations*

EXEMPLE : **en raison de la survenance d'éléments nouveaux** SIGNIFIE *parce que de nouveaux éléments sont apparus*

en sus

= en plus

EXEMPLE : **aucune somme ne peut être demandée en sus du loyer principal** SIGNIFIE *aucune somme ne peut être demandée en plus du loyer principal*

susceptible

(on vous parle de probabilité)

EXEMPLE : **le juge est susceptible de vous convoquer à nouveau** SIGNIFIE *le juge pourrait vous convoquer à nouveau*

EXEMPLE : **cette réponse est susceptible d'avoir des effets sur leur décision** SIGNIFIE *cette décision pourrait avoir des effets sur leur décision*

EXEMPLE : **ma décision est susceptible de recours** SIGNIFIE *vous pouvez faire un recours contre ma décision*

susciter

= provoquer, entraîner

EXEMPLE : **les difficultés que ces changements suscitent** SIGNIFIE *les difficultés que ces changements provoquent* ou *entraînent*

EXEMPLE : **votre situation est de nature à susciter des questions** SIGNIFIE *votre situation soulève des questions*

EXEMPLE : **je vous envoie quelques éléments de réponse que suscite l'étude de votre demande** SIGNIFIE *après avoir étudié votre demande, je vous envoie quelques éléments de réponse*

suscription

(sur une lettre) = indication de l'adresse

acte de suscription : acte dressé par le notaire sur l'enveloppe contenant un testament mystique, qui donne diverses indications (date, lieu, description de l'enveloppe et de son contenu, etc)

→ voir testament

sus(-)dénommé, e

= mentionné plus haut ou avant, nommé plus haut ou avant

EXEMPLE : **les parents de l'enfant susdénommé** SIGNIFIE *les parents de l'enfant nommé plus haut (ou au premier paragraphe, etc)*

sus(-)désigné, e

= mentionné plus haut ou avant, désigné plus haut ou avant

EXEMPLE : **l'immeuble sus-désigné appartient à la commune** SIGNIFIE *l'immeuble mentionné* ou *désigné plus haut (ou page 1, etc) appartient à la commune*

sus(-)dit, e

= mentionné plus haut ou avant

EXEMPLE : **à la date susdite** SIGNIFIE *à la date mentionnée plus haut (ou au deuxième paragraphe, etc)*

sus(-)énoncé, e

= mentionné plus haut ou avant

EXEMPLE : **s'il décide de donner son accord aux modifications sus-énoncées** SIGNIFIE *s'il décide de donner son accord aux modifications mentionnées plus haut* (ou *au premier paragraphe, etc)*

sus(-)indiqué, e

= indiqué plus haut

EXEMPLE : **merci de l'envoyer à l'adresse sus-indiquée** SIGNIFIE *merci de l'envoyer à l'adresse indiquée plus haut* (ou *au début de la lettre, etc)*

sus(-)mentionné, e

= mentionné plus haut ou avant

EXEMPLE : **après examen du dossier susmentionné** SIGNIFIE *après examen du dossier mentionné plus haut* (ou *au début de la lettre, etc)*

sus(-)nommé, e

= mentionné plus haut ou avant

EXEMPLE : **je vous envoie le dossier sus-**

nommé SIGNIFIE *je vous envoie le dossier mentionné plus haut (ou au premier paragraphe, etc)*

en suspens

= arrêté momentanément, remis à plus tard

EXEMPLE : **ce projet est en suspens** SIGNIFIE *ce projet est arrêté pour le moment; ce projet est remis à plus tard*

EXEMPLE : **l'étude du dossier est laissée en suspens dans l'attente de votre réponse** SIGNIFIE *nous attendons votre réponse pour reprendre l'étude du dossier*

EXEMPLE : **la question reste en suspens** SIGNIFIE *la question est sans réponse pour le moment*

EXEMPLE : **à aucun moment votre dossier n'est resté en suspens** SIGNIFIE *votre dossier n'a jamais été mis de côté*

suspensif, -ive

EXEMPLE : **ce recours n'a pas d'effet suspensif sur l'application de la décision** SIGNIFIE *ce recours ne retarde pas l'application de la décision*

suspicion

= soupçon

EXEMPLE : **il n'a jamais été émis de suspicions concernant votre diplôme** SIGNIFIE *la validité de votre diplôme n'a jamais été mise en doute*

EXEMPLE : **cette déclaration est l'objet de suspicion de la part de nos services** SIGNIFIE *nos services ont des doutes sur cette déclaration*

suspicion légitime : crainte (justifiée) qu'un tribunal ne puisse pas juger une affaire sans prendre parti

sus(-)rappelé, e

= mentionné plus haut ou avant

EXEMPLE : **suite à la délibération susrappelée** SIGNIFIE *suite à la délibération mentionnée plus haut (ou au deuxième paragraphe, etc)*

sus(-)visé, e

= indiqué ou mentionné plus haut, cité plus haut

EXEMPLE : **le texte susvisé** SIGNIFIE *le texte cité plus haut (ou page 2, etc)*

EXEMPLE : **votre demande de paiement pour l'immeuble susvisé** SIGNIFIE *votre demande de paiement pour l'immeuble mentionné plus haut (ou au troisième paragraphe, etc)*

synallagmatique

❒ (accord, contrat) avec obligations réciproques entre les parties

syndic

❒ (pour une copropriété) personne ou organisme choisi par les propriétaires d'un immeuble et chargé d'administrer cet immeuble selon leurs décisions

T

tacite

❒ non exprimé mais compris

EXEMPLE : **la présente lettre vaudra autorisation tacite** SIGNIFIE *cette lettre pourra être considérée comme une autorisation*

EXEMPLE : **l'absence de réponse équivaut à un accord tacite** SIGNIFIE *si vous ne répondez pas, nous considérerons que vous donnez votre accord*

tacite reconduction : renouvellement automatique

EXEMPLE : **le contrat a une durée d'un an renouvelable par tacite reconduction** SIGNIFIE *le contrat d'une durée d'un an est renouvelé automatiquement si personne n'y met fin*

tacitement

= automatiquement

❒ sans que rien ne soit dit ni écrit

EXEMPLE : **une période de 6 années tacitement renouvelable** SIGNIFIE *une période de 6 années renouvelable automatiquement*

EXEMPLE : **la décision vous sera notifiée avant le 23 juin 2005; à défaut, l'autorisation serait tacitement accordée** SIGNIFIE *la décision vous sera communiquée avant le 23 juin 2005; si vous n'avez rien reçu à cette date, vous pourrez considérer que l'autorisation vous a été accordée*

EXEMPLE : **si vous n'avez pas reçu de réponse dans un délai de six mois vous devrez considérer votre demande comme rejetée tacitement** SIGNIFIE *si vous n'avez pas reçu de réponse dans un délai de six mois, cela signifie que votre demande n'a pas été acceptée*

tangible

= concret, réel

EXEMPLE : **vous devrez présenter des preuves tangibles de ce que vous affirmez** SIGNIFIE *vous devrez présenter des preuves réelles* ou *concrètes de ce que vous affirmez*

tapage

tapage nocturne : bruit produit par une ou plusieurs personnes, qui trouble la tranquillité des gens pendant la nuit

taxation

taxation d'office :

(pour le fisc) droit de l'administration fiscale de calculer le montant de l'impôt à partir des informations dont elle dispose, lorsque le contribuable n'a pas rempli sa déclaration ou s'il n'a pas répondu à une demande d'explication ou de justification

(pour la Sécurité sociale) droit de la Sécurité sociale de calculer la cotisation à partir des informations dont elle dispose, lorsque les informations permettant de fixer ce montant n'ont pas été fournies

taxe

taxe d'apprentissage : impôt payé chaque année par les entreprises, destiné à la formation professionnelle des jeunes

taxe d'habitation : impôt dû par tout occupant, propriétaire ou locataire, d'un logement; il est calculé selon la surface, la qualité et l'emplacement du logement

taxe professionnelle : impôt payé par les industriels, les commerçants, les artisans et les membres de professions libérales au profit des collectivités locales; cet impôt est calculé à partir de la valeur du matériel et des locaux professionnels utilisés par l'entreprise

téléassistance

❒ aide donnée à distance (par Internet, fax, téléphone, etc)

télématique

♦ *par voie télématique* = par Minitel ou par Internet

EXEMPLE : **vous pouvez aussi vous inscrire par voie télématique** SIGNIFIE *vous pouvez aussi vous inscrire par Minitel ou par Internet*

téléprocédure

❒ procédure administrative faite à distance (par Internet, fax, téléphone, etc)

télétransmettre

❒ transmettre des informations à distance (par Internet, fax, téléphone, etc)

télétransmission

❒ transmission d'informations à distance (par Internet, fax, téléphone, etc)

témoin

témoin assisté : personne contre laquelle il y a des indices de sa participation à une infraction sans que cela justifie son accusation; elle a le droit d'être assistée d'un avocat

tempérament

mesure de tempérament : mesure de réduction d'impôts

EXEMPLE : **je ne peux vous accorder une mesure de tempérament étant donné la nature de votre dette fiscale** SIGNIFIE *je ne peux vous accorder de réduction d'impôts étant donné la nature de votre dette*

vente à tempérament : vente à crédit pour laquelle l'acheteur paie en plusieurs fois

tenant

les tenants (d'un domaine) : terrains qui touchent ses grands côtés

les tenants et les aboutissants : (d'un domaine) terrains qui touchent une propriété sur ses grands et ses petits côtés

(d'une affaire) = tous les détails (sur ses causes et ses conséquences)

EXEMPLE : **pour mieux comprendre les tenants et les aboutissants de cette décision** SIGNIFIE *pour mieux comprendre les raisons de cette décision et ses conséquences*

EXEMPLE : **elle vous a exposé les tenants et les aboutissants du contrat** SIGNIFIE *elle vous a exposé tous les détails du contrat et ce qu'il impliquait*

♦ *d'un seul tenant* = d'un seul morceau, d'un seul bloc

EXEMPLE : **les terrains doivent être d'un seul tenant** SIGNIFIE *les terrains doivent tous se toucher; les terrains doivent former un tout*

tendre

♦ *tendre à faire (qqch)* (on vous parle d'un objectif) = avoir pour but de faire (qqch)

EXEMPLE : **afin de me permettre de traiter votre demande tendant à obtenir la délivrance d'une carte grise** SIGNIFIE *pour me permettre de traiter votre demande de carte grise*

teneur

(d'un texte) = contenu

EXEMPLE : **je vous invite à les informer de la teneur de ce courrier** SIGNIFIE *je vous invite à les informer du contenu de ce courrier*

EXEMPLE : **je vous rappelle la teneur des**

dispositions de l'article 24 SIGNIFIE *je vous rappelle (ce qu'indiquent) les dispositions de l'article 24*

EXEMPLE : **ces éléments ne sont pas de nature à m'autoriser à reconsidérer la teneur de ma décision** SIGNIFIE *ces éléments ne me permettent pas de reconsidérer ma décision*

terme

1 (on vous parle d'une expression) = mot

EXEMPLE : **d'après les termes du contrat** SIGNIFIE *d'après (ce qu'indique) le contrat*

2 (on vous parle d'une échéance) date ou limite fixée pour que quelque chose soit fait ou terminé

EXEMPLE : **six mois avant le terme de cette période** SIGNIFIE *six mois avant la fin de cette période*

♦ ***mettre un terme à*** = mettre fin à

EXEMPLE : **vous avez souhaité mettre un terme à ce contrat** SIGNIFIE *vous avez souhaité mettre fin à ce contrat*

♦ ***à terme***

EXEMPLE : **l'arrivée à terme d'un contrat à durée déterminée** SIGNIFIE *la fin d'un contrat à durée déterminée*

EXEMPLE : **avant que le contrat n'arrive à son terme** SIGNIFIE *avant la fin du contrat*

EXEMPLE : **à terme, cette mesure pourrait être annulée** SIGNIFIE *cette mesure pourrait être annulée dans quelque temps*

EXEMPLE : **l'objectif à terme de ce projet** SIGNIFIE *l'objectif final de ce projet*

♦ ***au terme de*** = à la fin de

EXEMPLE : **l'absence de réponse au terme de quatre mois** SIGNIFIE *s'il n'y a pas de réponse dans les quatre mois; si vous ne répondez pas dans les quatre mois*

EXEMPLE : **au terme de cette période, votre situation sera examinée** SIGNIFIE *à la fin de cette période, nous étudierons votre situation*

♦ ***en terme de*** = en ce qui concerne, en matière de, pour

EXEMPLE : **en terme de respect des délais** SIGNIFIE *en ce qui concerne le respect des délais*

EXEMPLE : **ces tolérances ne peuvent s'analyser en terme de droits** SIGNIFIE *ces tolérances ne peuvent pas être considérées comme des droits*

territorial, e (masc. pl. -aux)

→ voir asile, eau, compétence, ressort

territorialement

territorialement compétent : compétent dans cette ville (ou région, etc)

EXEMPLE : **adressez-vous au commissariat de police territorialement compétent** SIGNIFIE *adressez-vous au commissariat de police dont vous dépendez*

testament

testament olographe : testament entièrement écrit, daté et signé par son auteur

testament mystique : testament écrit par son auteur ou par une autre personne, signé par l'auteur et remis dans une enveloppe fermée à un notaire sur laquelle celui-ci rédige un acte qui contient diverses indications (date, lieu, description de l'enveloppe et de son contenu, etc)

testamentaire

disposition testamentaire : clause d'un testament

→ voir exécuteur

testateur, -trice

= auteur d'un (ou du) testament

testimonial, e (masc. pl. -aux)

❐ (preuve) qui repose sur des témoignages

textuellement

= mot pour mot

EXEMPLE : **c'est ce qui est écrit textuellement** SIGNIFIE *c'est ce qui est écrit mot pour mot*

EXEMPLE : **vous devez donner textuellement ses réponses** SIGNIFIE *vous devez dire très exactement* ou *mot pour mot ce qu'il a répondu*

ticket

ticket modérateur : part des frais médicaux ou pharmaceutiques qui restent à payer par l'assuré après un remboursement par la Sécurité sociale

tiers, tierce

tierce personne : autre personne

EXEMPLE : **que ce véhicule soit conduit par vous-même ou par une tierce personne** SIGNIFIE *que ce véhicule soit conduit par vous-même ou par une autre personne*

tierce opposition : moyen pour une personne qui n'a pas été représentée dans un procès d'attaquer le jugement

un tiers : personne extérieure à un acte juridique ou à un procès

tiers payant : système permettant à l'assuré de ne pas avancer les frais médicaux qui sont payés directement par la Sécurité sociale et/ou la mutuelle

timbre

1 (on vous parle d'une taxe) marque posée sur certains documents officiels qui permet à l'État de percevoir une taxe

droit de timbre : droit de l'État de percevoir des impôts sur différents documents ou actes

timbre-amende : timbre qui sert de paiement pour une amende

2 *sous le timbre de* (on vous parle d'une adresse) : en donnant l'adresse et d'autres indications mentionnées dans le courrier

EXEMPLE : **merci de m'envoyer les documents sous le présent timbre** SIGNIFIE *merci de m'envoyer les documents au nom et à l'adresse indiqués dans ce courrier*

→ voir fiscal

tiré

❐ (on vous parle d'un chèque) personne (généralement la banque) à qui est donné l'ordre de faire le paiement du chèque

tireur

❐ (on vous parle d'un chèque) personne qui fait le chèque et donne l'ordre à une deuxième (généralement la banque) de payer une somme à une troisième

titre

♦ *à titre gratuit* = gratuitement

EXEMPLE : **quand il y a remise à titre gratuit d'un bien** SIGNIFIE *quand un bien est remis gratuitement*

♦ *à titre exceptionnel* = exceptionnellement

EXEMPLE : **cette dérogation vous est accordée à titre exceptionnel** SIGNIFIE *cette dérogation vous est exceptionnellement accordée*

♦ *à titre de* = comme, pour servir de

EXEMPLE : **à titre de justificatif** SIGNIFIE *comme* ou *pour servir de justificatif*

EXEMPLE : **vous apporterez ce document à titre de preuve** SIGNIFIE *vous apporterez ce document comme* ou *pour servir de preuve*

♦ *au titre de*
(on vous parle d'une durée) = pour

EXEMPLE : **les aides versées au titre de l'année 2001** SIGNIFIE *les aides versées pour l'année 2001*

(on vous parle d'une loi, d'un règlement) = dans le cadre de, d'après

EXEMPLE : **l'attribution de votre carte de résident au titre du regroupement familial** SIGNIFIE *l'attribution de votre carte de résident pour des raisons de regroupement familial*

(on vous parle d'un statut) = en tant que

EXEMPLE : **si votre demande est présentée au titre de soutien de famille** SIGNIFIE *si votre demande est présentée parce que vous êtes soutien de famille*

(on vous parle d'une aide, d'une allocation)

EXEMPLE : **vous avez reçu 120 euros au titre du RMI** SIGNIFIE *vous avez reçu 120 euros de RMI*

♦ *en titre*

EXEMPLE : **le changement peut être accordé par le vétérinaire en titre** SIGNIFIE *le changement peut être accordé par le vétérinaire habituel*

→ voir exécutoire, perception, précaire

titulaire

(d'un droit, d'un permis, d'un diplôme) = qui possède (juridiquement)

EXEMPLE : **les personnes non titulaires de la carte d'invalidité** SIGNIFIE *les personnes qui ne possèdent pas* ou *qui n'ont pas la carte d'invalidité*

EXEMPLE : **les titulaires d'une carte grise** SIGNIFIE *les personnes qui possèdent* ou *ont une carte grise*

tolérance

❒ (en droit) fait d'accepter certaines choses que l'on aurait le droit de refuser, ou de ne pas demander certaines choses que l'on aurait le droit d'exiger

EXEMPLE : **cette tolérance ne saurait s'analyser comme un droit** SIGNIFIE *c'est accepté* ou *permis dans certaines conditions mais ce n'est pas un droit*

EXEMPLE : **les tolérances attachées à la possession de cette carte de stationnement** SIGNIFIE *les conditions de stationnement autorisées par cette carte*

tontine

❒ opération par laquelle plusieurs personnes constituent un fonds commun pour pouvoir profiter d'un revenu; le capital est réparti entre les associés à la fin du contrat

tontinier

→ voir pacte

tourisme

véhicule de tourisme : voiture utilisée pour les déplacements privés

→ voir utilitaire

traçabilité

❒ possibilité de savoir d'où vient un produit et de connaître tous les stades de sa production, de sa transformation et de sa commercialisation

traite

❒ document par lequel une personne demande à une autre de payer une somme à une troisième personne à une date déterminée

transaction

1 (on vous parle d'un contrat) contrat entre un acheteur et un vendeur

❒ (on vous parle d'une opération) opération commerciale

2 (on vous parle d'un compromis) accord par lequel chaque partie accepte d'abandonner tout ou une partie de ses exigences pour éviter ou mettre fin à un conflit

❒ (avec l'Administration) accord entre l'Administration et un particulier pour éviter une poursuite judiciaire, en échange du paiement d'une somme déterminée

transactionnel, -elle

❒ (en droit) par lequel chaque partie accepte d'abandonner tout ou une partie de ses exigences pour éviter un conflit

transcription

❒ (sens juridique) copie de tout ou d'une partie d'un acte juridique sur un registre officiel

transcrire

❒ (en droit) (re)copier sur un registre officiel

(au sens général) = (re)copier

EXEMPLE : **les mentions qui ont été transcrites ne comportent pas d'erreur** SIGNIFIE *les mentions qui ont été recopiées ne comportent pas d'erreur*

EXEMPLE : **le numéro de l'animal doit être transcrit sur l'étiquette** SIGNIFIE *le numéro de l'animal doit être (re)copié sur l'étiquette*

transgresser

= ne pas respecter

EXEMPLE : **ce principe a été transgressé par les participants** SIGNIFIE *ce principe n'a pas été respecté par les participants; les participants n'ont pas respecté ce principe*

transit

1 (de marchandises) transport de marchandises

2 (d'un voyageur) passage dans un pays sans franchir les contrôles de police et de douane

transiter

1 (au sens général) = passer

EXEMPLE : **ces crédits ne transitent pas**

par nos services SIGNIFIE *ces crédits ne passent pas par nos services*

2 (on vous parle d'un voyageur) passer par un pays sans franchir les contrôles de police et de douane

transitoire

EXEMPLE : **après une première période transitoire de six mois** SIGNIFIE *après une première période de six mois (pour assurer la transition)*

à titre transitoire : momentanément, pour assurer une transition

EXEMPLE : **cette autorisation n'est accordée qu'à titre transitoire** SIGNIFIE *cette autorisation n'est accordée que pour une période limitée, (en attendant...)*

translatif, -ive

translatif de propriété : par lequel on transfère la propriété à une autre personne

EXEMPLE : **cette vente est translative de propriété** SIGNIFIE *cette vente transfère la propriété (à ...)*

travers

♦ *au travers de* (on vous parle d'un moyen) = par, grâce à

EXEMPLE : **pour aider les parents au travers de ce genre d'actions** SIGNIFIE *pour aider les parents par* ou *grâce à ce genre d'actions*

trentenaire

(on vous parle d'une durée) = de trente ans

EXEMPLE : **une exonération trentenaire de l'impôt foncier** SIGNIFIE *une exonération de l'impôt foncier pendant trente ans*

trésorier, -ière

Trésorier payeur général : comptable du Trésor public pour le département

tribunal

tribunal administratif : tribunal qui règle les conflits opposant un particulier, une société ou une association à une administration ou à une collectivité locale, ou opposant plusieurs collectivités locales entre elles

tribunal des affaires de Sécurité sociale : tribunal qui règle les litiges concernant l'application du droit de la Sécurité sociale

tribunal de commerce : tribunal qui règle les conflits entre commerçants, et ceux liés à des actes ou des faits réglementés par le droit commercial

tribunal de police : tribunal qui juge les contraventions

tribunal pour enfants : tribunal qui juge les infractions commises par des mineurs

tribunal paritaire des baux ruraux : tribunal qui règle les conflits concernant les locations de terres agricoles exploitées

→ voir civil, correctionnel, instance

tributaire

♦ *tributaire de* = qui dépend de

EXEMPLE : **les ayants cause tributaires de l'article 71** SIGNIFIE *les ayants cause qui dépendent de l'article 71*

triennal, e (masc. pl. -aux)

(on vous parle d'une durée) = qui dure trois ans, pour ou sur trois ans

EXEMPLE : **selon un plan triennal** SIGNIFIE *selon un plan sur trois ans*

(on vous parle d'une fréquence) = qui a lieu tous les trois ans, qui est fait tous les trois ans

EXEMPLE : **le congrès triennal de l'organisation** SIGNIFIE *le congrès de l'organisation, qui a lieu tous les trois ans*

trimestriel, -elle

(on vous parle d'une durée) = qui dure trois mois, pour ou sur trois mois

(on vous parle d'une fréquence) = qui a lieu tous les trois mois, qui est fait tous les trois mois

EXEMPLE : **votre déclaration trimestrielle de ressources** SIGNIFIE *votre déclaration de ressources, faite tous les trois mois*

EXEMPLE : **le montant de vos ressources trimestrielles** SIGNIFIE *le montant de vos ressources sur trois mois*

EXEMPLE : **votre allocation trimestrielle est remplacée par un versement unique** SIGNIFIE *l'allocation que vous receviez tous les trois mois est remplacée par un versement unique*

trimestriellement

= tous les trois mois

EXEMPLE : **la facturation est faite trimestriellement** SIGNIFIE *la facturation est faite tous les trois mois*

tripartite

❒ (convention, comité, accord) avec trois partenaires

trop-perçu

❒ somme reçue en trop par rapport à ce qui était dû

EXEMPLE : **vous avez touché un trop-perçu de 100 euros** SIGNIFIE *vous avez reçu 100 euros en trop*

truchement

♦ *par le truchement de* = par, par l'intermédiaire de

EXEMPLE : **les adhérents seront consultés par le truchement d'un questionnaire** SIGNIFIE *les adhérents seront consultés par questionnaire*

EXEMPLE : **par le truchement de la préfecture** SIGNIFIE *par l'intermédiaire de la préfecture*

tutelle

1 (on vous parle de la protection d'une personne) mesure de protection et de représentation juridique des mineurs (par exemple, en cas de décès des parents) et des majeurs qui n'ont pas toutes leurs capacités pour exercer leurs droits par eux-mêmes; la personne chargée d'exécuter la mesure de protection est le tuteur

juge des tutelles : juge qui décide de confier à une personne la protection d'un mineur ou d'un majeur qui n'a pas toutes ses capacités pour exercer ses droits par lui-même

2 tutelle administrative : contrôle de l'État sur les collectivités publiques et les établissements privés d'intérêt public

tuteur, -trice

❒ personne chargée de protéger et de représenter juridiquement un mineur ou un majeur qui n'a pas toutes ses capacités pour exercer ses droits par lui-même

U

ultérieur, e

= futur

EXEMPLE : **pour éviter tout litige ultérieur** SIGNIFIE *pour éviter tout litige futur* ou *dans l'avenir*

EXEMPLE : **cette autorisation ne peut influencer la décision ultérieure de la commission** SIGNIFIE *cette autorisation ne peut influencer la décision que la commission prendra par la suite* ou *plus tard*

ultérieurement

= plus tard, par la suite

EXEMPLE : **vous aurez la possibilité de faire cette démarche ultérieurement** SIGNIFIE *vous pourrez faire cette démarche par la suite* ou *plus tard*

ultime

= dernier

EXEMPLE : **je vous accorde un ultime délai de 15 jours** SIGNIFIE *je vous accorde un dernier délai de 15 jours*

EXEMPLE : **une ultime tentative pour trouver un accord** SIGNIFIE *une dernière tentative pour trouver un accord*

ultra petita

❒ (décision judiciaire) au-delà de ce qui a été demandé

unanime

EXEMPLE : **nous avons besoin de l'accord unanime des propriétaires** SIGNIFIE *nous avons besoin de l'accord de tous les propriétaires*

EXEMPLE : **les membres de la commission ont été unanimes** SIGNIFIE *les membres de la commission ont tous été du même avis* ou *ont tous été d'accord*

unanimement

= par tous

EXEMPLE : **l'urgence de la situation est unanimement reconnue** SIGNIFIE *l'urgence de la situation est reconnue par tous*

unanimité

= accord de tous

EXEMPLE : **il y a unanimité pour dire que...** SIGNIFIE *tout le monde est d'accord pour dire que...*

♦ *à l'unanimité* = par tous (sans exception)

EXEMPLE : **l'urgence de la situation est reconnue à l'unanimité** SIGNIFIE *tout le monde reconnaît qu'il y a urgence*

EXEMPLE : **le conseil a pris cette décision à l'unanimité** SIGNIFIE *tous les membres du conseil ont été d'accord pour prendre cette décision*

♦ *faire l'unanimité* = mettre tout le monde d'accord

EXEMPLE : **si cette opposition fait l'unanimité des copropriétaires** SIGNIFIE *si tous les copropriétaires (sans exception) s'y opposent*

EXEMPLE : **cette décision n'a pas fait l'unanimité des participants** SIGNIFIE *tous les participants n'étaient pas d'accord avec cette décision*

unicité

EXEMPLE : **en cas d'unicité de candidature** SIGNIFIE *s'il n'y a qu'un seul candidat*

EXEMPLE : **pour garantir l'unicité d'étiquetage du produit** SIGNIFIE *pour garantir que le produit soit toujours étiqueté de la même manière*

uniforme

(on vous parle d'un traitement commun) = même

EXEMPLE : **ces décisions n'ont pas des conséquences uniformes pour toute la population** SIGNIFIE *ces décisions n'ont pas les mêmes conséquences pour toute la population*

EXEMPLE : **le taux appliqué doit être uniforme sur l'ensemble de la commune** SIGNIFIE *le taux appliqué doit être le même pour toute la commune*

→ voir visa

uniformément

= de la même façon

EXEMPLE : **ces mesures sont appliquées uniformément à toutes les constructions** SIGNIFIE *ces mesures sont appliquées de la même façon à toutes les constructions*

unilatéral, e (masc. pl. -aux)

1 (décision) prise sans consulter la ou les autre(s) partie(s)

EXEMPLE : **vous ne pouvez pas prendre de décision de manière unilatérale** SIGNIFIE *vous ne pouvez pas prendre de décision seul*

❒ (accord, contrat) qui n'engage qu'une seule partie

EXEMPLE : **les horaires prévus au contrat ne peuvent pas faire l'objet de modifications unilatérales** SIGNIFIE *les horaires prévus au contrat ne peuvent pas être modifiés par une seule partie*

2 (stationnement) autorisé d'un seul côté de la voie

unilatéralement

❒ sans consulter la ou les autre(s) partie(s)

EXEMPLE : **l'assureur a la possibilité de résilier unilatéralement le contrat** SIGNIFIE *l'assureur peut résilier le contrat sans consulter l'assuré*

EXEMPLE : **l'association ne peut pas s'engager à respecter unilatéralement cet accord** SIGNIFIE *l'association ne peut pas s'engager à respecter seule cet accord (si l'autre partie ne le respecte pas de son côté)*

union

union libre : fait pour deux personnes de vivre ensemble sans être mariées ni pacsées

unitaire

(montant, prix, valeur)

EXEMPLE : **ces chèques sont d'une valeur unitaire de 50 euros** SIGNIFIE *chacun de ces chèques vaut 50 euros*

EXEMPLE : **le prix unitaire du ticket reste inchangé** SIGNIFIE *le prix du ticket vendu à l'unité reste le même*

usage

❒ (en droit) règles observées de manière constante dans un secteur, une entreprise ou une profession, et considérées comme obligatoires bien qu'elles ne soient établies par aucun texte

♦ ***faire usage de*** = utiliser, se servir de

EXEMPLE : **si vous souhaitez faire usage de ce droit** SIGNIFIE *si vous souhaitez utiliser ce droit*

EXEMPLE : **il n'a pas fait usage de son arme** SIGNIFIE *il ne s'est pas servi de son arme*

♦ ***avoir l'usage de*** = pouvoir utiliser, pouvoir se servir de

EXEMPLE : **le matériel dont vous pourriez avoir l'usage** SIGNIFIE *le matériel que vous pourriez utiliser*

♦ ***à l'usage de*** = pour

EXEMPLE : **une passerelle à l'usage des piétons** SIGNIFIE *une passerelle pour les piétons*

♦ ***d'usage*** (imprimé, vérification, question) = habituel

EXEMPLE : **après les contrôles d'usage** SIGNIFIE *après les contrôles habituels*

droit d'usage : droit d'une personne d'utiliser personnellement une chose prêt à usage : prêt d'une chose qui oblige l'emprunteur à la rendre après l'avoir utilisée

usage de faux : délit qui consiste à se servir d'un document juridique en sachant que c'est un faux

user

♦ *user de* = utiliser, se servir de

EXEMPLE : **si vous désirez user de cette possibilité** SIGNIFIE *si vous désirez utiliser cette possibilité*

EXEMPLE : **je n'entends pas user de ce droit** SIGNIFIE *je n'ai pas l'intention de me servir de ce droit*

usité, e

= utilisé, courant

EXEMPLE : **ce système est moins usité** SIGNIFIE *ce système est moins courant; ce système est moins utilisé*

usucapion

❒ fait d'acquérir quelque chose en l'ayant possédé un certain temps, de manière continue et sans qu'il y ait eu de contestation

usuel, -elle

= habituel, courant

EXEMPLE : **ces pratiques sont devenues usuelles** SIGNIFIE *ces pratiques sont devenues courantes*

EXEMPLE : **il est usuel de...** SIGNIFIE *il est habituel de...*

EXEMPLE : **comme il est usuel dans cette commission** SIGNIFIE *comme c'est l'habitude dans cette commission*

usuellement

= habituellement, généralement

EXEMPLE : **les ressources usuellement prises en compte pour ce calcul** SIGNIFIE *les ressources habituellement* ou *généralement prises en compte pour ce calcul*

usufructuaire

❒ qui concerne l'usufruit, c'est-à-dire le droit d'une personne d'utiliser un bien et de recevoir ce qu'il rapporte, mais non d'en disposer (c'est-à-dire de le vendre, le donner, le détruire, etc)

usufruit

❒ droit d'une personne d'utiliser un bien et de recevoir ce qu'il rapporte, mais non d'en disposer (c'est-à-dire de le vendre, le donner, le détruire, etc)

→ voir démembrement, jouissance, nue-propriété

usufruitier, -ière

❒ personne qui a le droit d'utiliser un bien et de recevoir ce qu'il rapporte, mais non d'en disposer (c'est-à-dire de le vendre, le donner, le détruire, etc)

utilitaire

véhicule utilitaire : véhicule (voiture, autocar, camionnette ou camion) destiné au transport de marchandises ou de personnes

utilité

déclaration d'utilité publique : reconnaissance par l'autorité publique de l'intérêt d'une institution ou d'une opération pour la collectivité

♦ *déclaré* ou *reconnu d'utilité publique* : reconnu par l'autorité publique comme ayant un intérêt pour la collectivité

V-Z

vacance

(d'un logement, d'un poste)

EXEMPLE : **la vacance d'un appartement m'a été signalée** SIGNIFIE *on m'a signalé qu'un appartement était libre* ou *disponible*

EXEMPLE : **du fait de la vacance du poste** SIGNIFIE *comme personne n'occupe actuellement ce poste*

vacant, e

1 (logement) = libre, sans occupant, disponible

EXEMPLE : **je n'ai actuellement aucun logement vacant correspondant à votre demande** SIGNIFIE *je n'ai actuellement aucun logement disponible* ou *libre correspondant à votre demande*

2 (emploi, poste) = disponible

EXEMPLE : **il n'y a aucun poste vacant** SIGNIFIE *aucun poste n'est disponible*

vacataire

❐ personne chargée d'une fonction précise pour une période limitée, sans être titulaire

vacation

❐ (on vous parle d'une période) période limitée pendant laquelle une personne est chargée d'une fonction précise, sans être titulaire

❐ (on vous parle d'une fonction) fonction précise dont est chargée une personne pendant une période limitée

❐ (on vous parle d'honoraires) rémunération (d'un avocat, d'un expert, etc)

vain, e

(effort, démarche) = inutile, inefficace

EXEMPLE : **cela rend toute nouvelle intervention vaine** SIGNIFIE *cela rend toute nouvelle intervention inutile*

EXEMPLE : **tous nos efforts ont été vains** SIGNIFIE *tous nos efforts n'ont servi à rien*

; en vain = sans résultat

EXEMPLE : **nous avons essayé de vous joindre, mais en vain** SIGNIFIE *nous avons essayé de vous joindre, mais sans résultat; nous avons essayé de vous joindre, mais nous n'y sommes pas arrivés*

vainement

= sans résultat

EXEMPLE : **il a vainement demandé l'aide de l'association** SIGNIFIE *il a demandé l'aide de l'association, mais sans résultat*

EXEMPLE : **ce que nous vous avions vainement réclamé auparavant** SIGNIFIE *ce que nous vous avions réclamé auparavant mais sans résultat* ou *mais sans l'obtenir*

valablement

❐ (en droit) dans le respect des conditions imposées par la loi

EXEMPLE : **le conseil ne délibère valablement que lorsque la majorité de ses membres est présente** SIGNIFIE *les délibérations du conseil ne sont (juridique-*

ment) valables que lorsque la majorité de ses membres est présente

EXEMPLE : **le procès-verbal pourra être valablement rédigé en votre absence** SIGNIFIE *le procès-verbal sera (juridiquement) valable même s'il est rédigé en votre absence*

valeur

valeur marchande, valeur vénale : prix auquel un bien pourrait être vendu en fonction du marché

→ voir locatif

valoir

1 (on vous parle de valeur)

EXEMPLE : **l'absence de réponse vaudra accord de votre part** SIGNIFIE *l'absence de réponse sera considérée comme un accord de votre part; si vous ne répondez pas, nous considérerons que vous donnez votre accord*

EXEMPLE : **ce courrier ne vaut pas promesse de subvention** SIGNIFIE *ce courrier n'est pas une promesse de subvention*

2 *faire valoir* (ses droits, ses intérêts) = défendre, faire reconnaître

EXEMPLE : **vos difficultés à faire valoir vos droits** SIGNIFIE *vos difficultés à défendre* ou *à faire reconnaître vos droits*

EXEMPLE : **vous pouvez faire valoir vos intérêts auprès du tribunal civil** SIGNIFIE *vous pouvez défendre vos intérêts auprès du tribunal civil*

♦ *faire valoir que* = dire que, donner comme argument que

EXEMPLE : **vous faites valoir que votre revenu mensuel est inférieur au SMIC** SIGNIFIE *vous dites que* ou *vous donnez comme argument que votre revenu mensuel est inférieur au SMIC*

♦ *pour faire valoir ce que de droit ; pour servir et valoir ce que de droit* = pour servir à défendre et à faire reconnaître vos droits (si nécessaire)

véracité

EXEMPLE : **vous contestez la véracité de ces informations** SIGNIFIE *vous dites que ces informations sont fausses*

EXEMPLE : **pour vérifier la véracité de ces faits** SIGNIFIE *pour vérifier que ces faits sont exacts* ou *que les choses se sont bien passées comme cela*

verbal, e (masc. pl. -aux)

= oral

EXEMPLE : **il prétend avoir reçu l'accord verbal du maire** SIGNIFIE *il prétend que le maire lui a dit qu'il était d'accord*

EXEMPLE : **la réponse qu'elle m'a donnée n'est que verbale** SIGNIFIE *elle m'a donné sa réponse, mais pas par écrit*

verbalement

= oralement

EXEMPLE : **vous devez nous faire connaître votre accord verbalement ou par écrit** SIGNIFIE *vous devez nous dire ou nous écrire que vous êtes accord*

EXEMPLE : **vous avez donné votre démission verbalement** SIGNIFIE *vous avez dit que vous démissionniez mais vous ne l'avez pas écrit*

verbalisateur

service verbalisateur : service chargé de dresser les procès-verbaux (gendarmerie, police ou service administratif)

verbaliser

= dresser un procès-verbal, infliger une amende

EXEMPLE : **vous avez été verbalisé pour une infraction aux règles de la circulation routière** SIGNIFIE *vous avez eu une amende pour une infraction aux règles de la circulation routière*

verdict

❒ décision d'une cour d'assises

verso

= dos (du document)

♦ *au verso* = au dos

EXEMPLE : **les documents demandés au verso de la lettre** SIGNIFIE *les documents demandés au dos de la lettre*

→ voir recto

en vertu de

(d'une loi, d'un règlement, d'une disposition) = selon, d'après

EXEMPLE : **en vertu de cette loi** SIGNIFIE *selon* ou *d'après cette loi*

EXEMPLE : **le juge peut vous condamner en vertu des pouvoirs que lui confère**

l'article L.-22 SIGNIFIE *le juge peut vous condamner comme l'article L.-22 lui en donne les pouvoirs*

vétuste

= vieux et usé

vétusté

= fait d'être vieux et usé

EXEMPLE : **étant donné la vétusté du logement** SIGNIFIE *étant donné que le logement est vieux et abîmé*

coefficient de vétusté : coefficient correspondant à l'usure d'un bien

viabilisation

❒ travaux faits sur un terrain pour le rendre accessible et constructible

viabiliser

♦ *viabiliser un terrain* : faire des travaux sur un terrain pour le rendre constructible

viabilité

1 (d'une route) bon état

2 (d'un terrain) ensemble des travaux faits avant toute construction (branchements électriques, d'eau, etc)

3 (d'un projet)

EXEMPLE : **nous avons des doutes sur la viabilité du projet** SIGNIFIE *nous avons des doutes sur les possibilités de développement du projet*

viable

(solution) = acceptable et durable

(entreprise, projet) = qui peut durer et se développer

viager, -ère

❒ (rente, allocation) versée régulièrement à une personne jusqu'à son décès

viaire

domaine public viaire : domaine public qui comprend les voies et les places aménagées et entretenues par l'administration publique

vice

❒ (on vous parle d'une imperfection) défaut grave qui rend une chose difficilement utilisable

vice caché : défaut qui n'était pas visible à l'achat ou à la location et qui rend la chose difficilement utilisable

vice de consentement : fait (erreur, malhonnêteté ou violence) qui a poussé une personne à signer un contrat et qui rend le contrat nul

vice de fabrication : défaut grave dans la fabrication de la chose, qui la rend inutilisable

vice de forme :

(d'un acte juridique) absence d'une formalité obligatoire (mention, convocation préalable) qui rend nul un acte juridique

(d'un jugement) non respect des règles à suivre pour rendre un jugement, qui annule ce jugement

vicié, e

1 (en droit) qui est rendu nul par l'absence d'une formalité obligatoire ou le non respect d'une règle

2 (air) dangereux à respirer par manque d'oxygène et présence de gaz carbonique

vicier

❒ (une procédure) la rendre nulle par l'absence d'une formalité obligatoire ou par le non respect d'une règle

EXEMPLE : **la procédure serait viciée si le contrôle n'avait pas eu lieu** SIGNIFIE *la procédure ne serait pas valable si le contrôle n'avait pas eu lieu*

vicinal, e (masc. pl. -aux)

chemin vicinal : petite route qui relie des villages

viduité

❒ (on vous parle de veuvage) fait d'être veuf ou veuve

délai de viduité : délai (de 300 jours) que doit respecter une femme veuve ou divorcée avant de pouvoir se remarier

vierge

1 (feuille) = où rien n'est écrit
(formulaire) = non rempli

EXEMPLE : **ce formulaire est à nous retourner, même vierge** SIGNIFIE *vous devez nous renvoyer ce formulaire, même si vous ne l'avez pas rempli*

2 (casier judiciaire) = qui ne mentionne aucune infraction

vigilance

= attention

EXEMPLE : **je vous invite à plus de vigilance** SIGNIFIE *je vous demanderai de faire plus attention*

vigilant, e

= attentif

EXEMPLE : **je vous demande d'être très vigilant quand vous remplissez votre déclaration** SIGNIFIE *je vous demande de faire très attention quand vous remplissez votre déclaration; je vous demande d'être très attentif quand vous remplissez votre déclaration*

vigueur

♦ *en vigueur* (texte législatif, tarif, etc) = appliqué (actuellement)

EXEMPLE : **je vous demande donc de respecter la réglementation en vigueur** SIGNIFIE *je vous demande donc de respecter la réglementation (qui s'applique actuellement)*

entrée en vigueur (d'un texte législatif, d'un tarif, etc) : date à partir de laquelle il est appliqué

EXEMPLE : **vous disposez d'un délai d'un an à compter de l'entrée en vigueur du nouvel arrêté** SIGNIFIE *vous disposez d'un délai d'un an à partir de la date à laquelle le nouvel arrêté commencera à être appliqué*

virer

= transférer (d'un compte à un autre)

EXEMPLE : **cette somme vous sera virée très bientôt** SIGNIFIE *cette somme sera mise sur votre compte en banque très bientôt*

visa

1 (on vous parle de paraphe) = signature

EXEMPLE : **la convocation doit porter le visa du chef de service** SIGNIFIE *la convocation doit porter la signature du chef de service*

(sur un acte) mention officielle qui indique qu'une formalité obligatoire a bien été accomplie

♦ *pour visa* = pour signature, pour être signé

2 (on vous parle d'une décision juridique) raisons juridiques justifiant une décision ou un acte qui sont données avant l'énoncé de cette décision ou de cet acte

3 (sur un passeport) mention qui autorise à entrer dans un pays, soit pour le traverser, soit pour y rester un certain temps

visa uniforme, visa Schengen : mention qui autorise à entrer une ou plusieurs fois en France et à circuler librement dans les 13 pays de l'espace Schengen (Allemagne, Autriche, Belgique, Danemark, Espagne, Finlande, France, Grèce, Luxembourg, Italie, Pays-Bas, Portugal, Suède) pendant une période de 3 mois maximum

visa de long séjour : mention qui autorise à entrer en France et à y rester de 3 à 6 mois (parfois 9); il faut obligatoirement obtenir ce visa avant l'entrée en France pour pouvoir demander ensuite une carte de séjour temporaire

visé, e

= mentionné

EXEMPLE : **par courrier visé en référence, vous sollicitez l'aide de mes services** SIGNIFIE *dans votre courrier mentionné en référence, vous demandez l'aide de mes services*

EXEMPLE : **l'intérêt de retard visé à l'article 1731 du Code général des impôts** SIGNIFIE *l'intérêt de retard mentionné au Code général des impôts*

visée

= but, objectif

EXEMPLE : **un projet à visée éducative** SIGNIFIE *un projet à but éducatif*

viser

(un acte) = examiner et valider (officiellement)

♦ *viser à faire (qqch)* = avoir pour but de faire (qqch)

EXEMPLE : **cette rencontre vise à la recherche des moyens de vous venir en aide** SIGNIFIE *cette rencontre a pour but de rechercher les moyens de vous venir en aide*

EXEMPLE : **vous avez déposé une demande visant à obtenir une autorisation** SIGNIFIE *vous avez déposé une demande pour obtenir une autorisation*

vocation

EXEMPLE : **les discothèques à vocation nocturne** SIGNIFIE *les discothèques qui fonctionnent la nuit*

♦ *avoir vocation à faire (qqch)*

EXEMPLE : **cet espace public a vocation à être ouvert à tous** SIGNIFIE *cet espace public est destiné à être ouvert à tous*

EXEMPLE : **les communes n'ont pas vocation à se substituer à ces établissements** SIGNIFIE *les communes ne sont pas supposées remplacer ces établissements; les communes n'ont pas pour mission de remplacer ces établissements*

voie

voie de droit : moyen légal pour faire respecter un droit

EXEMPLE : **le recouvrement sera poursuivi par toutes voies de droit** SIGNIFIE *tous les moyens légaux seront utilisés pour obtenir ce recouvrement*

voie de fait :

(acte d'un particulier) violence ou acte insultant

(irrégularité commise par l'Administration) acte non justifié de l'Administration, qui porte atteinte à une liberté publique ou à la propriété

voie de recours : moyens permettant le réexamen d'une décision de justice

♦ *par voie de concours* = par concours

EXEMPLE : **le recrutement est effectué uniquement par voie de concours** SIGNIFIE *le recrutement se fait uniquement par concours*

♦ *par voie de presse* = dans ou par la presse

EXEMPLE : **vous serez informé par voie de presse** SIGNIFIE *vous serez informé par la presse*

EXEMPLE : **tout concours fait l'objet d'une publicité par voie de presse locale** SIGNIFIE *tout concours est annoncé au public dans la presse locale*

♦ *par voie de conséquence* = donc

EXEMPLE : **par voie de conséquence, toute modification est proscrite** SIGNIFIE *toute modification est donc interdite*

♦ *par voie de justice* = en passant devant un tribunal

EXEMPLE : **vous pouvez exiger par voie de justice qu'il vous rembourse les frais** SIGNIFIE *vous pouvez passer par un tribunal pour exiger qu'il vous rembourse les frais*

EXEMPLE : **le remboursement a été fait par voie de justice** SIGNIFIE *le remboursement a été fait en passant devant un tribunal*

→ voir exécution

voire

= et même

EXEMPLE : **cela pourrait créer un risque grave, voire mortel** SIGNIFIE *cela pourrait créer un risque grave, et même mortel*

voirie

1 (on vous parle de voies publiques) voies et places publiques, aménagées et entretenues par l'Administration publique, arbres qui les bordent et égouts

permission de voirie : autorisation d'installer quelque chose sur la voie publique, moyennant le paiement d'une indemnité

2 (on vous parle du service) service chargé de l'entretien des routes, des chemins, des places, arbres et égouts

vu

♦ *vu que* = étant donné que

EXEMPLE : **je ne peux traiter votre dossier vu qu'il n'est pas complet** SIGNIFIE *je ne peux pas traiter votre dossier étant donné* ou *parce qu'il n'est pas complet*

♦ *au vu de* = d'après

EXEMPLE : **au vu du document que vous m'avez envoyé** SIGNIFIE *d'après le document que vous m'avez envoyé*

EXEMPLE : **au vu de cet avis médical** SIGNIFIE *d'après cet avis médical*

EXEMPLE : **au vu de l'arrêt qui sera prononcé** SIGNIFIE *en fonction de l'arrêt qui sera prononcé*

vue

♦ *en vue de* = pour

EXEMPLE : **vous avez déposé un dossier en vue d'acquérir la nationalité française** SIGNIFIE *vous avez déposé un dossier pour obtenir la nationalité française*

vulnérabilité

= fragilité

EXEMPLE : **la vulnérabilité particulière de ce type de personnes** SIGNIFIE *la fragilité particulière de ce type de personnes*

vulnérable

= fragile

EXEMPLE : **les personnes les plus vulnérables** SIGNIFIE *les personnes les plus fragiles*

♦ *vulnérable à* = sensible à

EXEMPLE : **les plus vulnérables aux changements** SIGNIFIE *les plus sensibles aux changements*

EXEMPLE : **les routes les plus vulnérables aux effets du dégel** SIGNIFIE *les routes qui risquent le plus d'être abîmées au moment du dégel*

Z

zonage

❒ (d'un territoire) répartition en zones et définition du type d'utilisation du sol de chacune de ces zones (habitat, agriculture, industrie, etc.)

SIGLES

ET

ABRÉVIATIONS

AAH Allocation adulte handicapé

ACA Allocation chômeurs âgés

ACCA Association communale de chasse agréée

ACCRE Aide au chômeur créateur ou repreneur d'entreprise

ACOSS Agence centrale des organismes de sécurité sociale

ACS Avis de changement de situation

ADI Agence départementale d'insertion

ADPA Allocation départementale personnalisée d'autonomie à domicile

ADV Avis de versement

AFEAMA Aide à la famille pour l'emploi d'une assistante maternelle agréée

AFPA Association pour la formation professionnelle des adultes

AFR Allocation de formation reclassement

AGED Allocation de garde d'enfants à domicile

AGEFIPH Association nationale de gestion du fonds pour l'insertion professionnelle des handicapés

AGIRC Association générale des institutions de retraite des cadres

AGS Association pour la gestion du régime d'assurance des créances des salariés

AI Allocation d'insertion

AL Allocation au logement

ALE Agence locale pour l'emploi

ALF Allocation de logement familiale

ALS Allocation de logement sociale

AME Aide médicale d'État

ANAH Agence nationale pour l'amélioration de l'habitat

ANCV Agence nationale pour les chèques-vacances

ANPE Agence nationale pour l'emploi

AP Assuré personnel

APA Allocation personnalisée d'autonomie

APE Allocation parentale d'éducation

APEJ Aide au premier emploi d'un jeune

API Allocation parent isolé

APJE Allocation pour jeune enfant

APL Aide personnalisée au logement

APP Allocation de présence parentale

ARAC Activité réduite et allocation chômage

ARE Aide au retour à l'emploi

ARPE Allocation de remplacement pour l'emploi

ARRCO Association des régimes de retraite complémentaire

ASA Allocation spécifique d'attente

ASC Allocation spécifique de conversion

ASF Allocation de soutien familial

ASI Appui social individualisé

ASS Allocation spécifique de solidarité

ASSEDIC Association pour l'emploi dans l'industrie et le commerce

AUD Allocation unique dégressive

AV Assuré volontaire

AVTS Allocation aux vieux travailleurs salariés

BDA Bordereau de déclaration annuelle

BEATEP Brevet d'État d'animateur technicien de l'éducation populaire et de la jeunesse

BRC Bordereau récapitulatif des cotisations

CADA Centre d'accueil pour demandeurs d'asile

CAF Caisse d'allocations familiales

CAM Caisse d'assurance maladie

CANAM Caisse nationale d'assurance maladie des professions indépendantes

CANCAVA Caisse autonome nationale de compensation de l'assurance vieillesse des artisans

CAT Centre d'aide par le travail

CCAS Centre communal d'action sociale

CCI Chambre de commerce et de l'industrie

CDC Caisse des dépôts et consignations

CDD Contrat à durée déterminée

CDEC Commission départementale d'équipement commercial

CDES Commission départementale de l'éducation spéciale

CDI Contrat à durée indéterminée

CDOA Commision départementale d'orientation agricole

CEC Contrat emploi consolidé

CES Contrat emploi solidarité

CF Complément familial

CGCT Code général des collectivités territoriales

CGI Code général des impôts

CHRS Centre d'hébergement et de réinsertion sociale

CHU Centre hospitalier universitaire

CIADT Comité interministériel de l'aménagement et du développement du territoire

CIE Contrat initiative emploi

CIF Congès individuel de formation

CIO Centre d'information et d'orientation

CLH Commission locale de l'habitat

CLI Commission locale d'insertion

CLIN Classe d'initiation

CLIS Classe d'intégration scolaire

CMFA Caisse de mutualité sociale agricole

CMP Centre médico-pédagogique

CMPP Centre médico-psycho-pédagogique

CMS Centre médico-social

CMSA Caisse de mutualité sociale agricole

CMU Couverture maladie universelle

CNAF Caisse nationale d'allocations familiales

CNAM Caisse nationale d'assurance maladie des travailleurs salariés

CNAMTS Caisse nationale d'assurance maladie des travailleurs salariés

CNASAT Caisse nationale des assurances sociales et des accidents du travail

CNASEA Centre national pour l'aménagement des structures des exploitations agricoles

CNAVTS Caisse nationale d'assurance vieillesse des travailleurs salariés

CNC Conseil national du commerce

CNEC Commission nationale d'équipement commercial

CNFPT Centre national de la fonction publique territoriale

CNIL Commission nationale de l'informatique et des libertés

COS Coefficient d'occupation des sols

COTOREP Commission technique d'orientation et de reclassement professionnel

CPAF Cotisation personnelle d'allocations familiales

CPAM Caisse primaire d'assurance maladie

CPN Commission paritaire nationale de l'assurance chômage

CRA Commission de recours amiable

CRAM Caisse régionale d'assurance maladie

CRCI Chambre régionale de commerce et d'industrie

CRDS Contribution pour le remboursement de la dette sociale

CRE Contrat de retour à l'emploi

CRR Commission des recours des réfugiés

CSG Contribution sociale généralisée

CT contrat de travail

CTE Contrat territorial d'exploitation

DAS Direction de l'action sociale

DATAR Délégation à l'aménagement du territoire et à l'action régionale

DD Direction départementale

DDAF Direction départementale de l'agriculture et de la forêt

DDASS Direction départementale des affaires sanitaires et sociales

DDCCRF Direction départementale de la concurrence, de la consommation et de la répression des fraudes

DDE Direction départementale de l'équipement

DDJS Direction départementale de la jeunesse et des sports

DDSV Direction départementale des services vétérinaires

DDTEFP Direction départementale du travail, de l'emploi et de la formation professionnelle

DEFD Demandeur d'emploi en fin de droit

DEFM Demandeur d'emploi en fin de mois

DFCI Défense de la forêt contre les incendies

DGA Direction générale de l'alimentation

DGCCRF Direction générale de la concurrence, de la consommation et de la répression des fraudes

DGD Dotation générale de décentralisation

DGE Dotation globale d'équipement

DGEFP Délégation générale à l'emploi et à la formation professionnelle

DGF Dotation globale de fonctionnement

DGI Direction générale des impôts

DGS Direction générale de la santé

DIREN Direction régionale de l'environnement

DJA Dotation jeune agriculteur

DNRED Direction nationale du renseignement et des enquêtes douanières

DNVSF Direction nationale des vérifications de situations fiscales

DOCUP Document unique de programmation

DPM Direction de la population et des migrations

DRAC Direction régionale aux affaires culturelles

DRASS Direction régionale des affaires sanitaires et sociales

DRDJS Direction régionale et départementale de la jeunesse et des sports

DRE Direction régionale de l'équipement

DREIF Direction régionale de l'équipement de l'Ile-de-France

DRIRE Direction régionale de l'industrie, de la recherche et de l'environnement

DRJS Direction régionale de la jeunesse et des sports

DRTEFP Délégation régionale du travail, de l'emploi et de la formation professionnelle

DSM Déclaration de situation mensuelle

DSS Direction de la sécurité sociale

DT Direction du tourisme

DUCS Déclaration unifiée des cotisations sociales

DUE Déclaration unique d'embauche

DUSA Délégation aux usagers et aux simplifications administratives

EEE Espace économique européen

ETI Employeur et travailleur indépendant

FAF Fonds d'assurance formation

FAS Fonds d'action sociale (pour les travailleurs immigrés et leurs familles)

FCT Fin de contrat de travail

FEDER Fonds européen de développement régional

FGIF Fonds de garantie à l'initiative des femmes

FISAC Fonds d'intervention pour la sauvegarde, la transmission et la restructuration des activités commerciales

FIV Fonds interministériel d'intervention pour la politique des villes

FNADT Fonds national d'aménagement et de développement du territoire

FNAL Fonds national d'aide au logement

FNDS Fonds national pour le développement du sport

FSL Fonds de solidarité au logement

GAEC Groupement agricole d'exploitation en commun

GARP Groupement des Assedic de la région parisienne

GIC Grand invalide civil

HLL Habitation légère de loisirs

HLM Habitation à loyer modéré

IGAS Inspection générale des affaires sociales

IR Impôt sur le revenu

ISF Impôt de solidarité sur la fortune

JAPD Journée d'appel de préparation à la défense

MJD Maison de la justice et du droit

MSA Mutualité sociale agricole

OFIVAL Office national interprofessionnel des viandes, de l'élevage et de l'aviculture

OFPRA Office français de protection des réfugiés apatrides

OMI Office des migrations internationales

ONAC Office national des anciens combattants

ONC Office national de la chasse

ONF Office national des forêts

OPAC Office public d'aménagement et de construction de la ville

OPAH Opération programmée d'amélioration de l'habitat

PAC Politique agricole commune

PACS Pacte civil de solidarité

PAJE Prestation d'accueil du jeune enfant

PAP Prêt aidé pour l'accession à la propriété

PAP Projet d'action personnalisé

PARE Plan d'aide au retour à l'emploi

PC Prêt conventionné

PDALPD Plan départemental pour le logement des personnes défavorisées

PHAE Prime herbagère agri-environnementale

PIL Programme d'insertion locale

PJJ Protection judiciaire de la jeunesse

PLA Prêt locatif aidé

PLS Parc locatif social

PLU Plan local d'urbanisme

PMI Protection maternelle et infantile

POS Plan d'occupation des sols

PPRI Plan de prévention du risque inondation

PRP Préretraite progressive

PSM Prêt spécial de modernisation

RAC Régime d'assurance chômage

RCT Rupture du contrat de travail

RMA Revenu minimum d'activité

RMI Revenu minimum d'insertion

RTT Réduction du temps de travail

SA Société anonyme

SAFER Société d'aménagement foncier et d'établissement rural

SARL Société à responsabilité limitée

SCI Société civile immobilière

SCIC Société centrale immobilière de la Caisse des dépôts et consignations

SCP Société civile professionnelle

SCS Société en commandite simple

SDAP Service départemental de l'architecture et du patrimoine

SDAPL Section départementale des aides publiques pour le logement

SFT Supplément familial de traitement

SHOB Surface hors œuvre brute

SHON Surface hors œuvre nette

SIFE Stage d'insertion et de formation à l'emploi

SJR Salaire journalier de référence

SLR Supplément de loyer de référence

SLS Supplément de loyer solidarité

SMIC Salaire minimum interprofessionnel de croissance

SNS Service de la navigation de la Seine

SR Salaire de référence

SRU Solidarité et renouvellement urbain

SSAE Service social d'aide aux émigrants

TASS Tribunal des affaires de sécurité sociale

TDENS Taxe départementale des espaces naturels sensibles

TH Taxe d'habitation

TICE Technologies de l'information et de la communication dans l'enseignement

TLE Taxe locale d'équipement

TPG Trésorier payeur général

TSH Taux de salaire horaire

TVA Taxe sur la valeur ajoutée

UE Union européenne

UNEDIC Union nationale pour l'emploi dans l'industrie et le commerce

URSSAF Union de recouvrement des cotisations de sécurité sociale et d'allocations familiales

ZAC Zone d'aménagement concerté

ZAT Zone d'aménagement du territoire

ZEP Zone d'éducation prioritaire

Imprimé en France par Mame Imprimeurs à Tours (06062288)
N° Éditeur 10132271 - Dépôt légal août 2006